近代日本の偽史言説

歴史語りのインテレクチュアル・ヒストリー

小澤実［編］
OZAWA Minoru

勉誠出版

目次

［序章］

偽史言説研究の射程

小澤　実

「チンギスハンは源義経である」、「イエス・キリストは日本で死んだ」、「アトランティス大陸は実在する」、「東北に古代王朝が存在していた」、「フリーメイソンの陰謀で世界は支配されている」、「ユダヤ人が世界の転覆を狙っている」。われわれ日本に生きるかなりの人が、人生のどこかの段階で、このような過去の世界に関する奇妙な言説と出会ったことがあるのではないだろうか。そしてそれは、たとえばテレビ番組であったり、町の書店の棚の一角であったり、インターネット上のＨＰであったりと、誰でもアクセス可能な身近な場で、である。こうした奇妙な言説は、わたしたちの日常生活の一部をなしているといって良いかもしれない。

しかしそれらは、きちんと教育を受けたものであればおそらくは一笑にふすであろう言説群でもある。源義経は奥州平泉の衣川館で妻子とともに自害したし、イエス・キリストはローマ帝国内で裁判を受けて処刑された。アトランティス大陸のような超古代文明が発見されたことはないし、東北地方に大和政権と対抗しうる別王朝が存在していた痕跡も認められない。フリーメイソンは近代に成立した社交友愛団体であり、ユダヤ人が世界の転覆を狙ったことも証明されえない。しかし考古学的・歴史学的常識に反するにもかかわらず、そのようなとっぴな言説群はわたしたちの周囲に遍在してきた。わたしたちは、このような言説群をひとまとめに偽りの歴史を述べた言説、すなわち偽史言説と呼びたい。本書は偽史言説とりわけ近代日本を中心とした偽史言説をめぐる研究論集である。

以下、本書の狙いを論じてみたい。

一　偽史言説とはなにか

立ち入った考察をする前に、まず、本書の中心的テーマである偽史（pseudo-history, false history）とはなにかを考えておかねばならないだろう。

偽史とは、文字通り「偽の」（pseudo, false, fake）「歴史」（history）である。そう考えた場合、偽史を定義づけるためには、まず、「歴史」（history）とはなんであり、その「歴史」をわたしたちの前に現出せしめる歴史叙述（historiography）とはどのような営みであるかを問う必要があるだろう。もちろん、言語論的転回を経験した今の歴史学において、このような大きな問いにわずかな紙幅で真正面から立ち入ることは困難であるし、仮に立ち入って論じたとしてすべての人が合意しうる唯一の正解があるようにも思えない。(1) ここでは編者による、「近代の歴史叙述」に限定したひとつの便宜的な考え方を提示しておきたい。近代の歴史叙述とは、史料批判という近代学問上の手続きを経て抽出された蓋然性の高い歴史的事実にもとづいて構築された、過去の世界を描出するひとつの物語叙述である、というものである。(2)

いまここで重要なのは、わたしたちが接する近代の歴史叙述は、第三者による証明手続きの再現可能性をそのディシプリンの中に内包する近代的学問という、プロフェッショナルで構成された学者共同体の承認を経ている、という点である。この点こそが、歴史と偽史を分かつひとつのポイントではないだろうか。なおここでいうプロフェッショナルとは、必ずしも大学で学位を取得したであるとかアカデミックポストを得ているとかに限定されるわけではない。それはその時々で承認される特定の手続きを踏んで事実を抽出し、一定の論理に従って、過去の歴史像を再構成する技能を収得した人全てを含み得る。

以上の近代の歴史叙述を前提とした上で、偽史とは何かを問うてみたい。一つの読み方をするならば、それはつまり、近代学問の承認を経た歴史に対抗するオルタナティブとしての物語という位置が与えられないだろうか。学問的手続きを経た歴史叙述であれば、第三者による検証を常に受け入れることで学者共同体の承認を獲得するが、偽史はそのような検証を必ずしも受け付けない。こうした偽史を紡ぐものは、もちろん自分が偽史を試みているとは考えてはいない。アカデミシャンから偽史とされるものこそが真の歴史である、自分こそが真実の歴史を知っていると信じる傾向がある。もちろん偽史とわかったうえで、偽史を喧伝するものもいる。こうして偽史言説は生成する。

二　偽史言説研究の歩み

このような近代偽史言説の研究はこれまでどのような歩みをたどってきたのだろうか。簡単に振り返ってみたい。

歴史家が、その時々でどのような歴史研究があるのかを知ろうとしたとき手にするのは、同じ歴史家が筆をとった参考文献である。たとえば歴史学研究会で定期的に刊行されてきた『歴史学の成果と課題』、各分野で研究入門と銘打たれたハンドブック、『史学雑誌』の文献目録などである。しかし、いまわれわれの手に入るそうした書籍や一覧で歴史叙述や近代思想史にかかわるページを繰ったとしても、近代の偽史言説に関わる研究を見いだすことはまずできない。それでは偽史言説の研究はこれまでなされてこなかったのだろうか。実のところそうではない。

従来、近代の偽史言説を研究対象として進めてきたのは、必ずしもアカデミックポストで研究に専従する職業研究者ではなく在野の研究者であった。なぜ職業研究者が偽史言説を取り上げてこなかったのか。それ自体が歴史家の営みを問う興味深い問題設定であるが、ここではさしあたり深入りしない。現状として確認できるのは、偽史言説研究のほとんどは在野で積み重ねられてきたということである。偽史言説研究としてある種のまとまりをもち、編者の導き手となった三冊をここであげておきたい。

ひとつは、長山靖生『偽史冒険世界 カルト本の百年』(筑摩書房、一九九六年)である。(3) SF作家でありサブカルチャー研究家でもある長山は、大衆文学そしてサブカルチャーの一部として、偽史言説を記した著作の歴史を日本近代史の中に位置付けた。第二に、藤原明『日本の偽書』(文春新書、二〇〇四年)である。(4) ノンフィクションライターの藤原は本書において、『竹内文献』や『東日流外三郡誌』といった記紀以前に成立したとされる「太古文献」をとりあげ、そうした偽史を生み出す人々のメンタリティを明らかにしようとしている。最後に、原田実『トンデモ偽史の世界』(楽工社、二〇〇八年)である。(5) 本書では、長山や藤原が取り上げていない事例も含めて、近代におけるさまざまな偽史言説をとりあげ、解説を付している。一般的理解とはかけ離れたトンデモ本を紹介する「と学会」や邪馬台国論争に深く関わっていた原田は、偽史言説の代表的紹介者そして偽史言説生成の観察者として、本書以降もいくつもの関連書を執筆している。(6)

他方で専門的歴史家の関心がこれまで全くなかったのかといえば、必ずしもそうではない。本書の寄稿者でもある長谷川亮一は、従来在野の研究者のなかで論じられてきた偽史をその定義にまで遡って検討する開拓的論考をものしている。(7)また個々の現象に焦点を合わせたものとして、同祖論を扱った小熊英二、柳田國男の思想源泉と偽史との関係を取り上げた大塚英志、竹内文献周りを対象とした山口輝臣の小論などをあげることはできるだろうし、(8)本論集の寄稿者らが執筆した幾つかの論考も見て取ることができる。(9)宗教史研究者久米晶文による『「異端」の伝道者 酒井勝軍』は、偽史言説においては必ずといってよいほど登場する酒井個人の貴重な伝記である。(10)

とはいえ、近代の偽史言説研究が、主として在野ベースで進められてきたことは否定しようがない。専門的歴史家の偽史言説に対する関心は、あくまで彼らの専門調査の過程で偶発的に目に付いた副産物であったように思われる。それに対してその在野ベースの研究は、偽史言説を、近代の日本社会が生み出したサブカルチャーの一分野として、もしくは大学の歴史学科での研究成果が提供しない日本近代史の「裏面史」として、取り上げてきたようにも見える。

実のところ、同様の傾向は日本だけではなく世界各地で確認することができる。たとえば日本語に翻訳されているケネス・フィーダー『幻想の古代史』やロナルド・フリッツェ『捏造される歴史』では、考古学者と歴史家がとりわけ西洋における偽史の事例とその背景を的確に解説している。(11)しかし西欧においても、疑似科学をめぐる議論が大学での講義も含め様々な場でなされているのとは対照的に、[12] 近代の偽史を対象とした研究集会が開かれたり専門誌で特集が組まれたりしたという話は聞かない。偽史言説はインテレクチュアル・ヒストリーの格好の素材であり、その意味において学界の関心を引きつつあるとはいえ、まだ学問世界において確立された分野とは言い難いのである。

三　偽史言説のアクチュアリティ

しかし近年、サブカルチャーとしていわばおかしみの対象でもあり、ややもすれば好事家的位置に押し込められてきた偽史言説が、突如実体をもってメディアを席巻したことは記憶に新しい。江戸しぐさとよばれる、史料上の根拠がないにもかかわらず江戸時代にあったとされる道徳作法が、あたかも歴史的事実であるかのごとく実際の教育現場で教えられるという事件を巡る一連の騒動である。原田実の考察が示すように、良識ある人が冗談と笑い飛ばす偽史も、ある種の条件が揃った場合、あたかも本来存在した実体を持つ歴史であるかのように振る舞い始め、わたしたちの社会に大きな影響を及ぼしかねないことをこの騒動は証明している。[13] そうであったとすれば、偽史言説はサブカルチャーの対象としての矩を飛び越え、突然アクチュアリティを帯びた社会問題として立ち現れる。

このような偽史のアクチュアリティは、なにも江戸しぐさだけの問題ではない。たとえば、青森県五所川原市に在住していた和田喜八郎（一九二九―一九九九）の邸宅から「発見」された文書群に基づく記紀以前の歴史たる『東日流《つがる》外《そと》三郡《さんぐん》誌《し》』は、『市浦村史』史料編に収録されることによって公から承認される歴史となった。(14) また枚方市牧野阪の牧野公園内にあるアテルイの「首塚」とされるものも、そのような歴史的事実も地元の伝承もないにもかかわらず、行政の中で顕彰されようとする流れが作られた。(15) 時代をさかのぼれば、ナチズム期において、突撃隊隊長ハインリヒ・ヒムラーが後押しをしたアーリア人優位説を担保した研究機関アーネンエルベ（祖先の遺産）の原ゲルマン史や、(16) 帝国日本における、神国日本としての歴史を再構築する皇国史観もまた、当時にあっての偽史言説のアクチュアリティの事例であろう。(17) それらは、当時の職業的歴史家のほとんどがアーネンエルベのヘルマン・ヴィルト（Herman Wirth 一八八五―一九八一）や東京帝国大学の平泉澄の歴史像に疑念を持っていたにもかかわらず、彼らの歴史像が軍部や政権と結びつくことにより社会に一定程度以上の影響力を行使した事例である。

もちろんこれは歴史化された過去の出来事にとどまることはない。従来の学問的合意を無視するかたちでの偽史言説の台頭と公的機関による喧伝は、いまなお権威主義的国家ではとりわけ珍しくもない事例であるし、現在の日本もまた例外というには困難な状態にある。

四　本書の構成

本論集では、このような偽史のもつアクチュアリティを念頭に置きつつ、近代日本で生成し、機能し、受容された偽史言説を、学問的手続きに従って考察することを目的とした。小澤による本論考「偽史言説研究の射程」を皮切りとして、四部構成をとる。

第1部「地域意識と神代史」では、江戸時代後期から戦前にかけて、地域意識と神代史という二つの観点に基づく偽史論考をおさめる。馬部隆弘による第一章「偽文書「椿井文書」が受容される理由」は、椿井《つばい》政隆《まさたか》という江戸時代の偽文書作成者とその「成果」に光を当て、現在に至るまで連綿と続く偽文書の利用とその影響について論じる。三ツ松誠による第二章「神代文字と平田国学」は、「偽史的想像力」（福島亮大の造語）という分析装置を軸に、平田篤胤から明治に至るまでの国学思想に見える、ひらがな以前の日本固有の文字（神代文字《じんだいもじ》）に対する理解を提示する。永岡崇による第三章「近代竹内文献という出来事――〝偽史〟の生成と制度への問い」は、近代偽史テクストのなかでも最も著名なものの一つである『竹内文献』を題材とし、その生成コンテクストを、個人ではなく構造に求める。いずれの論考にも共通するのが、近代日本の偽史言説が内包する、土着的な地域意識と記紀以前の歴史さらには神代史へと繋がろうとする歴史意識である。

　第2部「創造される「日本」」では、戦前から戦中という日本近代史の激変期において、「日本」の歴史がどのように解釈されたのかを考察した論考をおさめる。長谷川亮一による第四章「「日本古代史」を語るということ――「肇国」をめぐる「皇国史観」と「偽史」の相剋」では、偽史とは何かに関する厳密な議論を前提に、学者集団と彼らを支えた官僚体制を事例とし、正統と考えられがちなアカデミアの側もまた偽史を生み出す主体となりうることを論じる。石川巧による第五章「戦時下の英雄伝説――小谷部全一郎『成吉思汗は源義経なり』（興亜国民版）を読む」では、源義経＝ジンギスカン説をとる小谷部のテクストの複数の版を精読し、版の間に見られる差異から戦争へと突き進む国家の意思と在野史家の関係を読み取る。いずれの論考にも見て取れるのは、「日本」に過剰な意味を読み込むように仕向ける国家そして体制側学問の存在である。以上の論考では、一見自明の時間的空間的範囲をともなっているように見える「日本」や「日本史」が、時局に応じた書き手の意識次第で、いかようにも拡張されてゆく有様を確認することができる。

第3部「同祖論の系譜」では、祖先を同じくする系譜論である同祖論をあつかう。高尾千津子による第六章「ユダヤ陰謀説――日本における「シオン議定書」の伝播」では、世界を席巻したユダヤ人陰謀説の偽文書「シオン議定書」が、ユーラシアに進出する帝国日本のなかでどのように受け取られ流布したのかを論じる。山本伸一による第七章「酒井勝軍の歴史記述と日猶同祖論」では、生真面目な宗教者であった酒井勝軍《さかいかつとき》によって、ユダヤ民族史が日本人とユダヤ人を同一の祖先と考える思想へと読み替えられてゆく過程を分析する。津城寛文による第八章「日猶同祖論の射程――旧約預言から『ダ・ヴィンチ・コード』まで」では、山本論文と同じく日本ユダヤ同祖論をとりあげるが、より射程を広くとり、近代から現代に至るまでの言説受容者のメンタリティまでを含めて跡付ける。一般に考えられている日本の歴史よりもさらに古いと考えられる民族と日本人を同じ祖先をもつ集団としてみる理解は、他者より古い起源を求めようとする人間集団の思考様式を垣間見させる。

第4部「偽史のグローバリゼーション」では、世界の諸民族に関する風俗や歴史に関する学知や日本の外部で生成された偽史言説が日本に流入したのち、どのような展開を見せたのかを論じる。齋藤桂による第九章「「日本の」芸能・音楽とは何か――白柳秀湖の傀儡子＝ジプシー説からの考察」は、白柳秀湖という作家・歴史家による傀儡子を日本に流入してきたジプシーとみなす説を検討し、ヨーロッパや東南アジアと日本の関連をうちだそうとする音楽家、評論家らの理解を論じる。前島礼子による第一〇章「原田敬吾の「日本人＝バビロン起源説」とバビロン学会」は、オリエント学会の前身でもあるバビロン学会を創設した弁護士原田敬吾の活動に着目し、同祖論の一系譜でもある古代中東人と日本人が同一祖先であったとする議論が「学術的」にどのように蓄積され、さらに三島敦雄の偽史言説にどのように接続されたのかを論じる。庄子大亮による第一一章「「失われた大陸」言説の系譜――日本にとってのアトランティスとムー大陸」では、プラトン以来のアトランティス言説から、アメリカの政治家チャーチワードによるムー大陸言説に至るまでの「どこにもない大陸」言説が、近代から現代にいたる日本でどのように受容され改変されてきたのかを論じる。グローバリゼーションが進む近代日本においてはヒト・モノ・カネ・情報など多様な要素が流入したが、偽史言説もまたその一部であり、一旦流入した後は、日本独自のコンテクストに合わせた「成長」を遂げたことが確認できる。

五　偽史言説研究と近代日本

本書の論考は、それぞれ全く異なる専門を背景とする、一一人の研究者による個別論文の集成である。しかし、この一一本の個別論文をすべて読み通してみたとき、わたしたちは別の風景を見出すかもしれない。ここではおぼろげながら編者の目に映ってきたいくつかの風景を指摘しておきたい。

第一に背景としての信仰世界である。近代日本は、信仰のあり方それ自体が激変する時代でもあった。明治政府の宗教政策は、本山末寺制度に基づく幕末維新期までの信仰管理体制からより多様な信仰がせめぎ合う場へと日本を転換させた。[18]一八七三年（明治六）のキリスト教禁令の解除により、諸外国から数多くのキリスト教派とりわけプロテスタント各派は宣教師を派遣してさまざまな信仰共同体を成立させた。(19) 一八六八年（慶応四）の神仏分離令は、従来の本山末寺制度を解体し、国家による神道保護を一層推し進める契機となった。その理論的支柱として近代国学が隆盛を迎え、以降の神仏分離の流れの中で教派神道が成立した。(20) 他方で一旦国家から切り離された仏教界も、海外へ拡大する帝国日本を背景として時代に即応した動きを示した。(21) とりわけ日蓮宗はさまざまなセクトに変容し、またさまざまな解釈で受容されることで、近代日本に根を張るようになった。(22) このようにアモルファスな状態にあった明治期の信仰世界は正統的な信仰のあり方にゆらぎを与える。アメリカで宣教師としての教育を受けた酒井勝軍も、教派神道十三派のひとつ御嶽教の流れをくむ天津教の重要文献として位置づけられていた竹内文献も、このようなゆらぎある信仰世界において生み出された産物である。

第二に軍部との親和性である。明治初期に徴兵令に基づき整備された近代軍隊は、国防を担う前提として国家主義思想を涵養し、日清日露戦争を経て大陸へとその活動舞台を広げる。(23) 帝国日本による領域の拡大は現地文化との交渉を促進させ、その拡大を正当化する五族協和、大東亜共栄圏、八紘一宇といった拠って立つべき思想の整備が行われるようになる。(24) しかしそうした思想の背後には万世一系をゆるがせにしない皇国主義的な歴史・国体思想が常に横たわっていたことは見逃されてはならない。(25) 他方でこうした軍部の一部は、陰謀論やオカルト思想が蔓延する温床となっていたことも注意すべきであろう。竹内文献やシオン議定書に蝟集する軍人やその関係者のネットワークにくわえて、ムー大陸や源義経チンギスハン説といった言説が南洋や大陸への拡大へと関連付けられ利用された点もまた注目に値するだろう。

第三に地域社会との密接な関係である。中央政府がその周辺世界を馴致すべき夷狄と位置づけ抑圧や収奪の対象とする一方で、そのような対象とされる地域もまた、中央との間にある種の緊張関係を持ち、自らを中央と異なる独立した存在であるとの主張を涵養する傾向も確実に存在する。その結果として、中央の歴史という大きな物語に吸収されないような歴史もまた生成される。とりわけ記紀以来の正史をその要素とする「大きな歴史」は、それ自体がヴァリアントを生成する一方で、そうした「大きな歴史」と対抗する（しかし「大きな歴史」の存在は意識され前提とされる）オルタナティブとしての歴史叙述もまた書き継がれた。いわゆる一連の超古代史には今述べた要素が多少なりとも組み込まれており、とりわけ民俗学が古層と規定した東北地方や九州地方においては、独自の偽史言説が産み落とされてきた。そしてこうした大小さまざまな偽史言説は、しばしば公的機関のお墨付きを経て拡散し多く人々を魅了したことも思い起こす必要があるだろう。一八世紀に偽作された椿井文書の現在に至るまでの歴史は、良かれ悪しかれ偽史言説の生命力とその生命力を支える環境がどのように人々によって支えられていたのかを私たちに伝えてくれる。他方で、逆説的ではあるが、傀儡子やジプシー（ロマ）のような一定地域に根付かない対象、つまり地域から排除された対象を言説の中に組み込んでいくこともまた、地域社会を強く意識するオーディエンスに訴えかける要素があるとの判断に基づくものであるのかもしれない。

すでに述べたように、近代の偽史言説は近代学問としての歴史叙述に対するオルタナティブとしてその言説自体が構築されている。その近代学問としての史料批判と歴史叙述もまた、帝国大学にもたらされたルートヴィヒ・リースの史学以来、江戸期以来の時代考証と接合しながら日本のアカデミアに根付いた特殊近代的要素である。(26) そのような理解に立った場合、カトリック神学において何が正統であり何が異端であるかは設定条件によりその境界がゆらいできたように、正統的な歴史叙述と偽史言説の境もまたその時々でゆらぎうる。職業的研究者があえて避けてきた偽史言説をめぐる網の目は、実のところ、いまだ未開拓の近代日本の歴史の一セクション、近代日本で展開された知的活動の特性、そしてそもそも歴史をえがくことがどのような行為であるのかを明らかにする可能性を持つように思われる。(27)そして、近世から諸要素を引き継ぎ、近代において練り上げられた偽史言説は、戦後民主主義を標榜する戦後日本社会の中においては、そうした主義主張を意識的無意識的に取り込むことにより、近代とはまた別の役割を果たすようになった。戦後社会とりわけ一九七〇年代以降の偽史言説は、高度経済成長のなかで成長したさまざまなメディアの力を借りて、戦前とは比較にならないスピードと規模で爆発的に広まることになるだろう。(28)

編者による思いつきをざっと並べただけでもかくも広範囲にわたっているのが偽史言説研究の射程である。多くのひとたちがいままで以上に関心を持ち、そこに眠っているであろう、知られざる事実や新しい問題系などの鉱脈が掘り起こされんことを期待したい。本書がその手がかりのひとつになれば幸いである。

注

（1）最終的に個人の手によって行われる歴史叙述は、その個人の歴史認識に関わる作業である。参考として、遅塚忠躬『史学概論』（東京大学出版会、二〇一〇年）。

（2）ここではさしあたり「近代」、「史料」、「過去」、「物語」、「叙述」というそれぞれに意味範囲に揺れのある述語の定義については踏み込まない。長谷川亮一は偽史に対し、「信頼できない論拠（例：史料批判が不十分な史料、事実誤認、全くの想像など）を基に、非学問的な方法論によって組み立てられた、虚構の歴史」という非常にすっきりとした定義を与えている。「近代日本における「偽史」の系譜日本人起源論を中心として」(http://boumurou.world.coocan.jp/tondemo/gishi/gishi.html)。本論集においても寄稿者それぞれの偽史観は必ずしも統一されていない。

（3）長山の生業は歯科医である。長山靖生『偽史冒険世界 カルト本の百年』（筑摩書房、一九九六年、ちくま文庫、二〇〇一年）。長山は本書の他にも、『人はなぜ歴史を偽造するのか』（新潮社、一九九八年、光文社知恵の森文庫、二〇〇八年）を刊行している。

（4）藤原明『日本の偽書』（文春新書、二〇〇四年）。他にも、「近代の偽書〝超古代史〟から「近代偽撰国史」へ」（久野俊彦・時枝務編『偽文書学入門』柏書房、二〇〇四年）、「近代の偽書『東日流外三郡誌』の生成と郷土史家」（由谷裕哉・時枝務編著『郷土史と近代日本』角川学芸出版、二〇一〇年）を参照。

（5）原田実『トンデモ偽史の世界』（楽工社、二〇〇八年）。近年の作品として、『図説神代文字入門』（ビイング・ネット・プレス、二〇〇七年）、オフィステイクオー（原田実監修）『偽史と奇書が描くトンデモ日本史』（実業之日本社、二〇一七年）。数多くの著作をものしている原田氏の知的遍歴は興味深いものであり、その遍歴のときどきで書かれてきた著作は、偽史・偽書に対する原田氏のその時の態度が反映されている。いずれにせよ一般読者層に対する影響力は非常に大きいと言わざるを得ない。

（6）いずれもフリーライターによる以下の研究も参照。佐伯修『偽史と奇書の日本史』（現代書館、二〇〇七年）。単著にはなっていないが、藤野七穂「偽史源流行（一）―（二四）」（『歴史読本』四五（一）―四六（一三）、二〇〇一―二〇〇二年）。

（7）前掲注2の長谷川論考を参照。

（8）小熊英二『単一民族神話の起源「日本人」の自画像の系譜』（岩波書店、一九九五年）、大塚英志『偽史としての民俗学 柳田國男と異端の思想』（角川書店、二〇〇七年）、山口輝臣「天津教古文書の増殖」（『日本歴史』八〇〇号、二〇一五年）。

（9）寄稿者による偽史関連論考は、各章の文末註で引用されている。加えて、単著として入手できる研究として、庄子大亮『アトランティス・ミステリー　プラトンは何を伝えたかったのか』（ＰＨＰ新書、二〇〇九年）、齋藤桂『「裏」日本音楽史　異形の近代』（春秋社、二〇一五年）特に第三部、そして偽史と交錯する偽地誌とでもいうべき問題を扱った、長谷川亮一『地図から消えた島々　幻の日本領と南洋探検家たち』（吉川弘文館、二〇一一年）も必読であろう。

（10）久米晶文『「異端」の伝道者酒井勝軍』（学研パブリッシング、二〇一二年）。

（11）ケネス・フィーダー（福岡洋一訳）『幻想の古代史』（上下、楽工社、二〇〇九年）、ロナルド・フリッツェ（尾澤和幸訳）『捏造される歴史』（原書房、二〇一二年）。

（12）伊勢田哲二『疑似科学と科学の哲学』（名古屋大学出版会、二〇〇三年）を参照。

（13）原田実『江戸しぐさの正体　教育をむしばむ偽りの伝統』（星海社、二〇一四年）、同『江戸しぐさの終焉』（星海社、二〇一六年）。

（14）『市浦村史史料編　東日流外三郡誌』（三巻、市浦村史編纂委員会、一九七五〜一九七六年）。『東日流外三郡誌』をめぐる経過と諸問題は、斎藤光政『偽書『東日流外三郡誌』事件』（新人物往来社、二〇〇九年）。この偽史をモチーフとした要素が、いずれもベストセラー作家である高橋克彦の伝奇小説『竜の柩』（一九九七年）や内田康夫の推理小説『十三の冥府』（上下、文春文庫、二〇〇七年）にも登場している。後者はフジテレビの土曜ワイド劇場（二〇一二年一月一四日放送）で映像化までされている。『東日流外三郡誌』が一般社会に対していかに大きな影響力を持ちえたのかの証拠でもある。

（15）馬部隆弘「蝦夷の首長アテルイと枚方市」（『史敏』三、二〇〇六年）。現在なお、「伝アテルイ・モレの首塚」として、枚方市のＨＰには紹介されている（http://www.city.hirakata.osaka.jp/0000000346.html）。

（16）日本語で読めるアーネンエルベに触れた研究として、横山茂雄『聖別された肉体――オカルト人種論とナチズム』（書肆風の薔薇、一九九〇年）。とりわけヒムラーの思想については、フランク＝ロタール・クロル（小野清美・原田一美訳）『ナチズムの歴史思想　現代政治の理念と実践』（柏書房、二〇〇六年）。より専門的には、Michael H. Kater, *Das "Ahnenerbe" der SS 1935-1945. Ein Beitrag zur Kulturpolitik des Dritten Reiches*, 4 Aufl. München: Oldenbourg, 2006.

(17)　皇国史観と平泉澄についての研究は相当数にのぼる。代表的単著として、若井敏明『平泉澄――みな国のために我つくさなむ』（ミネルヴァ書房、二〇〇六年）、昆野伸幸『近代日本の国体論〈皇国史観〉再考』（ぺりかん社、二〇〇七年）、長谷川亮一『「皇国史観」という問題――十五年戦争期における文部省の修史事業と思想統制政策』（白澤社、二〇〇八年）などを参照。

(18)　村上重良『近代日本の宗教』（講談社現代新書、一九八〇年）、安丸良夫『神々と明治維新 神仏分離と廃仏毀釈』（岩波新書、一九七九年）、山口輝臣『明治国家と宗教』（東京大学出版会、一九九六年）、小川原正道『日本の戦争と宗教 一八九九―一九四五』（講談社選書メチエ、二〇一四年）など。

(19)　明治期のキリスト教については、さしあたり五野井隆史『日本キリスト教史』（吉川弘文館、一九九〇年）。

(20)　井上順孝『教派神道の形成』（弘文堂、一九九一年）。

(21)　大谷栄一・吉永進一・近藤俊太郎編『近代仏教スタディーズ 仏教から見たもうひとつの近代』（法蔵館、二〇一六年）。

(22)　大谷栄一『近代日本の日蓮主義運動』（法蔵館、二〇〇一年）、松岡幹夫『日蓮仏教の社会思想的展開　近代日本の宗教イデオロギー』（東京大学出版会、二〇〇五年）。

(23)　藤原彰『日本の軍隊（上巻）戦前編』（社会批評社、二〇〇五年）、高橋典幸・山田邦明・保谷徹・一ノ瀬俊也『日本軍事史』（吉川弘文館、二〇〇六年）、戸部良一『逆説の軍隊』（中央公論新社、二〇一七年）。

(24)　川西晃祐『大東亜共栄圏 帝国日本の南方体験』（講談社選書メチエ、二〇一六年）。

(25)　尾藤正英『日本の国家主義「国体」思想の形成』（岩波書店、二〇一四年）、米原謙『国体論はなぜ生まれたか 明治国家の知の地形図』（ミネルヴァ書房、二〇一五年）。

(26)　近代日本における歴史学の成立について、大久保利謙『日本近代史学の成立』（吉川弘文館、一九八八年）や永原慶二『二〇世紀日本の歴史学』（吉川弘文館、二〇〇三年）を参照。

(27)　近代日本において歴史をえがくこと自体を俎上に載せる試みとして、松沢裕作編『近代日本のヒストリオグラフィー』（山川出版社、二〇一四年）とりわけ、本論集との関係では、河野有理「「社稷」

の日本史——権藤成卿と〈偽史〉の政治学」を参照。河野論文はその後、同『偽史の政治学 新日本政治思想史』（白水社、二〇一六年）に再録。

（28） 戦後の偽史言説を受容する土壌を論じる共同研究の成果として重要なのは、一柳廣孝編『オカルトの帝国 1970年代の日本を読む』（青弓社、二〇〇六年）と吉田司雄編『オカルトの惑星 1980年代、もう一つの世界地図』（青弓社、二〇〇九年）。オウム真理教事件を意識して書かれた以下の著作も参照。大田俊寛『オウム真理教の精神史 ロマン主義・全体主義・原理主義』（春秋社、二〇一一年）、同『現代オカルトの根源 霊性進化論の光と闇』（ちくま新書、二〇一三年）、前田亮一『今を生き抜くための70年代オカルト』（光文社新書、二〇一六年）。

第1部

地域意識と神代史

［第一章］

偽文書「椿井文書」が受容される理由

馬部隆弘

はじめに

椿井《つばい》文書《もんじょ》とは、山城国相楽郡椿井村（京都府木津川市）出身の椿井《つばい》政隆《まさたか》（一七七〇―一八三七）が、依頼者の求めに応じて偽作したもので、中世の年号が記された文書を江戸時代に写したという体裁をとることが多い。そのため、見た目には新しいが、内容は中世のものだと信じ込まれてしまうようである。彼の存在は、研究者の間でもあまり認知されてこなかったため、正しい中世史料として世に出回っているものも少なくない。

椿井文書は、近畿一円に数百点もの数が分布しているというだけでなく、現在進行形で活用されているという点で他に類をみない存在といえる。本章は、このような現状を招いた理由について、多面的に考察するものである。まず一節では椿井文書の作成手法という側面から、続く二節では伝播の仕方という側面から、いかがわしいにもかかわらず受け入れられてしまう理由について検証する。そのうえで三節では、椿井文書受容の問題について、歴史学の関与という視点からより掘り下げて論じたい。

一　作成の実態

（1）基本的な方法

椿井文書が受容されてしまうそもそもの理由として、作者の椿井政隆がそれなりに工夫して作成していたことが挙げられる。そこでまずは、椿井文書の作成方法について、旧稿で明らかにしたことを整理しておく（1）。

律令制の崩壊とともに、延喜式神名帳に掲載される式内社の存在は忘却されるが、近世中後期になると各地の神社を式内社に比定する作業が進められる。それに先鞭を付けたのは、並河誠所《なびかせいしよ》（一六六八―一七三八）が編纂し、享保二〇年（一七三五）に刊行された『五畿内志《ごきないし》』であった。以後、『五畿内志』の情報を基礎としつつも、その補訂が知識人の関心事となっていく。ゆえに、式内社の比定地を巡って議論となる、いわゆる論社なるものも登場する。

例に漏れず、椿井政隆も式内社に高い関心を寄せている。例えば、『五畿内志』で比定できていない神社については、それを補うべく作成年代を中世とする縁起を偽作している。社歴が斯くあって欲しいと思う人物にとって、それは宝物として受け入れられることとなる。あるいは、『五畿内志』の史料的根拠が薄弱な部分に目をつけ、あたかも並河誠所が編纂にあたって典拠としたような史料を年代を遡って作成する。それによって、『五畿内志』と椿井文書は相互に信憑性を補うこととなる。このように、内容が広く知られている『五畿内志』に沿いつつ、多くの人の関心事を対象とするために受容が進むのである。

そして、地域史を描く際に中核となる神社の縁起が受容されると、内容的にそれと関連する偽文書も受け入れられやすくなる。その典型は、神社周辺に居住する富農の系図である。身分上昇を図る富農にとって、かつては有力な武士だったと語る系図は、喉から手が出るほど欲しいものであったに違いない。

そうした系図の信憑性を高める工夫の一つが、記紀などの史書に掲載される固有名詞を転用し、対象とする地域の神社や寺院の山号に命名するという作業である。具体的に山城国綴喜郡《つづきぐん》普賢寺谷《ふげんじだに》（京都府京田辺市）の事例を挙げると、「息長《おきなが》」や「朱智」といった本来普賢寺谷とは無関係の固有名詞を神社名や山号に充て、さらにその名称を曰くありげな祖先の名字として、寺社の侍を出身とする系図を量産するのである。

また、対象とする地域を選ぶ際にも特徴があって、山論となっている河内国交野郡《かたのぐん》の津田山や論社となっている近江国蒲生郡の馬見岡神社など、村と村が対立しているところによく出没する。[2] なぜなら、論争を有利に導く材料となる偽文書は、必要とされやすいからである。

とはいっても、古文書学の訓練を多少積んだ者が椿井文書の現物を見れば、偽文書であることは一目瞭然である。事実、筆者自身も椿井文書の存在に気付いたのは二〇代の頃であった。それでもついつい内容を信じてしまうのは、複数の椿井文書が相互に関係づけられているからであろう。椿井政隆は、対象となる地域で一定数の系図を作成すると、ある合戦に着到した人物名を連ねたものなど、連名帳を作成する。こうすることによって、仮に系図に疑わしい部分があっても、別のところで保管される連名帳と年代的にも合致する人物が系図に含まれることとなり、俄に信憑性が高まるのである。

そして、一連の仕事の総括として、自身が創造した中世の地域像を、系図を持つ家々や寺社・史蹟とともに絵図に表現する。この中世絵図がまた、人々の欲求を満たすようである。もちろん、新しい紙と絵の具では疑われるので、中世以来の幾度かの模写を経て椿井家に伝わった絵図を、さらに模写したものという体裁で提供している。以上のようにあらゆるジャンルの史料が複雑に関係づけられているため、ついつい信じてしまうようである。

椿井政隆の仕事で特筆すべきは、各地域で描いた歴史をさらに興福寺の末寺帳「興福寺官務牒疏《こうふくじかんむちょうそ》」で総合する点にある。その作業は、最終的に近江・山城・河内・大和・伊賀の広範囲に拡大した。(3) これによって、遠隔地の歴史が相互に関係するうえ、興福寺の文書と合致するという誤解もなされ、さらなる信頼を得てしまうのである。また、椿井文書の分布状況をみると、知識人の多い都市部を避けて偽文書を作成していることもみてとれる。これも、椿井文書であることが露呈しにくくなっている要因の一つであろう。

(2) 連鎖の実態

連鎖的に作成される椿井文書の実例については、筆者の旧稿でも詳しく論じたが、本章三節で「円満山少菩提寺《えんまんさんしょうぼだいじ》四至《しいし》封彊《ほうきょう》之《の》絵図《えず》」（以下、少菩提寺絵図）を取り上げる関係上、本項ではその周辺における実態を紹介しておきたい。なお、地元の自治体史には、少菩提寺絵図以外に椿井文書は掲載されていないので、(4) 椿井文書の検索方法についても併せて紹介することができるかと思う。

少菩提寺は、近江国甲賀郡菩提寺村（滋賀県湖南市、二〇〇四年の合併前までは甲西町《こうせいちょう》）の菩提寺山東側斜面にあった山岳寺院で、中世までは栄華を誇ったとされるが、近世には廃れてしまう。往時の姿を示すとされる少菩提寺絵図は、「明応元年（一四九二）壬子四月廿六日」に描かれた原本を「南龍王順《なんりゅうおうじゅん》」すなわち椿井政隆が模写したと記入されているため、明らかに椿井文書である。明応改元は七月のことなので、未来年号となっているが、これも椿井文書にしばしばみえる特徴である。現在この絵図は、菩提寺山東麓に位置する真宗大谷派の西應寺《さいおうじ》に伝わっている。

先述のように、椿井政隆は対象として選んだ地域に興福寺の末寺を設定し、それら末寺を「興福寺官務牒疏」に総合する。なかでも中世段階に力を持っていたと主張したい末寺には、中本山的な立場を与え、さらにその配下に複数の末寺を配置する。したがって、「興福寺官務牒疏」のなかで中本山的な立場の寺は、その寺自身もしくは周辺の有力な家が、椿井政隆に対して偽文書の作成を要請した可能性が極めて高い。近江において最も規模の大きい中本山的な立場にあるのは、大菩提寺とも称した金勝寺である。(5) そして、それと対をなす少菩提寺にも五ヶ寺の末寺が配置されていることから、大菩提寺に準じて偽文書の創作に力を注いだことは想像に難くない。

西應寺に残る少菩提寺関係の史料は、一般には絵図のみしか知られていなかったが、地元住民が主体となって作成した書籍で新たにいくつか紹介された。そのうちの一つ、「興福寺権僧正胤算」が画賛を識した良弁僧正画像は、胤算の花押が椿井政隆自身の花押と形状や墨の付け方が近似している。(6) そのほか、西應寺に残る「功徳円満山縁由記」「円満山少菩提寺略縁起」「円満山少菩提寺由縁記」「少菩提寺炎滅廃壊の記録」などには、いずれも興福寺との密接な関係性を示す椿井文書の特徴がみられる。(7) ここまで徹底して作成していることから、椿井政隆が少菩提寺の寺歴を創作することに執心していたことは間違いない。

次に、椿井政隆は、地域の中核的位置にある神社にまず間違いなく目をつけるので、菩提寺村の氏神である斎《いつき》神社《じんじゃ》の古文書を検索してみた。すると、地元行政の広報誌に紹介されている「斎大明神社紀」なるものが確認できた。(8)「斎大明神社紀」は、文明元年（一四六九）三月に「青木治部尉桧物荘下司職源頼教」が記したという体裁をとっているが、例によって文明への改元は四月である。また椿井政隆は、中世の年号を用いて神社の由緒を記す際に、【図1】のような一行あたり一二―一五文字程度の比較的大振りな明朝体の文字をしばしば用いるが、それと特徴が一致する。同様の書式のものは、【図1】に示した大阪府枚方市の百済王神社《くだらおうじんじゃ》のほか、滋賀県米原市の勝居神社《かついじんじゃ》、同市の蛭子神社《ひるこじんじゃ》、同県愛荘町の石部神社《いそべじんじゃ》、同県東近江市の熊原神社《くまはらじんじゃ》、同県野洲市の兵主神社《ひょうずじんじゃ》、同市の稲荷神社などにも残されている。(9)

百濟王靈祠廟由緒
大河内國交野郡中宮原百濟
王神祠之淵源本繹之則所祭
之神靈者百濟王之各靈也例
祀每歳菊月朔日行之中宮林
之主神也當百濟久素王時
應神天皇遣使召之入即王仁来
貢忠是本朝儒道之祖也其後
人皇三十三代推古天皇馭宇

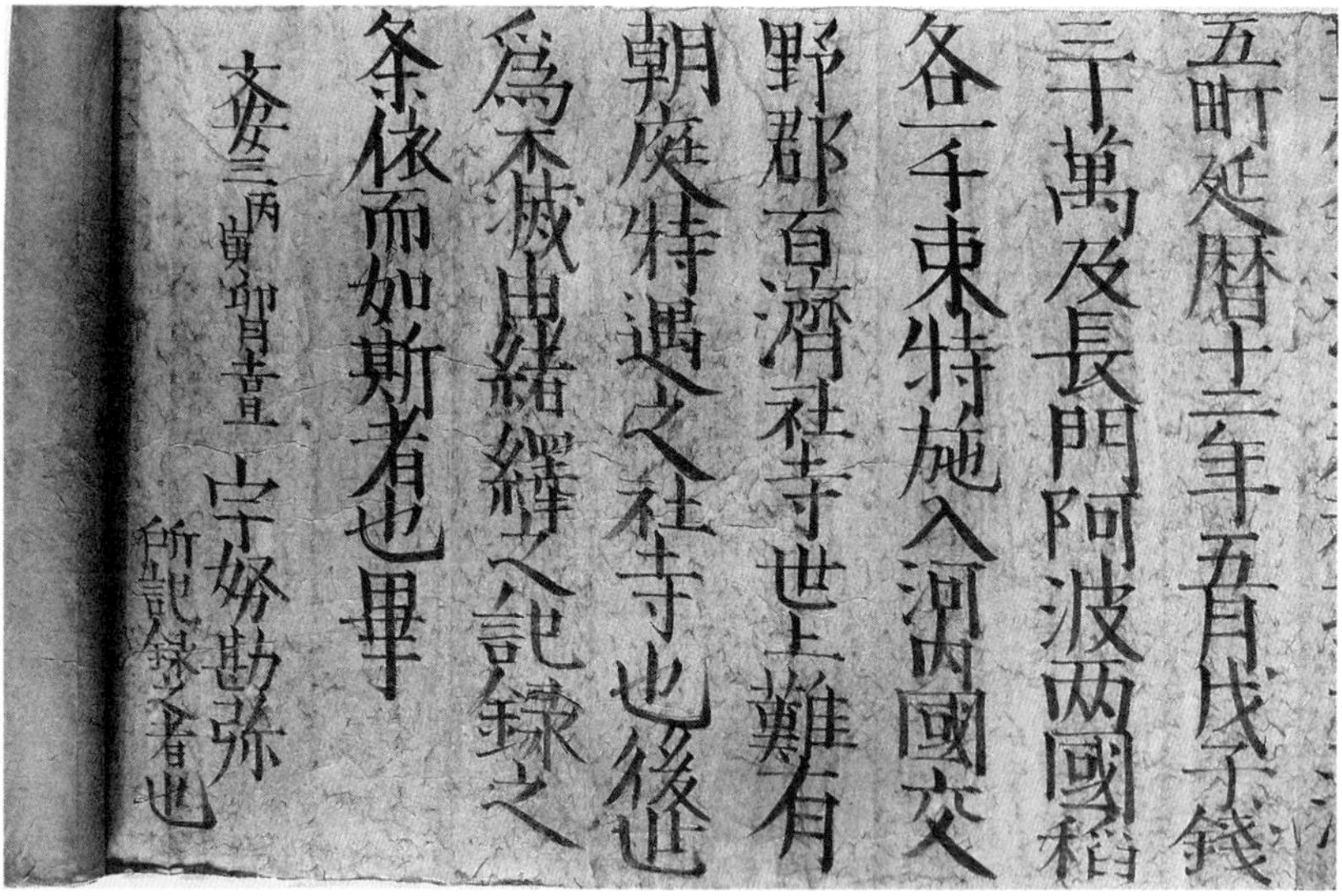
五町延暦十二年五月戊子錢
三千萬及長門阿波兩國稲
各一千束特施入河内國交
野郡百濟社寺世上難有
朝庭特遇之社寺也後世
為不被由緒繹之記録之
条依而如斯者也畢
文安三丙寅卯月壹　宇好勘弥
所記録者也

【図1】　百済王神社蔵「百済王霊祠廟由緒」の巻頭・巻末

菩提寺には、斎神社のほかにも比較的規模の大きい神社として和田神社（祇園天王社）と八王子神社がある。その二社を一括して「祇園天王八王子社縁起」なるものも作成している。[10] 文明元年（一四六九）四月に「下司職青木治部尉頼教」が記した体裁をとっており、やはり特徴的な明朝体で記される。「斎大明神社紀」では、少菩提寺の「鬼門護法鎮守」のために「経津主神・素盞烏命弁八王子神之三柱」を勧請したとするが、「祇園天王八王子社縁起」でも少菩提寺の「擁護之神」として「素盞烏命・斎主神弁八王子神之三柱」を勧請したとしており、内容的にも合致する。

先述のように、椿井政隆はとりわけ論社に強い関心を持っていた。菩提寺の隣村にあたる正福寺《しょうふくじ》（滋賀県湖南市）には、論社となっている川田神社が存在する。[11] 隣村とはいっても、川田神社は菩提寺と正福寺の境界である高田砂川から東へわずか二〇〇m程度なので、椿井政隆が関心を持たない筈がない。事実、少菩提寺絵図には、高田砂川を越えて、絵図の東端に「河田大明神」が描かれている。また、「円満山少菩提寺由縁記」にも、少菩提寺の「外護」として「河田大明神」が加わっている。

そこで、川田神社に肩入れした偽文書を検索したところ、地元広報誌に「川田大明神紀」なるものが確認できた。[12] これは、文明四年（一四七二）に「下司青木治部尉頼教」と「供侶大乗山住夏見寂意」が記したこととなっており、やはり特徴ある明朝体が使用される。当然のことながら、「延喜式神名帳所録甲賀郡八座之一川田神社」という椿井政隆の主張が文中に盛り込まれている。

そのほか、西應寺に残る椿井文書のうち「功徳円満山縁由記」も、文明五年（一四七三）に「下司青木治部尉」と「乾入道釈了賢」が記した体裁をとる。このように、新たに検出された椿井文書からは、文明元年から五年にかけて精力的に地域の寺社の歴史を記録した青木頼教の存在を強調する狙いが浮かび上がってくる。確認はできていないが、もしこれで青木家系図のなかで戦国初期に青木頼教の名が存在したならば、同家の系図の信憑性は高められるであろう。(13)

以上のように、椿井政隆は椿井文書相互を関連づけることで信憑性を高めようとしていた。そして、菩提寺における少菩提寺や青木頼教、普賢寺谷における朱智や息長のように、その連鎖に使用されるキーワードこそが、椿井政隆が最も主張したい内容であり、偽作の核ともいうべき部分となっているのである。

(3) 情報源

三節でみるように、椿井文書に年代などの虚偽があることは知りつつも、椿井政隆による詳細な調査成果が反映されていると主張する研究者は少なくない。その根拠は、記紀などの史書と一致する部分があるというもので、だからこそその他の記述も何らかの確かな情報源があるはずだというのである。ここから、記紀などの情報が盛り込まれていることも、椿井文書を受容してしまう要因の一つとなっていることが指摘できる。しかし、そのように安易に受け取ってよいものであろうか。そこで本項では、椿井政隆が偽文書を作成するにあたって、現代に伝わらない確かな情報をどれだけ得ていたのか検討しておきたい。

その手がかりとなるのが、【図2】の「椿井家古書目録」という史料である。(14)これには、椿井文書などが一八八項目、点数にすると二〇〇点を超えて列挙されている。各地で作成された膨大な量の系図や、前項でみた連鎖的に作成した小規模な神社の縁起など、需要が特定の家や寺社に限定されるものが含まれていないことから、必ずしも椿井文書の全貌を示すものではない。おそらく、椿井文書の販売目録のようなものであろう。

興味深いのは、椿井文書と内容が一致するものに混じって、「日本記略」(紀)「信長公」(記脱)「大安寺資材」(帳脱)「多武峰《とうのみね》略

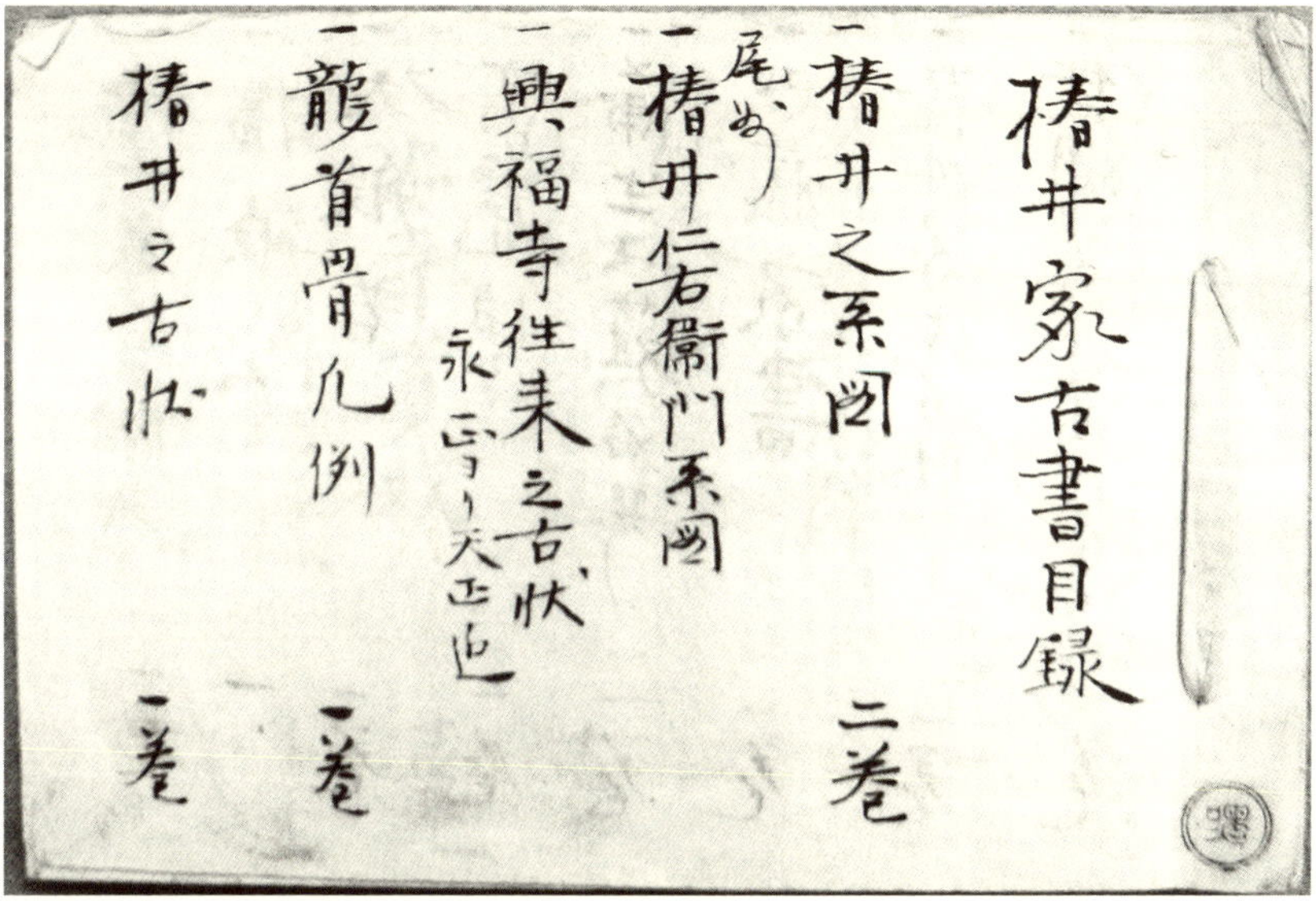

【図2】「椿井家古書目録」

紀《（記）》」「聖徳太子講式」「大原問答絵鈔」「公事根源《くじこんげん》集《しゅう》釈《しゃく》」「慶元《けいげん》通鑑《つがん》」「石亭《（木内）》百石図」といった一般的な史料も含んでいることである。正しい史料と並べることで、椿井文書の正当性を確保しようとしているのであろう。

ここでは、このうち「信長記」に着目したい。よく知られるように、「信長記」は太田牛一《おおたぎゅういち》（一五二七―一六一三）が記したものと、それを元に小瀬甫庵《おぜほあん》（一五六四―一六四〇）が物語風に改めたものの大きく分けて二種がある。[15] 前者は、岡山藩主の池田家に伝わる原本の筆写で広まっているため、大名家を中心として限られた範囲にしか流布していない。それに対して後者は、刊本として市井に広まった。よって、近世に世間一般でいうところの「信長記」は後者である。

椿井文書とみられる近江国犬上郡の新谷《しんがい》家系図には、「天正元年《（一五七三）》九月四日於佐和山城奉拝謁　信長公」と佐和山城に入った信長に謁見した旨の一文がある。[16] 牛一本「信長記」同日条に「九月四日、信長直に佐和山へ御出でなされ、鯰江の城攻破るべきの旨、柴田に仰付

【表】『近江輿地志略』と『粟津拾遺集』の比較

村名	近江輿地志略	粟津拾遺集
――	粟津荘	志賀郡粟津庄
西庄村	法伝寺	法伝寺
	――	桃源寺
	八大龍王社	八大竜王社
	泉水寺	泉水寺
	兵津川	兵津川
木下村	正法寺	正法寺
	敬願寺	敬願寺
	霊照院	霊照院
	八大龍神社	八大龍神社
	唯泉寺	唯泉寺
	天王	天王
	石神	石神
	庄塚	庄塚
	鳴滝	鳴滝
	御霊殿山	御霊殿山
	山頭嶽	千頭ヶ嶽
膳所村	陪膳浜	陪膳浜
	膳所城	膳所城
	縁心寺	縁心寺
	清徳院	清徳院
	響忍寺	響忍寺
	大泉寺	大泉寺
	膳所大明神社	膳所大明神
	大養寺	大養寺
	景沢寺	景沢寺
	持明寺	持明寺
	安昌寺	安昌寺
	唯伝寺	唯伝寺
	永順寺	永順寺
中庄村	牛頭天王社	牛頭天王社
	稲荷大明神社	稲荷大明神社
	大円院	大円院
	最勝院	最勝院
	膳所瀬	光源寺
	光源寺	膳所ヶ瀬
	専光寺	――
	瓦浜	――
	田中山王社	田中山王社
	陽焔水	陽焔水
	妙福寺	妙福寺
	法性寺	法性寺
	茶臼山	茶臼山
	別所谷	別所谷
	墨黒谷	墨黒谷
	毘沙谷	毘沙ガ谷
別保村	若宮八幡社	若宮八幡社
	新楽寺	新楽寺
	兼平寺	兼平寺
	西念寺	西念寺
	今井四郎兼平墓	今井四郎兼平墓
	天満天神宮	天満天神社
	大将軍	大将軍社
	幻住庵	幻住庵
――	粟津古戦場	粟津古戦場
	粟津野	粟津野

けられ候、則取詰め候処」とある部分が、甫庵本「信長記」同日条には、「九月四日に同国なまづえの城せめやぶるべしと仰られければ、柴田承てとりまく所」とあって信長の佐和山入城記事が省略されている。(17) つまり、椿井政隆は何らかのルートを用いて、牛一本「信長記」を入手していたのである。

ここから、「椿井家古書目録」のうち椿井文書を除いた史書類は、椿井政隆の蔵書のなかでも自慢できるものが並べられていると考えられる。もちろん、当時は自慢しうるものだったかもしれないが、今となってはさほど珍しいものは何一つない。見方を変えれば、椿井政隆の知り得た情報とはこの程度のものなのである。

そのほかに、椿井政隆の得ていた情報量を示す存在として、『粟津拾遺集《あわづしゅういしゅう》』がある。(18) これは偽書ではなく、大津市膳所周辺の粟津荘を対象とした地誌で、椿井政隆の自跋に「右此一冊者我多年撰集処、然此度粟津住何某依懇望書之」との自負が示されるが、【表】に項目を示したように、内容的には寒川辰清《さんがわとききよ》（一六九七―一七三九）が編んだ享保一九年（一七三四）成立の『近江輿地志略』(19)から粟津荘部分を序列もそのままに抜き書きしたものに過ぎない。大きく異なるのは、明和九年（一七七二）開基の西庄村桃源寺が追加された点と、中庄村の専光寺《せんこうじ》と瓦浜《かわらがはま》が省かれている点である。後者の原因は、その直前の項目で膳所瀬と光源寺の順序を誤って逆転させてしまったことにあるのではなかろうか。つまり、丸写しを図って、それすら失敗したと推察されるのである。このように史実を連ねようとすると、比較的入手が容易な本から抜き書きするだけで、独自の調査で得た情報はほとんど持ち合わせていないのである。

以上のように、内容全体に信憑性を持たせるため、確かな史書をもとにした情報を盛り込むことは事実である。しかし、現代的にみれば、その情報は図書館などで容易に手に入るものばかりであるため、逆に椿井文書にしかみられない情報は、椿井政隆の偽作である可能性が極めて高いと考えられる。

二　伝播の二系統

(1)　近代の流布

椿井文書が広く定着した原因は、伝播の仕方にもあった。椿井政隆は自身でも椿井文書を頒布していたが、死後も椿井家には未頒布のものが大量に残されていた。それらは、木津（京都府木津川市）の今井家に質入れされ、その今井家が明治二〇年代頃から由緒ある者に対して販売を始める。(20)いわば第三者が販売することによって、椿井政隆が各地で集めた古文書が地元に戻ってきたという扱いを受けたのである。これによって、椿井政隆自身が頒布する場合とは異なり、一定度の客観性を帯びながら流布する。時あたかも国家神道のもと、それまで以上に神社の社格が重要な意味を持つようになり、椿井文書の需要は高まっていた。これらの諸要因が重なって、爆発的に流布したようである。

実際のところ、近世の流布と近代の流布がどれくらいの比率なのか、膨大な量があるため今すぐはっきりしたことはいえない。そこで、近世と近代のいずれに流布したものか見極める方法を紹介することで、近代の流布が相当数であったことを示しておきたい。

椿井政隆が作成した絵図をよくよく見ると、二つの系統があることに気付く。例えば、普賢寺谷の観音寺に伝わる「山城国綴喜郡筒城郷朱智庄佐賀庄両惣図」は、文明一四年（一四八二）に初めて描かれ、永正六年（一五〇九）に加筆のうえ再び描かれ、そのうえで料紙の右下部分に「以南都春日社新造屋古図模写之」と記しているが、最終的な模写の年代は記されていない。[21] 陽明文庫にも、右の絵図と全体的な構図はほぼ同じながら、観音寺蔵のものでは「在判」とされる部分に花押影が写されるなど、細かい点で異同のみられるものが伝わる。[22] 模写の年代も観音寺蔵のものとほぼ一致するが、料紙の左下部分に「天明八（一七八八）戊申年九月十六日／以春日社新造屋古図模写之」とあって、近世後期の最終的な模写年代が追加されている点に相違がみられる。

「近江国坂田郡筑摩社並七ヶ寺之絵図」も、二つの系統を確認できる。滋賀県米原市の筑摩神社に伝わる系統の絵図には、正応四年（一二九一）にまず描かれて、文明六年に模写されて、さらに承応二年（一六五三）に模写されたのち、最終的な模写の記録として「乙亥年十一月写之畢／藤原胤政謹画」と記される。[23] この「胤政」という名は、「興福寺元衆徒中御門系図」の署名に「椿井右馬助平群懐暎胤政」とみえる一方、[24] 先述の「少菩提寺炎滅廃壊の記録」では「興福正院室晨勝院律師胤政」とみえるように、様々な形で椿井政隆が好んで用いるものである。ここでは、藤原胤政という「同時代人」になりすまして、椿井政隆の活動期間にあたる乙亥の年、すなわち文化一二年（一八一五）に最終的に描いたこととしたのであろう。それに対し、米原市の坂田神明宮蔵や蛭子神社蔵のものはほぼ同じ構図ながら、村名の表記方法などが若干異なり、やはり最終的な模写の年代が記されない。(25)

以上のように、模写をした近世後期の年代を記すか否かで二つの系統に分けることができる。このように分かれる要因は、自身が所蔵するものの写というかたちで、椿井政隆が頒布していたことに求められる。近世後期の模写年代は、椿井政隆が頒布する際に書き込んだものであって、そこから近世に流布したものと判断される。一方、椿井家に残された原本には、最終的な模写の年代を必ずしも記しておく必要はない。そのため、近世後期の模写年代がない場合は、近代の流布である可能性が高い。

ただし、あくまでも判断の目安であって、椿井政隆が原本に近世後期の模写年代を書き入れてしまう場合もある。文化元年（一八〇四）に、近江国滋賀郡南庄村（大津市伊香立南庄町）で龍の骨（実際はナウマン象の化石）が見つかるという騒ぎがあった。椿井政隆も、上田耕夫《うえだこうふ》（一七六〇―一八三二）が文化二年六月に描いたこの骨の図を同年一一月に写しているが、やはりこの図も二系統あって、若干異同のある文化五年の模写図も存在する。(26)前者が原本で、後者が近世の流布本であることは想像がつくが、原図からして近世後期の体裁をとっているため、この場合はいずれにも近世後期の模写年代が記されている。

原本に近世後期の模写年代が記される事例をもう一つ挙げておく。京都府立京都学・歴彩館蔵の「山城国綴喜郡井堤郷旧地全図」は、木津の今井家に所蔵されているものを明治一四年（一八八一）に井手（京都府井手町）の宮本直吉が写し、さらにそれを明治三五年に京都府の担当者が模写して今に伝わっている。(27)したがって、椿井家に残された原本の系統に相当するが、これの原図は康治二年（一一四三）のものとされ、近世後期の享和三年（一八〇三）に模写した旨が記されている。

右の二つの事例は、近世後期の模写年代の有無だけでは、流布の時期を正確には判断できないことを示しているので、次にもう一つの指標を提示しておく。

大阪府太子町の叡福寺を描いた絵図は、椿井政隆存命時に頒布されたものでなく、明治二〇年代に流出したものと推測される。[28] そこには、建久四年（一一九三）という絵図が描かれた年代しか記されず、近世後期の模写年代は記されない。この絵図の特徴は、特に料紙の左下部分に丘陵の稜線や河川、あるいは古墳など、薄い下書き線が多数残っており、清書段階と大幅に乖離している点にある。[29]

京都府木津川市の神童寺が所蔵する「北吉野山金剛蔵院神童教寺伽藍之図」も、「永正六(一五〇九)己巳年九月廿八日所画也、然後寛永十(一六三三)癸酉年四月十六日再画之云々、亦復再模写之畢」とあって、近世後期の模写年代が記されず、下書き線と清書で山の稜線が大きく乖離している。[30] 同様に少菩提寺絵図も、椿井政隆自身が模写したとするものの年代は記されず、「明応元年(一四九二)壬子四月廿五日」という最初に描かれた年代しか記されていない。そして、同じく山の稜線に下書き線が確認できる。[31]

完成品と大きく異なる下書き線を残しているということは、原図を模写したという椿井政隆の主張と矛盾する。よって、これらは椿井家に残された原本で、本来は門外不出の品であったはずである。それが明治時代に図らずも流出してしまったのであろう。[32]

以上のような視点で椿井文書の絵図をみると、近代に流布したものは相当数あると推察される。事実、『近江栗太郡志』の編纂が進められていた大正一三年（一九二四）に、編纂委員で栗太郡志津村長の青地重治郎は、編纂主任の中川泉三《なかがわせんぞう》に対して、「当地方ニ一時各村共木津行大流行致し、本郡(栗太郡)ニも仝記録沢山有之」と書簡を送っている。[33] 後述のように『近江栗太郡志』編纂の過程で、中川泉三は椿井文書の実態を把握しているようなので、ここでいう「全記録」とは椿井文書のことに相違あるまい。

（2）近世の流布

本項では、近世段階に遡って、椿井文書の受容状況についてみておく。

天保一三年（一八四二）に普賢寺谷のうち水取村の大冨家を訪れた水島永政（一七九四―？）は、継体天皇から始まる同家の系図を実見している(34)。椿井文書にしかみられない「朱智荘」などが登場しているので、明らかな偽系図である。大冨家の「主」が「家譜を正としてしめさる」とあるように、椿井政隆に依頼して創られた偽系図は、それを入手した者によってすぐさま積極的に活用されている。普賢寺谷の椿井文書は、熟練期の椿井政隆が持てる力を出し切って作成したものなので、今現在も利用されてしまうことが多い。その点は近世にまで遡るようで、実際に水島永政も大冨家の系図を鵜呑みにしている。

先述のように、一八世紀末頃から、近江国蒲生郡においては日野村井町の馬見岡綿向神社《うまみおかわたむきじんじゃ》（滋賀県日野町）と岩倉村の馬見岡神社《まみおかじんじゃ》（同県近江八幡市）が、式内馬見岡神社を巡って争っており、そこに椿井政隆が現れている。日野村井町の辻六右衛門が、幕末から明治にかけて編纂した「蒲生古蹟考《がもうこせきこう》」(35)に「山城人椿井廣雄（政隆）ト云人、当郡徘徊アリ、此人ニ社ノ系図ヲ頼ミタルナルベシ（中略）馬見岡ノ社トセンガ為、綿向古鐘ノ文ヲ贋作シ式外ノ神ト書タルナルベシ」とあるように、永万元年（一一六五）の綿向神社鐘銘を偽作し、そこに「式外之神」と盛り込んだのである。これは明らかに岩倉村の望む内容といえよう。すでに当時から、受容する者がいる一方で、「贋作」と断定する者もいたことがわかる。

同じく蒲生郡中之郷村の坂本林平は、「楓亭雑話」(36)のなかで、「当村氏神ヲ近郷ノ里人、只山崎神社ト唱へ来レリ、（中略）当村字ニ右社ノ近辺長曽川ト云イ、又川ノ北南ヲ長曽トイヘリ、サレハ神名帳ノ長寸ノ神社ニモヤト疑惑シテ有シカ、近頃山城国椿井郷椿井村椿井権之亮《（政隆）》ト申士、文化十四丁丑歳、此辺ニ五社明神ト申有リヤト尋来ラレ、則当村氏神五社也ト申候ヘハ、旧事好ニテ安堵シテ皈ラレ、其後、瓜生津井上氏ニ逗留故、使札ニテ、若五社明神ハ長寸ノ神社ニモヤト談シ遣シ候ヘハ、此儀故有コトトテ、日ヲ暦テ、右長寸山并四ツ谷古城等ノ古画図持来ラレ、委細長寸神社ト分明ナリ」と椿井政隆の姿を捉えている。文化一四年（一八一七）に椿井政隆がやってきて、「五社明神」がないか尋ねてきた。地元で山崎神社と呼ばれてきた神社には五柱を祀っているので、坂本林平は山崎神社は「五社」だと回答した。これを聞いて椿井政隆は満足げに帰っていったという。おそらくこの段階では、「五社明神」にまつわるストーリーを想定していたのであろう。それに対して、「長曽」という字名から、山崎神社は式内長寸神社の可能性もあるのではないかと以前より疑っていた坂本林平は、同郡瓜生津村（滋賀県東近江市）に滞在していた椿井政隆に手紙を送り、その可能性について問うた。すると、しばらくの日数を経て、「長寸山」の絵図と「四ツ谷古城」の絵図のほか、[37] 引用部分の続きになるが「興福寺官務牒疏」を持参し、長寸神社と明確になったという。

右の一例は、自村の氏神が式内社になるという意味で、坂本林平にとって悪い話ではないため、椿井政隆に対する悪評は特に記されないが、不審に思っていることは明らかであろう。実際、馬見岡神社を巡る争いについては、「近頃、岩倉村ノ神社ヲ馬見岡也ト好事ノ士有リテ申出レト、是又拠ヲシラス」とみえるように、「好事ノ士」と名前を伏せつつも椿井政隆を批判している。

また、「近頃旧事ニ無他事人、南都大安寺資材録持来リテ見セケルニ、紙時代二百歳三百歳ノ物トハ見ヘス、鳥ノ子紙ニ似テ至テフリタリ、右巻物ニシテウヤ〳〵鋪書也、其大サ巻テ二囲斗リ有リ、錦ノ袋ニ入タリ」とここでも名を伏せているが、先述のように「大安寺資材」が椿井政隆の蔵書目録に含まれていることから人物を特定できる。紙が新しいと疑っており、敢えて仰々しくしていることを見破っている。そのほか、「近頃椿井氏、何レノ記録ニ有シヤ、惟喬親王ノ四世正四位下小椋左近衛中将実澄公ノ旧墓、奥津保杉杣林邑田ノ中ニ有由尋惑ヘリ」と疑っていたり、あるいは「長寸郷」の「善通教釈寺」なる寺の鐘銘についても、「例ノ好事ノ偽作ナラン歟」と見抜いている。重要なのは、右のように疑いつつも、実際山崎神社が長寸神社と改名するように、利益をもたらす椿井文書は、結果的に受け入れられてしまうという点にあろう。

なお、「長寸山」のほかに無関係とも思える「四ツ谷古城」の絵図を持参した理由は、坂本林平宅に滞在中の椿井政隆に対し、同じく中之郷村の吉倉貞澌が祖先のことを尋ねていたからである。その結果、吉倉氏は四ツ谷城の「目代」であったことが判明し、その旨を吉倉貞澌は文化一四年（一八一七）付で記録に残している。[38]これも、椿井文書を積極的に受け入れた事例といえる。

そのほか、蒲生郡における椿井政隆の足跡を示すものとして、「西中山金剛定寺縁起略紀」（以下「略紀」）と「西中山金剛定寺縁起」の二冊の竪帳がある。[39]いずれも、椿井文書を写したものである。前者は、近江国蒲生郡中山村（滋賀県日野町）出身の近江商人である岡﨑敬長が筆者で、表紙に文政元年（一八一八）七月に写した旨が記される。[40]後者は、その息子の岡﨑敬喜が写したもので、年代に「元治元年迄〇〇年」という注記が数多くあることから、元治元年（一八六四）の写とみられる。「西中山金剛定寺縁起」の原本は、同村の金剛定寺に現在伝わっている。[41]「略紀」のほうが古いというのもおかしな話だが、これも近世における椿井文書の頒布方法を反映したものとなっているので詳しくみておきたい。

「略紀」とはいっても、「西中山金剛定寺縁起」の単純な略記ではなく、それ以外にも金剛定寺に関する様々な情報が盛り込まれている。その事情は、岡﨑敬長が跋文に「右者文化十四丁丑載従穐至冬季迄、大倭国椿井先生南都東大寺之以記録校合有之刻、右先生ヨリ逑テ写之」と記していることから窺うことができる。すなわち、「西中山金剛定寺縁起」を要約したもののほか、椿井政隆自身が文化一四年（一八一七）秋から冬にかけて東大寺から集めてきた情報を写させてもらったというのである。椿井政隆が「西中山金剛定寺縁起」そのものではなく、略記を提供した理由は、おそらく「西中山金剛定寺縁起」が未完成だったからであろう。

椿井政隆は、文化一三年（一八一六）二月に蒲生郡日野町にある音羽城を訪れて絵図を描いており、翌一四年一二月に再び蒲生郡を訪れて、先述の坂本林平家に滞在している。[42] ここから、岡﨑敬長とも文化一三年頃に接触して、何らかの要望を聞いていたと推測される。椿井政隆は、先述のように文化一四年の秋から冬にかけて調査したことにして、一二月頃から蒲生郡を転々とし始めた。そして翌文政元年になって、岡﨑敬長のもとを訪れて調査の結果を報告したのであろう。「略紀」は、そのときの写と考えられる。

この段階で「西中山金剛定寺縁起」が未完成であったと推測する根拠は、金剛定寺が所有するもう一つの椿井文書「東大寺三綱廻状」[43]が、「略紀」に含まれていないことにもある。それに対して、岡﨑敬喜が記した「西中山金剛定寺縁起」の続きには、「東大寺三綱廻状」も写されている。文政年間頃の成立と考えられる「楓亭雑話」には、すでに金剛定寺所蔵として「東大寺三綱廻状」が写されていることから、文政元年（一八一八）からさほど間を置かずして「西中山金剛定寺縁起」も完成したとみられる。金剛定寺には、椿井政隆が作成した「金剛定寺古図」という絵図も伝わるがこれも同様であろう。[44]

以上のように近世においては、普賢寺谷のように積極的に受容するところもあれば、蒲生郡のように疑いを持ちつつも利益をもたらす場合は受容するなど、対応の仕方もまちまちであった。近代における流布とは異なり、椿井政隆本人を知っている場合は、必ずしも鵜呑みにされることはないが、受容するか否かは最終的に受け取り手の置かれた状況に左右されていたといえよう。一方の椿井政隆も、最初から完成品を持ち込むのではなく、同じ所に何度も通って需要を確認し、より受け入れやすいものに仕上げていく努力を惜しまなかった。椿井政隆による調査とは、このような性格のものであった。

三　歴史学の対応

（一）戦前までの動向

前節でみたように、椿井政隆の動向を知っている近世の知識人は、すでに椿井文書の内容も疑っていた。明治三五年（一九〇二）に「井堤郷旧地全図」を模写させた京都府職員の湯本文彦（一八四三―一九二一）は、「元図ハ木津今井より出つる品、今井のものハ偽物多し、此図も其南都ニありし品ものを得されハ、俄ニ信しかたし」と絵図の袋に記している(45)。明治時代になっても、今井家からの椿井文書流出の実態を知る人物は、その内容を疑っているのである。一方で、明治三七年には、邨岡良弼《むらおかりょうすけ》（一八四五―一九一七）が「興福寺官務牒疏」を史料紹介するなど、椿井文書の実態を知らない関東の研究者は早くも信用してしまっている(46)。

昭和初期に京都府や滋賀県が発行した報告書をみていると、しばしば椿井文書に触れた記述がみられる。例えば佐藤虎雄（一九〇二―一九七六）は、「笠置山之城元弘戦全図幷四方手配堅固図」について、「此地図もと湊河神社にありしを写したりと雖も、恐らく椿井家に於て製作せられし偽古図に類すべきものなり」と述べる(47)。また、肥後和男（一八九九―一九八一）は「飯道寺本原紀巻」について、「これ恐らく山城の木津より出でし偽文書に属するものであろうから俄に信じ得ない」とし、「明治初年頃木津より求めたもの」と指摘している。[48] さらに柏倉亮吉（一九〇五―一九九五）は、「布施寺由緒書（福田寺由緒記）」と「布施寺系図」について「椿居物（ママ）であると思はれ」、「史料の性質よりみて直ちに信ずる訳にはいかない」とする。[49]

椿井文書についての認識が、報告書執筆者共有のものになっていたかというと、そういうわけでもなく、魚澄《うおずみ》惣五郎《そうごろう》（一八八九―一九五九）は「興福官務、平群文庫ノ印ヲ押捺」した明らかに椿井文書である「北吉野山神童寺縁起」について、「近世ノ筆録ニ係ルモノナレドモ本寺の旧伝ヲ徴スベキヲ以テ其全文ヲ左ニ録セン」として全文を掲載する。[50] 魚澄惣五郎が前三者より一〇歳ほど年長で、報告書の発行も一〇年ほど遡るという相違点に注意したい。

それに対し、前三者には共通点が存在する。肥後和男は明治三二年（一八九九）、佐藤虎雄は明治三五年、柏倉亮吉は明治三八年の生まれと世代が近く、京都帝国大学の同窓なのである。年長の肥後和男は、一旦教員を勤めたうえで京大に入っているので、学年的にはより近いことになる。そして三者は、濱田耕作（一八八一―一九三八）のもとで考古学を学びつつ、西田直二郎（一八八六―一九六四）にも文化史学を学んだ。とりわけ注目したいのは、大正末から西田邸で開かれていた私的懇談会「金曜会」の立役者が肥後和男ということである。[51] この会には、あらゆる分野の学生が集ったというので、この場で椿井文書の話題が出た可能性もあるだろう。

ただし、昭和初年の段階で、彼ら若手研究者たちは必ずしも椿井文書を熟知していたわけではなかった。先述の佐藤虎雄が、「興福寺官務牒疏」を始めとした椿井文書を知らずと引用している事例もみられるからである。[52]おそらく椿井文書に最も精通していたのは、在野にいて近江各地の郡志編纂に携わっていた中川泉三（一八六九―一九三九）であろう。なぜなら、大正末期すでに、「興福寺官務牒疏」を始めとして近江の各地に残る絵図が椿井政隆の手になる偽作であることを把握しているからである。[53]そして、中川泉三を始めとした在野の研究者たちは、中央の研究者と密接な交流を持っていた。[54]中川泉三が椿井文書の問題に気付くのは大正年間のことなので、[55]それ以降の交流のなかで、若手研究者たちにもその存在が共有されるようになったと思われる。

中川泉三が椿井文書に詳しくなった理由は、郡志編纂を通じて近江の史料に精通していたからであろうが、それ以外にも理由は存在する。明治三五年（一九〇二）には、地元の八相神社《はっそうじんじゃ》（滋賀県米原市）氏子総代として、木津の今井良政とやりとりのうえ、「八相大明神由緒記」なる椿井文書と譲状を入手しているのである。[56]このように、椿井文書流出の実態を目の当たりにしている点も、中川泉三の目が肥える要因になったと思われる。

（2）　戦後歴史学の動向

戦後歴史学のなかで、椿井文書は多岐にわたって利用されるようになる。その全てを網羅することは叶わないので、本項と次項では、椿井文書を受容してしまう理由がわかる特徴的な事例に限定して論じることとする。

戦後歴史学は、皇国史観に基づく歴史学からの脱却を目指して出発する。その動きが、京大においては西田直二郎の教職追放という形に帰結する。そのため、京大にて彼の文化史学が継承されることはなかった。[57]また、椿井文書について議論していた京大出身の若手研究者たちが、関西の大学にほとんど就職しなかったというのも不幸であった。さらには、戦前までは構築されていた中央史学と在地史学の連携も、戦後にはあまりみられなくなってくる。このように、椿井文書の情報を共有していた繋がりが、悉く断絶していくのである。

もちろん、戦前からの繋がりを有する一部の研究者は、椿井文書の存在を認識しているが、少しずつ実態と乖離しつつあった。例えば中村直勝（一八九〇―一九七六）は、正しくは今井氏のところから流出した椿井文書について、「明治三十年頃に山城国木津町に住んでおった椿井氏の秘庫中から探し出されたもの」と若干誤解している。[58] 中村直勝は「滋賀県内の神社所蔵文書」を実見しているが、流出の実態までは伝聞でしか知らなかったのであろう。永島福太郎（一九一二―二〇〇八）も、「大和において注意警戒を要するのは、明治大正期においても制作されていた」ことで、「数日間待てといわれて再参上すると、所蔵品があったといわれて授与される。南山城の木津川流域を下流の大阪府にまで、縁起・寺院伽藍遺跡図・城趾図などにわたって謀作品が現存している」という。[59] 椿井文書のことを述べているのは明らかだが、近代には制作していないし、[60] 分布域も正確ではない。

このように、関西で教育を受けた研究者の間では、比較的その存在が知られていた椿井文書も、戦後歴史学のなかでは次第に忘却されてしまうのである。ここからは、あまりにも性急な戦前との断絶を選択したがゆえに、継承すべきものまで損なってしまった戦後歴史学の負の側面を見出すことができよう。

史料環境の充実という点にも、問題を指摘しうる。先述のように、古文書学の鍛錬を多少積んでいれば、椿井文書の現物を見れば偽文書とだいたい気付く。しかし、これがいったん活字になると、偽文書が醸し出す雰囲気が大きく損なわれてしまう。しかも、自治体史というかたちで公的機関の刊行物に掲載されると、なおさら疑う余地がなくなっていく。戦前の研究者たちが、幅広い時代と分野の史料を扱っていたのに対して、分野が細分化して限られた範囲の史料しか見ない、あるいは活字史料のみで原文書は基本的に見ないという研究者が増えてくると、この問題は深刻度を増していく。その結果、椿井文書は史料が限られる地方の古代寺社研究で活用されるほか、後述する息長氏や橘氏などの古代氏族の研究においても重要な役割を果たしてきた。[61]

学問領域上の問題も少なからずある。土地相論などに際して描かれる実用目的の絵図は、どちらかというと文献史学の素材で、美術史学で取り上げられることはこれまで稀であった。[62] したがって、椿井政隆が描く絵図に対しても、美術史学的な視点からの批判は極めて限られる。[63] かといって、文献史学の研究者が絵画を見る専門的な教育を受ける機会もほとんどないので、自己で鍛錬を積むしかないというのが実情である。文献史学の研究者が中心となって編纂する自治体史に、椿井政隆が作成した絵図が掲載されてしまう傾向にあるのもそのためであろう。

同じく文献史学の研究者が中心となって編纂された『日本荘園絵図集成』には、椿井政隆が作成した絵図が三点も紛れ込んでいる。[64] 同書の新刊紹介において瀬田勝哉氏は、この絵図の実物を見れば、「一見して中世の絵図あるいはその写しといえるものでない事は判断がついた」という。[65] このように、自己鍛錬に任されているがために、文献史学の研究者の間でも絵図を見る能力には雲泥の差が生じるのである。考古学者や歴史地理学者が、椿井文書の絵図を用いて、安易に遺構との対比を試みてしまうのも同様の事情によるものであろう。[66]

それに対し、複数の専門分野の厳しい目を経るため、椿井文書が文化財指定を受けることは滅多にない。珍しい例として、ここまでも度々触れてきた少菩提寺絵図は、昭和四七年（一九七二）に滋賀県の甲西町文化財保護審議会の審議を経て、「室町」時代の「絵画」として、同町の指定文化財（現在は湖南市指定文化財）となっている。[67] のちに、滋賀県立琵琶湖文化館で展示された際は、中世の絵図を近世に写したものとして展示された。[68] このように作成年代は修正されたものの、原図は中世のものであるとして周囲も一定の評価を与えてきた。

もちろん、近世後期の歴史認識を考えるうえで、椿井文書の歴史的価値は必ずしも低いものではない。問題は、中世史料としての歴史的価値を公的な機関が評価したということにある。そのことがいかなることに結果するのか、その後の経過を簡単に追いかけておく。

平成四年（一九九二）には、甲西町教育委員会が西應寺の境内入り口に少菩提寺絵図の説明板を設置する。さ

【図3】　少菩提寺絵図の説明板

らに平成一三年には、地元の土地区画整理事業を記念して、湖南市菩提寺西一丁目の県道二二号線擁壁に少菩提寺絵図を焼き付けた巨大な陶板のプレートが設置される。【図3】のように、絵図の部分だけでも横幅二m五五cmにもわたる。「この地図は、菩提寺の古い時代の有様を知る唯一の絵図で今から五百九年前明応元年（一四九二）の菩提寺の古図である」という書き出しではじまる説明文の部分も含めると、全幅七m以上高さ三m以上の迫力あるモニュメントである。椿井文書の絵図を中世の実態として説明板に掲載する事例は、京都府井手町の四阿に設置された【図4】の「井堤郷旧地全図」など他にも存在するが、その規模は飛び抜けて大きい。

　こうなると、地元の歴史を語るうえではなくてはならない存在になってしまう。平成二三年（二〇一一）には、地元住民を中心として組織された儀平塾が、『鈴木儀平の菩提寺歴史散歩』

【図4】「井堤郷旧地全図」の説明板

を出版した。書中では、椿井文書である旨が触れられつつも、貴重な史料であるとして一〇頁以上にわたって説明が加えられる。さらに平成二五年には、その内容が『じいちゃん・ばあちゃんにきく 菩提寺の昔話』という子供向けの図書にまとめなおされた。やはり、少菩提寺絵図の説明に一〇頁程度を割いている。そして、平成二七年にオープンした湖南市立菩提寺まちづくりセンターの展示室には、少菩提寺絵図の複製が中央に据えられ、詳細な解説がなされている。

もし仮に、少菩提寺絵図が指定文化財となっていなかったならば、ここまで活用されることもなかったのではなかろうか。また、この問題に対して、研究者が何ら積極的な対応をとらなかったことも、後戻りが難しい状況に追い込んだ要因の一つであるように思われる。本章で、少菩提寺絵図周辺における椿井文書の作成状況を詳細に検討した由縁はここにある。

である。

(3)　近年の動向

椿井文書に関する研究を発表してからこれまで一〇年余りの間、筆者は諸方面の反応についても注視してきた。偽文書を図らずも使ってしまうという点に、歴史学が抱える現代的な課題を見出せるのではないかと考えたからである。

例えば自治体史については、『永源寺町史』を初見として椿井文書を偽文書として扱うものが登場する。(69)その一方で、なおも椿井文書とは知らずに引用する自治体史もしばらくは刊行された。(70)あるいは、椿井政隆が作成した絵図が、琵琶湖の湖底に沈む村の姿を描いているとして、重点的に扱うシンポジウム・特別展も開催された。(71)とはいえ、全体的には行政が椿井文書と知らずに使用する事例は減りつつあるし、個別の椿井文書に関する検証も進められるようになってきた。(72)

他方、椿井文書であるという事実を踏まえたうえで、その内容は史実を反映しているという批判も少なからず出てきた。

例えば小泉芳孝氏は、筆者が椿井文書に比定した「山城国綴喜郡筒城郷朱智庄佐賀庄両惣図」について、絵図のなかの「大筒城佐賀冠者殿旧館地」に該当する部分の発掘調査で、建物遺構が出土したことを根拠に、偽絵図ではないと繰り返し反論を寄せている。(73)「大筒城佐賀冠者」の実在性も、建物遺構が同氏の館であることも何ら証明されていないにも拘わらずである。そもそも、京都周辺の交通の要所で発掘調査をすれば、何かしらの建物遺構が出てくるのは当然のことである。

また、同じ絵図について村上泰昭氏は、椿井政隆が徹底的に現地調査をして、それを絵図に反映させたと主張する。(74)一例をあげると、絵図に「鳥居」とは記さずに「華表」と記したのは中国の牌楼《はいろう》を意識したからで、この牌楼と三輪鳥居は形式が同じである。そして、絵図が対象とする普賢寺谷の観音寺と大和の三輪大社（現在は聖林寺蔵）には、奈良時代を代表する十一面観音像が残る。したがって、「華表」という表記は、地元の口伝を忠実に記録したものなのだという。筆者がこれまで近世文書を見てきた限りでは、「鳥居」と「華表」は特に区別することなく使用しているように思われるので、右の説には従いがたい。

ここで重要なのは、小泉・村上両氏の主張そのものではなく、椿井文書が偽文書だと指摘されると、なぜ並々ならぬ努力を費やしてまでそれを擁護しなければならないのかということである。興味深いことに、椿井文書に信憑性を与えたがる人々は、普賢寺谷が所在する京田辺市在住という点が共通する。形あるものには残されていないが、口頭で筆者を厳しく批判してきた方々も、揃って京田辺市在住であった。

椿井政隆が最も力を注いだ地域ということもあって、分量という面だけでなく、近世段階から積極的に受容していたという歴史的な面でも、京田辺市における椿井文書の濃度は極めて高い。そのため、地元の歴史を語るうえで欠かせない史料となってしまっているのである。昭和三一年（一九五六）に発足した田辺郷土史会（現京田辺市郷土史会）が毎年発行している会誌『筒城』をみても明らかなように、古くから郷土史への関心が高い地域であり、そのなかで椿井文書も頻繁に用いられてきた。それに同調して、多くの研究者が椿井文書を正当な文書として用いてしまった。もはや、椿井文書を用いた語りそのものも、歴史の一部となっているのである。よって、椿井文書を否定することは、アイデンティティーを否定することにもなるため、自己を保つために激しい批判をするのであろう。このように根深い問題となってしまった要因は、「東日流外三郡誌」の問題と同様に、(75)一部の研究者たちが一度は椿井文書を正当な文書と扱ってしまったことにも求められる。

では、普賢寺谷の椿井文書に一定の正当性を与えてしまった研究者たちは、どのような反応をみせたのであろうか。研究者が椿井文書を活用してしまった典型例として、以前、塚口義信氏の説を紹介したことがある。塚口氏は、「興福寺官務牒疏」を始めとした椿井文書に「息長」の名がしばしばみえることを根拠に、古代豪族の息長氏は南山城に存在したと主張している。(76)その塚口氏は、のちに筆者の説に触れたうえで、次のような主張を展開している。(77)

しかしながら、仮に『興福寺官務牒疏』がそのような性格の文書であったとしても、「息長山」の山号が地域の地名に基づいている可能性は依然として捨て切れないと考えている（A）。もしこの推測が是とされるならば、椿井政隆はこうした地域の地名や『神名帳考證』などを参考にしながら、息長某の名前やそれに関連した文書を作成した蓋然性が高いことになる。偽文書の制作の仕方として、そのすべてを机上で捏造するのではなく、より真正文書らしく見せかけるために、その地域の地名や伝承をたくみに利用しながら作成するといった手法を用いる場合の方が、むしろ多いと思われるからである。そのことは、現・朱智神社に関連する文書がいわゆる椿井文書であると推測されるにしても、朱智神社そのものまで椿井文書によって創作された架空の神社であるといえないことと同様である。なお念のためにいうが、朱智神社は九二七年に撰進された『延喜式』に登載されており、確実に古代に存在していた。

ただ息長山の場合は朱智神社と事情が異なり、それが古代に存在していたことを証明する他史料がないため、その存在が疑われているのである。しかしながら、証明する他史料がないことが、ただちに「捏造の証」となり得るわけでもない。息長帯比売命の祖先とされる山代之大筒木真若王や迦邇米雷王、高材比売（『記』による）などの名が山城南部の地名に由来していること、息長帯比売命の陵墓が山城南部と接している佐紀盾列に所在すると伝えられている（『記』『紀』による）こと、山城の地域が息長帯比売命の物語の舞台の一つとして登場していること、いま問題としている息長を冠する人名を除くと、いわゆる神功伝説の中に息長公氏が本拠とした湖北のことが全く見えず、近江息長氏との本来的な関係を想定しがたいこと、などからすると、息長帯比売命や息長日子王の息長もまた山城南部の地名に由来している可能性が大きいと思料されるのである。このことに上掲（A）の推測を重ねてみると、古代の山城南部に息長の地名が存在していた蓋然性はやはり高い、といわねばならない。

偽文書を創るときには、本物らしく見せかけるために地名や伝承をたくみに利用するので、椿井政隆が調査結果をもとに観音寺に「息長山」なる山号に与えたというのである。このような希望的な観測が成り立ちがたいことは、塚口氏は触れていないがすでに別稿でも論じた通りである。(78)「証明する他史料がないことが、ただちに『捏造の証』となり得るわけでもない」ともいうが、このようなことを言い出したら、否定材料さえなければ何を主張してもよいということになり、もはや歴史学として存立し得ない。

ただし、塚口氏は右の引用文に続けて、「とはいえ、『息長山』に少しでも疑いがかけられている以上、『真理の探究はより真といえるような事柄から出発しなければならない』とするルネ・デカルト流の考え方をモットーとしている私としては、この『息長山』を研究の出発点の一つとすることは信条に反する」と述べる。つまり、「息長山」を出発点とする右の引用文は、その直後に自ら否定されるのである。換言すると、右の引用文は、自らの信条を曲げてまでして、自己弁護をしたということになろう。南山城における息長氏の「発見」が、塚口氏の主要な研究実績であるだけに気持ちはわからなくもない。京田辺市の人々と同様、一度椿井文書を使って持論を展開してしまうと、容易に引き下がることができないのである。これもまた、疑いを持たれつつも椿井文書が受容されてしまう要因の一つといえよう。

それもあって、塚口氏の説はなおもその存在意義を残している。例えば、美術史学の立場から井上一稔氏は、「興福寺官務牒疏」などを用いつつ塚口氏の説を援用して、観音寺十一面観音像の造像背景に息長氏を措定した。(79)その井上氏は、のちに拙稿に触れて、次のように述べている。(80)

私も馬部さんの論文を読ましていただきましたが、『興福寺官務牒疏』に出てくることはすべてだめなんだ、という流れになってしまうのがちょっと怖いなとも思うのです。例えば、観音寺に関して、これは塚口先生の論文にでてきますけれども、古事記に山代之大筒木真若王と迦邇米雷王という系譜があります。この山代之大筒木真若王には地名が入っているので、筒木宮があったところから取った名前だろうということをうたっているわけですよね。息長氏がここに出てくる息長帯比売に通ずる系譜がここにあるわけで、また、迦邇米雷王の妻が高材比売で、高材はやっぱり筒木の近くの地名なんだ、と塚口先生はおっしゃっているわけですよね。そういうことからしますと、官務牒疏に書いてあるからすべてもうその考察の対象から外してしまう、ということはちょっとどうかなという感想を個人的には持っているんですけれども。

椿井文書の一部が記紀と一致するから、それ以外の部分も史実である可能性があると主張したいようである。しかし、記紀等の史書と一致する記述を盛り込むことによって、それ以外の偽作部分を信じ込ませるのが椿井政隆の狙いであって、一節で明らかにしたように、椿井文書にしか出てこない情報というのは、偽作である可能性が極めて高い。ゆえに、椿井文書は用いることなく、記紀等の確実な史書に立ち返って研究をすればよいだけのことである。

　塚口氏の説の場合、記紀に立ち返って改めて検討すると、次のようなことが指摘できよう。南山城の地名「蟹《かん》幡《はた》」に所在する寺が「幡」がマンとも読むことから蟹満《かにまん》寺となり、それと「迦邇米《かにめ》雷王」が音通すると塚口氏は主張するが、本来の地名カンハタとカニメの間には違いがありすぎるのではなかろうか。また、「高材比売」が南山城の地名「高木」から来ているとするのも、高木が広く普遍的にみられる地名であるだけに強引な気がする。「山代之大筒木真若王」が綴喜郡の名をもとにしていることは間違いなさそうだが、その周辺で音通しそうなものを集めたという感は否めない。このように椿井文書による補強を外すと、俄に根拠が薄弱に見えてきてしまうのである。

　小泉・村上・塚口・井上の四氏に共通する主張は、椿井政隆が伝承などを徹底的に調査したうえで、その成果を文書上に反映させたというものである。ところが、本章で紹介したような調査の実態そのものについては、いずれの論者も検討に及んでいない。律儀に調査成果を記しながらも、なぜ虚偽の年代を記し、架空の人物による作とするのかということについても、明確な回答は出していない。以前も指摘したように、偽文書を創る者にこのような親切心はおよそないので、偽文書から伝承を抽出することは困難を極めると考えるべきであろう(81)。

おわりに

ここで、本章の検討をまとめておく。

一節では、椿井文書を作成する際の方法や情報収集の実態について検討した。その基本的な特徴として、相互に関連づけることで信憑性を高めていくという点が挙げられるが、菩提寺地域における実例からは、連鎖させるために複数の椿井文書に使われた言葉が、椿井政隆の偽作の核となることが指摘できた。また、蔵書などを検討することによって、椿井政隆が独自に調査をすることで得た情報は、さほどなかったことも浮かび上がってきた。

二節では、椿井文書の流布の仕方について、二つの系統それぞれの実態を明らかにした。近代に入ると、椿井政隆本人ではなく第三者の今井家を通じて相当数の椿井文書が流出したため、一定の客観性をもって広く受け入れられてしまう。一方、近世に流布した椿井文書は、椿井政隆の動向を知る者からは疑いの目で見られていたが、それにも拘わらず利益がもたらされる限りは受容されていた。

三節では、椿井文書が歴史学のなかでどのように扱われてきたのか、時系列に沿って整理した。その結果、戦前までの研究の積み重ねのなかで、椿井文書の存在は比較的周知されていた事実が明らかとなった。ところが、戦前と戦後で歴史学が断絶するなかで、次第に椿井文書の存在が忘却され、結果としてそれを活用する研究者も出てきてしまう。また、近年の動向からは、一度椿井文書を受容してしまうと、そこから脱却することが困難である事実が確認された。

以上のように、あらゆる必然と偶然が重なって、椿井文書をついつい受容してしまう構造ができあがってしまったのである。その結果、様々な問題が惹き起こされたが、本章で示した内容が共通の理解となれば、椿井文書の扱われ方もまた変わるのではないかと期待している。

それでもなお、椿井文書とどのような付き合い方をしたらよいのか、悩むことが絶えない。例えば、米原市の蛭子神社が所蔵する絵図と縁起(82)がもととなった七夕伝説が、近年盛んに語られるようになっている。毎年夏になると、この二つの椿井文書を用いて地元の小学生に解説する様子が新聞の記事となっている。(83) さらに記事によると、この絵図には琵琶湖に沈む村が描かれていると説明しているらしい。椿井文書の絵図と湖底遺跡を対比させた最近の研究が、活用を後押ししているように思えてならない。(84)

そう考えると、椿井文書が受容されてしまう状況を作り出してしまった研究者の責任は重い。そのような責任の意識もないまま、古代・中世の史料としてまだ価値があると主張されても、同調はできない。近世・近現代の史料として真正面から取り組み、椿井政隆が何を考えていたのか、あるいは椿井文書が人々の生活のなかでどのような役割を果たしてきたのか、これらの究明にこそ力を入れるべきである。それによって、義務教育における椿井文書の活用をくい止めることができれば、歴史学は必ずしも虚学ではないという希望もみえてくる。

注

（1）拙稿「偽文書からみる畿内国境地域史」（『史敏』通巻二号、二〇〇五年）。
（2）拙稿「大阪府枚方市所在三之宮神社文書の分析」（『ヒストリア』第一九四号、二〇〇五年）。『近江日野の歴史』第三巻（滋賀県日野町、二〇一三年）五〇〇頁。
（3）拙稿「椿井政隆による偽文書創作活動の展開」（『忘れられた霊場をさぐる』三、（財）栗東市文化体育振興事業団、二〇〇八年）。
（4）『甲西町誌』（甲西町教育委員会、一九七四年）三六六頁。
（5）前掲注3拙稿。
（6）『鈴木儀平の菩提寺歴史散歩』（儀平塾、二〇一一年）二五頁。椿井政隆の花押のうち、賀茂郷文書研究会「山城国相楽郡賀茂郷の土豪と文書」（『史敏』通巻一二号、二〇一四年）で紹介した「中氏系譜」のものが近い。
（7）前掲注6書、三〇—三五頁。

（8）乾憲雄「わがまちの文化財」No.一〇（『広報こうせい』一九八〇年一月号、甲西町広報委員会）。
（9）「百済王霊祠廟由緒」（『百済王神社と特別史跡百済寺跡』百済王神社、一九七五年）口絵図版付四。「勝井宮紀」（『伊吹町史』通史編上、伊吹町、一九九七年）六二六頁。「世継神社縁起之叓」（『よつぎ史』第三号、世継まちづくり委員会、二〇〇九年）。「石部神社紀」（『近江愛知川町の歴史』第一巻、愛知川町、二〇〇五年）三八七頁。「熊野権現由来録」（深谷弘典『永源寺町の歴史探訪』I、近江文化社、一九九三年）一四七頁。「兵主神社紀」（『名勝兵主神社庭園保存整備報告書』発掘調査編、中主町教育委員会、二〇〇二年）三四九頁。「稲荷大明神社縁起」（『野洲町史資料集第三冊 小篠原のお寺と宮さん』野洲町、一九九八年）一四頁。
（10）前掲注6書、一〇六頁。
（11）『式内社調査報告』第一二巻（皇学館大学出版部、一九八一年）九五頁。甲賀郡内には正福寺のほか、甲賀市水口町北内貴と甲賀市土山町頓宮にも川田神社が存在する。
（12）乾憲雄「わがまちの文化財」No.三三（『広報こうせい』一九八一年一二月号）。川田神社境内には、「川田大明神記」を刻んだ石碑が一九八二年に建立されている。
（13）前掲注4書、四五七頁の「当町内に居宅のあった甲賀武士」の項では、系図を持つ家が複数挙げられている。椿井政隆の関与を疑うべきであろう。
（14）田中穣氏旧蔵典籍古文書三八九号（国立歴史民俗博物館蔵）。この史料については、前掲注1拙稿。
（15）堀新編『信長公記を読む』（吉川弘文館、二〇〇九年）。金子拓『織田信長という歴史』（勉誠出版、二〇〇九年）。
（16）『多賀町史』上巻（多賀町、一九九一年）四四八頁。
（17）奥野高広・岩沢愿彦校注『信長公記』（角川書店、一九六九年）。松沢智里編『信長記』甫庵本下（古典文庫、一九七二年）。
（18）『粟津拾遺集 附録勢多之川辺』（本多神社社務所、一九七二年）。
（19）宇野健一編『新註近江輿地志略全』（弘文堂書店、一九七六年）。
（20）前掲注2拙稿。
（21）『京都府田辺町史』（田辺町役場、一九六八年）口絵。これを模写したものは、京都府立京都学・歴彩館にも存在する。
(22)『近衛基通公墓』(財団法人京都文化財団、一九八八年)三二頁。
(23)『筑摩湖岸遺跡発掘調査報告書』(米原町教育委員会、一九八六年)図版二〇。
(24)前掲注6賀茂郷文書研究会論文。
(25)『近江町史』(近江町役場、一九八九年)一二四頁。前掲注9『よつぎ史』第三号。宮崎幹也「米原市に残る椿井文書の検証」(『淡海文化財論叢』第五輯、二〇一三年)は、この絵図を近世の流布本、前掲注23の絵図を近代の流布本と推測しているが、本文で述べるように他の事例と比較すると正しくはその逆である。
(26)松岡長一郎『近江の竜骨』(サンライズ印刷出版部、一九九七年)。文化二年の龍家所蔵本は同書九八頁、文化五年の琵琶湖博物館所蔵本は『近江の歴史家群像』(栗東市歴史民俗博物館、一九九八年)七頁および高橋啓一『ゾウがいた、ワニもいた琵琶湖のほとり』(サンライズ出版、二〇一六年)七六頁に図版が掲載される。椿井政隆のことなので、忠実に写すだけでなく、祖先の椿井式部卿が聖武天皇の命を奉じて、湖北の伊香山中で退治した龍の骨だと追記している。なお龍退治の逸話は、齋藤望「近江国・河合寺伽藍図について」(『彦根城博物館研究紀要』第一七号、二〇〇六年)が紹介する絵図の中にも反映されている。
(27)田中淳一郎「井手と円提寺」(『やましろ』第二一号、山城郷土史研究会、二〇〇六年)。
(28)前掲注3拙稿。
(29)『叡福寺縁起と境内古絵図』(太子町立竹内街道歴史資料館、二〇〇〇年)九頁。『聖徳太子ゆかりの名宝』(大阪市立美術館、二〇〇八年)六八頁にも掲載されているように、同館で展示された際に確認した。
(30)神童寺での特別展示期間中(二〇一〇年一一月一二日)に確認した。
(31)湖南市立菩提寺まちづくりセンター展示室のレプリカで確認した。
(32)下書き線と清書の線の大幅な乖離は、絵図の作成に関わった人物が複数いることを示唆する。椿井政隆単独では困難に思われるほど、絵図が膨大に作成されていることから、工房のようなものが存在した可能性もある。
(33)章斎文庫所蔵資料三棚—三九〇号。中川泉三旧蔵の右の資料群については、『章斎文庫所蔵資料調査報告書』第一巻—第三巻(米原市教育委員会、二〇一四年)。
(34)『城州諸社詣記』(武庫川女子大学文学部日本語日本文学科管研究室、二〇〇一年)三一頁。「式社まうで」

(『続神道大系』神社編総記二、神道大系編纂会、二〇〇六年)一五一頁。
(35)「蒲生古蹟考」巻之貳(日野町教育委員会架蔵写真帳)。
(36)「楓亭雑話」(長寸神社蔵)。日野町教育委員会の写真で閲覧した。
(37)『淡海温故録』(滋賀県地方史研究家連絡会、一九七六年)の附巻古城之図は、成立事情は不明ながら、椿井政隆が描いた古城図の写をまとめたものである。このうち「蒲生郡奥津保中ノ郷四ツ谷古城全図」と「近江国栗本郡男石荘左久良太利大神宮之神領同蒲生郡奥津保左久良ノ郷公文所古城之全図」が、坂本林平のもとへ持参した絵図に相当する。
(38)前掲注2書、二九頁。
(39)村上紀夫氏所蔵文書。筆者は直接ご本人から写真をいただいたが、日野町教育委員会にも写真はある。
(40)岡﨑家については、『近江国蒲生郡中山川田村関連文書』(滋賀県同和問題研究所、一九九七年)および前掲注2書、第三巻四六七頁・第七巻五五〇頁・第八巻二六七頁。
(41)同右書、第二巻一三八頁・第五巻九六頁。
(42)同右書、第二巻三五九頁・第三巻二九頁。
(43)同右書、第五巻九七頁。
(44)同右書、三八頁。
(45)前掲注27田中論文。ただし、原典にあたって翻刻を一部改めた。袋に署名はないが、印文「由モ止」の認印が捺されていることと、「井手旧図」の借用に伴う湯本文彦の礼状が残ることから記主が判明する(京都府立京都学・歴彩館蔵 宮本守三家文書七六〇号)。
(46)郁岡良弼「興福寺官務帳考証(一)―(七)」(『歴史地理』第六巻第六号―第七巻第三号、一九〇四―一九〇五年)。
(47)佐藤虎雄「笠置山の史蹟及名勝」(『京都府史蹟名勝天然紀念物調査報告』第一一冊、京都府、一九三〇年)。
(48)肥後和男「飯道山」(『滋賀県史蹟調査報告』第五冊、滋賀県、一九三三年)。
(49)柏倉亮吉「布施古墳 付布施寺趾」(『滋賀県史蹟調査報告』第六冊、一九三四年)。
(50)魚澄惣五郎「神童寺」(『京都府史蹟勝地調査会報告』第三冊、京都府、一九二二年)。

(51) 菊地暁「京大国史の『民俗学』時代」（丸山宏他編『近代京都研究』思文閣出版、二〇〇八年）。
(52) 佐藤虎雄「朱智神社」（『京都府史蹟名勝天然紀念物調査報告』第一二冊、一九三一年）。
(53) 中川泉三「附記 興福寺官務牒疏に見ゆる寺社」（『近江栗太郡志』巻五、滋賀県栗太郡役所、一九二六年）。
(54) 『近江の歴史家群像』（栗東市歴史民俗博物館、一九九八年）。中川泉三没後七〇年記念展実行委員会編『史学は死学にあらず』（サンライズ出版、二〇〇九年）。
(55) 例えば、大正初期の中川泉三『坂田郡志』巻下（滋賀県坂田郡役所、一九一三年）三四八頁「都久麻神社」の項では、「興福寺官務牒疏」や「近江国坂田郡筑摩社並七ヶ寺之絵図」のほか、「筑摩大神之紀」所収の源頼朝寄進状など、椿井文書が全面的に活用されている。「筑摩大神之紀」の全文は、『米原町史』資料編（米原町役場、一九九九年）二六八頁。
(56) 章斎文庫所蔵資料五棚―七五三号・本箱上一―三号・函五―一六四号。
(57) 前掲注51菊地論文。
(58) 中村直勝「偽文書の研究」（同『日本古文書学』下、角川書店、一九七七年）一一九四頁。
(59) 永島福太郎「縁起の検討」（『神道大系月報』六六、一九八七年）。
(60) ただし、奈良県平群町椿井の春日神社拝殿に「平群八十二代嫡」を自称する椿井一見氏の「平群氏春日神社沿革記」（昭和四八年一〇月吉日付）が掲げられているように、比較的近年に至るまで、子孫も椿井政隆の歴史叙述を継承していたことは事実である。
(61) 胡口靖夫「橘氏の氏神梅宮神社の創祀者と遷座地」（『国学院雑誌』第七八巻第八号、一九七七年）。同「橘氏の氏寺について」（『古代文化』第二九巻第八号、一九七七年）。義江明子「橘氏の成立と氏神の形成」（『日本史研究』第二四八号、一九八三年）。
(62) 加須屋誠「はじめに」（『日本美術全集』第八巻、小学館、二〇一五年）。
(63) 松岡久美子「椿井権之輔周辺による近世伽藍絵図について」（『忘れられた霊場をさぐる』（財）栗東市文化体育振興事業団、二〇〇五年）。
(64) 『日本荘園絵図集成』下（東京堂出版、一九七七年）のうち「山城国佐賀荘咋岡全図」「大和国中古城図」「山城国平川荘古趾名地図」。

(65) 瀬田勝哉氏による新刊紹介（『史学雑誌』第八七編第六号、一九七八年）。

(66) 自治体による報告書は枚挙に遑がないので、ここでは大学による報告書として、『第1期南山城総合学術調査報告書 鷲峰山・金胎寺とその周辺地域の調査』（同志社大学歴史資料館、二〇〇二年）と滋賀県立大学林博通研究室編『尚江千軒遺跡』（サンライズ出版、二〇〇四年）の二例のみ掲げておく。

(67) 『改訂 甲西町の文化財』（甲西町教育委員会、一九九二年）。この絵図以外で指定文化財となっているものは、筆者が知る限り三点ある。まずは、小林家住宅（京都府木津川市）を描いた絵図で（『京都府指定有形文化財（建造物）小林家住宅長屋門ほか四棟保存修理工事報告書』小林雅子、二〇〇二年、口絵）、平成一五年に同家住宅が国指定重要文化財となった際に、附《つけたり》として指定されている。この絵図は、小林氏と親類であったがために文政六年（一八二三）五月に椿井政隆が贈ったもので、あくまでも近世の絵画史料として位置付けられている。そのほか、滋賀県日野町の金剛定寺に残る「金剛定寺古図」と「東大寺三綱廻状」がある。いずれも一九七六年に日野町の指定文化財となっているが、すでに内容が疑問視されつつある（『近江日野の歴史』第五巻、三八・九七頁）。

(68) 『特別展　甲賀の社寺』（滋賀県立琵琶湖文化館、一九八五年）。

(69) 『永源寺町史』通史編（東近江市、二〇〇六年）二〇〇頁。『近江日野の歴史』第五巻九五頁。

(70) 前掲注9『近江愛知川町の歴史』第一巻。『近江八幡市史』第四巻（近江八幡市、二〇〇八年）六六頁。『愛東の歴史』第一巻（滋賀県東近江市、二〇〇八年）一〇頁、二二頁。同上第二巻（二〇〇九年）九九頁。

(71) 『湊・舟、そして湖底に沈んだ村』（米原市教育委員会、二〇〇九年）。

(72) 前掲注25宮崎論文や向村九音「西福寺と椿井文書」（『仏教文学』第四一号、二〇一六年）など。

(73) 小泉芳孝「三山木」（京都地名研究会編『京都の地名検証』二、勉誠出版、二〇〇七年）。同「京田辺市『三山木』の地名起源について」（『筒城』第五二輯、京田辺市郷土史会、二〇〇七年）など。

(74) 村上泰昭「椿井文書『山代《ママ》国綴喜郡筒城郷、朱智庄佐賀庄両惣図の検討』」《ママ》（『筒城』第五五輯、二〇一〇年）。

(75) 斉藤光政『偽書『東日流外三郡誌』事件』（新人物往来社、二〇〇六年）。

(76) 塚口義信『神功皇后伝説の研究』（創元社、一九八〇年）。

(77) 塚口義信「佐紀盾列古墳群の謎をさぐる」（『つどい』第二八九号、豊中歴史同好会、二〇一二年）。

(78)　拙稿「史料紹介『布施山息長寺伝記』」(『史敏』通巻五号、二〇〇八年)。
(79)　井上一稔「京田辺市 観音寺十一面観音像の周辺」(『文化学年報』第五四輯、同志社大学文化学会、二〇〇五年)。同「観音寺十一面観音立像と息長氏」(『筒城』第五一輯、二〇〇六年)。
(80)　『研究発表と座談会 上代南山城における仏教文化の伝播と受容』(公益財団法人仏教美術研究上野記念財団、二〇一四年)四三頁。
(81)　拙稿「茄子作の村落秩序と偽文書(上)(下)」(『枚方市史年報』第一四・一五号、二〇一一・二〇一三年)。
(82)　前掲注9『よつぎ史』第三号。
(83)　『京都新聞』二〇〇九年六月一二日・二〇一〇年六月一二日・二〇一一年六月九日・二〇一二年六月二日・二〇一三年六月一二日(いずれも滋賀版朝刊)。『中日新聞』二〇一〇年六月一二日・二〇一一年六月九日・二〇一二年六月二日・二〇一三年六月一二日・二〇一五年六月二六日・二〇一六年六月二五日(いずれもびわこ版朝刊)。『読売新聞』二〇一〇年六月一二日・二〇一二年六月七日(いずれも滋賀版朝刊)。『毎日新聞』二〇一七年七月八日(滋賀版朝刊)。そのほかにも七夕伝説関連の記事は多数確認できるが、最も古いものとして『中日新聞』一九八七年七月四日(滋賀版朝刊)と『毎日新聞』一九八七年七月七日(滋賀版朝刊)の椿井文書発見記事を挙げておく。
(84)　前掲注66滋賀県立大学林博通研究室編書および注71書。

附記　史料の利用にあたっては、百済王神社・長寸神社・国立歴史民俗博物館・日野町教育委員会・米原市教育委員会・岡井健司氏・蔭山兼治氏・田中秀明氏・村上紀夫氏にお世話になりました。末筆ながら謝意を表します。

［第二章］

神代文字と平田国学

三ツ松　誠

はじめに

先の大戦において、平田篤胤《ひらたあつたね》（一七七六―一八四三）（【図1】）はイデオロギッシュな皇国賞揚の先駆者として、戦時宣伝に大いに利用された。(1) 戦後の研究者は、かかる血塗られた篤胤像を回避するため、折口信夫《おりくちしのぶ》（一八八七―一九五三）に頼った。折口は、篤胤学が尊王攘夷運動の理論的支柱となったことを逸脱的事態と見做し、「天狗小僧」に異世界について尋ねる篤胤の姿を強調したのだが、(2) 後進はかかる民俗の探求者としての篤胤像を前景に押し出すことで、平田国学を脱政治化して救い上げようと試みたのであり、こうした営為の残像は今日も根強く残っている。(3)

しかしそもそも、柳田國男《やなぎたくにお》（一八七五―一九六二）や折口信夫らの議論自体が、日本という共同体の文化的本質を立ち上げようとするものであり、所謂「大きな物語」への欲望によって駆動されたものではなかったか。大塚英志は柳田や折口らの民俗学の基底に、自分の帰属する仮構の出自を創造したいという欲求を見出し、その意味で日本民俗学自体が、偽史的欲望に支えられたものであったのだ、とする見通しを示している。(4)かかる見立てに従えば、皇国史観の一源流とも目される篤胤の神話＝歴史像を民俗学の旗を掲げて敬遠する戦後の傾向には限界があった、ということになるだろう。たとえ民俗学の先駆者としての篤胤というイメージを放棄しない場合であっても、その偽史的欲望に注意する必要性は否定できまい。

そこで本章では、偽史的想像力の典型にして平田篤胤の影響を無視できない事例として、神代文字――漢字伝来以前から日本に存在したとされる文字――に注目する。まずは古典的な方法ながら、本居宣長《もとおりのりなが》（一七三〇―一八〇一）（【図2】）と平田篤胤という二人の代表的な国学者の、学問的性格と神代文字に対する姿勢を対比するというアプローチによって、篤胤の偽史的想像力の特質を浮き彫りにする。その上でそれが維新前後の弟子たちに、そしてその後に如何に受け継がれていったのかを概観し、近代への影響を展望することを目指す。

一　擬古と復古――宣長と篤胤

ここではまず、国学者としての宣長と篤胤の学問的態度の違いを確認し、日本の古典文献の世界に没入することを旨とした宣長と、理想世界としての日本古代の文化を現前させようとした篤胤との違いを明らかにする。(5)

（1）　宣長の古代観

宣長古道論の精髄としてよく引かれるのが『古事記伝』一之巻に収められた「直毘霊《なおびのみたま》」であり、そこで宣長は道について次のように説く。即ち、中国では人々を治めるための謀として天地のことわりを極めたことにして、

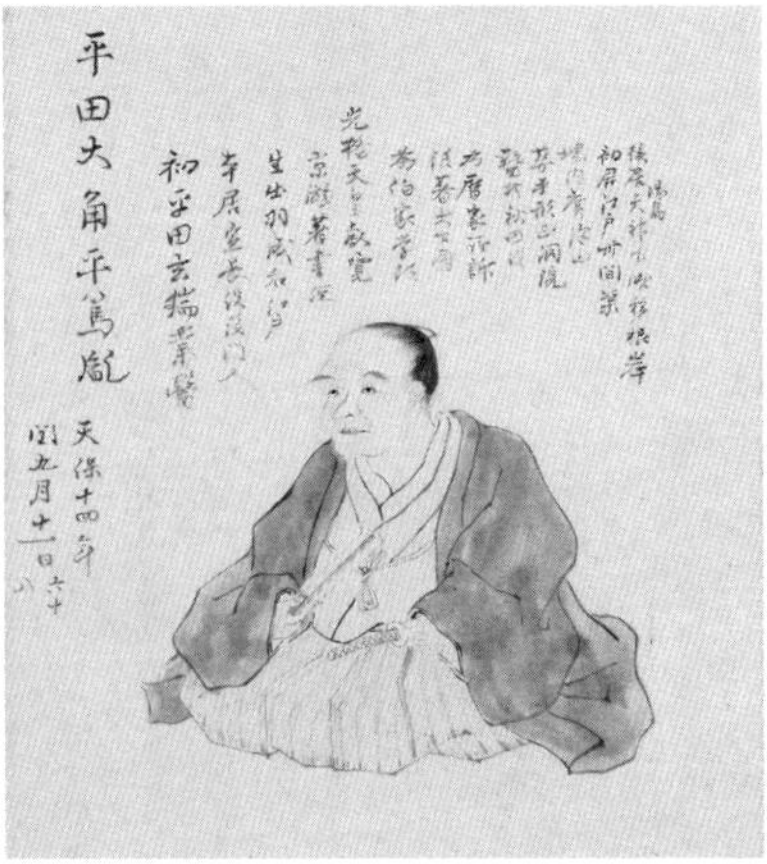

【図1】 平田篤胤

【図2】 本居宣長

万事自己の智で推し測る傾向にあるが、天地のことわりというものは全て神の所為であり、人間の限りある智によっては推し測りがたい。かの国では道が正しくないからこそ道というものを作って正している。これに対して皇国の古えは、口うるさい教えなどなくとも天下は穏やかに治まっており、道があるからこそ、道を言挙げすることがなかったのである。それなのに時代が下ると中国の風儀が流入し、素直で清らかな心が汚れてしまい、中国の道を必要とするが如き有様と化したに過ぎない。

宣長は皇国の古代を精神面で回帰すべき理想境として描きだし、それが中国的要素の流入によって堕落してしまったと見做す。当時の知的世界を席巻していた漢学者が重んじた普遍的な理や道をめぐる議論は当然中国由来のものであり、その淵源を日本に求めることは、純文献学的には難しい。ところが宣長は評価軸を反転させてしまい、この国における道をめぐる議論の不在を根拠に、言語化されない「道」が実在したことを説くのである。中国流の窮理には不可知論を以て対抗し、賢しらな中国的要素の排除を主張する。[6] このように中国を否定的存在として対置して、[7] 論理化の不在をむしろ充足の証拠とすることで日本古代の理想化を図っている点に、宣長古道論の一特質を認めることができよう。

こうした姿勢は道の論《あげつら》いに限らない。例えば彼の暦法論を見てみよう。『真暦考《しんれきこう》』（一七八九年）[8]の主張の眼目は、中国由来の太陰太陽暦批判である。即ち、古代の人々は身近に感じられる四季をそれぞれはじめ・なかば・末に分けて、おおらかに一年間を考えるとともに、それとは別に月の満ち欠けをついたち・もち・つごもりの三つに分けて捉えていた。これが皇祖神の万国に授けた「天地のおのづからの暦」にして「たふときめでたき真の暦」なのである。月の満ち欠けで一か月を定め、太陽の動きで一年を定めるという、「別事」を合わせて一つの暦とする発想は、「こちたきをよきにする」もので、大らかな古代人の心とは異なる。後世になって、中国から書籍や暦が伝わってきて広まったものに過ぎない。このように宣長は、現在用いられている中国から入ってきた暦を理屈めいたものとして批判し、それ以前の状態を自然な「真の暦」として理想化する。[9]

彼の言語論にも同様の態度が通底している。宣長にとって五十音図に表記される古代の日本語こそが「純粋正雅」な「正音」なのであって、後世に紛れ込んだ外国由来の「不正ノ音」は、批判される（『漢字三音考』）。そもそも日本語も中国由来の漢字で表記されているのでは、という疑問に対しては、日本ではもともと文字化されない音声言語が先に在って、それに対応するように文字・語を借りてきて書記することになったのだ、という理解で応える。文字の不在も、古代に存在した正しい音声言語の秩序を疑わせるには足りないのである。漢字に先立つ神代文字などというものは、宣長にとっては「後ノ世人の偽作《イツハリ》にて、いふにたらず」（『古事記伝』文体の事）。

(2)　篤胤による不可知論の否定

宣長における不可知論的姿勢を、宣長の没後門人を自称した平田篤胤は共有しない。

そもそもこの世界は一つであり、正しい道が国によって違う、ということはありえない。だがそれは皇国にのみ正しく伝わっているのだから、異国説に囚われてはいけない――かかる態度は、宣長（『玉くしげ』）も篤胤（『霊能真柱《たまのみはしら》』）(10)も主張する所である。

宣長はその上で、怪しげなものと思われがちな古伝を不可知論的に特権化し――「おのが心もてよろづを思ひはかりて。かくあるべき理ぞ。かくはあるまじき理ぞと定めて。その己が定めたるところを理の至極と思ひ。此理の外はなきことと心得」るのは、夏の虫が氷の存在を疑うようなものである（『鉗狂人《けんきょうじん》』）――、外国の影響を受けた、後世の理屈めいた解釈を否定する。

だが、篤胤は、例えば『霊能真柱』下巻でこう述べている。

まづ人の生レ出ることは。父母の賜物なれども。その成出《ナリイヅ》る元因《モト》は。神の産霊《ムスビ》の。奇《クス》しく妙《タヘ》なる御霊《ミタマ》により て風と火と水と土。四種《ヨクサ》の物をむすび成《ナ》し賜ひ。それに心魂《タマシヒ》を幸賦《サチハヒクマ》りて。生《ウマレ》しめ賜ふことなるを。…死《シニ》ては。水と土とは骸《ナキガラ》となりて。顕《アラハ》に存在《ノコリア》るを見れば。神魂《タマ》は風と火とに。供《タグ》ひて。放去《サカリサ》ることゝ見えたり…此《コ》は。風と火とは天に属《ツ》き。土と水とは地《ツチ》に属《ツク》べき理《コトワリ》の有《ア》るによりてなるべし。【篤胤が。かく論《アゲツラ》へるにつけて。或人の。此は。異国《アダシクニ》の説《コト》に似《ニ》たりといひて。あざミ云ふ由をきゝて。云へらく。よし似たらむも。同《オナジ》からむも。事実に徴《アカ》して。正《マサ》しく。その理リ見えたることならむには。などかいはざらむ。然《サ》るは人活《ヒトイキ》て居《ヰ》るときの。呼吸《ツクイキヒクイキ》は。これ風に非《アラ》ずして何《ナニ》ぞ。伊邪那岐ノ命の御気《ミイブキ》に。風ノ神は生坐《ナリマセ》るを思ふべし。また人ノ体のかく。温煖《アタヽカ》なるは。火に非ずして何ぞ。また。体《ミ》の滋潤《ウルオヒ》は。これ水に非ずして何ぞ。骸《ナキガラ》を埋《ウツ》ミて何物《ナニモノ》にかはなる。土に化《ナ》るに非ずや。すべて言痛《コチタ》く理リをいふは悪《アシ》かれども。現《ウツヽ》に見えたる理リをば。などかいはざらむ。此《コ》ハ師ノ翁もしか云ヒおかれたりき。篤胤ハ何事も。神代の伝へと。事実とに徴考《アカシカムカ》へて。理リの灼《シル》然《キ》ことは。えしも黙止《モダ》さず。考への及《オヨ》ばむかぎりは。いはむとするなり。然《シカ》るを。それ悪しとて。いはじとのミするは。道に心の厚《アツ》からぬ人か。然らぬは。理リを尋《タヅネ》ていふべき智力《サトリ》なき人なるべし。此ノ風火水土を以て。人ノ体の理リをいふを。異国の説《コト》に似たりと云ふも。其《ソ》は。彼《カレ》が吾《ワレ》に似《ニ》たるにて。吾が説《コト》の。彼レに似たるには非《アラ》ざることを弁へず。実《マコト》は熟《ウマ》く。神代の事実を。明《アキラ》め知ラざる故の非言《ヒガゴト》なり。……】

篤胤の風火水土によって人体が成るという説は異国説に似ている、と見下す者がいる。しかし似ていようと同じだろうと、正しくて理が通ったことなら、どうして言わないのか。すべて煩く理を唱えるのは良くないことだが、目に見える理をどうして言わないのか。これは宣長先生もそうおっしゃっている。篤胤は何事も、神代の伝説と事実とに徴し考えて、理が明らかなことは黙っていられず、考えが及ぶ限りは言おうとするのだ。なのにそれが良くないといって言うまいとばかりするのは、道に関心が薄い人か、理を究明できる地力がない人に違いあるまい。風火水土で人体の理を説明することを異国説に似ていると述べるのも、それはあちらがこちらに似ているのであって、こちらの説が異国説に似ているわけではないことを分からず、実はよく神世の事実を知らないための、誤りである。

先に見た宣長の議論とは、不可知主義を否定している点で、個人の「理」に対する態度が、根本的に異なっているかに見える。(11)

（３）篤胤による古代の「復元」

篤胤の宣長との異質性が一層際立つのは、異国風の科学知の内容を肯定した上で、こちらが似ているのではない、あちらが似ているのだ、と反論している点である。

先に述べた如く、正しい古伝は皇国のみに存するという点は、両者に共通する見解である。だが宣長はそこから、『古事記』を特権化し、そこに存在しないものに関し、不在を逆転させて、不在故の充足を説く。西洋天文学説を参照した『真暦不審考弁』も、正しいものは正しいと、西洋由来の学知を肯定してはいるものの、それが日本古代と積極的に関連付けられているわけではない(12)。

これに対して篤胤は、評価されるべきものが古代日本に生まれたものでないことに満足できない。篤胤は、古伝に現れる常世国《とこよのくに》を宣長に倣って外国と解釈し、常世国にスクナビコナが渡ったとする記述などを根拠に、諸外国は日本に奉仕するべきものと神々によって定められていた旨を主張する。そして「また外ツ国もろ〳〵にも訛ながらに古伝の片端の残れるも。この二柱ノ神の。かく往還し賜へるによりてなることをも悟るべし」と、外国の伝説の中に皇国の古伝の成れの果てを見出しうることを説き、さらには外国の有用な知識も本来皇国のものであったのだと、付会する。例えば医学について篤胤は『霊能真柱』上の巻末近くでこう述べる。

異国《アダシ》々より貢奉《ミツギ》る事物の中に。医の法術《クスシワザ》の。殊に皇国の要《エウ》をなし験《シルシ》有るも。医ノ道はかの二柱ノ神の創《ハジメ》たまへるなれば。此ノ道の常世の国々に委く伝はり。その国人どもの。この法《ワザ》に委きは。末の枝国《エダグニ》には。悪病《アシキヤマヒ》の多かる理リなれば。二柱ノ神の殊に御霊《ミタマ》を幸ひたまひて。此《コ》は実《マコト》に然在《シカア》るべき理リなり。されば。大倭心《ヤマトゴヽロ》になり堅まりたらむ人も。この理リを弁《ワキマ》へて。異シ国々の医ノ法をも。学び取《ト》るべき事になむ。

篤胤に拠れば、医学もすべて皇国の神々によって創始されたものなのであり、悪い病気の多い「末の枝国」で発達した医学知を皇国が回収することは、当然のことなのだ。(13)異文化の受容を、それがあくまで自文化由来のものだとこじつけることで正当化する、典型的な付会論である。(14)

このように平田学は、外国の伝説や学知を本来皇国のものであったのだと付会することで、そこから皇国の古代の具体相を積極的に「復元」していくという特徴を持っている。『古事記』に書かれていないことであっても構わない、世界の始まりは皇国である以上、あらゆるところから理想の古代は復元しうるのだ。かくして篤胤は諸書・諸伝説を自在に折衷して神代からの皇国の歴史としての『古史成文《こしせいぶん》』（とその自註たる『古史伝』）を編み上げ、これを記紀に代わるカノンたらしめようとしたのである。文献の意味内容を理解しようとするのではなく、自分たちの生に意味を付与するストーリーを作り出そうとする篤胤的な「古史」へのアプローチの仕方は、往々にして非学問的な偽史に類するものと看做され、今なお諸学の先行研究たりえる宣長学とは対照的な評価を与えられている。(15)

外国文献をも含む種々の材料から古えを「復元」しようとする篤胤の姿勢がもっともよく現れた例の一つが、暦学論である。(16)篤胤は『天朝無窮暦《てんちょうむきゅうれき》』において、『日本書紀』の紀年法を中国由来のものだと批判する宣長説をはじめ、先行する諸説を批判する。彼によれば日本の古代には、先天暦と後天暦という二種の暦が存在し、宣長の言う真暦にあたる後者が日本固有のものであるのに対して、前者はオオクニヌシによって中国また世界中に伝えられ、万国の暦の元祖となった。従って、皇国古代に暦法がないとする説は誤りで、中国の暦も元来は日本由来なのである。かかる原理に基づき、中国古代に関わる諸書をも活用しながら、篤胤は存在したはずの日本古代の暦法や、オオクニヌシ渡来以後の中国の暦法について、様々な著作をものしていくことになる。あるいは地動説も、皇国に元々あった正しい学説なのであり、「刻白爾《コーペル》」（コペルニクス）に驚いて西洋の学知を称えることは、聞くに堪えないという（『天朝無窮暦附録』）。

かかる篤胤の皇国中心主義的暦法論は、頒暦を独占する幕府天文方の縄張りに土足で踏み込むものであった。また時期をほぼ同じくして、この皇国こそが中華文明の生みの親たる神々の出身地であると唱えて儒教的世界観を批判した『大扶桑国考《だいふそうこくこう》』が――篤胤が信じるところに拠れば――林家の差し金によって絶版処分を受けていた。このように天文方、そしてその背後にあった林家を敵に回していた篤胤は、『神字日文伝《かんなひふみのつたえ》』に序文を寄せ、また『皇国度制考《こうこくどせいこう》』――弘賢は皇国の正しい物差しの「復元」によって、尺座利権を創出しようと目論んでいた――の執筆を依頼してきた[17]大パトロンにしてよき理解者であった屋代弘賢《やしろひろかた》（一七五八―一八四一）の病臥と時を同じくして、江戸追放指令を受けることになる。[18]

新義異説の提唱者と目されることを極度に恐れ、あくまでも我が国の古典の世界への没頭を通じて古代人の精神に迫ろうとしたに過ぎない「擬古」主義者だった宣長[19]とは異なり、篤胤は世界中から様々な痕跡をかき集めて、あったはずの理想の古えを眼前に「復元」せずにはいられなかった。かかる偽史的想像力に基づく「復古」の姿勢こそが、篤胤処罰の原因であり、そして篤胤学を宣長学と分かつ一大特徴なのだと言えるだろう。

（4）篤胤の神代文字論

文字もまた、皇国の歴史の中からその起源が復元されなければならなかった。漢字伝来以前に日本に存在したとされる神代文字、篤胤はこの存在を確信し、様々な材料を集めてその姿を明らかにしようと試みたのである。ではそもそも神代文字とは何か。それは、漢字の渡来以前、神代から日本に伝わるとされる文字の総称である。

現在では山田孝雄《やまだよしお》「所謂神代文字の論」（一九五三年）[20]の否定論によって、概ね存在・不存在に関する決着はついたと看做されているようだが、アカデミズムの外側での需要・受容者は少なくない。

以下、山田に従って説明しておく。斎部広成《いんべのひろなり》『古語拾遺』（八〇七年）以後、我が国に特有の文字はなかったとする説が通用していたが、鎌倉時代の卜部兼方《うらべのかねかた》（一三世紀）による『日本書紀』の注釈書である『釈日本紀』（一三世紀末）は、亀卜《きぼく》（亀甲を焼いてヒビを読む占術）が神代に始まったことを述べて、和字の起源が神代であることをほのめかしている。しかし実際に卜部家に神代文字が伝わっていたわけではない。それが室町時代の吉田家になると、そうした文字が自家に伝わっている、という話に変わっていた。江戸時代になると神代文字を論ずる学者は増え、とりわけ黄檗宗の僧侶たる潮音《ちょうおん》が刊行した――志摩国伊雑宮《いざわのみや》と結んだ長野采女《ながのうねめ》が偽作したという[21]――『先代旧事本紀大成経《せんだいくじほんぎたいせいきょう》』には、アマテラスが発した四七字からオオナムジ（オオクニヌシ）とアメノヤゴコロが神代文字を造った、とする記述があり、大きな影響を与えた。かくして篤胤による定式化・理論化に先立ち、「ヒフミヨイムナヤコトモチロラネシキルユイツクヌソオタハクメカウヲヘニサリヘテノマスアセエホレケ」という四七音の神代文字が次々に姿を現す。だが実は奈良時代などの日本語には四八音あり、かかる神代文字は、いずれも「大成経」の影響を受けた偽作だということになる[22]。

さて篤胤の神代文字論は『古史徴開題記《こしちょうかいだいき》』（一八一九年）に始まる。ここで斎部広成『古語拾遺』の、漢字以前の文字不在説を否定する篤胤は、『釈日本紀』を踏まえ、「和字」の起源はヤゴコロオモイカネの始めた太兆《ふとまに》（鹿の骨を焼いてヒビを読む占術）にあったと説く。そして神代文字には、象形文字としての真字と音の記号として仮に書いた仮名との二つがあること、しかし漢字が用いられるようになって廃れていったこと、が語られている。

その後に著された『神字日文伝 疑字編日文伝附録《ぎじへんひふみのつたえふろく》』（一八一九年）（【図3・4】）は、当時見出されていた種々の

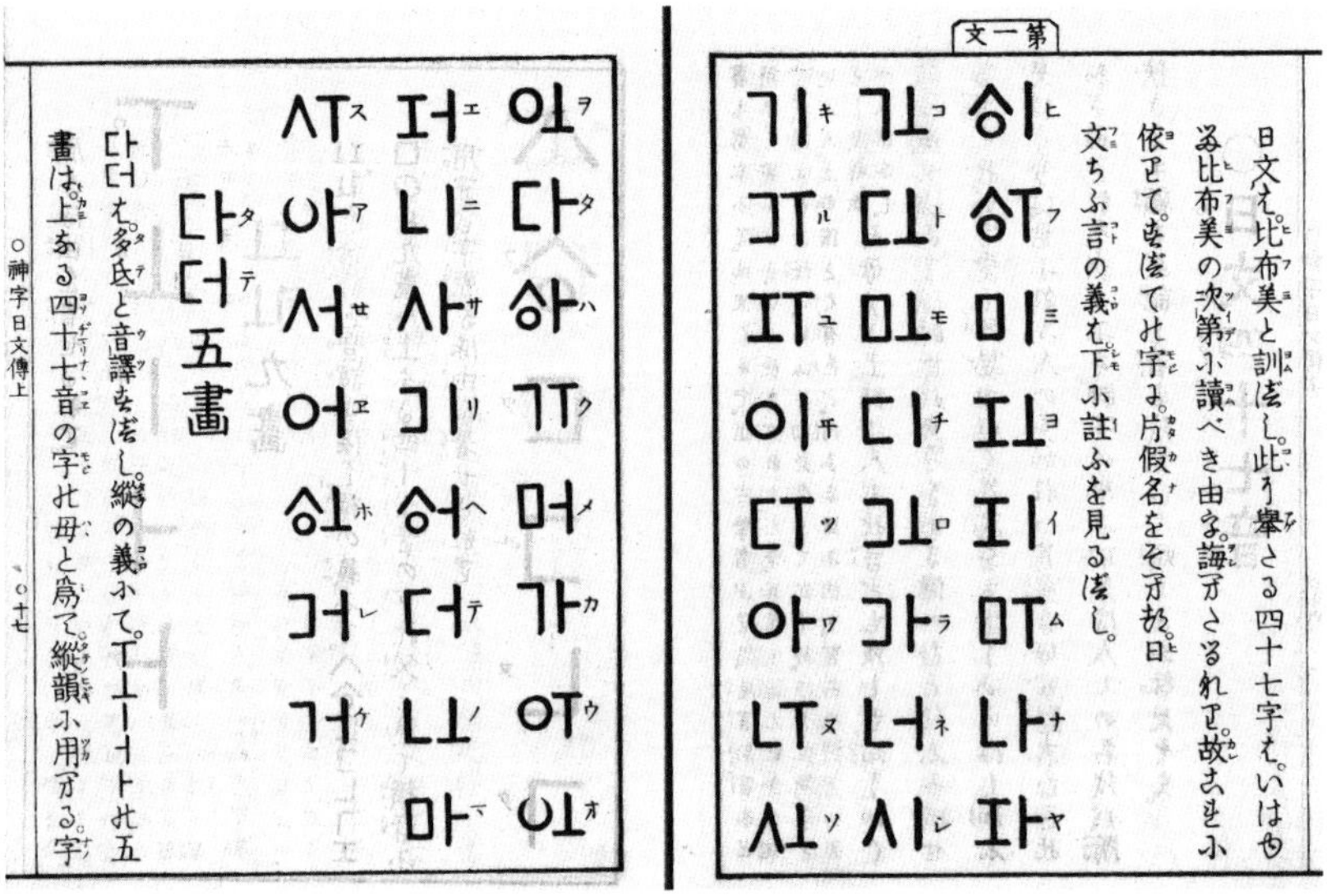

『神字日文伝』上

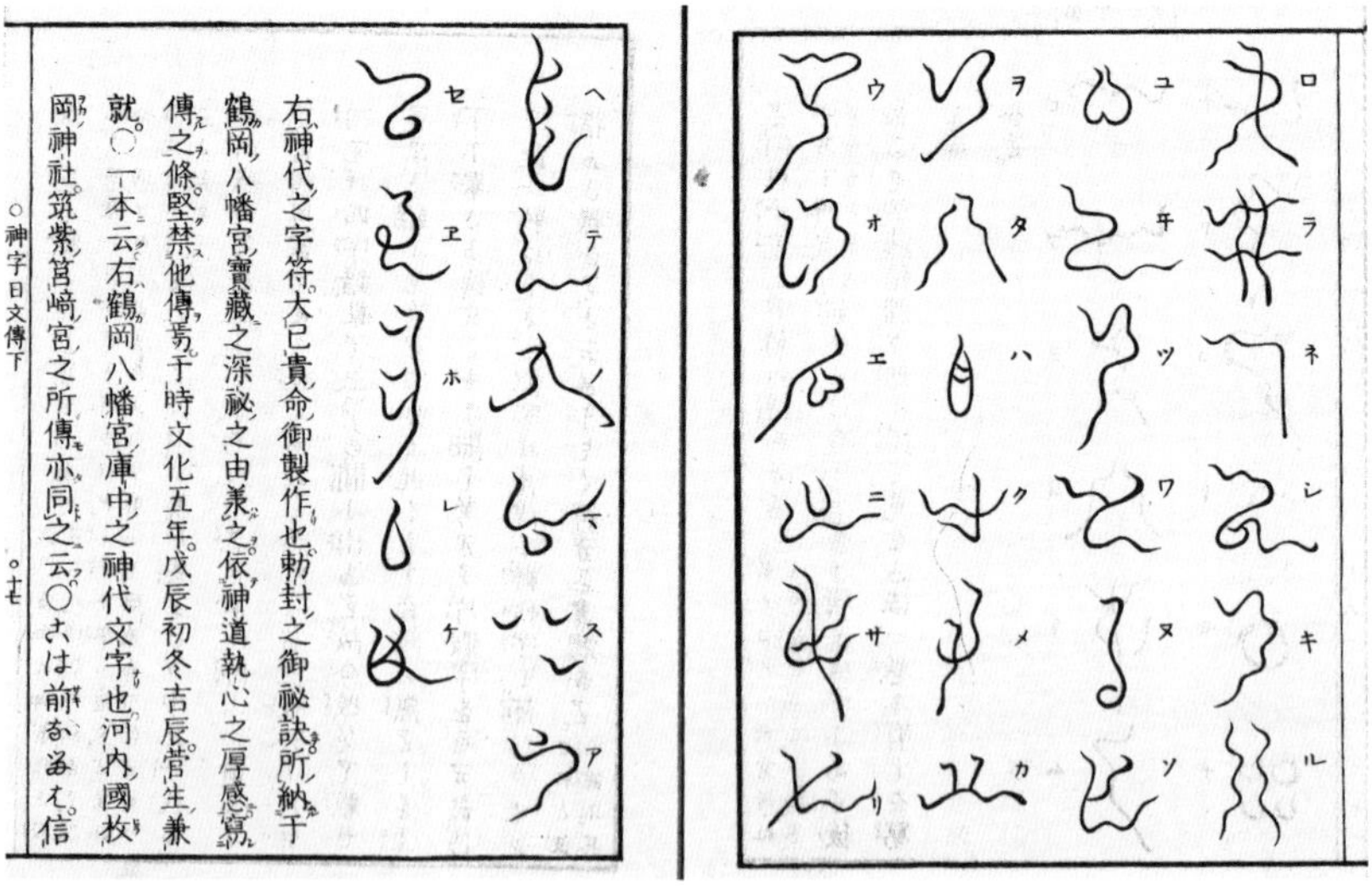

『神字日文伝』下

【図3·4】『神字日文伝』上·下より日文真字·草字

神代文字を収集し、篤胤自身が疑わしいと見做すものも含めて紹介しており、その後の議論からもよく参照される重要な作品になる。とは言え、あくまで主役は太兆の形から生まれた日文《ひふみ》――対馬の卜部阿比留氏《うらべあびるし》に伝わったものだという――の真字と草字である。だが、この草字は諦忍《たいにん》著『神国神字弁論』（一七七八年）に掲げられた神代文字――山田は「泡輪宮《あわわのみや》」という、諦忍が主張する神代文字の所蔵元のうちの一か所が実在しないことを論証している――同様の文字であり、そしてこの真字というものがハングル（諺文《おんもん》）にしか見えないのだが、篤胤が言うには「この諺文を。慵斎叢話（李朝の噂話・伝説集）に。かの世宗が時に創めて製り出たりと言へれども。…実は皇国字の。旧く彼国にも伝はり存れるに原づきて作れる由」。ハングルの起源は我が国である、という訳だ。

これを見た、篤胤と同じく宣長の没後門人を名乗りつつ、考証的学風で知られる点で篤胤と対照的な国学者、伴信友《ばんのぶとも》（一七七三―一八四六）（【図5】）は、『仮名本末《かなのもとすえ》』で附録を設けてこれは諺文由来のもの[23]だとして批判することになる。

【図5】　伴信友

篤胤の側は、生田万《いくたよろず》（一八〇一―一八三七）[24]に「日文伝評論」（一八二四年）を書かせて議論を補完させた後、『古史本辞経《こしほんじきょう》』（一八三九年）における神代文字五十音図に基づく言霊説へと主張を展開していくこと[25]になるのだが、その言霊音義論の展開にまで説き及ぶことは、本章の手に余る。だが、そこまでせずとも、十分に篤胤と宣長の差異は伝わったことだろう。異国の文字を付会して領有することで、皇国に不在のものを具体化し、充足させてしまう篤胤の神代文字に関する所説は、漢字以前の文字を否定し、不在のままで事足れりとする宣長とは大きく異なっているのである。

そして霊魂実在論的信念を強く持った彼は、幽界とのコンタクティーを見つけては、神代文字の存在証明を求める、(26)といった怪しげな作業を続け、結局、江戸町奉行から追放指令を受けた末に、国許で没することになる。

二　拡散する神代文字

将軍の「御武威」に拠る泰平は広く学問を需要する社会を生み出し、そのなかで歴史・神話に基づくナショナル・アイデンティティも醸成されていく。国学者が唱えた、天皇を中心とした神の国としての「皇国」というイメージは、いつの間にか広く認められるようになっていく。外圧をきっかけに御武威が崩壊すると、この国の本来の支配者としての天皇が政治的中心に浮上し、政権の簒奪者は、王政復古を旗印に新政府を立ち上げることになった。(27)

かくして国家の中心に据えられた天皇の権威は、究極的には神話に淵源を持つ。維新政府が自らを飾る役割を国学者に与えてみた理由は、ここにあった。この国の革命政府が自らに相応しい革命宗教を欲したとき、(28)偽史的想像力は、現実を改変する力へと変わったのである。神道式の新たな国家祭祀の創出、キリシタンに対する神道教化、神仏分離・廃仏毀釈、俗信の抑圧…。強制性を帯びた宗教政策が実施され、平田篤胤の徒は時にはその尖兵となって、与えられた権力を振り回すことになる。ただし、彼らは必ずしも政府主流派にとって有用な存在ではなく、かかる神道国教化政策は、革命宗教の例に漏れず混乱と挫折を経験して、結局は所謂日本型政教分離へと後退していくことになるのだが、(29)この歴史過程が日本の宗教文化に残した不可逆的な変化を軽視してはなるまい。

神話的想像力が現実化したこの時代にあって、神代文字もまた、皇国の世界に対する優越性を示す意匠として、平田篤胤のフォロアーによって具現化させられることになる。以下、皇国の至尊を信じる国学者の間に、如何に神代文字が広がっていったか、その概要を紹介したい。まず、平田直門における『神字日文伝』の受容と普及への努力を述べ、次いで大国隆正とその流れ、そして各地の復古神道系国学者の議論を見ていきたい。

(1)　平田直門

岩崎長世

流しの芸能者（笛と能楽を能くした）にして平田学の地方伝道者だった岩崎長世《いわさきながよ》（一八〇七―一八七九）は、江戸の他、甲府や伊勢、信州飯田で活動した。後に見る柴田花守とも近しく交流している。長世は維新後、大阪にて神官を務めて祭式・神葬祭関係マニュアルの作者となっている。[30] 一八六九年（明治二）には『神字彙《しんじい》』を著した。これは日文の五十音図と、文字別に配列した日文資料一三種対照表をセットにしたものであり、日文で文字を読み書きしたい者にとって、篤胤の研究書以上に判りやすい一冊になっている。

矢野玄道、角田忠行、丸山作楽、および田中頼庸

矢野玄道《やのはるみち》（一八二三―一八八七）（【図6】）は伊予大洲藩出身で江戸の昌平黌や京都で学んだ平田直門随一の碩学であり、『古史伝』の完成も任されるなど、平田学の内容を忠実に引き継ごうとした大学者である。[31] 篤胤説の解説書の執筆も少なくなく、明治初年には、新政府周辺に入り込んだ国学者相互の党派争いの中で、平田派正統説の護教論を展開していたが、津和野派・政府主流派と対立して一八七一年（明治四）に逮捕され、暫くは幽囚の

【図8】　田中頼庸

【図6】　矢野玄道

【図9】　丸山作楽

【図7】　角田忠行

身にあった。(32) 後に皇典講究所などに在籍する。最晩年に執筆され、死後の一八八九年（明治二二）に刊行された『懲狂人《ちょうきょうじん》』は、諸説や篤胤以後の証拠も取り集めて書かれた、神代文字批判に反駁する篤胤説擁護論であり、盟友角田忠行に促されて書いたものと見える。

角田忠行《つのだただゆき》（一八三四―一九一八）（【図7】）は信濃の神主の家に生まれた平田門人にして、足利尊氏・義詮・義満の木像の首と位牌が賀茂川の河原に晒された足利三代木像梟首事件関係者としても知られる。明治初年は玄道と行動を共にした平田直門の重鎮で、玄道同様に明治四年に逮捕されている。その後は熱田神宮に奉職した。彼も神字の五十音図を残した神代文字派である。

なお『懲狂人』の序文の寄稿者には角田ともう一人、神宮教の管長を務めた伊勢派の雄にして薩摩藩出身の田《た》中頼庸《なかよりつね》（一八三六―一八九七）（【図8】）(33)が選ばれている。神代文字論を集めて肯定派の立場から論評した『神字考』の著者だったからであろうか。

矢野や角田の逮捕は、外務大丞を務めた島原藩の平田派国学者、丸山作楽《まるやまさくら》（一八四〇―一八九九）（【図9】）の国事犯事件に連なるものであった。作楽はサハリン全島での日本の権益を維持するべく対ロシア交渉に挑み、軍事衝突して勝てず逃げ帰ってくる。そこで皇威を世界に輝かせるため、不平士族を糾合して朝鮮半島侵略を企て、一八七一年（明治四）に逮捕幽閉されたと言われている。一〇年ほどたって許されて、立憲帝政党の結成や、祭神論争での発言など、政府に近い立場で再度活躍した。作楽は後にドイツのローレンツ・フォン・シュタイン（一八一五―一八九〇）の許に留学するのだが、ルーン文字の存在を知り、そこに神代文字との同一性を見出して喜ぶ、筋金入りの平田派だった。(34)

藤原政興

藤原政興《ふじわらまさおき》名義で、一八七一年（明治四）五月に自序を書いた『神字古事記』なる「古事記をも復古し神字の真書に写した」ものが刊行されている（一八七二年刊）。全四巻のうち首巻は神代文字についての概論である。ちなみに平田塾の門人帳には吉川（藤原）政興（一八五二―？）なる人物が載り、一八六九年（明治二）に一八歳で入門した、元土御門家江戸役所の人物だという。

なお、『日本書紀』神代巻を神代文字化した「神字神代巻」なる作品も世の中にはのこっているらしいが、未見である（旧伊予松山藩士で、三兄弟そろって神職を務めた[35]三輪田高房《みわだたかふさ》（一八二三―一九一〇）が跋文を書いているという）。

忠実な平田派たちは神代文字の実在を明治の社会に強く訴えた。そして、神代文字が存在したはずの神代が、漢字によって表記されているという事実に耐えられなかった彼らは、テクストよりも文字の理論的正しさを優先して、記紀本文の書き換えに走った、といったところであろうか。

（２）大国隆正とその流れ

大国隆正

若いころ篤胤に入門した大国隆正《おおくにたかまさ》（一七九三―一八七一）[36]は、文献学的には観るべきところが少ないものの、皇国の至尊を説いて状況追従的に西洋受容を唱えた点でよく知られている。学統的には神霊主義的な平田直門と対立し、明治維新期には津和野派と呼ばれる彼の弟子たちが長州閥と手を結んで新政府の国家祭祀・宗教制度の整備を主導したことで知られている。[37]平田派にとって忠実な門弟だったとは言い難いが、学問的姿勢については篤胤の忠実なフォロアーの一人だったと言え、『神字小考並考余（神字原）』（一八四〇年刊）や、日文を一覧できるようにした『掌中神字箋』（一八七三年刊）など、太占が神字の由来であるとする『神字日文伝』をもとに（独自性を付加）した著作を残している。

大畑春国と本田親徳

大畑春国《おおはたはるくに》（一八一八―一八七五）は大国隆正の門人で、医者であった。幕末には国学教授として房総地域を巡遊していた。維新後は大学、のち浅草神社に勤めた[38]。占術の専門家として知られ、「亀卜雑記」[39]には、亀卜が神代の文字の始原であることが説かれている。ただし、篤胤・隆正の日文とは造型が異なり、鶴峯戊申《つるみねしげのぶ》（一七八八―一八五九）がアナイチ文字として注目した、薩摩藩が出した『成形図説』に掲載の文字に似る。

大畑春国の友人であった本田親徳《ほんだちかあつ》（一八二二―一八八九）（【図10】）は、薩摩藩の出であり、鎮魂帰神法を磨いた神秘主義的神道家として活動し、明治期には静岡県で神職を務めた。平田塾にも出入りしていたと言われる。副《そえ》島種臣《じまたねおみ》（一八二八―一九〇五）とも近しかった。また、春国から亀卜法の伝授を受け、これを受けて日文真字に類する五十音図を発明している。弟子を通じて出口《でぐち》王仁三郎《おにさぶろう》（一八七一―一九四八）に影響を与えたと言われている[40]。

【図10】　本田親徳

【図11】　落合直澄

【図12】　落合直亮

（３）各地の復古神道家たち

落合直澄と直亮

武蔵国出身の国学者落合直澄《おちあいなおずみ》（一八四〇―一八九一）【図11】は、赤報隊の相楽《さがら》総三《そうぞう》（一八三九―一八六八）の盟友だった兄の直亮《なおあき》（一八二七―一八九四）【図12】ともども、言霊論と説教に長けた堀秀成《ほりひでなり》（一八二〇―一八八七）らに学び[41]、尊王攘夷運動に邁進した。一八六八年（明治元）には宣教使に配属され、独自の宇宙論「新三大考」（一八六六年序）を著して平田直門と対立する[42]など、宇宙や言語に関する篤胤的想像力を継承しつつも、篤胤説そのままには満足しなかった人物である。

一八六九年（明治二）に直澄は、兄が判県事（後に大参事）を務めた伊那県[43]において、日文草書で書かれた地元の大御食神社の社伝の写を「発見」する。ヤマトタケルの当地における古伝説を示すこの神字文書の発見を、下伊那の有力な平田門人にして県官を務めた北《きた》原稲雄《はらいなお》は評価したようだ。一八七〇年（明治三）四月一三日、稲雄は平田派総帥の平田《ひらた》銕胤《かねたね》（一七九九―一八八〇）に対し、『日文伝附録』への収録を打診する。銕胤は判断しかねたため、息子延胤《のぶたね》（一八二八―一八七二）の元に送付した結果、福羽美静《ふくばよししず》（一八三一―一九〇七）や青山景通《あおやまかげみち》（一八一九―一八九一）といった国学者ともども前向きな反応を見せたのだが、六月三日の時点になると、矢野玄道や角田忠行の偽作説に従って、収載見合わせという判断を下している。[44] 直澄と矢野らとの神学上の対立が影響しているのであろうか。

なお、同書が『美社神字解』と題して一九三六年（昭和一一）に惟神教会によって刊行された際の底本は、諏訪の松澤義任（二代続く平田門人）の旧蔵写本のようである。

一八七一年（明治四）、丸山事件と同時に直亮は失脚し、その後のこの兄弟は、各地の神社に奉職するかたちでキャリアを繋ぐことになる。そうした中で直澄は、一八八八年（明治二一）に『日本古代文字考』を刊行する。これは『神字日文伝』の枠内に留まらない神代文字資料を収集紹介し、篤胤説と田中頼庸説とを組み合わせた、神代文字肯定派の総合的議論である。他方で、兄の直亮は神代文字のテキストを多数作成させて伊勢の神宮文庫に収蔵させており、近年まで真作を主張する人が見られた。[45] 近代の神代文字論者の中でも、重要な役割を果たした兄弟である。

柴田花守

矢野玄道らの批判にもかかわらず、一八七一年（明治四）、大御食神社の社伝を肯定的に引用する著作が刊行される。柴田花守《しばたはなもり》著『古語拾遺正訓』（【図13】）である。

柴田花守（一八〇九―一八九〇）（【図14】）は江戸時代には肥前小城藩に絵師として仕えたが、富士信仰教団不二《ふじ》道《どう》の小谷三志《こたにさんし》（一七六一―一八四一）に弟子入りして咲行の名を持つ行者でもあった。長崎では中島広足《なかじまひろたり》（一七九二

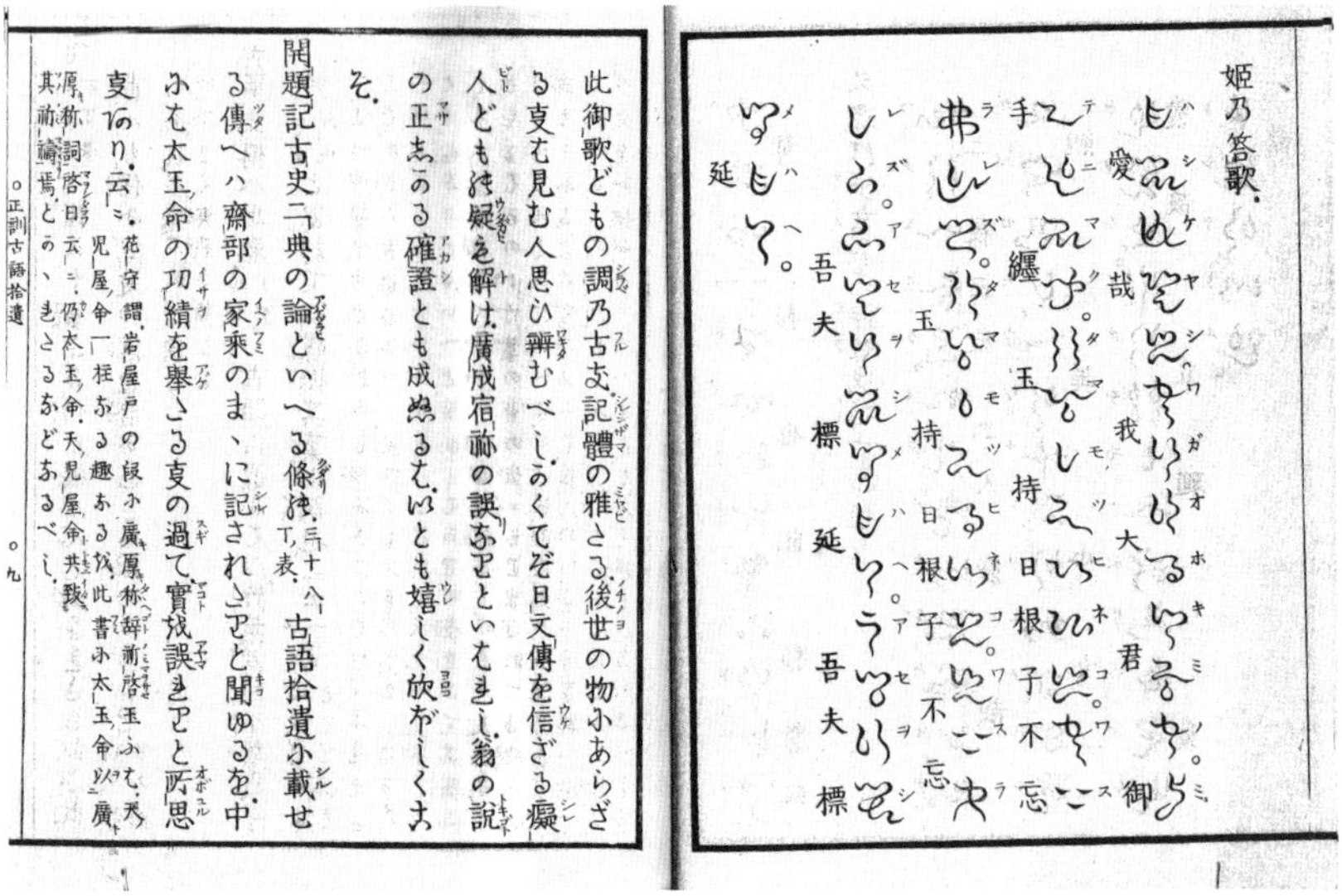
姫乃答歌

愛哉　我　大君　御

手纏　玉　持　日　根　子　不　忘

玉　持　日　根　子　不　忘

吾　夫　標　延　吾　夫　標

延

此御歌どもの調乃古文記體の雅なる後世の物にあらざる事も見む人思ひ辨むべし。かくてぞ日文傳を信ざる癡人ども疑を解け。廣成宿祢の誤なりといひても主し翁の説の正しかる確證とも成ぬるなれとも嬉しく於布しくなむそ。

閑題記古史二典の論といへる條下表三十八に古語拾遺に載せる傳へハ齋部の家乗のまゝに記されたりと聞ゆるを中にも太玉命の功績を擧たる事の過て實は誤なりと所思事あり云々。花守謂岩屋戸の段に廣厚称辞前啓玉にも天児屋命一柱なる趣なる哉此書に太玉命以廣厚称詞啓白云々。仍太玉命天児屋命共致其祈禱焉との、もなるなどあるべし。

○正訓古語拾遺　○九

【図13】『古語拾遺正訓』より大御食神社の神字伝承

【図14】　柴田花守

一八六四）にも学んでおり、端唄「春雨」の作者として有名であり、平田門人にも数えられている。維新後は神道による国民教化に協力し、大坂の豊国神社にも勤めた。一八八二年（明治一五）には不二道を教派神道化した実行教の管長となる。岩崎長世は友人であり『古語拾遺正訓』には彼のチェックが入っている。後述する西川《にしかわ》須賀雄《すがお》（一八三八―一九〇六）は弟子にあたる。(46)

『古語拾遺正訓』は、記紀にならぶ皇典としての『古語拾遺』を素読用教科書として利用できるよう、宣長の

『古事記伝』や篤胤の『古史成文』などの諸書に依拠して読みを付し、刊行したものである。そして「そへごと」として『古語拾遺』を学ぶ際の注意点も記載されているのだが、ここで注目すべき点は、『古語拾遺』における神代文字不在論が否定されていることである。その根拠となるのが、神代文字実在の証拠としての大御食神社の神字の社伝なのである。

花守はその後実行教を布教する際にも、神代文字を用いた礼拝対象としての軸を作成するなどしている。平田流の神学を利用した復古神道を布教するにあたり、神代文字を活用した神道家の一人なのであった。

西川須賀雄

西川須賀雄【図15】は小城（佐賀藩の支藩）の祇園社神主で、同郷で不二道の平田神道化を推進した柴田花守のほか、平田神学の影響を受けてキリスト教思想を取り入れた神学者である南里有隣《なんりありちか》（一八一二—一八六四）、矢野玄道の親友である枝吉神陽《えだよししんよう》（一八二二—一八六二）らに学んでいる。後述する岡吉胤《おかよしたね》（一八三一—一九〇七）や神陽の弟である副島種臣と親しく、上京して篤胤の有力な弟子である六人部是香《むとべよしか》（一七九八—一八六四）に入門し、藩の学校で神典を教えるまでになる。

廃藩置県後は教部省で神道教義の整備・普及に尽すとともに、一八七三年（明治六）から一八七六年（明治九）まで酒田県出羽神社宮司を務め、修験道で名高い出羽三山の神仏分離・神道化を推し進めた。山内の仏教色を強制的に排除する過程で、開山者の能除大師は本来、東国に天皇家の支配を押し広げようとした蜂子皇子であったとして、神代文字（日文草書）で書かれた「はちこのみこと」碑【図16】を建立している。旧来の拝式もまた復古神道流に改変され、祭文を神代文字で記した儀式書が刊行されることになった。「平田派の国学思想に基づく

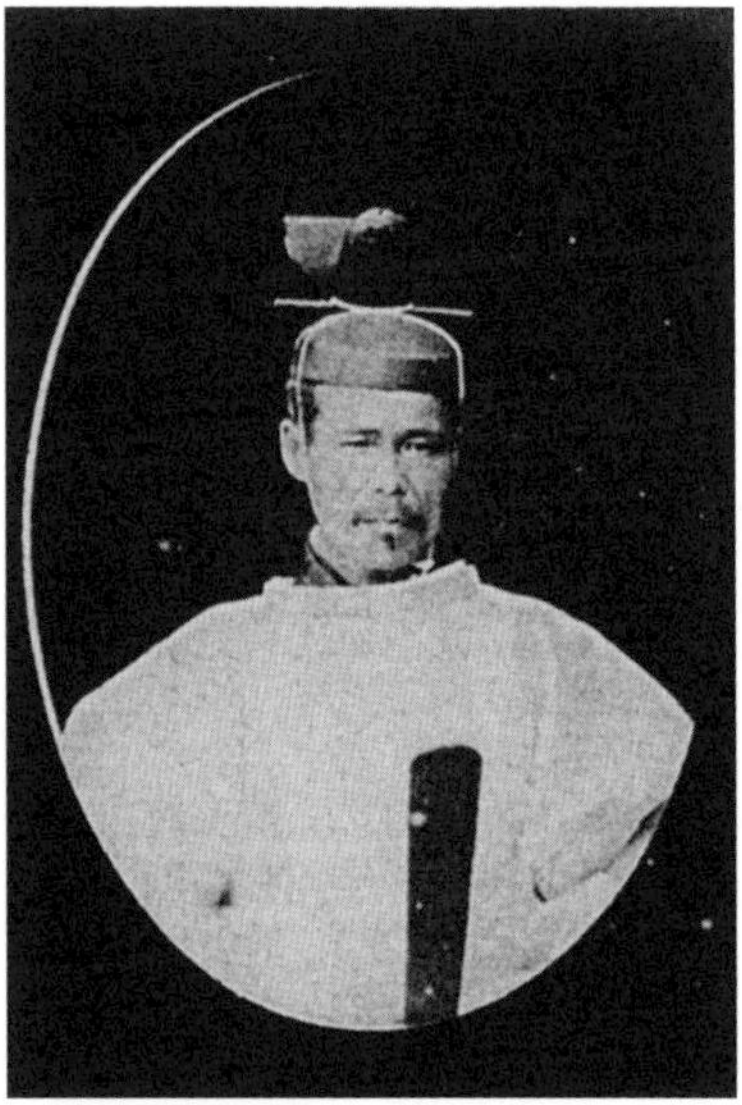

【図15】　西川須賀雄

【図16】　蜂子皇子碑

過激な廃仏毀釈」というイメージが学界に存在するとするならば、その原因の一端は、彼の所業に対する批判的研究にあるのではないか。[47]

なお須賀雄はその後、千葉県の安房神社や神道事務局に勤めた後、柴田花守の下で実行教の布教に務めたが、後継者候補から外れて一八九〇年（明治二三）に佐賀の神職に戻り、佐賀県皇典講究所講師を務めた。[48]

岡吉胤（【図17】）

佐賀の上峰村、佐渡神社の出。南里有隣や枝吉神陽に学んだ。西川須賀雄とは仲が良く、各地を共に旅し、六人部是香にも学んだ。また京都では絵の修行も行ったようで、作品が多く残る。副島種臣や大木《おおき》喬任《たかとう》（一八三二―一八九九）とも友人だった。維新後は県や国から神社に関する仕事を任され、長崎でキリシタン教化にも携わった。廃藩置県後は、各地の大神社の神職を歴任し、一八七五年（明治八）に伊勢神宮の禰宜となる。伊勢神宮の改革に際して禰宜を辞した後は、神宮教・実行教を経て皇祖教や大日本道徳会を設立した。その後、三重県や茨城県で教師を務め、水戸で没した。(49) 彼もまた平田神学の流れを汲む佐賀の国学者らしく神代文字派であり、神字の印章を用いている（【図18】）。

おわりに

文献に描かれた世界を理想の古代世界として探求し、精神の持ちようを改めることで、表向きは何一つ変えないままに、過去に浸ることに充足する宣長は、古典にないものはなくてもよい、と欠如を不用に置き換える姿勢

【図17】　岡吉胤

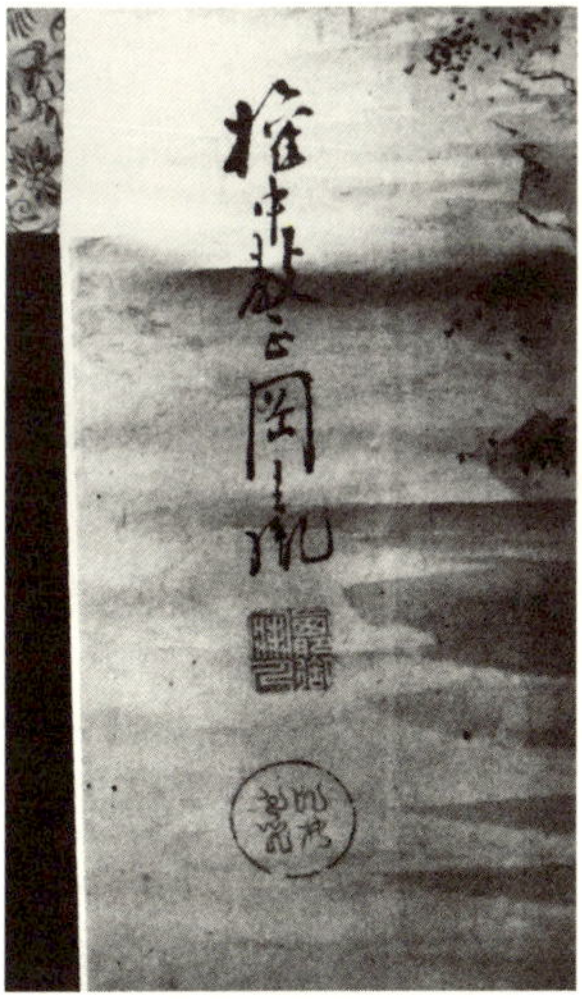

【図18】　権中教正岡吉胤
ならのや（楢舎）日文草字の印

を取った。

他方、あったはずの理想の古代世界の痕跡を、世界中の諸書・諸物証に基づき、篤胤は復元しようとした。古典そのものへの興味は薄く、そこにないものであっても、皇国の優越性を示すために、憚ることなく「復元」せんとするのが篤胤学の特徴であった。これこそ偽史的心性そのものではないか。

自国の文字が中国由来であることに耐えられなかった人々が希求した神代文字は、篤胤によって理論的に定式化された、かかる偽史的心性の具体化の典型例である。しかし神代文字論は明治維新に伴う宗教改革の現場で現実を改変する力になり、批判にも拘わらず、少なくとも一時期、確かな広がりを見せる。このように「世界の始まりは日本、従って世界中の文化は日本起源なのだ」とする粗大な理論によって世界全体を飲み込んだ篤胤国学は、近代日本における偽史的想像力の一祖型だと言えよう。『上記』[50]や本書後段で扱われる天津教文書など、平田国学の神代文字論から一歩踏み出せば、そこはもう近代偽史の世界なのだ。

注

（1）　拙稿「平田篤胤と「大東亜戦争」」（荒武賢一朗編『東北からみえる近世・近現代』岩田書院、二〇一六年）でいささか紹介した。

（2）　折口信夫「平田国学の伝統」（『折口信夫全集』二〇、中央公論社、一九六七年）。

（3）　筆者にとって民俗学者的篤胤像への批判は、拙稿「異国と異界」（『神道宗教』二一六、二〇〇九年）以来の課題である。なお、吉田麻子「平田国学と書物・出版」（横田冬彦編『出版と流通』平凡社、二〇一六年）もまた、「篤胤＝民俗学の嚆矢」という議論の限界を指摘しているが、篤胤思想のイデオロギッシュと評されがちな面をどう評価するか、本章と立場を異にする。

（4）大塚英志『偽史としての民俗学』（角川書店、二〇〇五年）、同『「捨て子」たちの民俗学』（角川選書、二〇〇六年）。

（5）以下、特記の無い限り、宣長の著作については筑摩書房版全集、篤胤の著作については名著出版版全集に拠った。岩崎長世、鶴峯戊申、落合直澄の神代文字論については『幽真界神字集纂』（八幡書店、一九九七年）に収録のものを参照した。

（6）日本思想史の始祖とも目される村岡典嗣は、宣長学の心理的根拠に、経験的不可知論と国家思想、それらの根拠となる敬虔思想を認めている。村岡典嗣『増補本居宣長』二（平凡社、二〇〇六年）。

（7）中国に対置する形でこそ皇国の性格を描き出しうる宣長の姿勢を、子安宣邦は、中国を反照板とした日本像の創出として位置付ける。子安宣邦『本居宣長』（岩波現代文庫、二〇〇一年）。

（8）専論として、桃裕行「本居宣長の真暦考について」（『立正史学』三六、一九七二年）が挙げられる。

（9）この議論は中国からの暦の流入以前に想定される自然暦を説いたものとして、今日までそれなりに評価されているようだ。岡田芳朗『日本の暦』（木耳社、一九七二年）や『明治前日本天文学史』（日本学術振興会、一九六〇年）など。

（10）吾が皇大御国は。殊に。伊邪那岐伊邪那美二柱の大神の。生成賜へる御国。天照大御神の生坐る御国。皇御孫命の。天地とゝもに。遠長に所知看御国にして。万ノ国に秀で勝れて。四海の宗国たるが故に。人の心も直く正しくして。外国の如く。さくじり偽ることなかりし故にや。天地の初メの事なども。正しき実の説有て。少も。私のさかしらを加ふることなく。有のまに〳〵。神代より伝はり来にける。これぞ。虚偽なき真の説には有リける。

（11）篤胤もこうした批判を想定してか、自己の議論を補強するため、宣長説を引き合いに出している。この出典を探すと、それは『くずばな』下に見つかる。市川匡麻呂によって、理を批判するお前とて、『古事記伝』中で善悪は代わる代わる起きるという理屈を立てているではないか、という批判を受けた宣長が「それは、たゞ理といふ事を嫌ふに過て、明らかに見えたる理を得知ざるなり。いかに理をいふ事を厭へばとて、顕はに見えたる理をも、しひて覆ひ隠すべきにあらず」、と反論したものである。なるほど確かに篤胤の弁にも一理あろう。過度に篤胤と宣長の差異を強調するのは慎むべきなのかもしれない。しかしながらこれは、『古事記』を特権的に評価する宣長が、特権視のあまりそこから「理」さえも抽出してしまった勇み足への居直りに過ぎまい。

(12) 森和也「『古事記伝』という閉鎖系」(山下久夫・斎藤英喜編『越境する古事記伝』森話社、二〇一二年)。

(13) こうした篤胤の姿勢を安丸良夫は「人間の頭脳が考えうるかぎりもっとも身勝手で独りよがりな議論」とまで評している。『日本ナショナリズムの前夜』(洋泉社MC新書、二〇〇七年)三二頁。

(14) 東アジアにおける西洋文明受容のための付会論の意義については、吉野作造「我国近代史に於ける政治意識の発生」(同『吉野作造選集』一一、岩波書店、一九九五年)、佐藤慎一『近代中国の知識人と文明』(東京大学出版会、一九九六年)、拙稿「『万国公法』と「皇国」の「公法」」(井上泰至編『近世日本の歴史叙述と対外意識』勉誠出版、二〇一六年)を参照。

(15) 子安宣邦『「宣長問題」とは何か』(ちくま学芸文庫、二〇〇〇年)などを参照。

(16) 専論として、佐藤政次『平田篤胤の科学精神』(三教書院、一九四三年)が挙げられる。

(17) 屋代の尺座制定計画をめぐって篤胤は幕閣から嫌疑を受けていたという、古典的学説がある。田原嗣郎『平田篤胤』(吉川弘文館、一九八六年)。

(18) 近年も篤胤追放の理由をめぐっては、『天朝無窮暦』を重視する中川和明『平田国学の史的研究』(名著出版、二〇一二年)、あるいは『大扶桑国考』を重視する吉田麻子『知の共鳴』(ぺりかん社、二〇一二年)と、議論が分かれている。本章は、やや論点をずらして、弘賢の影響力の大きさを強調しておきたい。

(19) 渡辺浩「「道」と「雅び」(一)～(四)完」(『国家学会雑誌』八七(九・一〇、一一・一二)、八八(三・四、五・六)、一九七四―一九七五年)。ここで登場する「擬古道」概念は、唐木順三『日本人の心の歴史』下(筑摩書房、一九七〇年)に由来するという。

(20) 『藝林』(四―一～三、一九五三年)。

(21) 同書の刊行は、伊勢の内宮外宮に対して伊雑宮の地位向上を図った陰謀の一環と考えられ、山田より後の論者のあいだでは、偽作の主導者は潮音ではなく長野采女だと見る理解が有力説になっている。河野省三『旧事大成経に関する研究』(芸苑社、一九五二年)、岩田貞雄「皇大神宮別宮伊雑宮謀計事件の真相」(『國學院大學日本文化研究所紀要』三三、一九七四年)など。

(22) なお、種々の神代文字の実例については、原田実『図説神代文字入門』(ビイング・ネット・プレス、二〇〇八年)の紹介に譲る。他に吾郷清彦『日本神代文字研究原典　愛蔵保存版』(新人物往来社、一九九六年)を挙げておく。

(23) ただし信友は諺文と吏道を同様のものと見て、吏道の影響を認めているが、これは歴史的には正しくない、というのが山田の説くところである。

(24) 生田については伊東多三郎『国学者の道』(新太陽社、一九四四年)、上田賢治「生田萬考」(『國學院大學日本文化研究所紀要』三二、一九七三年)などに学んだ。

(25) さしあたり長山靖生『偽史冒険世界』(ちくま文庫、二〇〇一年)、鎌田東二『平田篤胤の神界フィールドワーク』(作品社、二〇〇二年)。

(26) 平田派のかかる流れについては、中村和裕「幽界情報で確認された神代文字」(『別冊歴史読本 特別増刊』八一、新人物往来社、一九九五年)を参照。

(27) こうした理解は渡辺浩『日本政治思想史』(東京大学出版会、二〇一〇年)に大きく影響を受けた。

(28) 明治維新を革命と捉える比較史的視点からは、こうした表現も許されよう。さしあたってアルベール・マチエ(杉本隆司訳)『革命宗教の起源』(白水社、二〇一二年)。しかし国学者自身は、決して「御復古」を「からくに」の風習たる「革命」とは認めまい。

(29) この時期の理解については、代表的な議論として『安丸良夫集3 宗教とコスモロジー』(岩波書店、二〇一三年)を挙げておく。筆者も、拙稿「宗教 平田篤胤の弟子とライバルたち」(河野有理編『近代日本政治思想史』ナカニシヤ出版、二〇一四年)で粗描を試みた。

(30) 吉崎喜行『岩崎長世翁一代略伝』。長世については宮地正人『歴史のなかの『夜明け前』』(吉川弘文館、二〇一五年)も参照のこと。

(31) 矢野や角田については矢野太郎『矢野玄道』(愛媛県教育会、一九三三年)、阪本是丸『明治維新と国学者』(大明堂、一九九三年)が詳しい。

(32) 前掲注29拙稿。

(33) 田中については「田中頼庸の教化思想と神道論」(『國學院大學研究開発推進センター研究紀要』四、二〇一〇年)以後の武田幸也の研究が詳しい。

(34) 作楽と平田派の失脚については、田中時彦「広沢真臣暗殺事件の政治的背景」一―五(『東海大学政治経済学部紀要』一五―二七、一九八三―一九九三年）、宮地正人『幕末維新期の社会的政治史研究』（岩波書店、一九九九年）。また昭和女子大学近代文学研究会編『近代文学研究叢書』四（一九五六年）に詳しい経歴や資料年表が載る。丸山作楽とルーン文字については、礫川全次『日本保守思想のアポリア』（批評社、二〇一三年）が詳しい。シュタインの講義については、『須多因氏講義筆記』（信山社、二〇〇六年）を参照した。

（35）兄の米山は日尾八幡を継いで書家として有名になる。弟の元綱は平田門人で、足利三代木像梟首事件で逮捕され、維新後は外務省や司法省などに勤めたが結局神職として転勤を重ねた末に狂死している。前掲拙稿のほか、拙稿「諸家執奏廃止と神祇官」（『近世の天皇・朝廷研究』五、二〇一三年）を参照。

（36）松浦光修『大国隆正の研究』（大明堂、二〇〇一年）などを参照。

（37）津和野派については武田秀章「近代天皇祭祀形成過程の一考察」（井上順孝・阪本是丸編『日本型政教関係の誕生』第一書房、一九八七年）、同『維新期天皇祭祀の研究』（大明堂、一九九六年）。

（38）さしあたっては拙稿「天野勝義宛井上文雄書簡」（『紙魚之友』三〇、二〇一二年）。

（39）鈴木重道編『本田親徳全集』（八幡書店、一九八三年）。

（40）前掲注39鈴木編書、津城寛文『鎮魂行法論』（春秋社、二〇〇〇年）。

（41）堀についての最近の研究は小林威朗「堀秀成と宣教師」（『明治聖徳記念学会紀要』五〇、二〇一四年）。

（42）遠藤潤「平田国学における〈霊的なもの〉」（鶴岡賀雄・深澤英隆編『スピリチュアリティの宗教史』下、リトン、二〇一二年）。

（43）高木俊輔『伊那県時代』（飯島町歴史民俗資料館、一九九六年）。

（44）前掲注30宮地書。

（45）前掲山田、丹代貞太郎・小島末喜『伊勢神宮の古代文字』（一九七七年）。

（46）平野孝国「柴田花守 その時代と信仰的系譜」（『神道宗教』一五、一九五七年）、大谷正幸『角行系富士信仰』（岩田書院、二〇一一年）、拙編『花守と介次郎』（佐賀大学地域学歴史文化研究センター、二〇一六年）などを参照。

（47）戸川安章『出羽三山修験道の研究』（佼成出版社、一九七三年）、安丸良夫『神々の明治維新』（岩波新書、一九七九年）などが著名である。

（48）　拙稿「西川須賀雄と佐賀の国学」（前掲注46拙編）において、これまでの須賀雄に関する研究史を整理した。詳しくはそちらを参看されたい。

（49）　中西正幸『伊勢の宮人』（国書刊行会、一九九八年）、岡玲子『国学者岡吉胤の旅日記「松浦のいへつと」』（文芸社、二〇一四年）。

（50）　古史古伝業界では名高い『上記』も、近年では篤胤の『古史成文』等を援用した偽書とみられるようになっているようだ（http://www.coara.or.jp/~fukura/uetufumi/index.html）。こうした議論に対して本居派の本流、紀州の文献学的国学を受け継いだ飯田年平は、篤胤を執拗に批判するとともに、『上記鈔訳』の絶版も建議している。拙稿「「国典」・「国教」・「国体」」（『宗教研究』三七二、二〇一二年）を参照のこと。

図版出典一覧

【図1・2・5】　栗原信充「肖像集」（国立国会図書館蔵）

【図3・4】　平田篤胤『神字日文伝』上・下（国立国会図書館蔵）

【図6】　編集委員長：中川一生、編集委員：後藤利夫、長谷厚、岡田重則、上久保政夫、澄田恭一『矢野玄道先生没百周年記念誌』（矢野玄道没百周年記念事業実行委員会、一九八七年）

【図7・8・11・12・14・15・17】　宮内庁三の丸尚蔵館編『明治十一年 明治天皇御下命「人物写真帖」』（宮内庁、二〇一五年）

【図9】　丸山正彦『涙痕録』（国立国会図書館蔵、一八九九年）

【図10】　鈴木重道編『本田親徳全集』（八幡書店、一九八三年）

【図13】　柴田花守『古語拾遺正訓』（佐賀大学地域学歴史文化研究センター蔵）

【図16・18】　三ツ松撮影写真

附記　本章はＪＳＰＳ科研費22・10002/ 25245029/ 17K13533の助成を受けた成果の一部を利用している。

［第三章］
近代竹内文献という出来事――〝偽史〟の生成と制度への問い

永岡　崇

はじめに――竹内文献という出来事

偽史はそれがニセモノであるがゆえに偽史なのではない。人は偽史のなかに、その真正性を主張する者と否定する者の間の抗争、もしくはポリティクスが生起し、ざわめいているのを読みとる。神話と歴史、歴史と宗教、宗教と学問……それぞれの領域を画然と区分していた境界線が、ざわめきのなかでぼやけていく、あるいは境界線が虚構にすぎないことが顕わになっていく。そうしたざわめきこそが偽史を偽史たらしめている。別の言い方をすれば、偽史というモノがあるのではなく、〝偽史〟という出来事が存在するのだ。

その意味で、真／偽をめぐる抗争にかかわり、巻き込まれる者たちは、対立することにおいて偽史という出来事の協働制作者として主体化していく。そして偽史をめぐるざわめきの現れ方やその程度は、この協働制作者たちが置かれた歴史的状況に深く規定される。同じ偽史文献が、状況に応じて革命的潜勢力をもった出来事として立ち現れることもあれば、退屈しのぎに消費される商品でしかない場合もあるだろう。本章の主題となる竹内文献（竹内文書、天津《あまつ》教《きょう》文献などとも呼ばれる）についていえば、現代の状況では後者にあてはまるというべきなのだろうが、この資料群が一部でブームを巻き起こし、警察権力の介入を受けるにいたった昭和初期には――不十分ではあれ――当時の支配的秩序を問いに付すほどの出来事性をもちえたといえるかもしれない。ここでは、その資料群を結節点として形成された複雑な関係性の一端を読み解き、竹内文献という出来事が昭和初期の日本にもたらしたインパクトと、その潜在的可能性を探ってみることにしたい。

【図1】　竹内巨麿
（長峯波山『明治奇人今義経鞍馬修行実歴譚』興国会、1912年、口絵）

当時、件の資料群を保持していたのは、竹内巨麿《きよまろ》（一八七四―一九六五）【図1】を教主とする天津《あまつ》教《きょう》である。異端神道的な神話体系をもち、同時期に国家の弾圧を受けたという点において、天津教運動には出口王《お》仁《に》三郎《さぶろう》（一八七一―一九四八）が率いた大本《おおもと》（皇道大本）などと共通するところがあった（王仁三郎も、この資料群に関心を示していたという）。その意味で、天津教を近代日本の新宗教の系譜のなかに位置づけて検討することには十分な正当性があるといえるだろう。だが、たとえば天理教の「おふでさき」や大本の『霊界物語』といった聖典が、基本的にそれぞれの信仰者集団のなかでのみ信奉されていたのに対し、竹内の資料群は天津教という信仰者集団につなぎとめられていたというわけでなく、目的や関心を異にする多様な個人や団体の活動を動機づけ、根拠づける力を有していた。したがって、この資料群をめぐる人びとの営みを宗教運動として考えようとするとき、天理教や大本などといった求心的な教団組織をモデルにするわけにはいかない。そこにあったのはネットワーク型の宗教・文化運動とでもいうべきもので、その特異な存在様態をとらえることが課題となるはずである。

超古代史やオカルト文化に多少とも関心がある人であれば、誰しも竹内文献の名を知っているだろう。現代にいたるまで、それについて語られた書物も数多いのだが、それらは語り手の立場に応じていくつかに分類できる。(イ) 竹内文献と呼ばれる資料群を「神武当時は愚か、幾十万年前の神代史が手に取るやうに明かに窺はるゝ偉大なる文書及器物」(1)と信じる、あるいはそのように主張する立場。酒井勝軍《かつとき》（一八七四—一九四〇）や矢野祐太郎（一八八一—一九三八）、岸一太《かずた》（一八七五—一九三七）ら、昭和初期の信奉者・研究家（本章では便宜上、この立場に属する竹内文献研究者を研究家と表記する）に代表され、現在も少数ではあれ根強く存在しているだろう。もちろん文献保持者であった竹内巨麿もこのカテゴリーに含まれる。(ロ) これを「悉く最近の偽造である」と断じ、「狂的妄想」として否定し去る立場。(2)当時書画鑑定の権威として名を知られた狩野亨吉《かのうこうきち》（一八六五—一九四二）や、天津教弾圧に動いた警察当局などがこれにあたる。(ハ) 資料群が「偽造」されたものであることを認めつつ、「偽作」「偽書」であってどこが悪いのだろうか」(3)と問い返し、カウンターカルチャーやオルタナティヴカルチャーとしての肯定的な可能性を見出そうとする立場。ポストモダニズム的・構築主義的な歴史観に依拠する研究者のほか、竹内文献に関わる伝説を地域おこしに活用しようとする近年の動きなども、このカテゴリーに含めてよいだろう。

もちろんこれらのカテゴリーのはざまに、半信半疑という立場もあれば、部分的に「偽造」を認めるという立場などもあって実際には多様なのだが、さしあたり単純な三つの型に整理しておく。ここで本章の立場を明示しておくなら、私は、資料群そのものについての認識としては基本的に（ハ）の立場をとりつつ、（イ）と（ロ）

に属する人びとの語りに耳を傾け、また彼らの関係性のあり方に着目することで、歴史的出来事としての竹内文献をとらえなおそうとしている。

一　近代竹内文献とは

まずは、この資料群にまつわる基本的な情報を簡単に整理しておこう。それ自体が語るところにしたがえば「幾十万年前の神代史」から始めるべきなのかもしれないが、さしあたって明治半ば以降、資料群が人びとの前に現れたところから考えてみたい。数千年にわたって伝承されてきたという言説上の竹内文献と区別する意味で、これを「近代竹内文献」と呼んでおこう。そのように限定してもなお、資料群の歩みにははっきりしないことが多い。端的にいえば、今日私たちが利用しうる「二つの異なった系統の資料」、すなわち竹内自身ないし天津教側の主張によるものと、天津教事件の際の特高警察および新聞報道によるものとで、見解がまったく異なっているのだ。(4) とくにそれが出現した状況などについては、竹内巨麿の前半生とともに虚実の境目が曖昧なのだが、利用できる資料や先行研究に基いて再構成を試みる。

竹内の伝記『明治奇人今義経鞍馬修行実歴譚』【図2】（一九一二年、以下『実歴譚』と略記）によると、一八九二年（明治二五）ごろ、富山県婦負《ねい》郡神明村字久郷の竹内家墓地で、竹内巌太郎《いわたろう》（特高による報告書では巌次郎。後の巨麿）とその祖父三郎右衛門によって「大なる瓶」に入った「宝物」が掘り出された。（イ）の立場からすれば、それは「悠久の太古越中国婦負郡に存在したとされる天神人祖一神宮に神宝として秘蔵されていたもの」(5) ということになる。

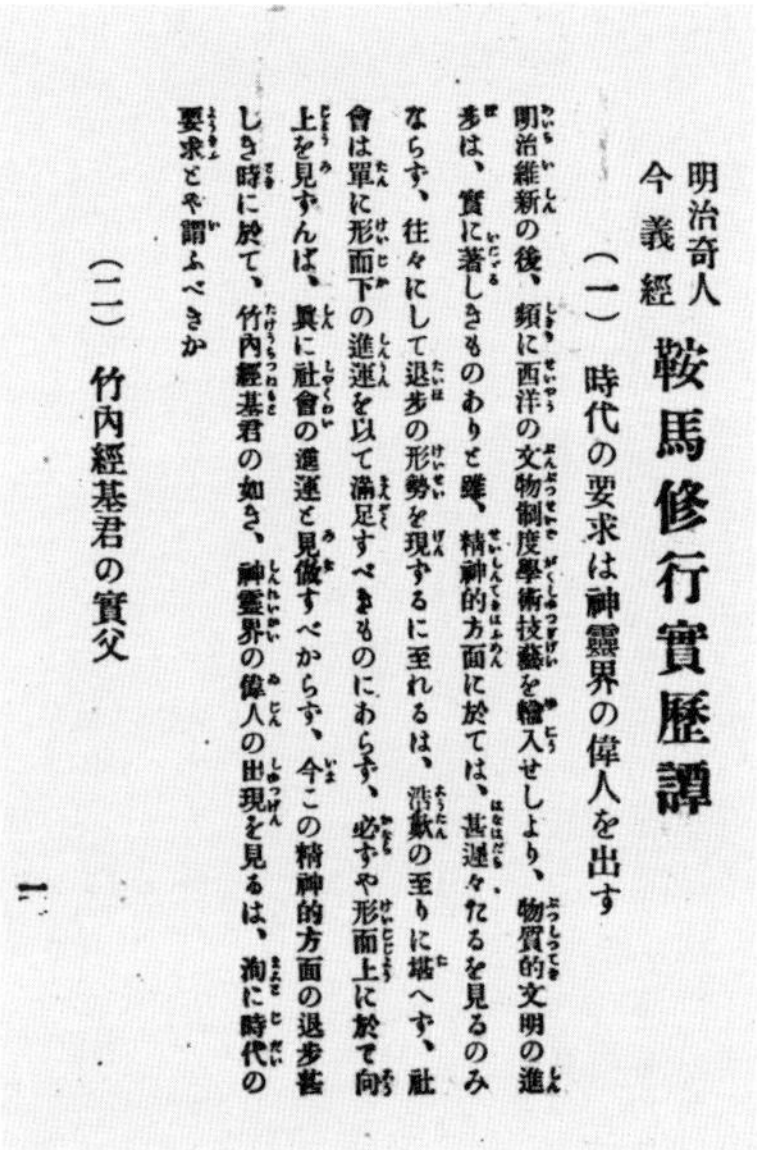
明治奇人
今義經　鞍馬修行實歷譚
（一）　時代の要求は神靈界の偉人を出す
明治維新の後、頻に西洋の文物制度學術技藝を輸入せしより、物質的文明の進歩は、實に著しきものありと雖、精神的方面に於ては、甚遅々たるを見るのみならず、往々にして退歩の形勢を現ずるに至れるは、浩歎の至りに堪へず、社會は單に形而下の進運を以て滿足すべきものにあらず、必ずや形而上に於て向上を見ずんば、眞に社會の進運と見做すべからず、今この精神的方面の退歩甚しき時に於て、竹内經基君の如き、神靈界の偉人の出現を見るは、洵に時代の要求とや謂ふべきか
（二）　竹内經基君の實父
一

【図2】　長峯波山『明治奇人今義経鞍馬修行実歴譚』（興国会、1912年）
（国立国会図書館デジタルコレクション）

その後、竹内は東京に出て同郷人のもとに身を寄せ、商家などで奉公をするが、そのとき東京に「宝物」を持ち込んだようである。東京で脚気を発症した竹内は、その治療のために御嶽《おんたけ》教《きょう》と接触し、そのまま行者となって、鞍馬山など各地で数年間、修行生活を送った。一八九九年（明治三二）、二〇代の終わりごろ、雨ごい祈禱の依頼を受けたことをきっかけに茨城県の磯原に移り住み、そこで皇祖皇大神宮を祭祀するとともに御嶽教天都教会《あまつきょうかい》を開設した。これが後の天津教となる。

磯原で竹内は御嶽教の教師として活動しつつも、「宝物」を世に出すための運動を開始した。たとえば一九二四年（大正一三）には「宝物」のなかから「後醍醐帝の宸筆と称するものを宮内庁に送り当時は期成同盟会まで組織した」[6]というが、これといった成果は得られなかった。竹内の「宝物」が一躍注目を集めるようになるのは、周囲の勧めにしたがって開封・公開を積極的に行うようになった昭和初年のことである。日猶同祖論で有名な酒井勝軍や神政龍神会を結成することになる矢野祐太郎ら多くの人びとの訪問を受け、酒井が著書で「モーセの十誡石」を紹介するなど、竹内文献ブームは一九二〇年代末に最初のピークを迎える。ところが一九三〇年（昭和五）の末、天津教の運動が伊勢神宮への不敬にあたるとして竹内ら数名の関係者が検挙され、資料群の公開が禁止されるなど、活動に大きな打撃を受ける事件が発生する（第一次天津教事件）。

しかしその後も研究家たちは活動を続行させ、一九三五年（昭和一〇）夏には日本画家の鳥谷幡山《とやばんざん》（一八七七―一九六六）が竹内とともに青森県戸来村《へらい》で〝キリストの墓〟を発見した。このあたりが竹内文献ブームの二度目のピークといってよいだろう。だが間もなく、三五年一二月の第二次大本事件に引き続く宗教弾圧の嵐のなかに巻き込まれ、竹内はふたたび不敬罪で検挙される。第二次天津教事件である。裁判はその後四四年に大審院で無罪の判決が出されたが、押収された資料群は返還されないまま、四五年三月の東京大空襲で大部分が焼失してしまったといわれている。

こうして近代竹内文献は、〝発見〟されてから約半世紀でふたたび姿を消してしまった。研究家による写本などを通じてある程度の内容については知ることができるし、戦後にも竹内文献にまつわるさまざまな解釈が現れ、いくつかの新宗教教団の教義にも取りこまれて新たな展開をみせていることはたしかなのだが、近代竹内文献について語るうえで、〝発見〟から〝焼失〟までのスパンを設定することはさしあたり有効だと考える。

さて、この資料群にはどのようなものが含まれていたのだろうか。第二次事件の検挙直前、竹内は資料群を靖国神社遊就館に避難させ、資料の目録を作成したといい、そこには三八一点の「宝物」が記載されていた(7)。神代文字で書かれていたという超古代以来の皇統譜や竹内家の系譜、南朝関係などの文書類のほか、「モーセの十誡石」や神々の遺骨で作られた像など、さまざまな器物類があったことがわかる。

竹内文献については、これまで在野の研究者を主な担い手として、多くの批評や研究がなされてきた。とりわけ、主要な関連史料を収録した現代霊学研究会編『神代秘史資料集成』全三巻（八幡書店、一九八五年）の刊行により、竹内文献研究のための条件は飛躍的に改善されたといえるだろう。そのようななか、昭和初期における竹内文献の宗教史的意義をとらえようとした研究としては、對馬路人のものが重要である。對馬は竹内文献が少なからぬ信奉者を獲得した理由について、「記紀神話は天皇の日本統治の正当性の弁証という古代天皇制の政治的課題に適合的なものではあったが、この時代日本のおかれた状況ははるかに国際化しており、そのままでは日本の海外進出や国家的危機の打破といった当時の課題に応える理論としては、不明瞭さを多く含んでいた」と指摘したうえで、「『竹内文書』は日本の天皇が単に日本国家民族の統治者であるにとどまるものでなく、太古の昔より世界諸民族の統治者であり、またそれが本来のあり方であることを、直接太古の文献のかたちで弁証するものであった」とする。(8) 海外に植民地を抱え、さらにアメリカなど西洋列強と対峙しようとする日本の立場の正当性を証明するという政治的・イデオロギー的課題を果たすものとして、竹内文献が受け入れられたというのである。

さらに對馬は、「『世界天皇史観』といった天皇制への過剰な読み込みは、主観的意図はともかく、『記紀神話』の絶対的権威をゆるがすことにつながる」のであって、「それが大きな社会的影響力をもつに至ったとき、当局には看過ごせないものとなったのである」と、(9) 天津教弾圧の理由を説明している。大内義郷が「我が国の近代思想史――特に国体論に関する対立――をみるとき、その一つの背景として本事件は無視しえないものである。それは、日本近代史を深い部分で規定したいわば『霊戦』の一局面ともいえよう」(10) といっているのも、同様の見解といえるだろう。大本や天理本道が典型だが、異端的な神話体系をもつ宗教集団が、近代天皇制国家の正統性を揺るがす恐れがあるゆえに弾圧された、という語り方は、戦後歴史学では一般的なものだ。こうした説明は、思想や信教の自由を抑圧した戦前の政治体制に批判的に対峙した宗教の存在を際立たせるうえで、非常にわかりやすいものであり、一定の妥当性をもっていることはたしかだと思われる。

だが明快な語りはつねに、現実の多層性を平板化する危険性を孕んでいるものだ。正統性を独占する国家と異端のレッテルを貼られる宗教という二項対立的な図式は、特高体制によって強制されるものなのであり、これを単純に投影することによっては、近代竹内文献の出来事を理解することはできない。したがって以下では、近代竹内文献が信奉者の間で信憑性を獲得していったメカニズムを、できるかぎり人びとの実践の地平に寄り添ってとらえたうえで、天津教事件がどのような出来事として生起したのか、そしてその出来事が私たちにどのような問いを投げかけるのかを考えてみたい。

二　竹内巨麿の脱主体化する主体

近代竹内文献といえば、その資料群の内容と、個性豊かな研究家たちの活動に注目が集まることが多いが、やはり保持者としての竹内巨麿の存在を抜きにしては理解することができない。ここではまず、彼の独特な主体性を中心に、近代竹内文献をめぐるネットワークの基本構造をとらえてみたい。

宗教家・竹内巨麿は、呪術的能力をもった山岳行者としての顔と、件の資料群の保持者というふたつの顔をもっていた。「竹内君の談話」[11]にもとづく『実歴譚』は、このふたつの顔を結びつけて理解するために重要なテクストだが、同時に資料群の真正性を疑わせるものともなりうるような、両義的な性格をもっている。

そもそも『実歴譚』は、後に竹内を一躍有名にした「宝物」の紹介といったこととはまったく異なった関心から書かれたものである。著者・長峯波山《ながみねはざん》は「自序」において、霊学者・本田親徳《ちかあつ》（一八二二―一八八九）と山岳修行によって神術を授けられた竹内を並べて称賛し、有神論に立った霊学研究の進展を目指すべきだと主張する。福来友吉《ふくらいともきち》（一八六九―一九五二）の千里眼事件が新聞を賑わせるなど、心霊現象が社会的な注目を集めていた時期であり、竹内の物語も霊魂の実在を雄弁に物語る体験談として取り上げられたのだといえる。

さて『実歴譚』は、公家の落胤としての出自、実母の非業の死、継母による虐待、山籠り中の神秘体験、武術者を次々と打ち負かして「今天狗」と呼ばれるにいたる武勇伝など、長峯がいうようにそのまま浪花節や演劇になりそうな要素が詰めこまれた、「波乱百出」[12]の物語である。どの程度が実際の体験であるのかはともかくとして、ここに当時の竹内が呈示しようとした自己イメージが語りだされているということはたしかだろう。このテクストはやはり、さきにのべた前者の面、山岳行者としての竹内巨麿の自己形成物語という性格が強い。

他方で、資料群の保持者としての側面を思わせる語りも散見される。貴種としての意識や竹内家に代々伝えられてきた「宝物」についての記述だけでなく、生まれつき股にあったという「万国図に似たる紋章」[13]、鞍馬山での修行中に神々から授けられた神代文字の神歌といった要素は、竹内の出自や身体、経歴と彼の資料群とを結びつける機能をはたすものとして重要だ。しかし、『実歴譚』で「宝物」としてあげられているのは刀剣や神籬立、釣鐘、曲玉、仏像、「其他数十点」であり[14]、南朝遺物や皇統譜、あるいは「モーセの十誡石」といった、昭和初期の竹内文献ブームの中心をなすモノについての言及はない。それらが『実歴譚』以降に「偽造」されたということを意味しているのだろうか。「其他数十点」にふくまれていると考えることも論理的には可能だが、少なくともこのテクストでの「宝物」は、竹内の〝由緒正しさ〟を保証する小道具として漠然と書きこまれていると考えた方がよいだろう。

『実歴譚』の「今天狗」としての竹内は、武芸の才能と霊能力が充溢する能動的な主体として表象されている。昭和初期に竹内文献の保持者として登場する竹内も、こうした主体性を引き継いでいたのだろうか。この点を考えるために、「モーセの十誡石」発見をめぐる酒井勝軍と竹内の間のよく知られたやりとりをみてみよう（【図３】）。

石に刻み込んだモーゼ十戒は宝物を見に来た東京の某氏（酒井、引用者注）から『君の家の宝物にモーゼの書いたコンなもの（モーゼ十戒）はないか』と問はれた時（竹内は）『宝物は沢山あるから或はあるかもしれない、モーゼ十戒とはどんなものか、書いて置いて行つて下さい』といひ、某氏が書いて行つたものをそのまゝ石に刻み込んだ上、探し出したやうに装つた形跡のある（後略）[15]

この『東京日日新聞』の記事に戯画的なかたちで描かれているように、竹内のもとに外部の研究家が「宝物」の「拝観」を求めて訪れ、竹内がそれに応じるかたちで客人の求めるものを差し出すという構図が形成されていた。彼はつねづね拝観者に、「文献や神宝は祖先から与へられたものであるが、真偽の程は判らないから、識者の御鑑定を御願ひしたい」[16]と語っていたとされる。かつて修行者として諸国を遍歴した「今天狗」が、「宝物」とともに磯原に腰を据え、〝巡礼者〟を迎えいれる受動的な主体へと転換しているのだ。能動的に資料群の解釈を行う者と、受動的に資料を提供する者とが切り離されることにより、信奉者・研究家の間で〝客観性〟の感覚が醸成されていく。竹内は「文字一つも書けない」[17]（から古文書の「偽造」などしようがない）とする語りも、資料群に対する彼の不能性を担保するものとして機能している。彼は、作為の主体としては無能力であることによってこそ、資料群の信憑構造を下支え

【図3】「第二十誡石」
（酒井勝軍『三千年間日本に秘蔵せられたるモーセの裏十誡』国教宣明団、1929年、口絵）

することができたのである。

ただし、竹内の無能力さは、彼が不要であることを意味するわけではない。さきにふれたように、『実歴譚』の語りは彼と資料群とを結びつけ、両者が正統性を保証しあう関係性を作り上げていた。実際竹内は、「宝物」目当てでやってきた拝観者に、自らの武勇伝をあわせて語り聞かせていたという。[18] また、さきに言及した「モーセの十誡石」は、酒井の訪問を受けたあと、竹内が「御神託」を受けてそれを発見したともいわれている。[19] したがって、熱心な信奉者の間では、竹内と資料群との間に神秘的な絆が存在すると感じられていたのだろう。だがその絆が竹内に付与するのは、あくまで正統的な継承者としての役割以上のものではない。やはり酒井ら研究家は、無能力でありつつ資料群の正統性を担保する参照先としての保持者という機能を、竹内に求めていたのだと思われる。竹内のこの脱主体化する主体とでも呼ぶべきものが、近代竹内文献をめぐる流動的なネットワークを生み出し、周縁的思想家たちが歴史的・宗教的想像力を膨張させて日猶同祖論やウルトラ・ナショナリズムの運動を展開することを可能にしたのである。

他の新宗教指導者と比べると、竹内のこうした主体性のあり方は特異なものである。たとえば同世代の出口王仁三郎は、「大本神諭」（出口なおが神がかりして書いた筆先に、彼が漢字をあてて発表した）の編集者、壮大な神話物語としての『霊界物語』の創作者であるとともに、大本信者に対して絶大な影響力をもつ宗教的・政治的カリスマを帯びた身体でもあり、[20] これらの側面は密接に結びついて機能していた。王仁三郎の拇印のある『霊界物語』が病気治しの霊験を発揮したというエピソードは、[21] この関係を象徴的に表現している。

竹内文献の神話的世界と大本系のそれとを重要な源泉として独自の神話体系を構築した、神政龍神会の矢野祐太郎も、こうした差異に自覚的だった。矢野は黒住教・金光教・天理教・大本の教祖などによる啓示文献を「神示」と呼んでいるのに対して、竹内の資料群については「現示」という表現を用いて呼びわけている。(22) 前者は強力なカリスマを認められた宗教者を通じて与えられる神のメッセージだが、後者はそのような霊媒《ミーディアム》との結びつきを欠いた、〝物証〟としての性格にこそその価値が認められているのだといえる。指導者のカリスマに依拠した求心的な運動としての新宗教と、明確な中心をもたず多焦点的に展開していった思想運動としての近代竹内文献という出来事は、この地点で分岐していくのだ。

三　近代竹内文献の位置

件の資料群の〝作者〟が杳《よう》として知れない以上、作成の歴史的背景や意図を探ることは難しい。だが、信奉者や研究家が資料群から何を読みとり、あるいは読みこんでいったのか、それは近代思想史の射程内でとらえるべき問題である。戦前期にかぎっても、竹内文献研究の書物は、『神代秘史資料集成』の「地の巻」に収録されている酒井勝軍『神代秘史百話』『参千年間日本に秘蔵せられたるモーセの裏十誡』、高畠康明『神字起源解』、鳥谷幡山『十和田湖を中心に神代史蹟たる霊山聖地之発見と竹内古文献実証踏査に就て併せて猶太聖者イエスキリストの王国たる吾邦《アマツクニ》に渡来隠棲の事蹟を述ぶ』、岩田大中《いわただいちゅう》『天岩戸開 三才踊 太古越中史跡』のほか、矢野祐太郎および神政龍神会関連の諸著作など、数多く発表されている。これらを網羅的に検討することが本章の課題ではないが、いくつかをとりあげて昭和初年の政治的・文化的状況における近代竹内文献の位置を考えてみたい。

近代竹内文献にふくまれる多岐にわたるテーマを目配りよく紹介したものとして、矢野祐太郎が主導して結成された神宝奉賛会の『皇祖皇大神宮御神宝の由来』と、酒井勝軍の『神代秘史百話』があげられる。前者は、天皇による世界統理の様子や各人種の起源、日本国体の淵源としての神勅など、超古代の「太古日の本天皇」の繁栄についてのべたあと、やがて天皇の権威が衰え、世界統理を放擲するにいたったこと、破壊湮滅を避けて「御神宝」を地中深くに隠し、昭和の世にいたってついに竹内巨麿が表に出すにいたったことなどを簡潔に記している。[23]天皇を頂点とするグローバルな帝国の盛衰という政治的主題に焦点があわせられているのが特徴である。後者は、政治的な話題に加えて神代の言語や文字、また天空浮舟《あめのうきふね》（天皇が万国巡幸に用いた飛行物体）や石南茶《せきなんちゃ》（不老長寿の効能がある）などといった超古代文明についても詳細に語っている。もちろん、酒井一流の日猶同祖論と密接に結びついたエピソードも多い。だが、「神代秘史」を主題とした酒井の著書は当然として、『皇祖皇大神宮御神宝の由来』でも、南朝遺物はあまり重視されていない。昭和初年の竹内文献ブームは、やはり「神代秘史」ブームだったのだ。

それでは、研究家たちがこの「神代秘史」から汲みとろうとした思想とはどのようなものだったのか。「内には紊乱せる国民思想に帰一の燈明たらしめたく、外には混沌たる国際観念を統一する太陽たらしめたく」[24]「悉く神国の神秘を闡明し、国威を弥が上にも宣揚しつゝある至宝」[25]「歴史の参考品や、皇威宣揚に役立つと思はれる宝物」[26]というように、この資料群によって「神国の神秘」を明らかにすることで、国民意識を統一させ、国威・皇威を宣揚することが可能になるという認識は、おおむね共有されていたと考えてよいだろう。かつて『実歴譚』において、竹内が養祖父の教えだとして「国家の為めに身を捧げ、皇道の隆興に力を致し皇室の尊崇を怠る勿れ」[27]などと繰り返し語っていたことも、こうした認識と矛盾するものではない。

よく知られているように、昭和初年は「ニッポン・イデオロギー」[28]が文化・言論を席巻した時代である。このころまでに日本社会の工業化は大きく進展し、台湾や朝鮮といった植民地を抱える帝国へと膨張していたが、そのなかで〝モダンライフ〟と呼ばれる新たな生活様式が登場した一方、農村と都市、労働者と資本家、被植民者と植民者、女性と男性の不均衡と対立が深まっていく。そこに昭和恐慌と東北地方を中心とした飢饉が襲い、満洲への侵略が本格化していくと、〝非常時〟が叫ばれるなか、日本主義的言説が巷にあふれることになった。ハリー・ハルトゥーニアンが指摘するように、不安定や不均衡といった危機の感覚は、「真正な文化への呼びかけや歴史の外にある（したがって資本主義の社会的抽象化に汚されていない）共同体の永遠なる形態を呼び起こそうとする多様な努力」[29]へと知識人を向かわせたのであり、そのひとつの形象が日本主義だった。宗教界でも、たとえば大本は皇道主義を鮮明に打ち出していたし、天理教も独自の日本主義の構築を試みていた。[30]戸坂潤《とさかじゅん》（一九〇〇―一九四五）が指摘したように、日本主義ないし日本精神主義とは「理論的実質に於て空疎で雑然としたもの」[31]で、その器にはきわめて雑多な内容が同居していたのである。近代竹内文献から読みだされる「神代秘史」とは、こうした日本主義の特殊な表現ということになるだろう。少なからぬ高級軍人が「拝観者」に名を連ねた理由も、このあたりにあったと考えられる。

だが、資料群を使った国威・皇威の宣揚といっても、それぞれの歴史観や国家観に応じて、具体的な方法論はさまざまであるはずだ。たとえば明道会の岸一太は『古事記真釈 上巻』――ちなみに、一九三〇年（昭和五）に岸が詐欺容疑で検挙された際（明道会事件）、この書物に「我国の神祇を記録せる古代の文書（竹内家所蔵）」[32]の写真【図4】が掲載されていたことが第一次天津教事件のきっかけとなった――のなかで、国家の正史としての『古事記』をめぐる解釈の不備を補うものとして資料群を活用し、これを「我が民族起源」を「明かに合理的に説明」するための資料のひとつと位置づけている。[33]ここでは天皇による世界統理といった主題は前面に現れてこず、竹内文献はあくまで正史の理解を助ける補助的役割を与えられているにすぎない。ただし、岸の霊学的な解釈

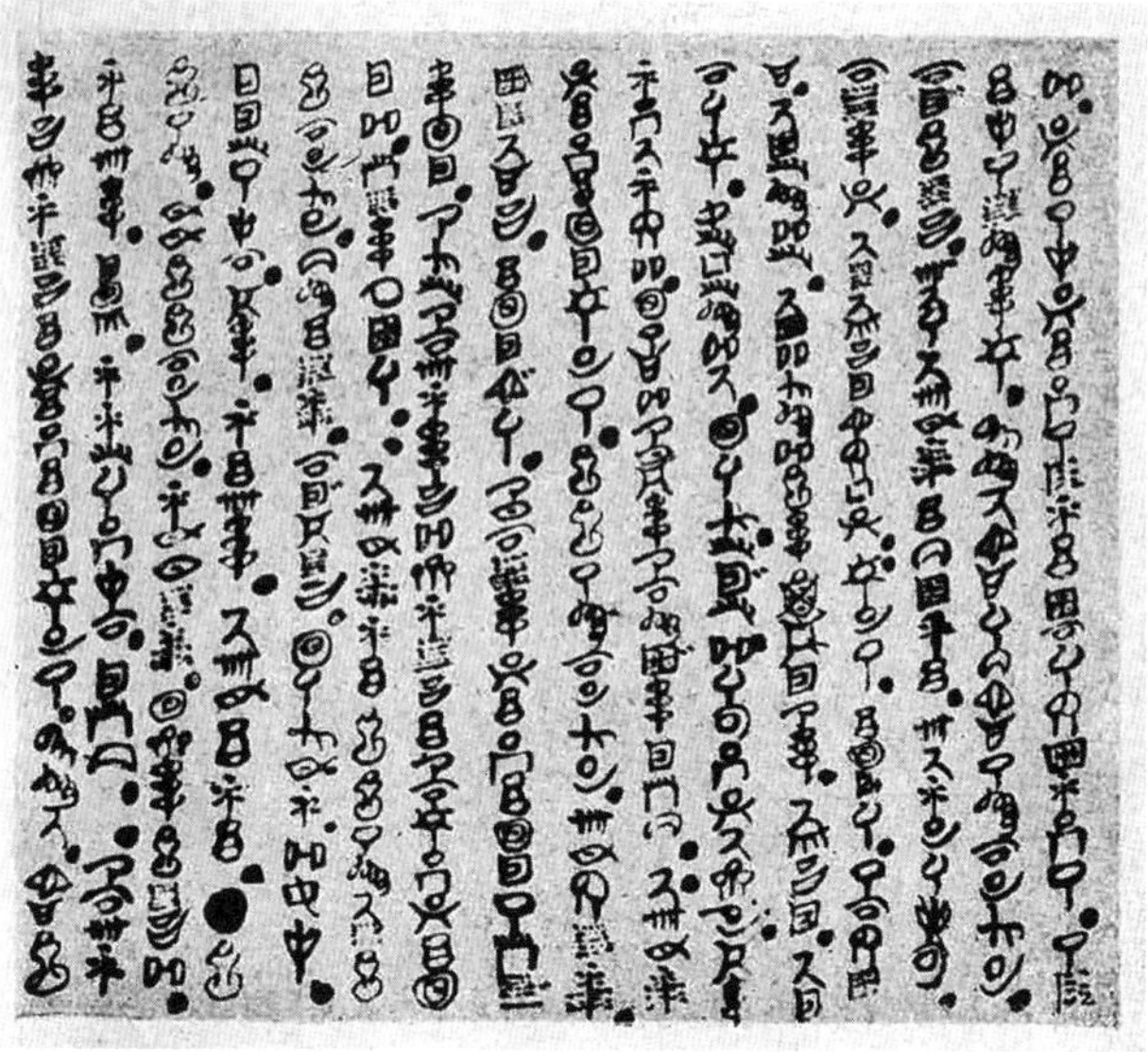

【図4】「我国の神祇を記録せる古代の文書（竹内家所蔵）」
（岸一太『古事記真釈　上巻』交蘭社、1930年、口絵）

と結びついて、異端性をはらんだ『古事記』理解となっていることはたしかだ。興味深いのは、同じく近代竹内文献を用いながら、日猶同祖論の酒井とは異なり「大和民族は日本民族であつて決して他民族の後裔でない」(34)という結論を出していることで、この資料群の解釈の振れ幅を示す一例だといえる。

他方、酒井や矢野において顕著だが、天皇が世界統理を行った超古代の日本を理想化し、それと対照させるかたちで、当時の日本の政治的・文化的状況を告発するものもある。たとえば酒井は「現代日本は日本国史を辱むる最も醜い化粧に浮身を窶して居る有様」だと激しく非難しているが、その「最も醜い化粧」とは「デモクラシイ」＝「舶来政治の民政」を指しているだろう(35)。曰く、「デモクラシイは天地の公道に由らず、多数党の力で行くから公正は絶対に行はれない(36)」。そこで彼は、自らの霊覚や聖書研究、フィールドワーク、そして近代竹内文献の読解を経由して、「デモクラシイ」を廃し、「テオクラシイ」＝「国産政治の神政（天皇政治）」へと転換すべきことを主張する。天皇親政を要求した、明確な政治的変革思想なのだ。

神宝奉賛会をへて神政龍神会を組織した矢野祐太郎は、竹内の資料群をより政治的に読み替え、集団の行動原理に変態させた事例だといえる。さきにみた『皇祖皇大神宮御神宝の由来』が説明するように、資料群の皇統譜では、超古代の天皇による世界統治は過去のものとなってしまっている。對馬路人の研究によれば、矢野はそこに「現示」された〝史実〟を踏襲しながらも、そこにさまざまな「神示」を結びあわせて、「独自の終末論的歴史観」を提示した(37)。そこでは現界と神霊界での「建替建直」が目指されるのだが、現界を「建替建直」して世界統理を復活させる主体は天皇である。しかし、矢野の構想において現在の天皇が即自的に肯定されているわけではなく、「建替建直」の前提として本来の天皇にふさわしい「身魂」を回復することを求めているのであり、對馬はそこに天皇の「権威を相対化、ないし否定するような論理(38)」があったのだとする。

以上瞥見したように、質や程度に差があるとはいえ、近代竹内文献を介して語られる歴史像・国家像には、正統的国体論や現存の政治形態には還元しえない異端性があったことはたしかである。だが、日本主義一般の基盤となっている、「文献学的意義しか持たない古典を持ち出し、之に基いた勝手な結論で以て現実の実際問題を解決出来るといふ、故意の又無意識の想定(39)」を告発する戸坂の原理的な批判の前では、近代竹内文献の思想もまた、当時の民間ファシズムの一翼を担う夜郎自大な世界統一構想だという評価は免れないだろう。

四　天津教事件の潜勢力

近代竹内文献という〝偽史〟の出来事性があらわになるのは、やはり天津教事件においてである。竹内らの検挙、そして裁判へと向かう過程で、〝偽史〟をめぐる抗争が生起する。この抗争に参入する人びとの言葉を読み解くことで、竹内文献という出来事がもつ批判的可能性——政治的、また学問的な——を引き出すことを試みたい。

天津教事件についてはすでに簡単にふれたが、戦前期に竹内らが警察の取締りを受けたのは、正確にいえば一九三〇年（昭和五）、三三年（昭和八）、三六年（昭和一一）の三回である。弾圧の程度は異なっているが、いずれも主として神宮に対する不敬が問題視されての取締りであった。竹内らが件の資料群を「皇祖皇大神宮の「御神宝」なりと冒称し、之に荒唐無稽の由緒来歴を附会して、畏くも皇室、神宮の御尊厳を冒瀆し奉り、或は其の偽古文乃至は神代文字等の内容自体を以て我国上古神代史の紛淆を試み、畏くも皇統譜を紊し奉らんとし」たというのが容疑の骨格である。(40) こうした認識の背景に、資料群の内容が竹内らによる「偽造」によるものであるとする前提が存在しているということはいうまでもないだろう。

三〇年の第一次事件はいくつかの新聞で取り上げられており、ジャーナリズムから竹内らに向けられた視線をうかがうことができる。たとえば『東京日日新聞』は、一九一七年ごろ竹内と同居していたという女性の証言をとっている。彼女は「竹内は文字が全く読めないといつてゐるらしいがそれはうそです、私が同居してゐる頃は幕末物の歴史書の如きものを盛んに写してゐました、今考へて見るとその時分竹内が書いてゐたものが或は天下の貴重な古文書と銘打つて世間に宣伝したものではないかと思はれる節があります」(41) といい、当時から「天下の貴重な古文書」の「偽造」を行っていたと主張する。新聞報道ではこのほか、古文書の紙質が新しいものであるとか、資料原文の神代文字は竹内がその「乱書症」から書きなぐったものであるとかいった見解が紹介されている。

また第二次事件における特高警察の報告は、より具体的に「犯罪行為の具体的事実」を説明している。それによると、天津教で「神宝」と称せられている資料群は、竹内本人が「偽造」したもの（「神体神骨」、「神代系図」、その他「神宝」の由来を説明する古文書類）と竹内の依頼を受けて鋳物師が「偽造」したもの（「ヒヽイロガネ」という特殊な金属で作られたという「神剣」および「三面鏡」）、竹内が信者から「騙取」した骨董刀剣、「養祖父より譲受たる神代文字の彫刻ある大剣」といったもので構成される[42]。資料群の偽造説のなかでも、それらは「何人かが何等かの意図があつて徳川初期（末期の誤りか、引用者注）か明治初期に」こしらえたもので、「当代の竹内といふ人は以上の古器や古文書が偽物であるといふことは預り知らぬことであらう」とする立場もあったのだが[43]、特高警察としては竹内巨麿が明確な意図をもって「偽造」を主導したのだとする筋書を書いたわけである。

ここで、近代竹内文献とその信奉者・研究家たちとの関係が、竹内の脱主体化する主体性を介して結ばれていたということを想起すると、ジャーナリズムや特高警察が、逆に竹内に資料群の創造者としての主体性を回復させることで犯罪性を構築するという戦略をとっていたということがわかる。つまり近代竹内文献をめぐる言説の全体を見渡すと、巨麿は竹内文献を継承／創造する者という、二重化した主体として表象されているのであり、この相反する主体性が同時に生起するのが、〝偽史〟という出来事なのだろう。

竹内の主体のこの二重性の意味を踏み込んで理解するために、ふたたび出口王仁三郎を引き合いに出してみたい。王仁三郎が国家による二度の大弾圧を受けたことはよく知られているだろう。一九二一年（大正一〇）の第一次大本事件では、彼は竹内と同じく不敬罪に問われ、裁判を闘っている。彼が編集・公表した「大本神諭」の内容が皇室の尊厳を冒瀆するものだとして罪に問われたのである。大審院で王仁三郎は、「大本神諭」の編集は神霊に憑依された状態で行ったことで、自分には記憶がないとして、無罪を主張した。たとえば、裁判官に「書タモノニ付テハ責任ヲ負フ考ヘアルカ」と問われれば、「神様ノ云フカ儘ニ書キマシタノデスカラソレニ付テ再考シタコトアリマセヌ」と答えるという具合である[44]。王仁三郎は、不敬の言辞にあたるものの責任を、自らに憑依した神霊に丸投げしてしまい、自らが発信した思想内容の主体であることを否認する裁判戦術をとっているのだ[45]。

ここで、天津教事件と第一次大本事件との間に、一定の相似性がみえてくるのではないだろうか。記紀神話をはるかに凌駕するスケールの超古代神話を語る近代竹内文献、近代天皇制を根本的に批判するものとも理解しうる「大本神諭」、いずれも当時の社会体制からは異端の烙印を押される性質のものだったが、争点は竹内や王仁三郎をその〝作者〟として認定しうるのかどうか、というところにあった。裁判では両者それぞれの仕方で〝作者〟性を否認していくのだが、第一次大本事件時の王仁三郎の場合、神霊のメッセージを司法の場に投げかけるのではなく、主体性を放棄することで不敬罪を逃れようとした。川村邦光がいうように、それは宗教家としての「敗北」だったということもできるだろうが、(46)おそらく王仁三郎にとっての主戦場は裁判所ではなく、すみやかに信者たちとの共同体に復帰し、新たな活動を展開させることこそが重要だったのだろう（ただし、第二次大本事件の公判で彼は異なった闘いをみせる。それについては後述する）。

他方、竹内の場合、「偽造」を否定する立場から徹底抗戦を試み、最終的には大審院で無罪判決を勝ち取っている（ただし、尋問のなかで「神剣」二振については鋳物師に依頼して作らせたと供述している）。(47)彼は信奉者や研究家たちとの関係のなかですでに主体性を放棄していたから、自らの〝作者〟性を否認するというスタンスには、とりあえず事件前からの一貫性があるといえるだろう。重要なのは、彼の否認＝脱主体化によって、司法の場が近代竹内文献の真正性をめぐる抗争の舞台となる可能性が開かれたことである。

五　司法への問い、近代アカデミズムへの問い

第二次天津教事件において、鵜沢聡明《うざわふさあき》（一八七二—一九五五）ら竹内巨麿の弁護団は、「被告人奉斎の神宝は原始日本文化、原始日本語、原始日本語法、日本上代史研究上極めて貴重なりと信ずる」(48)立場から、「上告趣意書」（一

九四四年）を大審院に提出した。この文書は――「狂信的国家主義に満ちている」[49]との評もあるが――ひとり竹内の無罪を主張するにとどまらず、彼の資料群の意義を否定・黙殺する近代アカデミズム、およびそれと結びついた正統的国体論への告発を試みている点で、注目すべきものである。こうした態度は、酒井勝軍や鳥谷幡山など竹内文献研究家の多くにも共通するものだが、彼らが一様に近代アカデミズムを攻撃するのはなぜなのだろうか。まずは、狩野亨吉の論文「天津教古文書の批判」など、資料群に対するアカデミズムの反応を一瞥してみよう。

狩野の論文は、第二次天津教事件で竹内らが検挙された少しあと、一九三六年（昭和一一）六月に雑誌『思想』に発表された。「日本文化」特集号の巻頭論文であり、以下和辻哲郎（一八八九―一九六〇）、宇野円空（一八八五―一九四九）、羽仁五郎（一九〇一―一九八三）らの論文が続いている。著者狩野は京都帝国大学文科学長を務めた文献学者で、当時書画鑑定の第一人者として知られていた人物である。狩野自身の説明によると、竹内の資料群との出会いは二八年のことで、天津教信者に写真数枚を見せられ、磯原への参詣を勧められたが、「写真を一見して、其原物の欺瞞性を感知し」て相手にしなかった。しかしその後、三五年五月にいたって、日本医事新報から竹内文献について調べるよう依頼を受け、「不信者には容易に見ることは許されまいと思ひ」、手元の写真のうち古文書に関する五枚を対象として検討することになる。[50]文体・書体・内容に関する詳細な検討をへて、狩野は資料群の古文書はすべて最近の「偽造」によるものであるという判断を下した。これが竹内文献を偽書とする一般の評価を決定づけたといわれている。[51]狩野と言語学者で東京帝大教授の橋本進吉（一八八二―一九四五）は第二次天津教事件公判で検察側証人として出廷し、ともに古文書が「偽造」だとする見解をのべた。また日本古文書学の権威で東京帝大教授の黒板勝美《くろいたかつみ》（一八七四―一九四六）は、分析することもなく史料的価値を否定したとされている。このように、当時の官学アカデミズムで権威を認められた学者たちは、資料群の真正性を完全に否定したのである。

竹内文献支持者たちが強く反発したのは、これらの学者たちが、現物を見る努力もせずに資料群を否定する態度に不誠実さを読みとったからだった。酒井勝軍は「僅かに一千年内外の骨董品保存などには馬鹿々々しいほど熱狂して居りながら、神代当時からの神宝であつた神代秘史に対しては、之を一度も拝観せずして、偽物見るに足らず直ちに焼却すべしとさへ放言した博士が居るが、余は斯る非国民を相手に神代秘史を論ずる者ではない」(52)とのべ、鳥谷幡山も「世の曲学阿世の学者や、政権にのみ目の暗んだ為政者には解らう筈がなく、何うかすると流行新聞と一所になつて、何等の拝観も研究もせぬ癖に、唯インチキなり偽作なり抔と貶して顧みぬのは、実に不忠不義の徒と言はねばならぬ」(53)と激しい調子で非難している。

研究者なら一次資料に直接あたるべきだという、一般的な学問作法にかかわる問題を指摘しているともいえるが、それだけではない。酒井と鳥谷がともに用いている、「拝観」という宗教的な語に注意しよう。久米晶文が近代竹内文献に対する研究家たちの執着をフェティシズムという観点から論じているように(54)、磯原を訪れ、竹内の資料群を見るということはすでに聖地巡礼、そして「拝観」という信仰実践なのであり、その信仰を前提としてはじめて、研究という営みも可能になる、という理解が彼らに共有されていたと考えられる。こうした立場からすれば、狩野が検証した写真は、たんにそれが膨大な資料群のほんの一部でしかないというだけでなく、複製メディアによって媒介されてアウラを失ったニセモノなのであり、真正な研究などそもそも不可能だということになるだろう。

合理的であるべき文献学研究に非合理な宗教的敬虔を混在させようとする、奇妙な要求というべきだろうか。そうかもしれない。だが、神代から連綿と続くという「万世一系の天皇」を主権者として戴いた近代天皇制国家、そして一九三〇年代後半には〝皇国史観〟というかたちでその正統的国体論を積極的に補完していくことになるアカデミズム史学も、合理性と非合理性を混淆させていたという意味では、それほど異なった場所にいるわけではなかった。戸坂潤は、天津教や大本などの「類似宗教」「不敬宗教」が多く現れている状況について、つぎのように観察していた。

> 不敬を生んだものはほかならぬ敬虔の社会的強制そのものなのだ。――要するに類似宗教の一切の害悪は、現代における一切の宗教主義の単なるカリケチュアに帰するにほかならない。だから眼くそが鼻くそを笑ふことは出来ない筈である。(55)

戸坂の分析では、宗教復興や精神作興を唱える「当局の思想対策と類似宗教簇出とは、社会的に同じ本質の二つの現象(56)」なのであり、「敬虔の社会的強制」、いわば日本の神聖国家化政策が「類似宗教」の運動を活性化していったのだ。近代竹内文献の支持者とアカデミズムの間にあったのは、宗教と科学の対立というより、ふたつの宗教的立場の対立だといったほうがよいかもしれない。

ここで「上告趣意書」に戻ろう。この文書では、別の観点からアカデミズムにおける研究手法の限界が追及されている。

> 要するに或物なり文字なりやが神代時代のものなりや否やを決することは神代時代の文化を研究したる後にあらざれば判断を与へ得ざることなり、然るに本被告事件に関係せる鑑定人等は何れも原始日本文化、原始

日本語、日本語の辞遣《コトバ》ひ原始日本語法、原始日本文化の遺跡等を研究することなく専ら支那文化印度文化欧米文化の日本に輸入せられし以後之に依り枉げられ歪められたる日本文化、日本語、日本文法、漢字仮名遣を基として意見を述べられたるもの〻如し、果して然らば原裁判所の引用したる鑑定書に載せられたる意見は何れも本被告事件の対象と為りたる各神宝を始め神代文字文献の真偽を判別する資料と為し難きものなり[57]

「神代時代」のものの真偽を鑑定するには、そもそも「神代時代」についてよく知っていなければならない、だから近代的な文献批判の手法に依拠した狩野のような鑑定は無効だというのである。だが「神代時代」を知るための手がかりは問題の資料群以外にほとんど存在しないとなると、これはトートロジーというほかはない。「各神宝を始め神代文字文献の真偽を判別する」という課題は、現実的には不可能になってしまうのではないだろうか。他方で、資料に基づいた実証が可能な範囲でしか物事をみようとしない近代アカデミズムの保守性をついているといえなくもない。

「上告趣意書」は、「日本神代に於ける祖先」（「日本神族」）と「現在学者」の学問の相違に論及する。「現在学者の所謂科学する心とは五感による研究を意味し第六感即ち直感による見通しを含まず、然るに日本神代に於ける祖先は直感即ち霊感以て見通しを付け此見通しを確かむる為め五感による検討を行ふ方法に出で」[58]たという。鵜沢らの考えでは、おそらくこの「第六感」による研究法が、右のトートロジーを突破することになるのだろう。そのことの是非はともかくとして、ここで強調しておきたいのは、弁護団が竹内の資料群を活用して「神代時代の文化」の研究を進展させることの必要性を繰り返し説いている点である。すでに完成された教義もしくは歴史観の正当性を押し出そうとするのではなく、彼ら自身にとっても不明のまま残っている「神代時代」の解明に向けた協働を、アカデミズムや国家に迫っているのだ。未完の研究課題としての「神代時代」という認識は、おそらく竹内や酒井らにも共有されていた。

久米晶文は、近代竹内文献をはじめとする〝偽史〟の存在意義を否定する見方に抗して、「「偽作」や「偽書」を誤りと決めつけたのはだれなのだろうか。それはおそらく想像力というものとはおよそ無縁なアカデミズムの面々なのだろうが、「偽作」「偽書」がすべて誤りだというのならば、多くの宗教書はこの世に存在意義をみいだせなくなるだろう」(59)と論じている。〝偽史〟であるがゆえに無価値だとするのではなく、そこに表現されている想像力の可能性をこそ考えるべきだという主張は傾聴に値するだろう。だが、この「上告趣意書」の議論をふまえるなら、「おふでさき」や『霊界物語』といった「宗教書」と近代竹内文献とを同列に並べてしまうのは、やや乱暴ではないだろうか。

ここで三たび出口王仁三郎を参照することで、「上告趣意書」の意義を浮かび上がらせたい。第二次大本事件において、王仁三郎は「此ノ自分ノ本当ノ考ヲ判事閣下ニ申上ゲテ、(中略)――サウシタラ自分ハ死ンデモ宜イ、死ヲ決シテ居ル」(60)と覚悟のほどを示しながら、地裁公判にいどんだ。この裁判では、王仁三郎が著作などで主張した「みろく神政成就」とは「出口王仁三郎ガ日本及諸外国ノ統治者ヲ廃シ自ラ独裁君主ト為リ、全世界ヲ統一シテ至仁至愛ノ大家族制度ノ国家ヲ建設スル」(61)ことであるとし、そのために彼が国体変革を意図する結社を作りあげたという容疑がかけられていた。

第一次事件とは異なり、『霊界物語』をはじめとする諸著作には「自分ノ考」(62)が入っているとし、〝作者〟としての責任を認めたうえで、王仁三郎は治安維持法違反容疑に反論していく。「霊界ノコトニ託ケテ、現界ノコトヲ書イタノヂヤアルマイナ」と問う判事に、「ソレハアリマセヌトモ、殊更判リニクイ霊界ノコトヲ現界ニ託ケルコトハアツテモ、現界ノコトヲ霊界ニ託ケタラ尚判ラナイヤウニナツテシマフ」と答え、「みろく神政成就」についても、「現界ノコトハ何モ関係ガアリマセヌ、固ヨリ弥勒ト云フ名ガアル程ダカラ、現界ノ人ヂヤアリマセヌ」と、あくまでも霊界もしくは精神界の問題であるという議論を展開していった。(63) 検察側の論理は、王仁三郎が語る宗教的な言説は「保護色」「表看板」にすぎず、じつは現界すなわちこの世での国体変革という真の目的があったのだとするものだったが、王仁三郎はあくまで〝宗教〟というカテゴリーに自らを位置づけることで、これに抗していったのである。

この王仁三郎の裁判戦術は、鵜沢らが展開したそれとはまったく異なっている。前者が〝宗教〟の対象としての霊界・精神界と司法が扱う現界との棲み分けを志向しているのに対して、後者は官学アカデミズム、それと連動した正統的国体論の不完全さを指摘し、それを補完するものとして、近代竹内文献がもたらす「神代秘史」を位置づけることを要求していった。アカデミズムから分離された〝宗教〟という領域に安住の地を求めるのではなく、内容的にも方法的にも官学アカデミズムに対抗しうる歴史叙述の可能性を探っていったのが、近代竹内文献をめぐる運動だったのではないだろうか。

おわりに――問いとしての近代竹内文献

一九五〇年一月、天津巨《あまつきょ》（天津教は四六年に大日教という名で再出発し、さらに四九年に天津巨と改称した）は団体等規制令にもとづく解散指定を受けた。前年の一二月、GHQの民間情報教育局は「他国の人びとに対する日本のリーダーシップを吹聴するというのでなく、ナショナリズムの概念が強調されているからという理由でこのセクトを弾圧することは占領の目的に反するとのべ、解散指定すべきでないとする意見書を民政局に送付したが、けっきょく「日本国が他のアジア、インドネシア又はマレー人種の指導者であることをせん称する」（団体等規制令第二条第三項）団体として取締りが実行されたのである。[64]「戦前、戦後の両度にわたり、時の権力に迫害されたのは天津教以外にはない」[65]。

戦前と戦後における弾圧は、神宮ひいては国体に対する不敬罪と、他国に対する侵略思想という、近代竹内文献をめぐる運動の二面性を反映しているといえるだろうか。それは、特高警察の目からみれば許されざる異端であり、GHQにとっては帝国日本の亡霊のような存在だったのだ。

仏教であれ、キリスト教であれ、戦時期に国策協力を行っていた多くの宗教は、敗戦とともにさらりと〝平和宗教〟へと転換することができたし、弾圧前に超国家主義的運動を展開していた大本も、戦後は平和主義を掲げて再生した。そのようななか、件の資料群を保持しつづけることを選んでGHQの取締りに遭うことになった天津教の運命は、この国の〝聖戦〟の痕跡として振り返るに値するものだといえるかもしれない。

本章で検討した天津教事件とそれに関係する狩野亨吉などの竹内文献批判は、おそらく当時としても少なからず滑稽な印象を与えていたであろう近代竹内文献をめぐる運動（たとえば一九三〇年（昭和五）の第一次天津教事件時の新聞報道は、そうした滑稽味を感じさせる）を、近代日本国家の正統性にかかわる出来事として再編したものとみることができる。異端的宗教の取締り自体は三〇年代半ば以降数多く行われ、天津教事件もそのなかの、比較的小規模な一例ということができるのだが、それぞれにユニークな特徴があり、その多様性を丁寧に掘り起こしていく必要があるだろう。

近代天皇制国家による宗教集団への弾圧事件のなかで、天津教事件が重要な位置を占めるとすれば、それが一個の〝問い〟のかたちをとって現れたことによるのではないだろうか。よく知られるように、近代日本において〝宗教〟概念が定着していく過程で、〝宗教〟は個人の内面的信仰にかかわるものへと活動領域が局限されていったが、逆にいえばその領分に引きこもることによって、「安寧秩序ヲ妨ケス及臣民タルノ義務ニ背カサル限ニ於テ」（大日本帝国憲法第二八条）自由を享受することができた。諸宗教の聖典は、信仰者たちの内面において、真理としての地位を得ることになる。しかし、「上告趣意書」に象徴される近代竹内文献の運動は、限られた信奉者の内面の〝真理〟として自己完結するのではなく、未決の〝問い〟として、国民的もしくは国家的な研究の場へと開いていくことを志向していったのだ。

もちろんこうした問題提起は、裁判所でもアカデミズムでも顧みられることはなかったのだが、言論の方向性を国家へと一元化し、〝問い〟の生起自体を封じこめることを志向した一九三〇〜四〇年代の社会体制のなかで、裁判所という公の場を、歴史認識をめぐる論争の場に変えようと試みたことには、一定の意義が認められるのではないだろうか。近代竹内文献言説にはらまれた暴力性を批判しつつ、そこにかすかに現れる〝問い〟の可能性を開示すること、そこに全体主義的社会に抗するささやかな手がかりを見出すことができるのかもしれない。

注

（1）酒井勝軍『神代秘史百話』（国教宣明団、一九三〇年）三頁。
（2）狩野亨吉「天津教古文書の批判」（『思想』一六九号、一九三六年）二―四四頁。
（3）久米晶文『酒井勝軍――「異端」の伝道者』（学研パブリッシング、二〇一二年）五〇〇頁。
（4）原田実『幻想の超古代史――『竹内文献』と神代史論の源流』（批評社、一九八九年）六八頁。

(5) 大内義郷『神代秘史資料集成解題』(八幡書店、一九八六年) 一三頁。
(6)『東京日日新聞』昭和五年一二月九日付夕刊 (現代霊学研究会編『神代秘史資料集成 人之巻』八幡書店、一九八五年、一八頁)。
(7) 竹内康裕『古代の叡智『竹内文書』と神秘秘伝の術事』(徳間書店、二〇一五年) 参照。
(8) 對馬路人「新宗教における天皇観と世直し観――神政龍神会の場合」(對馬路人・武田崇元・佐竹譲監修、久米晶文責任編集『神政龍神会資料集成』八幡書店、一九九四年) 一一六九頁。
(9) 對馬路人「謎の教団・天津教と神政龍神会」(『別冊歴史読本 特別増刊⑭「古史古伝」論争』新人物往来社、一九九三年) 一〇九頁。
(10) 前掲注5大内書、九九頁。
(11) 長峯波山「自序」(『明治奇人今義経鞍馬修行実歴譚』興国会、一九一二年) 一四頁。
(12) 同右論文、一三頁。
(13) 前掲注11長峯書、四頁。
(14) 同右書、二三九頁。
(15)『東京日日新聞』昭和五年一二月一九日付朝刊 (前掲注6現代霊学研究会編書、三六頁)。
(16) 吉田兼吉『神宝事件の回顧』(前掲注6現代霊学研究会編書、四九頁)。
(17) 前掲注15書、二七頁。
(18) 同右書、参照。
(19) 高畠康壽口述『世界的宝物の失はれた実相』(シオン教会出版部、一九四九年) 参照。
(20) 川村邦光「救世主幻想のゆくえ――皇道大本とファシズム運動」(竹沢尚一郎編『宗教とファシズム』水声社、二〇一〇年) 参照。
(21) 天恩郷宣伝部編『おかげばなし』(第二天声社、一九二八年) 参照。
(22) 前掲注8對馬・武田・佐竹監修、久米編書、五頁。
(23) 神宝奉賛会『皇祖皇大神宮御神宝の由来』(前掲注8對馬・武田・佐竹監修、久米編書) 四四五―四五〇頁。
(24) 前掲注1酒井書、五頁。

(25) 前掲注23神宝奉賛会書、四四九頁。
(26) 前掲注16吉田書、五頁。
(27) 前掲注11長峯書、一六頁。
(28) 戸坂潤『日本イデオロギー論』（白揚社、一九三五年）一一五頁。
(29) ハリー・ハルトゥーニアン（梅森直之訳）『近代による超克――戦間期日本の歴史・文化・共同体』（岩波書店、二〇〇七年（原著二〇〇〇年））二九頁。
(30) たとえば大本七十年史編纂会編『大本七十年史 下巻』（宗教法人大本、一九六七年）、永岡崇『新宗教と総力戦――教祖以後を生きる』（名古屋大学出版会、二〇一五年）参照。
(31) 前掲注28戸坂書、一二四頁。
(32) 岸一太『古事記真釈 上巻』（交蘭社、一九三〇年）口絵。
(33) 同右書、七頁。
(34) 同右。
(35) 前掲注1酒井書、二五六―二五九頁。
(36) 同右書、一〇七頁。
(37) 前掲注8對馬論文、一一七四頁。
(38) 同右論文、一一七六頁。
(39) 前掲注28戸坂書、三七頁。強調原文。
(40) 『特高外事月報』一九三六年四月分、一二六頁。
(41) 『東京日日新聞』昭和五年一二月一四日付朝刊（前掲注6現代霊学研究会編書、三五頁）。読点を補った。
(42) 前掲注40書、一二七―一二八頁。
(43) 『東京日日新聞』昭和五年一二月七日付朝刊（前掲注6現代霊学研究会編書、一五頁）。
(44) 西川武『皇道大本教事件に関する研究』（東洋文化社、一九七七年）二九六頁。
(45) 川村邦光「近代日本における憑依の系譜とポリティクス」（川村編『憑依の近代とポリティクス』青弓社、二〇〇七年）参照。

(46) 同右論文、七六頁。
(47) 「天津教々祖竹内巨麿に対する不敬事件判決」(前掲注6現代霊学研究会編書、七九頁)。
(48) 「神宮神祠事件上告趣意書」(前掲注6現代霊学研究会編書、一五五頁)。
(49) 前掲注4原田書、三四頁。
(50) 前掲注2狩野書、一—二頁。
(51) 第二次天津教事件に連座した研究家の吉田兼吉は、狩野が分析した写真はじつは竹内巨麿が保持していた古文書そのものでなく、それに似せて作成された「偽造物」だったと指摘している(前掲注6吉田書、参照)。これに関して、原田実は「狩野の批判の論点の多くは、吉田の説くところの真正の『竹内文献』にもあてはまるものであり、その意味ではこの吉田の爆弾発言も、狩野論文への反証として決定的なものとは言い難い」(『竹内文献』偽書説を超えて」前掲注9書、二七六頁)とコメントしている。私もこの見解に同意したい。
(52) 酒井勝軍『神代秘史百話』(国教宣明団、一九三〇年)六頁。
(53) 鳥谷幡山『十和田湖を中心に神代史蹟たる霊山聖地之発見と竹内古文献実証踏査に就て併せて猶太聖者イエスキリストの王国《アマツクニ》たる吾邦に渡来隠棲の事蹟を述ぶ』(新古美術社、一九三六年)八頁。
(54) 久米晶文「近代日本の異端史家とフェティシズム」(前掲注9書、前掲注3久米書)参照。
(55) 戸坂潤『思想と風俗』(三笠書房、一九三六年)三三二頁。強調原文。
(56) 同右書、三三一頁。
(57) 前掲注48論文、一三九頁。
(58) 同右論文、一五三頁。
(59) 前掲注3久米書、四九九—五〇〇頁。
(60) 池田昭編『大本史料集成 Ⅲ事件篇』(三一書房、一九八五年)三七八頁。
(61) 同右書、五四九頁。
(62) 同右書、三六九頁。
(63) 同右書、三六八・三七三頁。
(64) 連合国最高司令官総司令部民政局文書、Central Files Branch/Organization File, 1945-52 /ボックス番号:2275U;

フォルダ番号:14。

（65）秦郁彦「天津教盛衰記――日本神国論の系譜」（『昭和史の謎を追う 下』文春文庫、一九九九年、初出一九九一年）一七三頁。

附記　本研究はJSPS科研費JP26770029,JP15J09301の助成を受けたものである。

第2部

創造される「日本」

［第四章］

「日本古代史」を語るということ

――「肇国」をめぐる「皇国史観」と「偽史」の相剋

長谷川亮一

はじめに――「偽史」とは何か？

「偽史」という言葉はいささか扱いづらい。それは、ひとつにはこの語が、本来は学術用語でもなければ特定のカテゴリを指す用語でもなく、単に「ニセの歴史」という意味の普通名詞にすぎない上、様々な論者たちによって、厳密な概念規定をされることのないまま、曖昧に用いられてきたからである。

そもそも、「ニセの歴史」とはどういうことか。

「歴史」という言葉には二つの意味がある。一つは、過去に起こった出来事そのもの（歴史事実）であり、もう一つは、過去に起こった出来事について、文章としてまとめたもの（歴史叙述）である。歴史家は、過去に起こった出来事に関する記録（史料）を、歴史学的な方法論に基づいて収集・整理・解釈し、歴史叙述をとりまとめる。

したがって、歴史をいつわる行為は二通り考えられる。第一は、史料そのものを捏造する、というものであり、第二は、学問的方法論を逸脱し、不適切な史料操作に基づいて（あるいは史料的根拠を欠いた状態で）、歴史事実に反する「歴史叙述」をでっちあげる、というものである。もっとも、前者が偽史であることは明白であるが、後者については、正当な歴史叙述と偽史とは、必ずしも明確に区別できるわけではない。[1] ともかく、そのようにして捏造された偽史は、自らを真正の歴史だと主張することになる。[2]

注意しておかなければならないのは、偽史はアカデミズム歴史学や、あるいは体制の側の知に対する対抗言説というわけではない、ということである。言うまでもないことではあるが、アカデミズムに在籍する歴史家だけが、正しい学問的方法論を扱えるわけではない。たとえば、『竹内文献』に対する古典的批判論文「天津教古文書の批判」[3]を執筆した狩野亨吉《かのうこうきち》（一八六五―一九四二）は、京都帝国大学文科大学学長の地位をなげうって、市井の骨董鑑定家として生きた人物であり、神代文字に対する古典的批判論文「所謂《いわゆる》神代文字の論」[4]を執筆した山田孝雄《よしお》（一八七五―一九五八）は、中学校中退の学歴から独学で東北帝国大学教授、神宮皇学館大学学長にまでのぼりつめた人物である。経歴は対照的だが、二人とも半ば在野の研究者というべきである。しかし、より問題なのは、アカデミズムや体制の側が常に正しい方法論を用いるとは限らない、ということである。

周知の通り、近代日本においては、歴史教育は天皇による日本の統治を正当化するための教科として位置づけられており、歴史研究に対しては天皇制による強大なイデオロギー的束縛が存在していた。たとえば、『日本書紀』の記述に基づいて、初代天皇である神武天皇の即位年を逆算すると、西暦六六〇年になる。しかし、これが不自然に引き延ばされた仮構の年代にすぎないことは、那珂通世《なかみちよ》（一八五一―一九〇八）の「日本上古年代考」（一八八八年）以来、歴史学的には通説となっていた。[5] しかし、そのことは大学の外、特に初等・中等教育で教えるべきことではない、と見なされていた。[6] 勅撰正史である『日本書紀』の年代観を否定してはならなかったからである。

かくて、日本の歴史は、神武天皇以来の「万世一系」の天皇による統治と、代々の天皇に忠誠を尽くし続けた臣民たちの歴史とされ、歴史教育は、そのような物語をひたすら暗記する「神聖なる暗記物」[7]とされることになった。いわゆる「皇国史観」である。歴史の実態よりも既定の歴史観の方を優先させ、その歴史観にとって不都合な事実――たとえば南北朝の並立――を切り捨てた上で描かれる、このような歴史像は、たとえ史料の偽造を一切行っていないとしても、偽史であることは言うまでもないだろう。

ところで一九二〇年代以降、『上記《うえつふみ》』『竹内文献』『宮下文献』『九鬼文献』などの、日本固有の文字と称されるもの（神代文字《じんだい》）で書かれ、神武天皇以前の歴史を伝えると称する偽書群――ここでは、さしあたり「神代文字文献」と呼ぶことにする[8]――が次々と紹介され、一部の知識人や軍人などの注目を集めたこと、そして、それが「皇国史観」との間で緊張関係を生んだことはよく知られている。特に『竹内文献』を奉じた天津教《あまつきょう》が、再三にわたる弾圧を被ったことは、天皇制国家の奉じる「皇国史観」と、これら偽書群との対立関係を示す事例として指摘されてきた[9]。ただ、天津教事件自体は当時頻発した新宗教に対する弾圧事件の一環であり、神代文字文献がすべて弾圧されたわけではない[10]。また、「皇国史観」なるものの内実も、必ずしも一枚岩であったわけではなく、したがって一方的な弾圧―被弾圧の関係だけで説明するのは不十分と言わねばなるまい。

以上の点を踏まえた上で、ここでは、日中・アジア太平洋戦争期（一九三七―一九四五）における「皇国史観」と神代文字文献との関係について、若干の考察を試みたい。

一　「偽史」という言葉の来歴

(1) 漢籍における「偽史」

本論に入る前に、「偽史」という言葉について、もう少し考えてみることにしたい。

管見の限りでは、国語辞典で「偽史」を見出し語として挙げた例は見当たらないが、漢和辞典の中には、この語を記載したものも見られる。たとえば、『新明解漢和辞典』第四版（一九九〇年）は、「偽史」について、「①うその歴史 ②史実が正しくない史書 ③偽国の歴史をしるした書物」(11)という三つの意味を掲げている。なお、「偽国」とは「偽朝」ともいい、正統でない国・朝廷のことである。(12)

じつは、歴史的には、この語はもっぱら③の意味で用いられてきた。たとえば、世界最大の漢和辞典である『大漢和辞典』は、「偽史」について「正統でない王朝によって編集された歴史書」(13)という定義のみを掲げているし、世界最大の中国語辞典である『漢語大詞典』も、「僭偽《せんぎ》の、非正統政権の史書」(14)という定義のみを掲げている。

四世紀初めに西晋朝（二六五―三一六）が内紛と異民族反乱によって崩壊したのち、中国は分裂状態に陥った。西晋は華南に拠点を移して再建（東晋、三一七―四二〇）されたものの、華北ではその後一世紀あまりの間、五胡十六国と総称される諸政権の群雄割拠状態（三〇四―四三九）が続くことになる。唐の劉知幾《りゅうちき》の『史通《しつう》』（七一〇年序）によれば、梁の阮孝緒《げんこうしょ》は、その図書目録『七録《しちろく》』（五二三年、散逸）において、五胡十六国の史書を「偽史」に分類したという。(15) 東晋を正統とする阮孝緒の立場からすれば、五胡十六国はすべて「偽国」ということになるからである。この分類は『旧唐書《くとうじょ》』経籍志《けいせきし》（九四五年）や『新唐書《しんとうじょ》』藝文志《げいもんし》（一〇六〇年）などでも用いられているが、『四庫全書総目提要』（一七八二年）は、偽国自身が正統を僭称して編纂した史書であれば「偽史」と呼んでもよいが、後人が偽国について記した史書まで「偽史」と呼ぶのは適切でない、として、「載記《さいき》」の呼称を採用している。[16]

（2）太古文献論争

この語が「ニセの歴史」の意味で用いられるようになるのは、近代に入ってからのようである。歴史学者の顧《こ》頡剛《けつごう》（一八九三—一九八〇）は、『古史辨自序《こしべんじじょ》』（一九二六年）において、『帝王世紀《ていおうせいき》』『繹史《えきし》』などを「偽書を基礎にしている偽史」（偽書を史料的根拠としているために、虚偽の内容が含まれる歴史書）、『偽古文尚書《ぎこぶんしょうしょ》』『今本竹書紀年《きんぽんちくしょきねん》』などを「偽史を基礎にしている偽書」（虚偽の歴史に基づく偽書）に分類した上で、中国の歴史は「偽史と、偽書にもとづいて成立している偽史とを除けば、実際には二千年あまりにすぎない」と論じている。[17] 日本においても、たとえば『国民之友』一八九五年（明治二八）九月三日号に、史談会（旧大名家を中心とする半官的な維新史調査団体）に対する補助金支出問題について、政府・華族の保護下にある歴史家が編纂するのは「諛《ゆ》史にあらずんば偽史のみ」と論難した記事がある。[18]

しかし、今日的な意味での「偽史」という言葉の用法を考える際にまず注目されるべきは、アジア太平洋戦争の最中、総合雑誌『公論』の一九四三年（昭和一八）九月号に掲載された座談会「偽史を攘《はら》ふ——太古文献論争」[19]であろう（【図1】）。

一九四二年（昭和一七）から一九四三年（昭和一八）にかけて、『上記《うえつふみ》』『竹内文献』『九鬼文献』などの「太古文献」（神代文字文献）の信奉者たちに対し、島田春雄（一九〇六—一九七五）[20]・白旗士郎《しらはたしろう》（葦津珍彦《あしづうずひこ》、一九〇九—一九九二）[21]・幡掛正浩《はたかけせいこう》（一九一三—二〇〇六）[22]らが批判の声を挙げた。[23] 彼らが特に標的と定めたのが、東洋大学教授・大政翼賛会東亜局庶務部長・国民精神文化研究所嘱託などの肩書を持つ政治学者の藤沢親雄《ちかお》（一八九三—一九六二）であっ

偽史を攘ふ
――太古文献論争――
藤澤親雄
島田春雄・三浦一郎
小寺小次郎

大和心で

藤澤　近ごろ僕の書いたものに對していろいろな事が言はれてゐるが、今日はその點についてぜひ島田さんのお說を拜聽したい。
島田　いや、私は藤澤さんから敎へて頂き度いと思つてやつて來ました。
藤澤　いや僕こそ……それでは一つ、あなたから、不審な點を――
島田　先づ藤澤さんが前にお書きになつたもので、今日と違ふといふやうなところがあればそれを先にいつて戴いたはうがいゝと思ひます。藤澤さんの古いものを今でもさうだと私が思つてをつて、違つてゐるといけないから……
藤澤　これは僕の主觀かも知れませんが、今僕が批判されてゐるのは、古事記及び日本書紀の絕對的尊嚴性といふものを私が無視してゐるやうに考へられてゐるのぢやないか、そのために私は攻擊されてゐるのぢやないかと思ふのですがね。これは誤解なんです。たゞしかし――飽くまで正直に私はいつたはうがいゝと思ふから、はつきりいふのですが、勿論私の日本の神ながらの大道に關する研究は記紀を根據として來たのですが、その後になつて、いはゆる古代に關するその他のものが目について來たわけです。それに對して一應興味を持つたわけです。といふのは、私自身が數回ヨーロッパに旅行し約十二、三回大陸に旅行して、異民族に接する每に、日本のほんたうの大きな使命といふものを彼等にぜひとも敎へたい、それには彼等も納得し得るやうな何か一つの說明が要るぢやないかと思つて、始終考へてをつたわけです。勿論さういふ場合に於ても記紀を中心にして始終やつてをつたのですが、どうも私の知識が足りないのか、或は敬虔なる氣持が少なかつたためか時々不明な點があるので、もしこれを補ふやうなものがあれば尙よからうと考へてをつたわけです。
そのうちにいろ〳〵僕の知つてゐる者が、磯原文獻（竹內古文書）とか、九鬼文獻とか、或は物部文獻、或は上記といふやうなものの一部を見せて吳れたわけです。さういふ文獻がいかにも記紀を敷衍することが出來るやうなところがあるやうに思はれたので、それも一應讀んで見たわけです。
一例を擧げると、國生みといふことですね。これは非常に重要なことであつて、外の國の神話にないのぢやないかと思ふが、伊邪那岐、伊邪那美の二柱の神が大八洲を生まれた。ところが私はその大八洲といふことが日本のことは勿
（二）

【図1】「偽史を攘ふ――太古文献論争」
（三浦一郎『九鬼文書の研究』八幡書店、1986年）

た。藤沢は『世紀の預言』（偕成社、一九四二年）などの著書で、チャーチワードの「ミュウ（ムー）大陸」説や『九鬼文献』『竹内文献』などに基づき、「日本は、実に宇宙開闢以来、連綿として世界人類の生命的中心であり、日本と諸外国との関係は、「親国」と、それより派生した枝国たる「子国」との関係であつた」のであって、この「生命的関係を、太古のありし姿にかへすことが本当の「八紘為宇」である」などと説いていた。[24]

藤沢は、この座談会で、『九鬼文献』研究家の三浦一郎、神代文化研究所理事の小寺小太郎とともに、島田春雄から厳しい追及を受けた上、『世紀の預言』と『神国日本の使命』（巌松堂、一九四三年）の二冊の自著の絶版処分を宣言せざるを得なくなる。[25] この座談会において、藤沢が『竹内文献』などを例に、「日本が八紘を掩《おお》うて宇を為すといふやうな考へ、万邦をして各〻その処を得しめるといふやうな大御心に動もすれば合ふやうな、一応ちよつとさういふ感じを受けるやうな文献が現れた時に、ついフラ〳〵と行く人が多いのぢやないかと思ふ」（その中には藤沢自身が含まれているわけであるが）と語ったのに対し、島田は「偽史により雄大な構想を以て大東京《［ママ］》亜に臨めとか、或る基本観念を立てゝ行かうなどといふことは、私は思ひ上つた僭上沙汰だと思う」と切り捨てた。

國學院大學教授の植木直一郎（一八七八―一九五九）は、『文藝春秋』一九四三年（昭和一八）一一月号でこの座談

会を取り上げ、「神代文字存在の主張に依《よ》る偽史の顕揚弘布は、まさしく我が正史の破壊となり、正史の否定となるのである。此れを信ずれば、日本書紀を疑ひ、古事記を疑ひ、また其の他の総《す》べての我が古典の所説を否定し排撃することになるのである」(26)と評した。つまり島田や植木は、神代文字文献を、内容が虚偽であるというだけでなく、『日本書紀』をはじめとする「正史」に反するがゆえに、否定されるべき「偽史」として切り捨てているわけである。

(3) 一九七〇年代以後の「偽史」イメージ

戦後、神代文字文献は一部の好事家が言及するのみにとどまっていたが、一九七一年に林房雄『神武天皇実在論』、鈴木貞一『先古代日本の謎』『日本古代文書の謎』、翌一九七二年（昭和四七）に吾郷清彦『古事記以前の書』が刊行され、『上記』『宮下文献』などが一般書の形で紹介されたことで、読書界に知られるようになった(27)。

「本邦初の異端文化総合研究誌」を標榜したオカルト雑誌『地球ロマン』（絃映社）は、その一九七六年（昭和五二）八月号で、「総特集　偽史倭人伝」と題し、「偽典」として『上津文《ウエツフミ》』『宮下文献』『竹内文献』『九鬼《クカミ》文献』『物部文献』『秀真伝《ホツマツタヘ》』『三笠文《ミカサフミ》』『神頌叙伝』『東日流外三郡誌《ツガルソトサングンシ》』『カタカムナ文献』(28)、「偽史倭人伝」として佐伯好《さえきよし》郎《ろう》・木村鷹太郎・石川三四郎・小谷部全一郎《おやべぜんいちろう》・三島敦雄・中田重治・酒井勝軍《さかいかつとき》・山根菊子（キク）らの所説を取り上げた(29)。もとより「偽史倭人伝」は「魏志倭人伝」に引っかけた洒落であるが、同誌は、この特集を組むにあたって、巻頭言で「これらの「偽史」を「つくる」人間のパトスを、彼らが「歴史」に託して主張しているものは何かを、問いたいと考えている」「それは、現実には歴史をつくりえない人間が、叙述された歴史に「何か」を増大させる中で、ついには歴史を超越する「狂気」の構造である」と述べている(30)。

ここでは、『上記』『竹内文献』などの偽書群と、木村鷹太郎や小谷部全一郎らの〝歴史研究〟が、やや漠然とした形で、同じ「偽史」というカテゴリにくくられている。このような「偽史」理解は、おおむね、以後も踏襲されることになる。しかし、両者はイデオロギー的に類似する点があるとはいえ、藤野七穂が指摘するように、木村や小谷部らは決して偽作者ではない。(31) もとより、再三述べているように、「偽史」は「ニセの歴史」という意味に過ぎず、また、木村や小谷部らの研究が学問的著作だと主張しつつも、歴史学的方法論を大幅に逸脱していることは間違いない。その意味で木村らの著作を「偽史」に分類することは可能であるが、神代文字文献と木村らの著作を同じカテゴリに分類するのであれば、たとえば「世界文化の日本起源説」「古代日本人の世界支配説」などといった、より限定的で適切な整理が必要であろう。

二　「皇国史観」について

(1)　近代国体論と皇国史観

すでに拙著『「皇国史観」という問題』(32)で論じたところであるが、そもそも「皇国史観」とは、戦時期に「国体の本義に基《もとづ》く教学の刷新振興に関する事務を掌《つかさど》る」(33)機関として設置された文部省教学局が、自ら編纂した『国史概説』（一九四一年編纂開始、一九四三―一九四四年刊）、『大東亜史概説』（一九四二年編纂開始、未刊）などの歴史観を示す用語として提唱したもので、同時期の厚生省の「皇国勤労観」や農林省の「皇国農村確立」などと同工異曲の国策標語である。

その基礎となったのは「国体論」、すなわち、大日本帝国の国としてのあり方（国体）とは、「万世一系」の天皇が、皇祖神である天照大神《あまてらすおおみかみ》の神勅を奉じて永遠にこれを統治するという考え方である、という考え方である。[34] それゆえに、日本の歴史は常に天皇を中心として動いてきたのであり、万世一系は王朝交替のような形で脅かされることなく続いてきたものとされる。逆にいえば、日本の歴史はそのようなものとして見なければならないのであって、それに抵触するような歴史事実は無視してよい、というより積極的に無視すべきである、ということになる。

『国史概説』に関して文部省の広報誌『文部時報』に載った解説では、「西洋的思惟に於いては、現実の歴史認識の以前に理論的了解としての史観が存在するのであるが、皇国史観に至る道は、これとは反対に、具体的歴史事実の真姿に接することによつてのみ得られる」、つまり、皇国史観とは理論から演繹的に得られる歴史観ではなく、史実から帰納的に得られる歴史観である、と説いておきながら、「真に歴史的なるものを明らかにせんとする歴史叙述にあつては、その事実の現象的なる姿態が如何に大きいものであつても、それが歴史的主体性を欠いた単に人間行動の因果関係的に発したものである場合は、これを歴史的には大して意義を持たないものとして無視することがあり得るのである」と、実際にはあらかじめ定められた歴史観に基づいて、歴史事実そのものを恣意的に取捨選択した上で成立する代物であることを認めている。[35]

(2)「天壌無窮の神勅」

さて、近代天皇制国家は古代王朝国家の「復古」として成立したものであるため、古代国家の勅撰正史である六国史、ことに、その最初の『日本書紀』（七二〇年）が、国家と天皇の起源を記し、天皇が国家を統治することの正統性を示す究極的な根拠を示した歴史書として扱われてきた。

本来、「正史」とは東アジア圏独特の歴史概念で、正統なものとして認められた歴史書を指す言葉であり、内容的に正しい歴史叙述という意味ではない。ところが近代日本においては、天皇は古代から連綿と続いてきたものと見なされ、その起源と正統性の根拠は『日本書紀』に求められた。その結果、『日本書紀』は正統な歴史書である、というだけでなく、国家が「正しい」ものとした歴史書としても位置づけられることになった。それゆえ、「正史」（『日本書紀』）と異なる主張をしているから「偽史」である、という言説が成立してしまうことになったのである。

一九〇三年（明治三六）に発行された最初の初等教育向け国定日本歴史教科書『小学日本歴史　一』は、次のような書き出しで始まっている。

> 天照大神《アマテラスオオミカミ》はわが天皇陛下の御先祖にてまします。（…）大神は、御孫瓊瓊杵尊《ニニギノミコト》に、この国をさづけたまひて、「皇位の盛んなること、天地とともにきはまりなかるべし。」と仰せたまひき。万世にうごくことなき、わが大日本帝国の基《もとい》は、実に、ここにさだまれるなり。この時、大神は、鏡と剣と玉の三つの御宝《おんたから》を、尊にさづけたまひき。これを三種の神器といふ。（…）かくて、瓊瓊杵尊は、三種の神器をいただきて、日向の国にくだりたまへり。瓊瓊杵尊より四代目の御方を神武天皇と申す。[36]

この後の改訂では、三種の神器の由来を説明するため、アマテラスの弟である素戔嗚尊《すさのおのみこと》に関する神話が追加されることになるが、基本的な筋書きは以後も変化しない。つまり、日本の歴史の始点は、アマテラスが孫のニニギに対して日本を統治するように命じ、皇位の継承が天地とともに永久に続くとする神勅（天壌無窮の神勅）を出した時点に求められているのである。この神勅は次のようなものである。

葦原千五百秋瑞穂国《あしはらのちいほあきのみずほのくに》は、是《これ》、吾《あ》が子孫《うみのこ》の王《きみ》たるべき地《つち》なり。爾皇孫《なんじすめみま》就《ゆ》きて治《し》らせ。行矣《さきくませ》。宝祚《あまつひつぎ》の隆《さか》えまさむこと、天壌《あめつち》と無窮《きわまりな》けむ。(37)

［大意＝葦原千五百秋瑞穂国（日本）は私（アマテラス）の子孫（天皇）が統治すべき国であるから、孫（ニニギ）が行って統治しなさい。子孫（天皇）の繁栄は、天地とともに永久に続くであろう。］

天皇による日本の統治と皇位継承の永続性は、この神勅によって保証されたものと見なされている。

ところで、上述の神話は、じつは『古事記』、『日本書紀』正文のいずれとも異なっている。『日本書紀』神代紀には、「一書《あるふみ》に曰《いわ》く」（ある本にはこう書かれている）という形で様々な異伝が引用されているが、この神話はその異伝の一つ（巻第二・神代下第九段・一書第一）に由来するものである。『日本書紀』正文では、ニニギを遣わすのはアマテラス（父方の祖母）ではなく高皇産霊尊《たかみむすひのみこと》（母方の祖父）であり、天壌無窮の神勅も三種の神器も登場しない。また、『古事記』では天照大御神《あまてらすおおみかみ》と高木神《たかぎのかみ》（高御産巣日神《たかみむすひのかみ》の別名）が共同で邇邇芸命《ににぎのみこと》に「此の豊葦原水穂国は、汝《なむじ》が知らさむ国ぞ」(38)と命じたとされてはいるが、それが永続するという宣言はなく、勾璁《まがたま》・鏡・剣は登場するが、特に皇位継承のシンボルであるとする説明もない。要するに、天皇による日本の統治とその永続性は天壌無窮の神勅によって保証されている、とする思想は、八世紀初頭の時点ですでに出現してはいたものの、『日本書紀』の編纂者たちはこれを正式な国家原理とは見なさず、何らかの理由で異伝として書き残すだけにとどめていたことになる。それが、九世紀初頭の『古語拾遺』（八〇七年）以後、神話が再解釈されていく過程で、しだいに国家原理と見なされていくようになり、近代に至り、正式に国家原理として採用されることになったのである。

（3）「肇国」

明治二〇年代の検定歴史教科書では、歴史の始点は神武天皇とされていたが、日清戦争（一八九四—一八九五）前後を境に、天照大神を始点とする教材編成が確立される。(39)

一八九一年（明治二四）の「小学校教則大綱」（明治二四年一一月一七日文部省令第一一号）では、「日本歴史」の教育目的は「本邦国体の大要を知らしめて国民たるの志操を養ふ」こととされ、初等教育では「郷土に関する史談より始め漸く建国の体制　皇統の無窮　歴代天皇の　盛業、忠良賢哲の事蹟、国民の武勇、文化の由来等の概略を授けて国初より現時に至るまでの事歴の大要を知らしむべし」とされていた。これが一九〇〇年（明治三三）の「小学校令施行規則」（明治三三年八月二一日文部省令第一四号）で、「郷土に関する史談」が外されるとともに、最後に「外国との関係等」が追加されることになる。なお、「日本歴史」が「国史」に改められるのは一九二六年（昭和元）である。(40)

歴史の始点が天照大神となったのは、大日本帝国憲法（一八八九年発布・九〇年施行）で皇位継承の原理が「万世一系」とされ、さらに教育勅語（一八九〇年発布）において、「我が皇祖皇宗国を肇むること宏遠に」、「天壌無窮の皇運を扶翼すべし」といった文言が入ったことが大きいと考えられる。

ところで、教育勅語起草の中心人物の一人であった井上毅《こわし》（一八四四—一八九五）は、神武天皇の即位をもって日本の歴史の始まり、すなわち「肇国《ちょうこく》」(41)だと考えていた。井上哲次郎（一八五六—一九四四）が、教育勅語の準公定解説書である『勅語衍義《えんぎ》』（一八九一年）において、「皇祖は天照大御神にして皇宗を神武天皇とす」としたのに対し、井上毅は「肇国《ハツクニシラス》天皇と称へ奉るは神武天皇なり、（…）皇統の綿系を論ずるときは天照太［ママ］神を皇祖とすべきも、肇国の基始を叙《のべ》るには皇祖とは神武天皇を称へ、皇宗とは歴代の天皇を称へ奉るもの」[42]と主張して書き直させている。つまり、天照大神を皇祖神として扱う一方、歴史の始点は神武天皇だと主張していたのである。もっとも、『日本書紀』で「御肇国天皇《はつくにしらすすめらみこと》」と表記されているのは崇神天皇（崇神天皇一二年九月己丑条）であり、神武天皇の方は、読みは同じハツクニシラスだが「始馭天下之天皇」（神武天皇元年正月庚辰条）である。

井上毅は、教育勅語の起草にあたって、極力、宗教的な要素を排除しようとしていた。立憲主義における信教の自由に抵触するのみならず、宗教的・哲学的な議論を持ち込むことで、かえって論争を招き、そのことで天皇の尊厳を損ねる恐れがあると危惧したからである。[43] 井上毅が「皇祖」を神武天皇とする解釈にこだわったのは、神話上の存在である天照大神を持ち込むことで、教育勅語に神話的な、あるいは学問的に未決着の要素を持ち込むことを避けたかったからであろう。

ところが、実際に教育勅語が発布されると、「皇祖」をアマテラスと解釈する説がしだいに広まる。その結果、日本史は天照大神から始まることにされ、世界史・東洋史からは切り離されたものとして語られることになったのである。

最終的に、文部省は「皇祖皇宗」をアマテラスまでさかのぼって解釈する説を公式に採用する。一九三九年（昭和一四）に文部省が開いた「聖訓の述義に関する協議会」では、教育学者の亘理《わたり》章三郎（一八七三—一九四六）が、「皇祖」は「天照大神にまで遡る」と主張し、[44] 最終的に文部省は、教育勅語の「「皇祖皇宗」は一語として取扱ひ、天照大神を始め皇室の御先祖の方々を指し奉るものと拝察する」[45]と決定したのである。

四　肇国聖蹟調査委員会における神代文字論争

ところで、『公論』誌上における「太古文献論争」の約一年前に、やはり神代文字と「太古文献」をめぐる論争が、それも、内閣総理大臣直属の諮問委員会という場で戦わされていた。山田孝雄は、次のようなエピソードを記している。

昭和十七八年［一九四二―一九四三］頃に内閣に設けられた肇国聖蹟調査委員会で、彼の所謂神代文字で記した偽作の記録を採用して正しい古典たる古事記日本書紀の権威を潰さむとするが如き空気が濃厚になり、頗る憂慮すべき兆候を呈して来た。私は敢然として立ち、神代文字なるものの歴史をと略説しつゝ神宮文庫（引用者註・伊勢神宮の附属施設）のものを詳細に説き、一般に神代文字の信ずべからざることを述べてやうやくに之《これ》を喰い止めたことである。(46)

（1）肇国聖蹟調査委員会

肇国聖蹟調査委員会は、一九四一年（昭和一六）一二月六日付で設置された内閣総理大臣直轄の諮問委員会で、その目的は「肇国の聖蹟に関する重要事項を調査審議」することとされていた。(47) すなわち、「現下未曾有の非常時局に際していよく尊厳なる国体を明徴にしますく国民精神を昂揚」するため、「神代御三代」、つまりニニギとその子・彦火火出見尊《ひこほほでみのみこと》、さらに、その子で神武天皇の父である鸕鶿草葺不合尊《うがやふきあえずのみこと》の「聖蹟」の調査を行う、権威ある機関とされたのである。(48) なお、「聖蹟」とは天皇に関係する遺跡のことで、特に行幸地などを指す。

設立時の委員・幹事は以下の通りである。(49)

委員長　筑波藤麿《つくばふじまろ》

委員　星野直樹（内閣書記官長）、森山鋭一（法制局長官）、白根松介（宮内次官）、金田才平（図書頭）、湯沢三千男（内務次官）、飯沼一省《かずみ》（神祇院副総裁）、菊池豊三郎（文部次官）、阿原謙蔵（文部省宗教局長）、水野錬太郎、西田直二郎（京都帝国大学教授）、橋本進吉（東京帝国大学教授）、八角三郎《やすみ》（大政翼賛会中央訓練所長）、宮地直一《なおかず》（東京帝国大学教授）、平泉澄《きよし》（同）、山田孝雄（神宮皇学館大学長）、芝葛盛《しばかずもり》（宮内省御用掛）、辻善之助（東京帝国大学名誉教授）、脇水鉄五郎（同）、筧克彦《かけい》（同）、二荒芳徳《ふたらよしのり》（貴族院議員）、今泉定助《さだすけ》（神祇院参与）、末松偕一郎《すえまつかいいちろう》（衆議院議員）、佐伯有義《さえきありよし》（國學院大學教授）、梅原末治《うめはらすえじ》（京都帝国大学教授）、坂本太郎（東京帝国大学助教授）

臨時委員　藤野恵（教学局長官）

幹事　稲田周一（内閣書記官）、三橋則雄（同）、岩倉規夫（同）、和田軍一（諸陵寮考証官）、阪本広太郎（神祇院考証官）、青戸精一（文部書記官）、中根秀雄（教学局書記官）

学識経験者委員は、国史から辻・芝・西田・平泉・坂本、考古学から梅原、国語学から山田・橋本、神祇史から宮地・佐伯、神道から筧(50)・今泉、地理学から脇水、といった錚々たるメンバーからなっている。もっとも、学者たちは積極的に参加したというよりも、動員させられたといったほうがいいようである。実際、最終的には参加することにはなったものの、辻・坂本・橋本の三人は、いったんは辞退を申し出ている。(51)

（2）神武天皇聖蹟調査委員会と高千穂論争

この委員会が設立されたそもそもの原因は、先行して文部省が行った神武天皇聖蹟調査（一九三八―一九四一年）において、神武天皇の出発地である「高千穂宮」の具体的位置が決定できなかったことにあった。

一九三六年（昭和一一）一一月、紀元二六〇〇年（西暦一九四〇）奉祝記念の六大事業の一つとして、「神武天皇聖蹟の調査保存顕彰」を行うことが決定された。(52) この目的のため、一九三八年（昭和一三）一二月二七日付で、文部大臣の諮問機関として「神武天皇聖蹟調査委員会」が設立され、(53) 東京帝国大学名誉教授の三上参次《みかみさんじ》（一八六五―一九三九）が委員長に就任した。『日本書紀』『古事記』の記事に基づき、日向の「高千穂宮《たかちほのみや》」から大和の「狭《さ》井河之上《いがわのほとり》」までの三六か所について、その具体的位置を決定しようとしたものである。なお、途中で三上が死去したため、元皇族で歴史学者でもあった筑波藤麿（一九〇五―一九七八）が後任の委員長となっている。調査結果は一九四〇年二月から九月にかけて発表され、委員会は一九四一年（昭和一六）四月一日付で廃止された。(54)

しかしこの際、「高千穂宮」をはじめ、「速吸之門《はやすいのと》」「血沼海《ちぬのうみ》」など一二ヶ所については、その位置を決定することができなかった。特に問題になったのは高千穂宮である。高千穂宮は、『古事記』ではヒコホホデミおよび神武天皇の宮殿として登場するが、具体的な位置は明らかでない。いっぽう、『日本書紀』では、ニニギの降臨地である「高千穂峰」は登場するが、高千穂宮は登場せず、神武天皇が東征前どこにいたかについては明示されていない。つまり、文献史料の上から「高千穂宮」の位置を特定することは不可能であった。報告書では（一）宮崎県西臼杵《にしうすき》郡高千穂町《たかちほちょう》、（二）同・西諸県《にしもろかた》郡高原町《たかはるちょう》、（三）同・都城《みやこのじょう》市大字五十町《ごじっちょう》、（四）鹿児島県姶良《あいら》郡隼《はや》人町《とちょう》（現・霧島市）、の四説を挙げたものの、「今日のところ宮址を確定することは固《もと》より、伝説地として考慮することも困難と認められる」(55) としていた。

もともと、「高千穂」の所在地については、西臼杵郡高千穂町説（上記（一）説）を主張する宮崎県側と、霧島連峰の高千穂峰説（上記（二）―（四）説）を主張する鹿児島県との間で、長年にわたる論争があった。[56] 神武天皇聖蹟調査はその決着をつけることができなかっただけでなく、かえって火に油を注ぐ結果を招いた。鹿児島・宮崎両県を中心に、神武天皇以前の神代遺跡調査を求める声が高まることになったのである。[57]

このような経緯があるため、この件は単に国家による思想動員のための歴史の利用、というだけでなく、一種の地域おこし運動的な側面も持っている（とはいえ、それは「高千穂」が国家にとって重要な場所である、ということが前提になっているのであり、その前提を作ったのは国の側なのだが）。

なお、三代は神話上の存在とはいうものの、『日本書紀』には陵墓が存在することが記されている。一八七四年（明治七）、鹿児島県内の三つの古墳が陵墓地として治定された（ただし、一八九六年に宮崎県内にも陵墓参考地が治定されている）。この「神代三陵」[58]については、すでに勅定がなされていることから、肇国聖蹟調査委員会では再調査しないことになっていた。

（3）神代文字論争

肇国聖蹟調査委員会で討議された問題は多岐にわたるが、ここでは、神代文字に関する議論を中心に取り上げることにしたい。[59]

そもそもの問題は、委員会の中に神代文字や神代文字文献に好意的な人物がいたことにある。貴族院代表の二荒芳徳（一八八六―一九六七）[60]（【図2】）と、衆議院代表の末松偕一郎（一八七五―一九四七）（【図3】）である。特に二荒は、『竹内文献』を見るため、茨城県磯原の天津教庁に足を運んだこともあったという。[61] また二荒は、委員会

【図2】　二荒芳徳
（『輝く憲政』自由通信社、1937年）

【図3】　末松偕一郎
（『輝く憲政』自由通信社、1937年）

において「民族史学的見地のみに立脚し単に地点地域に拘泥すること無く、民族哲学的方法乃至《ないし》地政学的観察に依《よ》り旧来の学説等に把《とら》はるることなく、雄大なる大和民族の大いなる古《いにしえ》の姿を調査するの要あり」とする立場をとっており、委員会の業務はあくまで三代の「聖蹟」を調査することにある、と考える宮地・辻・山田・平泉ら学者委員たちとは意見を異にしていた。[62]

また同時期、帝国議会でも神代文字を肯定的に取り上げようとする動きがあった。一九四二年（昭和一七）二月九日の衆議院決算委員会において、曾《そ》和《わ》義《ぎ》弌《いち》委員（一八八八―一九六八）は、文部省編纂教科書などに「日本には昔文字がなかつたと書いてある」のを批判し、「無いと云ふことを断言なさると云ふことは、私は早計ではないかと思ふのであります」と主張している。「優秀なる素質を持つて居る日本国民が、漢字が出来るまでに何等の記号も有しなかつたと云ふことは常識的に考へてもない」からである。

一九四二年（昭和一七）一月一五日、肇国聖蹟調査委員会に特別委員会が設置された。メンバーは特別委員長が二荒芳徳、委員が金田才平・飯沼一省・阿原謙蔵・水野錬太郎・西田直二郎・宮地直一・平泉澄・山田孝雄・芝葛盛・辻善之助・末松偕一郎・梅原末治であった。[63] 第一回特別委員会の終了後、二荒は、政府側委員・幹事との懇談において、「神代文字に対する研究等も加味すべし。神代文字に対する「ロゼツタ・ストーン」の発見を

期待出来れば幸なり」と発言している。(64)

さらに、三月一九日の第二回特別委員会では、末松が「世の中の特殊研究家の中には神代文字を研究して居る人があり［…］此等世間の特殊研究家の意見や結果を話して貰ふことも有意義では無いかと思う」(65)と発言した。これに対し、入念に神代文字批判の準備をしていたらしい山田孝雄は、長大な批判を開始する。(66) 山田は、神代文字の実例が出現するのは江戸時代以後であること、平田篤胤の『神字日文伝《かんなひふみでん》』（文政七年＝一八二四年序）とその附録『疑字篇《ぎじへん》』では、神代文字そのものは紹介されているが、神代文字で書かれた文献が取り上げられていないことから、そのような文献が出現するのは『神字日文伝』以後と考えられること、(67) 伊勢神宮の神宮文庫に神代文字が伝わっているとする風説があるが、それは明治初年の写本にすぎず、内容も『古事記』の抜粋や菅原道真の和歌などで、見るべきものはないことなどを説明した。

末松はなおも、「神代文字の研究をすれば世界の各種の文字が説明できる」と主張する「神代文字の研究者」を挙げて、そのような意見を「此処で聴いて見ると云ふことは非常に有益ではないか」と食い下がろうとするが、平泉澄が「本調査委員会に於て或人を招きまして其の説を聴くと云ふことは、影響する所非常に重大であると思ひます」と慎重論を主張し、宮地直一もこれに同調する。さらに芝葛盛は、この事業は「神武天皇聖蹟の調査でありまして、神代史の調査ではないと思ひます」と指摘した上で、自らの外祖父である谷森善臣《たにもりよしおみ》（一八一八―一九一一）が、「朝鮮の吏読《リト》は日本の神代文字から変形したものである」(68)と主張していた話を紹介し、それは「私共の考からしますれば逆」だと述べた。西田直二郎もまた、『竹内文献』を実見した経験から、「申す程のこともない」と一蹴し、「斯《こ》う云《い》ふ会の方に於きましては固《もと》より議に上るべきものでない」と主張している。(69) この日、梅原末治は欠席していたので、それを除けば、学者委員の全員が反対を主張したことになる。

また、この日の委員会では、二荒芳徳が、「肇国の御三代は御名前だけの御三代で、実際は三代と云ふ如き少ない数では無いと云う風に考へることは許されるか」「例えば彦火火出見尊は五百何歳であられると云ふが、現代の我々の常識として首肯し得ぬ如き記事と調査研究とを如何に調和せしむべきか」と質問している[70]。五月二〇日の第三回特別委員会で、山田孝雄は「学問的研究を超えた問題」、西田直二郎は「上代史は合理主義を以て研究せられるべきものに非ず」と主張し、平泉澄と宮地直一もこれに同調した[71]。

『古事記』には「日子穂々手見命《ひこほほでみのみこと》は、高千穂の宮に坐《いま》すこと、伍佰捌拾歳《いほとせあまりやそとせ》［五八〇年］ぞ」[72]とあり、また『日本書紀』には、天孫降臨から神武東征までは一七九万二四七〇余年とある[73]。二荒は、不合理な年数を合理化するために、『上記』『竹内文献』などに見られる、神武天皇以前の七二代（異説あり）におよぶウガヤフキアエズ王統譜を持ち出したわけである[74]。そもそも、神武天皇の父であるウガヤフキアエズについては、『古事記』『日本書紀』ともに系譜的記事しか存在しない。そこに、『上記』に記載された、七二代にわたるウガヤフキアエズ王統説が、神代文字文献の偽作者や支持者に広く受け入れられる余地の一端があった。しかし、そのような議論は、単に偽書に基づく主張であるから、というだけでなく、記紀の尊厳性、絶対性を損ねてしまう、という理由からしても、否定されなければならなかった。もっとも、記紀の尊厳を守り、なおかつ記紀神話を神話ではなく歴史の一部として解釈するために、合理主義を否定しなければならない、ということに、問題の厄介さがうかがえる。

六月一五日の第四回特別委員会では、二荒が「藤沢親雄氏の如き一派の研究者の説は如何に取扱ふべきや」と発言し、山田が「藤沢氏の如く古典を解するは不可なり。（…）記紀が疑はるる如きことになれば日本は精神的に滅亡する時である」と否定している[75]。

七月九日の第二回総会で、二荒委員長は、「神代文字は今日の学問上の研究に於ては承認し難いものと決定致しましたので、かやうな文献は本委員会に於て之を採用しなかつた」と報告した。[76] この際、佐伯有義が、谷森善臣のハングル＝神代文字起源説について「其の全部に付て賛成するものではないが、斯《かか》るものも研究する価値はあると思ふ」と発言して、山田に一蹴されている。[77]

肇国聖蹟調査委員会は、一九四三年（昭和一八）七月九日に聖蹟候補地のリストと調査方法に関する答申を出した。その後、決戦非常措置要綱（一九四四年二月二五日閣議決定）で長期計画的事業を一年間停止することを決定したことにともない、一九四四年六月一六日の閣議決定で一時停止されたのち、一九四六年（昭和二一）五月二日付で正式に廃止された。[78]

おわりに

そもそも『竹内文献』が受容された背景には、藤沢親雄がいみじくも述べているように、『竹内文献』が、神武天皇以前の太古において天皇が世界を支配していた、という「八紘一宇」（または八紘為宇）論に適合した歴史を提供していた、ということが挙げられる。『日本書紀』や『古事記』では、せいぜい朝鮮半島と中国のことしか出てこない上、神武天皇が西暦紀元前六六〇年に即位したことを肯定するとしても、中国に対する文明発展の遅れを否応なしに見せつけられることになる（中国において紀元前六六〇年前後は、ちょうど春秋五覇の一人、斉の桓公が活躍した時代である）。[79]

教学局において「大東亜」の通史『大東亜史概説』が編纂されることになった際、『現代』誌が開いた座談会において、編纂嘱託の鈴木俊《しゅん》（一九〇四—一九七五）が、「古代に於ける日本の交渉範囲は主として朝鮮、支那方面で、小さいですよ」と、ごく当たり前の発言をしたところ、陸軍教授で東洋史家の小林元《はじめ》（一九〇四―一九六三）から「従来のヨーロッパ的、支那的の考へ方からすれば小さいかも知れないが、本当に考へ直したら日本は内包的に非常に大きいですよ」「記録に残るのは椿事だ。（…）椿事がないからといつて、悠久の昔大陸と関係がなかつたとか、日本は小さいものであつたといふことは言へないと思ふ」という、言いがかりめいた論難を受けることになった。[80] 皇国史観に基づいて日本史を書くことは出来るとしても、いざ外国との関係を述べるとなると、厄介な問題が生じてしまうのである。ちなみに、やはり編纂嘱託の宮崎市定《みやざきいちさだ》（一九〇一―一九九五）は、教学局から「大東亜史なるものは、いわゆる大東亜共栄圏の歴史で、その範囲は従って印度以東であり、いわばアジア大陸の東半分をば、日本を扇の要のように中心におき、皇国文化が西へ光被して行く歴史を書いてほしい」と言われた、と証言している。[81]

もっとも、実証的立場からではなくイデオロギーに基づいて「偽史」を攻撃していた立場の人々は、こうした問題にはあまり注意を払わなかったようである。彼等にとって重要なのは、「正史」を信じることと天皇に絶対的な忠誠を尽くすことであり、世界史との関係にはあまり注意を払っていなかったように思われるからである。

さて、このような「皇国史観」は、日本の敗戦とGHQ／SCAP主導の教育改革によって全面的に否定されることになった。一九四六年発行の最後の国定国史教科書『くにのあゆみ』においては、「神聖なる暗記物から科学する歴史へ[82]」ということが謳われ、歴史の発端は「石器時代」から始まり、アマテラスは教科書から排除された。もっとも「最初に天皇の位におつきになつた方が、神日本磐余彦天皇といはれてゐます[83]」という記述は残っており、また、『魏志倭人伝』や邪馬台国に直接関係する記述はまだない。[84]

戦後、「皇国史観の克服」が叫ばれる過程で、その目的のために古代史の真実を明らかにする、という動きが生じる。一九六〇年代後半以後、アマチュア研究者を中心とする邪馬台国ブーム、古代史ブームが生じ、その中で先述したように神代文字文献も復活してくるのだが、そうした古代史研究の中では、しばしば「皇国史観の克服」が主張された(85)。

しかし、古代史の「真実」を明らかにすることは、果たしてそれだけで「皇国史観の克服」につながるのだろうか。むしろ、古代から現代に至るまで「日本」という国家の枠組みが続いてきたこと、古代と現代が直結していると考えること（もちろん、つながっているには決まっているが、その間には中世も近世も近代もあるはずである）、そういった、皇国史観が暗黙の前提としてきたことに対して批判的な視点をとらない限り、日本古代史を語るということは、皇国史観そのものではないとしても、それと似た性格を持つものを再生産し続けることになってしまうのではないか。

注

（1）もとより、歴史叙述は叙述者の主観から自由ではあり得ず、また、一定の不確かさを免れることはできない。むしろ、このような限界を認識した上で、いかに恣意的な独断に陥るのを避けるか、ということが重要である。歴史学における客観と主観の問題については、さしあたり遅塚忠躬《ちづかただみ》『史学概論』（東京大学出版会、二〇一〇年）を参照。

（2）このように「偽史」は幅広い対象を含む語であり、伝説のたぐいから、個人の経歴詐称や、あるいは近現代史におけるホロコースト否定論や南京虐殺否定論などの、いわゆる歴史修正主義までも含み得る。

（3）『思想』第一六九号（岩波書店、一九三六年）。のち、安倍能成編『狩野亨吉遺文集』（岩波書店、一九五八年）に再録。

（4）『藝林』第四巻第一―三号（藝林會、一九五三年）。
（5）星野良作『研究史 神武天皇』（吉川弘文館、一九八〇年）一一九―一二五頁。
（6）井上清『天皇制』（東京大学出版会、一九五三年）二―三頁、同『私の現代史論』（大阪書籍、一九八二年）一二一―一二二頁。
（7）宮下三七男「新歴史教科書の編纂趣旨と取扱」（『文部時報』第八三五号、帝国地方行政学会、一九四六年）一四頁。
（8）各文献名については、原則として藤原明「近代の偽書――〝超古代史〟から「近代偽撰国史」へ」（久野俊彦・時枝務編『偽文書学入門』柏書房、二〇〇四年）による。これら偽書群は俗に「超古代史」「古史古伝」と呼ばれることもあるが、いずれも信奉者側の呼称であり、学術的正確さを欠く。藤原明は「近代偽撰国史」の呼称を提唱しているが、成立（偽作）時期が近世に遡るものや一九七〇年代以降まで下るものまで含まれており、「近代」という呼称は適切さを欠き、また、必ずしも史書として書かれているとも限らず、「国史」という呼称にも難点がある。「偽史」の呼称をこれらの偽書群に限定して用いる、とする論もあるが（西岡文彦「偽史とは何か？」荒俣宏監修『世界神秘学事典』平河出版社、一九八一年、四八五頁、藤野七穂「偽史源流考 第1回「偽史」情報の氾濫と錯綜」『歴史読本』第四五巻第一号、新人物往来社、二〇〇〇年、二三三頁。なお、「偽史源流考」は同誌第四六巻第四三号、二〇〇一年まで連載）、「偽史」が「ニセの歴史」という意味の普通名詞でしかなく、様々な対象を指して漠然と用いられてきたことを考えれば、適切とはいえない。
（9）横山茂雄『聖別された肉体――オカルト人種論とナチズム』（書肆風の薔薇、一九九〇年）二一六―二一七頁。筆者自身も、かつて「近代日本における「偽史」の系譜――日本人起源論を中心として」（『季刊邪馬台国』第六五号梓書院、一九九八年。初出は一九九七年、個人ウェブサイト上で公開）で同様の議論を提起した。
（10）藤野七穂「「古史古伝」は公開されると時の政府から弾圧された」（ASIOS他『検証 陰謀論はどこまで真実か――パーセントで判定』文芸社、二〇一一年）一一二―一一五頁。
（11）長澤規矩也・原田種成・戸川芳郎編『新明解漢和辞典　第四版』（三省堂、一九九〇年）一八八頁。
（12）この意味での「偽」の用法は、今日においても「偽満洲国」や「汪偽政権」（汪兆銘政権）などの形で使われている。日本においても、アジア太平洋戦争中に連合国寄りの政府を指して「偽政権」と呼んだ例が散見される。

(13) 鎌田正・米山寅太郎編『大漢和辞典 補巻』（大修館書店、二〇〇〇年）六六頁。

(14) 「指僭偽、非正統政権的史書」（漢語大詞典編輯委員会・漢語大詞典編纂処編『漢語大詞典』第一巻、漢語大詞典出版社、一九九〇年）一六七六頁。

(15) 劉知幾『史通』巻五・因習第一八（西脇常記訳註『史通内篇』東海大学出版会、一九八九年、四八四―四九〇頁）。

(16) 『四庫全書総目提要』巻六六・史部二二・載記類（土曜談話会四庫全書総目叙編集委員会編『四庫全書総目提要叙訳注 史部』土曜談話会、一九七三年、六二―六六頁）、西嶋定生「中国における歴史意識」（『岩波講座世界歴史30 別巻 現代歴史学の課題』岩波書店、一九七五年）一二七頁。

(17) 顧頡剛／平岡武夫訳『ある歴史家の生い立ち――古史辨自序』（岩波文庫、一九八七年）八六頁。

(18) 「誅史乎偽史乎」（『国民之友』第一七巻第二六一号、民友社、一八九五年九月三日）三五頁。

(19) 島田春雄・藤沢親雄・三浦一郎・小寺小次郎「偽史を攘ふ――太古文献論争」（『公論』第六巻第九号、第一公論社、一九四三年）。三浦一郎『九鬼文書の研究』（八幡書店、一九八六年）に全文再録。『公論』誌については山領健二『転向の時代と知識人』（三一書房、一九七八年）、仙石和道「大日本言論報国会時代の大熊信行――雑誌『公論』を巡る一考察」（『出版研究』第三七号、日本出版学会、二〇〇七年）等を参照。

(20) 『朝日新聞』記者を経て、一九四三―一九四七年、國學院大學教授兼図書館長。戦後、神社新報社嘱託（『神道人名辞典』神社新報社、一九八六年、四六三頁）。また、一九四四年に大日本言論報国会理事に就任した（関西大学図書館編『日本文学報国会大日本言論報国会設立関係書類』下巻、関西大学出版部、二〇〇〇年、四五九―四六三頁）。父は書誌学者の島田翰《かん》、祖父は漢学者の島田重礼（篁村《こうそん》）（高野静子『続 蘇峰とその時代』徳富蘇峰記念館、一九九八年、三八九頁）。著書に『明日の日本語』『日本語の朝』など。

(21) 戦後すぐに神社本庁の設立に参加し、その機関紙『神社新報』の主筆を長くつとめた（一九四六―一九六八）。「白旗士郎」は葦津の筆名（「葦津珍彦著作目録」葦津珍彦選集編集委員会編『葦津珍彦選集（第三巻）――時局・人物論』神社新報社、一九九六年、七八七頁）。

(22) 神社局嘱託、満洲建国大学講師、日本大学皇道学院講師などを歴任、戦後は伊勢神宮の神職となり、神宮少宮司、伊勢神宮崇敬会理事長などを歴任（『幡掛正浩著作等目録』幡掛正浩、一九九五年）。

(23) 論争の経緯については森克明「『九鬼文献』の周辺」（三浦『九鬼文書の研究』八幡書店、所収）を参照。また、批判グループ側による同時代的な整理として、幡掛正浩「渦紋を辿る――綜合雑誌寸評」（『読書人』第三巻第一〇号、東京堂、一九四三年）がある。なお、批判グループについては、従来、日本浪曼派系知識人として整理されてきた（森「『九鬼文献』の周辺」二七頁、藤原明『日本の偽書』文春新書、二〇〇四年、四〇―四一頁）が、このグループは同時期に進行していた別天神論争（天之御中主神の扱いをめぐる今泉定助と星野輝興の論争）、英霊公葬論争（葬儀の形式をめぐる神道と仏教の対立）などにも参加しており、また、戦後の神社本庁を中心とする神社神道再建運動とのかかわりでも注目される必要があると考えられる。なお昆野伸幸「近代日本における祭と政――国民の主体化をめぐって」（『日本史研究』第五七一号、二〇一〇年）等も参照。ただし、もとより神道人も一枚岩であったわけではなく、靖国神社権宮司・近江神社宮司を歴任した一方で、『竹内文献』の熱心な支持者であった横井時常《ときひさ》のような例もある（毎日新聞「靖国」取材班『靖国戦後秘史――A級戦犯を合祀した男』毎日新聞社、二〇〇七年、一二二―一二九頁）。

(24) 藤沢親雄『世紀の預言』（偕成社、一九四二年）（http://dl.ndl.go.jp/info:ndljp/pid/1881247）一八〇、一八三―一八四頁。

(25) これをもって「ムー大陸」や神代文字などを奉じるグループが沈黙したわけではない。以後も、たとえば、かつての外務省革新派のリーダー的存在で、当時は衆議院議員であった白鳥敏夫（一八八七―一九四九）は、「チャーチワードの著述や契丹古伝」を根拠に、日本は全人類の発祥の地だと主張している（白鳥敏夫「二十世紀の神話」『盟邦評論』第二巻第一一号、盟邦同志会、一九四四年。この時期の白鳥の言動については、戸部良一『外務省革新派――世界新秩序の幻影』中公新書、二〇一〇年、二八〇―二八四頁を参照）。

(26) 植木直一郎「思想謀略戦と神代文字説」（『文藝春秋』第二一巻第一一号、文藝春秋社、一九四三年）二三頁。

(27) 前掲注8藤野論文、二三四―二三五頁。

(28) 武内裕「偽典解題」（『地球ロマン』第一巻第三号復刊第一号、一九七六年）七八―九一頁。文献名は同論文による。『神頌叙伝』はいわゆる『契丹古伝』に同じ。武内裕は同誌編集長の武田洋一（のちの八幡書店主・武田崇元、一九五〇―）の筆名。なお、一九七〇―一九八〇年代のオカルト運動に同誌が果たした役割については、朝松健「オカルト業界の懲りない駄々っ子たち」、久山信「神聖なる詭弁と偽史・武装カルト――何がオウムに起きたのか」（ともにジャパン・ミックス編『歴史を変えた偽書』ジャパン・ミックス、一九九六年）などに言及がある。

（29）編集部編「資料・偽史倭人伝」（『地球ロマン』第一巻第三号）一一九―一九八頁。

（30）編集部「偽史に憑かれた人々」（『地球ロマン』第一巻第三号）九頁。

（31）藤野七穂「偽史源流考 第3回 偽史の〝共通の核〟と系統」（『歴史読本』第四五巻第五号、二〇〇〇年）二三四―二三五頁。藤野は具体的には、四方田犬彦「偽史と情熱」（『新潮』第八三巻第八号、一九八六年、のち四方田『貴種と転生』新潮社、一九八七年に再録）、笠井潔「偽史の想像力」（『現代思想』第二〇巻第四号、一九九二年）、および拙稿「近代日本における「偽史」の系譜」を取り上げて批判している。拙稿が近代偽撰国史に対する発生系統の視点を欠く点はその通りであり、批判として甘受したい。

（32）長谷川亮一『「皇国史観」という問題――十五年戦争期における文部省の修史事業と思想統制政策』（白澤社、二〇〇八年）。

（33）「教学局官制」（昭和一二年七月二一日勅令第三四七号）。教学局は一九三七年七月文部省の外局として設置、一九四二年一一月内局化、一九四五年一〇月廃止。教学局については久保義三『新版 昭和教育史――天皇制と教育の史的展開』（東信堂、二〇〇六年）第八章、荻野富士夫『戦前文部省の治安機能――「思想統制」から「教学錬成」へ』（校倉書房、二〇〇七年）を参照。以下、史料引用にあたっては、漢字カタカナ交じり文は漢字ひらがな交じり文に直し、適宜、濁点や振り仮名を補った。

（34）『国体の本義』（文部省、一九三七年）九頁（http://dl.ndl.go.jp/info:ndljp/pid/1219377/11）、文部省編『国史概説上』（内閣印刷局、一九四三年）一頁（http://dl.ndl.go.jp/info:ndljp/pid/1041504/19）。

（35）小沼洋夫「皇国史観の確立と『国史概説』」（『文部時報』第七八九号、帝国地方行政学会、一九四三年）。傍点は原文のママ。小沼（一九〇七―一九六六）は文部省教学官で、他に「興亜政策と歴史教育」（『政界往来』第一四巻第六号、政界往来社、一九四三年）などでも同趣旨を説いている。

（36）海後宗臣編『日本教科書大系 近代編第一九巻 歴史（二）』（講談社、一九六三年）四四一―四四二頁。

（37）小島憲之他校注・訳『新編日本古典文学全集 2 日本書紀①』（小学館、一九九四年）一三〇頁。

（38）山口佳紀・神野志隆光校注・訳『新編日本古典文学全集 1 古事記』（小学館、一九九七年）一一五頁。

(39) 海後宗臣『歴史教育の歴史』(東京大学出版会、一九六九年)九二―九五頁。

(40) 大正一五年四月二二日文部省令第一八号。ただし、教科書の題名としては、国定三期『尋常小学国史』(一九二〇―一九二一年)からすでに「国史」が用いられている。

(41) 「肇国」という言葉自体は古い漢語で、『尚書』(『書経』)の「酒誥《しゅこう》」編に「乃穆考文王、肇国在西土」(乃《なん》の穆《ぼく》考文王《こうぶんおう》、国を在西土に肇《はじ》め)とある(加藤常賢『新釈漢文大系 第25巻 書経(上)』明治書院、一九八三年、二〇三頁)。なお、教育勅語よりも前の皇室典範上諭(一八八九年)に「祖宗肇国の初大憲一たび定まり」とある。

(42) 國學院大學日本文化研究所編『井上毅傳 史料篇 補遺 第二』(國學院大學、二〇〇八年)二一〇頁、山住正己校注『日本近代思想大系 6 教育の体系』(岩波書店、一九九〇年)四一二頁。これと同様の主張は、井上の「答小橋某書」(井上毅傳記編纂委員會編『井上毅傳 史料篇 第三』國學院大學圖書館、一九六九年、六九二頁)や「井上毅批評全文」(大石貞質『教育勅語奉解』図書出版、一八九二年 (http://dl.ndl.go.jp/info:ndljp/pid/759268)、一一頁)にも見える。

(43) 「山県有朋宛井上毅書簡」(山住校注『教育の大系』)三七五―三七八頁。

(44) 佐藤秀夫編『続・現代史資料9 教育――御真影と教育勅語 2』(みすず書房、一九九六年)三九〇頁。

(45) 同右書、三五七頁。

(46) 山田孝雄『典籍雑攷』(宝文館、一九五六年)三三九頁。山田「所謂神代文字の論(下)」(『藝林』第四巻第二号、一九五三年)四五頁にも同趣旨の記述がある。

(47) 昭和一六年一二月六日勅令第一〇四八号「肇国聖蹟調査委員会官制」。なお、肇国聖蹟調査委員会については、森本和男『文化財の社会史――近現代史と伝統文化の変遷』(彩流社、二〇一〇年)第一二章が詳細に論じている。

(48) 一九四一年一二月五日情報局発表(『読売新聞』一九四一年一二月六日付朝刊一面「神代聖蹟調査に内閣直属の委員会」)。

(49) 昭和一六年一二月六日付(『官報』一九四一年一二月八日付「叙任及辞令」)。肩書・専門分野については「肇国聖蹟調査委員会委員(案)(昭一六、八、一八関係庁打合会決定)」、国立公文書館所蔵『公文雑纂』昭和一六年・第五巻・内閣五(請求番号=本館-2A-015-00・纂02598100)(http://www.digital.archives.go.jp/DAS/meta/

Detail_M0000000000000296586）五―七齣を参考に補った。ただし、このリストには水野錬太郎の名がない。
(50) 専門は憲法学だが、「肇国聖蹟調査委員会委員（案）」では「神道」に分類されている。
(51) 前掲注47森本書、四九八、五〇三頁。
(52) 六大事業は（一）橿原神宮境域および畝傍山東北陵参道の拡張整備、（二）神武天皇聖蹟の調査保存顕彰、（三）御陵参拝道路の改良、（四）日本万国博覧会の開催、（五）「国史館」（仮称、国立の歴史博物館）の建設、（六）『日本文化大観』の編纂出版。その後、一九三八年七月に（七）宮崎神宮境域の拡張整備が追加された（文部省『神武天皇聖蹟調査報告』文部省、一九四二年（http://dl.ndl.go.jp/info:ndljp/pid/1921034）一―二頁）。神武天皇聖蹟調査については前掲注47森本書、第一一章、また奉祝事業全体については、古川隆久『皇紀・万博・オリンピック――皇室ブランドと経済発展』（中公新書、中央公論社、一九九八年）、ケネス・ルオフ／木村剛久訳『紀元二千六百年――消費と観光のナショナリズム』（朝日選書、朝日新聞出版、二〇一〇年）等を参照。
(53) 昭和一三年一二月二七日勅令第七八四号「神武天皇聖蹟調査委員会官制」。以下、同委員会による調査内容については前掲注52文部省書による。
(54) 昭和一六年四月一日勅令第三五二号「学校衛生調査官制等廃止ノ件」。
(55) 前掲注52文部省書、二〇九頁。
(56) 高千穂論争については、千田稔『高千穂幻想――「国家」を背負った風景』（PHP新書、一九九九年）を参照。
(57) 前掲注47森本書、四八五―四九八頁。
(58) 「神代三陵」については、小林敏男「神代可愛山陵の変遷と決定事項」（『鹿児島短期大学研究紀要』第四六号、一九九〇年）、同「薩摩藩の神代三陵研究者と神代三陵の画定をめぐる歴史的背景について」（同誌第四七号、一九九一年）を参照。
(59) 以下については前掲注47森本書、五〇三―五〇六頁も参照。
(60) 二荒芳徳については、昆野伸幸「二荒芳徳の思想と少年団運動」（『明治聖徳記念学会紀要』復刊第五一号、明治聖徳記念学会、二〇一四年）を参照。
(61) 「謎の人物跳躍る怪奇な天津教庁」（『東京日日新聞』一九三〇年一二月七日付朝刊一一面）。前掲注47森本書、五〇二頁。
(62) 無題、国立公文書館所蔵『昭和十六年肇国聖蹟調査関係書類』(請求番号＝本館-4E-018-00・雑03623100、以下『肇国聖蹟調査関係』と略記)(http://www.digital.archives.go.jp/DAS/meta/Detail_F0000000000000239614) 二六二齣。
(63) 「特別委員氏名」(『肇国聖蹟調査関係』) 二四二齣。なお、同委員会の議事録については、『肇国聖蹟調査関係』所収の議事要旨のほか、第三回までの特別委員会の速記録として『肇国聖蹟調査委員会特別委員会議事速記録』(国立公文書館内閣文庫所蔵、請求記号ヨ291-0484、以下『聖蹟特別委速記録』と略記) がある。速記中止中の会話など、要旨にあって速記録にない記録も多く見られるため、ここでは両者を参照した。
(64) 「肇国聖蹟調査委員会第一回特別委員会鈔録」(『肇国聖蹟調査関係』) 二九五齣。
(65) 「肇国聖蹟調査委員会第二回特別委員会記録」(『肇国聖蹟調査関係』) 三〇〇—三〇一齣。
(66) 同右、三〇二—三〇六齣。『聖蹟特別委速記録(第二回)』七—一二頁。
(67) 『疑字篇』にある「土牘秀真文《はにふだほつまぶみ》」(平田篤胤全集刊行会編『新修平田篤胤全集 第十五巻』名著出版、一九七八年、二五五—二五六頁) が用いられた『秀真伝』は、安永四年(一七七五) に井保勇之進(?—一七八二) が写本を作ったとされている(前掲注8藤原論文、二一二—二一三頁)。藤原明は、安永年間にすべて揃っていたかどうかは未詳としているが、部分的に存在していたことは確かであろう。したがって、神代文字で書かれた文献の出現は平田篤胤以後、とする山田の説明には問題がある。また、篤胤は、『上記』や『竹内文献』で用いられている「豊国文字」は取り上げていない。
(68) 谷森は、天武天皇の頃に日本の神代文字が新羅に伝わって「吏読」となり、それがハングルの原形となったと考えていた。しかし実際には、「吏読」とは漢字による朝鮮語の表記法のことで、日本語でいう万葉仮名に該当する。これは、伴信友が「神代字弁」(『仮字本末』附録) において、「吏道」(吏読に同じ) を「諺文」(ハングル) の古体と誤解し、「吏道」が神代文字の原形となった、と論じたことから生じた誤りである(前掲注46山田論文、三二—三四頁)。
(69) 『聖蹟特別委速記録(第二回)』二二—三〇頁。
(70) 「肇国聖蹟調査委員会第二回特別委員会ニ於テ問題トナリシ事項」(『肇国聖蹟調査関係』) 三一三齣。

(71)「第三回肇国聖蹟調査委員会特別委員会々議概要」(『肇国聖蹟調査関係』)三一五齣。
(72)前掲注38山口・神野志校注本、一三七頁。
(73)巻三・神武天皇即位前紀。小島他校注『日本書紀①』一九三頁。
(74)ウガヤフキアエズ王統譜の派生関係については、藤野七穂「『上記鈔訳』と〝古史古伝〟の派生関係」(『「古史古伝」論争』別冊歴史読本特別増刊、新人物往来社、一九九三年)、同「偽史源流考」の第4回以降を参照。『竹内文献』などに見られる王統譜はすべて『上記』からの派生である。藤野は『上記』が本居宣長の『古事記伝』と平田篤胤の『古史正文』の影響を受けて偽作されたものであることを指摘し、また、『竹内文献』『宮下文献』などに見られるウガヤ王統譜は、すべて『上記』からの派生であることを指摘しているが、ウガヤ王統譜自体の出自は不明としている(「偽史源流考」第24回、『歴史読本』第四六巻第一三号、二〇〇一年)。
(75)「第四回肇国聖蹟調査委員会特別委員会議事要領」(『肇国聖蹟調査関係』)三二八齣。
(76)「特別委員長報告」(『肇国聖蹟調査関係』)三三四齣。
(77)「肇国聖蹟調査委員会第二回総会議事要領」(『肇国聖蹟調査関係』)三三九—三四〇齣。
(78)森本『文化財の社会史』五一〇頁。昭和二一年五月一日勅令第二五四号「肇国聖蹟調査委員会廃止ノ件」。
(79)白鳥敏夫は「西洋流の史学なるものに唆されて、考証材料の乏しきが故に日本の正史を二千六百年と定め、支那や印度や、西洋に比べて日本は後進国であるなど、考へて来たのは、何たる不見識であらう」(前掲注25白鳥論文、八頁)と主張する。
(80)座談会「大東亜史の編纂」(『現代』第二三巻第九号、大日本雄弁会講談社、一九四二年)三一—三三頁。前掲注32長谷川書、第五章参照。
(81)宮崎市定「(『アジア史研究』第二)はしがき」(初出一九五九年、『宮崎市定全集24随筆(下)』岩波書店、一九九四年)四九五頁。同「『アジア歴史研究入門』序」(初出一九八三年、『宮崎市定全集2東洋史』一九九二年)三二七頁にも同様の記述がある。ただし、他に同様の証言が見つからず、また、このようなシナリオは、先行して編纂されていた『国史概説』とも矛盾することになるのではないか、という疑問がある。
(82)前掲注7宮下論文、一四頁。
(83)海後宗臣編『日本教科書大系 近代編 第二〇巻 歴史(三)』(講談社、一九六二年)三八九頁。

(84)　ほぼ同時に発行された中等学校用教科書『日本の歴史 上』（文部省、一九四六年）には、「後漢の光武帝のとき（西暦五七年）に洛陽に朝貢した倭の奴国は、二世紀後の魏の時代には邪馬台《やばたい》国（原文のママ）の女王に属する一国となつてゐる。三国志の魏志倭人伝によれば、後漢の末ごろ、卑弥呼といふ女子が推されて王となり、奴国を含む二十九国がこれに帰属したといふ」（四頁）という記述がある。

(85)　邪馬台国ブームについては、佐伯有清『研究史 戦後の邪馬台国』（吉川弘文館、一九七二年）二二八―二七〇頁、朝日新聞学芸部『邪馬台国』（朝日文庫、一九八六年）、原田実「邪馬台国と超古代史」（吉田司雄編『オカルトの惑星』青弓社、二〇〇九年）等を参照。なお、千田稔『邪馬台国と近代日本』（ＮＨＫブックス、二〇〇〇年）、小路田泰直『「邪馬台国」と日本人』（平凡社新書、二〇〇一年）、佐伯『邪馬台国論争』（岩波新書、二〇〇六年）などの邪馬台国研究史は、一九六〇―七〇年代の邪馬台国ブームに触れていないが、これら一連のブームについては、むしろ現代史・社会史的な観点からの研究が必要と思われる。

［第五章］

戦時下の英雄伝説——小谷部全一郎『成吉思汗は義経なり』（興亜国民版）を読む

石川　巧

はじめに

一九一九年（大正八）に日本陸軍の通訳官として満洲・シベリアに赴任した小谷部全一郎《おやべぜんいちろう》は、倫理学者・杉浦《すぎうら》重剛《しげたけ》の支援を受けて『成吉思汗《チンギス・ハン》ハ源義経也』（冨山房、一九二四年）を出版する。[1] 同書はまたたく間に版を重ねてベストセラーとなるが、歴史学、考古学、民俗学、国文学、言語学、人類学などの分野で活躍する正統の学者たちはこの奇説に対して一斉反発し、歴史研究雑誌『中央史壇』（二月臨時特別号、一九二五年）で「成吉思汗は源義経にあらず」という特集を組むとともに、同特集に並んだ反駁文を集めて国史講習会編『成吉思汗非源義経』（雄山閣、一九二五年）を緊急出版する。

激しい批判にさらされた小谷部は、さっそく『成吉思汗は源義経也　著述の動機と再論』（冨山房、一九二五年）を出版して専門家たちを相手に果敢な反論を試み、やがて「義経＝成吉思汗」論争へと発展する。当時、小谷部全一郎のもとには陸軍大学教授就任の打診もあったというが、「国史の誤謬を正して、不遇の義経公を世に顕彰」

（『純日本婦人の俤』厚生閣書肆、一九三八年）することを自らの使命と考えた小谷部は、地位や名誉になびかず、在野の研究者として著述業に専念する。国家権力に迎合せず、アカデミズムの権威にも屈しないその生きざまは、大正末期から昭和期を生きた多くの日本人の心を惹きつけ、坂口安吾「風博士」（『青い馬』一九三一年）のモデルにもなった。

こうした人物的魅力もあり、「義経＝成吉思汗」論争をめぐっては、高橋富雄『義経伝説 歴史の虚実』（中公新書、一九六六年）、上野《うえの》凌弘《りょうこう》『成吉思汗＝義経伝説の謎』（新人物往来社、一九七七年）、佐々木勝三他『義経伝説の謎成吉思汗は源義経か』（勁文社、一九八六年）、橋本治『義経伝説』（河出書房新社、一九九一年）、森村《もりむら》宗冬《むねふゆ》『義経伝説と日本人』（平凡社新書、二〇〇五年）など数多くの研究書が上梓されてきた。ほとんどは小谷部の言説を偽史の系譜に位置づけるものであり、「源義経＝成吉思汗」という説を真に受けたものはないが、自らが信じるものに向けて読者を引き寄せ、カタルシスを与えてくれる小谷部の孤軍奮闘ぶりには、多くの研究者たちが様々な角度から関心を寄せてきた。

研究書のなかには土井全一郎『義経伝説をつくった男』（光人社、二〇〇五年）をはじめ、自らの信念を貫き通した小谷部全一郎の生涯を伝記的に綴ったものも少なくない。ただし、こちらは江戸時代以来の義経伝説(2)に接続させるかたちで〝英雄伝説〟の生成と受容を考察するものが多く、小谷部がどのような方法で調査し、そこで採取した事例からどのように論理を構築していったかを検証しようとするものはほとんどない。そこでは小谷部自身が歴史の主人公であり、彼が訴え続けた学説の真偽は二の次になっている。

また、これまでに書かれた研究書や伝記はいずれも冨山房版『成吉思汗ハ源義経也』（前出）を底本として議論を展開しており、同書が「大東亜戦争」のまっただなかに興亜国民版『成吉思汗は義経なり』（厚生閣、一九三九年）として増補出版されている事実に言及していない。戦時下に興亜国民版として甦る背景には、当然、軍部のプロパガンダ戦略が関わっていると思われるが、そうした肝腎のことが明らかにされないまま、小谷部全一郎という人物の破天荒さと妄想の壮大さ、あるいは、偽書としての面白さばかりが焦点化されてきたのである。著名な学者たちを敵に回して勇猛果敢な論争を挑むその姿は、人々の判官びいき精神をくすぐる格好の素材となっている。その意味で、興亜国民版『成吉思汗は義経なり』【図1】は歴史考証の書であると同時に、戦時下を生き抜く人々の夢想を掻き立てる物語として機能しているといえる。

　ところで、一九三二年（昭和七）の満洲国建国前後、小谷部は『満洲と源九郎義経』（厚生閣書店、一九三三年）、『義経と満洲』（厚生閣書店、一九三五年）を立て続けに上梓している。そこでは、満洲国の建国、および、日本民族が盟主となって東アジアを欧米諸国の支配から解放しようとすることの正当性が歴史的必然として語られている。日本を脱出した源義経がモンゴルに渡って成吉思汗となり、韃靼《だったん》、西遼《せいりょう》、西夏《せいか》、金国《きんこく》を滅ぼしたのち、その血統が清国に引き継がれて現在につながっているという妄想は、移動と征服の物語となって戦時下における大東亜共栄圏の思想と見事に接続している。

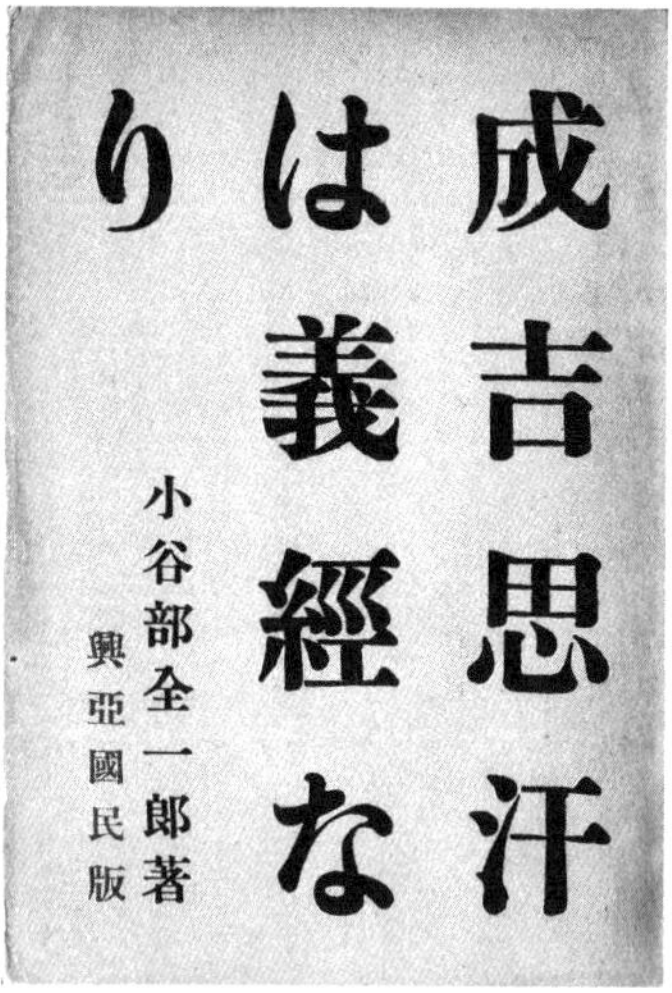

【図1】『成吉思汗は義経なり』表紙（興亜国民版）

　また、その出版元がいずれも厚生閣《こうせいかく》（同時期に「厚生閣」、「厚生閣書店」の表記が混在しているため、便宜上、本章では以下「厚生閣」で統一する）であることにも留意が必要である。同社は、警醒社から独立した岡本正一が一九二二年（大正一一）に興した出版社である。曾根博義「厚生閣（書店）とモダニズム文学出版」（『日本近代文学館年誌 資料探索1』財団法人日本近代文学館、二〇〇五年）によると、もともとキリスト教関係書、科学書、国語教育関係書、児童書などを専門とする学術系出版社だった厚生閣は、昭和初期に春山行夫を編集顧問に迎えたことでモダニズム文学書を手がけるようになり、『詩と詩論』、『文学』、『教育・国語教育』、『月刊文章』などの雑誌を創刊したという。

だが、戦時中の刊行リストを調べてみると、同社が水谷清《みずたにきよし》『天皇尊崇本義』（一九三八年）、関田生吉《せきだせいきち》『兵とその家族』（一九三九年）、土屋修『神魂 日本学提要』（一九四〇年）山田英吉『映画国策の前進』（一九四〇年）、二瓶一《にへいかず》次《つぐ》『魂の国日本』（一九四二年）といった国策に協力する書籍を出版していることも事実である。興亜国民版『成吉思汗は義経なり』には、満洲国建国前後の小谷部のなかで急速に膨らんでいた植民地主義的野望が滲み出ているが、それは戦時中の厚生閣が取っていたスタンスと無縁ではなかったと思われる。少なくとも、興亜国民版『成吉思汗は義経なり』（前出）の刊行が、満洲国の建国を契機として『満洲と源九郎義経』（前出）や『義経と満洲』（前出）とともに企画されたことは間違いないだろう。

興亜国民版と冨山房版を比較すると、本論の内容はほぼ同じである。だが、増補した記事その他には様々なメディアの反響や読者の声が集められており、満洲進出の国策を大衆がいかに熱狂的に支持しているかを喧伝するような構成になっている。歴史学という学問上の議論において、小谷部の主張にどれほどの信憑性があるのかが問題なのではなく、たとえ俗説であろうとそれを信じる大衆が数多く存在していることに焦点があてられている。

本章は、そうした問題意識のもと、興亜国民版で増補された記述を中心にその言説分析を行う。また、丹念なフィールドワークによって人々の口承、遺跡、言語の痕跡などを採取することの重要性を訴える小谷部の方法が、結果的にアカデミズムとは違った角度からそこに生きる人々の埋もれた記憶を掘り起こしていること、同書がべストセラーになった背景に大正から昭和における民間伝承研究の普及があることを明らかにし、そもそも偽史はなぜ大衆を惹きつけるのかという問題に迫りたい。

一　冨山房版『成吉思汗ハ源義経也』の流行

まずは、冨山房版『成吉思汗ハ源義経也』の内容を確認することから始めよう。同書は小谷部自身が実地調査で採取した言葉をもとに源義経と成吉思汗それぞれに関連性を見いだすことから始まる。「源義経の名を音読すれば、ゲン・キ・ケイとなり、而してこれが異なれる国々の土音にゲン・ギ・ス或はヂン・ギ・ス、又はゼン・ギ・スと訛るは則ち免れがたき処、此の理を推して成吉思は源義経の名を音読せるものなりとするは、蓋《けだ》し愆《あやま》りなき見解なる可し」（八頁）という具合に、二つの離れた地域で同じ意味の言葉、同じ発音の言葉が使われていることを指摘し、その事例を積み重ねていくのが彼のやり方である。

だが、ほとんどの記述は自分の耳にそう聞こえたことを根拠にしており、逆にオーラルヒストリーを採取することの困難さを浮かびあがらせている。また、類似している言葉は強調されるが類似していないものへの言及はないため、それぞれの事例に関して小谷部が都合よく取捨しているであろうこと、自説に説得力をもたせるために恣意的な解釈がなされているであろうことが一目瞭然である。

言語や音韻の類似性を列挙した小谷部が次に指摘するのは、自ら歩いて踏査した古碑や遺跡、あるいは、そこで出遭った人々との会話で得られた口碑のなかにある日本語の痕跡である。成吉思汗は源氏の紋章である笹竜《ささりん》胆《どう》を使用したのではないか?、彼の出自とされる「ニロン族」（＝「日の国」より来る人）はニホンのことではないか?、成吉思汗の別名である「クロー」は「九郎判官」のことではないか?、といった具合に、小谷部は自分が採取した言葉や音韻をことごとく意味ありげなものに見せようとする。ときには、相撲やお茶、宗教的儀式、各地に伝わる風習や伝説など、行く先々で出遭った人々との会話を通して得られた情報のなかから自説に活用できそうなものを抽出し、さまざまな文化や生活様式が似ているという結論を導き出す。

そこには、同時代に柳田國男によって提唱された民間伝承論と同様、実地調査によってより多くの伝承を採取しようとする狙いがある。「口碑は世々《よよ》人の口より口に伝へて存する無形の一大碑文にして、之に依り高館を落延《の》びたる義経の消息宛然《えんぜん》手に取る如くに窺《うかが》はる」（七九頁）と記す小谷部は、ただ闇雲に自説の正当性を主張しているのではなく、文献史料の解釈や机上の理論をふりかざすアカデミズムの権威を口碑の採集という方法によって覆そうとしているのである。

では、この民間伝承論とはどのようなものなのだろうか。荒井庸一は「木曜会」（柳田国男研究会編『柳田国男伝』三一書房、一九八八年）という文章で柳田國男が著した『民間伝承論』（共立社、一九三四年　民間伝承の会における柳田國男の発表を口述筆記したもの）の意義に触れ、以下のように評価している。ひとつは、民俗資料を「生活外部、目の採集、旅人の採集」、「生活解説、耳と目との採集、寄寓者の採集」、「生活意識、心の採集又は同郷人の採集」に分類し、特に最後の要素の重要性を強調していることである。柳田國男における民間伝承とは、目や耳を通して入ってくる外部情報であると同時に、生活者の「意識」や「心」のありようにも迫るものだったのである。また、荒井によれば、同書は「民俗資料の採集」に多くのスペースを取るだけでなく、「採集における方法や態度、および採集した資料の整理分類」にも多くの紙面を割き、日本民俗学の中心的方法である「重出立証法」が初めて説かれた書物であること、全編を通じて「一国民俗学の確立」が主張されていることに意義があると指摘されている。

この「重出立証法」は、「眼前で繰り返し行われている各地の民俗事象を集め、それを横に並べて考察」することで、その事象の変遷過程を理解することだと定義されている。柳田國男自身の言葉を借りれば、それは「重ね撮り写真の方法にも等しい」という。

柳田國男が慶應義塾大学講師として教壇に立ち、民間伝承を講義し始めたのは一九二四年（大正一三）のことであり、まさに小谷部全一郎の冨山房版『成吉思汗ハ源義経也』（前出）がベストセラーとなった時期と重なる。この講義の内容が『民間伝承論』として上梓されるのは一九三四年（昭和九）のことゆえ、小谷部が冨山房版『成吉思汗ハ源義経也』の執筆に没頭していた時期に柳田國男が講じていた土俗調査や民間伝承の採取・分類方法を知り得ていたかはわからない。だが、ここで重要なのは、小谷部が柳田國男の影響を受けていたかどうかではなく、専門的な学問探究の世界とは無縁の彼がたまたま採用した調査方法が、同時代に起こりつつあった民俗学のそれと酷似していたということにある。当時の民俗学がそうであったように、彼の方法は、それまでの歴史学における文献史料中心主義、およびそれを権威付けるアカデミズムの体制そのものを批判するところから始まっているのである。

語り口の特徴としてもうひとつ際立っているのは、単に二人の英雄を同一人物として措定するだけでなく、源義経＝成吉思汗を「清の太祖」として紹介していることである。たとえば、「支那北京禁裏の各宮殿の名称に「和」の文字を附するもの多し」と指摘した小谷部は、それが「大和の「和」」であるとともに「義経の源姓なる清和の「和」にも通ずる」と述べたうえで、さらに「輓近《ばんきん》支那の革命に際し、袁世凱が、新に帝政を予期するに方《あた》り、禁裏各宮殿の名称を改め、太和殿を承運殿に、保和殿を建極殿に、中和殿を體元殿に、熙和門を緯武門に、協和門を経文門と命名して悉く和の文字を除きたるは、蓋《けだ》し偶然なりと謂ふ可らず」（一六頁）と結論付ける。こうした詭弁としか思えないアナロジーを通して、彼は「東亜大陸」成立の背景に日本人の血脈を認めようとするのである。

　また、そうした統治の物語と同時並行するかたちで小谷部が強く主張するのは、「皇室中心主義」のもとで鍛えられてきた軍隊の「三千年来連綿として世伝《せでん》代承し来れる万古不磨《ふま》の尚武的精神」である。「三千年来連綿として世伝《せでん》代承し来れる万古不磨《ふま》の尚武的精神を存ずる故を以て、日本を軍国主義の国なりと非難するは、洵《まこと》に皮相の見誣妄《ふもう》の言なり。国性の発露として日本が軍事に卓絶するは、恰《あたか》も米国は商業に、英国は海事に卓越するに等しきものにして、趣味性格の向ふところ自ら其の堂奥《どうおう》に進みたるものと謂ふべきのみ。我が国性《こくせい》は尚武にありと雖《いえど》も、然も濫《みだ》りに乱を好み兵を瀆《けが》すの故にあらず、武の裡《うち》には仁愛情義誠信を含み、敬神の念を伴ひ、愛国忠孝の本義に随ふものあり」（七〇頁）といった記述からも明らかなように、小谷部の論理に拠れば、成吉思汗が「東亜大陸」を制圧することができたのは、彼のなかに日本人としての「尚武的精神」が流れていたからこそだということになる。同時代の「東亜大陸」進出もまた「軍国主義」に拠るものではなく、「愛国忠孝の本義」に随っているだけだという理屈になる。

　さらに、小谷部の記述においてしばしば前景化されるのは、「泰西」に肩を並べることのできる文明社会を構築すると同時に、「有為勇敢」な武の精神を育んできた日本の国民性を高らかに謳いあげる表現である。「此の如き有為勇敢なる祖先を有する我が日本国民は、全世界の文明国人と比肩して優るとも遜色あるものに非ず。其の然る所以のものは、泰西文明の基礎たる物質万能の比に非ずして、永き歴史に基く独特の国体あるが故のみ。仮に我が日本より此の国体を取去らば、南洋若くは比律賓《フィリピン》群島と何ぞ択ばむや。独特の国体とは他なし、肇国《ちょうこく》の大《たい》父《ふ》の一系たる万古天皇即ち是なり。而して天皇即ち日本、忠君即ち愛国、愛国即ち大孝たる所以なり。義経が海外に再興を図りしも畢竟《ひっきょう》これありしが故のみ」（八四頁）といった記述からもわかるように、彼の思想にはあからさまな優生思想が内在している。源義経＝成吉思汗という英雄の物語を民族性の問題に転移しようとする意識が強く働いている。逆にいえば、小谷部は一方で同時代の国際情勢を見据えつつ、そこで日本が果たすべきと考える役割を成吉思汗の功績のなかに発見する、というかたちで倒錯した歴史認識を披歴しているのである。

　こうして、日本民族の優越性を誇示した小谷部は、続いて西洋の列強国から「東亜」を守るためには日本がリーダーとなって戦わなければならないとする大東亜共栄圏の思想を展開し始める。「露国は最近六七年の間に、戦争飢饉及び伝染病等に因りて実に二千余万有の人口を失ひたるなり。而して其大部分は間接レーニンが殺したるものなりとせば、人は彼の暴虐を憎まむも、然も之は正義に反するもの丶永続す可らざるを覚らしむる鴻大なる天訓として自ら反正するべきなり」（二九六頁）、「成吉思汗逝《ゆ》いて茲に七百有余年、其後の世界は殆ど白人横暴の歴史にあらざるはなく、有色人種は悉く劣等視せられて彼等の壓迫《あっぱく》を蒙り、印度其他の国民の如きは、その生存に欠くべからざる土地をすら略奪せらる丶に至れり」（二九九頁）といった表現で世界情勢を語って危機感を煽ったかと思えば、「日本の国は、天地正大の気粋然《すいぜん》凝結して以て東亜に卓立し、万古天皇を仰ぎ皇風四海に洽《あまね》く、而して言筆を以て表示し得ざる昊天《こうてん》の使命を有すること、居常人の之を深思《しんし》する者多からざるも、一朝国家の大節に膺《あた》れば、俄然炳烱《へいけい》として彰《あら》はる丶は、過去の歴史に徴《しる》して灼然《しゃくぜん》たり」（二九八頁）と述べて日本の「天地正大」さを語ったりもする。

　こうした煽動を行うにあたって、彼は「矯正」という言葉を用いてその道理を説いている。「戦ひなるものは独り陸海軍の専有物にあらず、宇宙の万象皆悉く戦ひを以てその生命とせざるもの無し。之を例へば「矯正」の文字の如し。これを辞書に蔵すれば無事なるべきも、一度び実際に活用するに於ては、悪癖の矯正、不徳の矯正等となりて、各種の不正不義と戦ひ、之に克つて始て其意義を全うするものあるが如し」(二九七頁)とあるように、小谷部における「戦ひ」は「矯正」という概念と深く結びついている。かつてアメリカで牧師となり、若い頃には北海道に移住してアイヌ問題の解決をめざす運動に取り組んだ経歴[3]をもつ小谷部には、敵を殲滅すること、支配・占領することを目的とする「戦ひ」とは違う公明正大な「戦ひ」、すなわち、劣等民族を「矯正」して自分たちと同等の文明を授けようとする考え方が根強く残っているのである。

『偽史冒険世界』(筑摩書房、一九九六年)を書いた長山靖生は、「日本人が海外に展開していくとき、白人型の人種優越論の代わりに好んで用いられたのは「かつてここに日本人がいた」という物語だった。アジアや南太平洋に日本人が進出していくのは、民族の故郷に帰っていくのであり、現地の人々と日本人は、手を取り合って互いに祝福し合うべき同胞なのだ。そうやって失われた過去の共同体幻想を語ることで、日本のアジアへの野心は、失地回復という正統な権利請求のように粉飾され、日本人が彼らを指導して「再び」「かつてのように」共栄の世界を築こうという大東亜共栄圏の夢は、半ば日本人自身が本気で信じる(信じたい)物語だったのである」(二二一―二二三頁)と述べて小谷部の妄想を退けているが、こうした批判は一方において的確であると同時に、もう一方においては小谷部の思想にみられる特殊な傾向を見落とすことになりかねない。彼にとっての「大東亜共栄圏の夢」は、「手を取り合って互いに祝福し合うべき同胞」とのあいだにもたらされる「共同体幻想」であると同時に、あらゆる意味において劣位に置かれている民族を「矯正」し続けなければならないという過剰な自負心によって支えられている。そこには、「戦ひ」を重ねるたびに教える者／教えられる者という関係性が強まり、国家同士が師弟のような結びつきを獲得していくことへの憧憬がある。他者をあからさまに蔑視するような「白人型の人種優越論」とは違うかもしれないが、その基底には優生思想に連なる固定化された人種観念が根を張って

いる。小谷部はこのあと自説の結論として、

――四面恰《あたか》も薄氷を履むが如き亜細亜州の一隅に介在して自衛の武備を整へ、自主独立を維持する我が日本を目して、彼等は黄禍《こうか》の本源なるが如くに誣《し》ひ、百方悪辣《あくらつ》手段を講して日本を壓伏《あっぷく》することに汲々たり。蓋し日本にして倒るれば、瀕死の亜細亜は自ら滅亡し、世界は白人の専有に帰するものと妄想するが故なるべきも、天祐を保有する三千年の国家は、彼等が考ふるほど然かく容易に倒るゝものに非ず、再び英雄の其間に出づるありて、逆まに非道を膺懲《あた》せむこと昭然たり。（中略）日本は一たび白禍《はっか》の東侵を奉天対馬に阻止するを得たるも、之を以て禍根は終局せるものと視做すべきにあらず。由来歴史は繰返へさるゝ事実に徴するも、成吉思汗の時代に於けるが如き東西の軋轢訌争《あつれきこうそう》は遂に復た避く可らざるなり。嘗《かつ》ては成吉思汗の源義経を産したる我が神洲は、大汗が鉄蹄《てってい》を印して第二の家郷となせる亜細亜州の危機に際し、之を対岸の火視して空しく袖手《しゅうしゅ》傍観するものならむや。成吉思汗第二世が旭日昇天の勢を以て再び日東の国より出現するは、蓋し大亜洲存亡の時機にあるべき耳《のみ》。

（三〇〇頁）

と述べ、「瀕死の亜細亜」を救い「自主独立を維持」するために日本が「旭日昇天の勢」を発揮しなければならないと宣言するが、それは、冨山房版『成吉思汗は源義経也』がベストセラーとなった大正末期の日本を鼓舞する言葉であると同時に、図らずも、のちに日本が突き進むことになる一五年戦争の予言にもなっている。かつて、「著者は計らずも古への蒙古の土地なる北満洲の一邑に辿り来り、日蓮宗に関する遺蹟を偶然発見せることより推して、年来尋ね探ぐる義経公の行方も将に之に類するものあるべきを確信し、猛獣野犬の足跡に絶えず脅

さる丶恐怖に打勝ち、軍刀に仕込みたる重き日本刀を腰に下げ糧食を荷ひ勇を鼓して吾が目的地なる成吉思汗の都址と称する成吉思汗邑《むら》に向ひて此地を発足せり」（一一四―一一五頁）と記すほどの悲壮な決意をもって蒙古を踏査した小谷部の開拓者精神は、多くの読者を獲得することで国家的な誇大妄想と接続していくのである。(4)

だが、当時のアカデミズムはこうした小谷部の鬼気迫る熱情を理解していなかった。『成吉思汗非源義経』（前出）には、大森金五郎「成吉思汗は源義経也という説を読みて義経の最期に関する所見を陳ぶ」／金田一京助「英雄不死伝説の見地から」／箭内亘《やないわたり》「成吉思汗は源義経也との説について」／沼田頼輔《ぬまたよりすけ（らいすけ）》「笹竜胆は源氏の家紋にあらず」／臨風生《りんぷうせい》（笹川臨風）「先づ人物の相違」／中村久四郎《なかむらきゅうしろう》「義経と成吉思汗は全く別人なり」／藤村作《ふじむらつくる》「判官贔屓」／沼田頼輔「白旗神社の祭神は義経なり」／中島利一郎「成吉思汗は源義経にあらず」／中島利一郎「再び小谷部氏の『成吉思汗ハ源義経也』を評す」／中島利一郎「三度成吉思汗は源義経也を評す」／藤沢衛《ふじさわもり》彦《ひこ》「源義経元祖説話の構成」／三宅雪嶺「伝説と史実を混同するな」／梅沢和軒《うめざわわけん》「義経なりの詰論はもの足らぬ」／高桑駒吉《たかくわこまきち》「成吉思汗は源義経にあらず」／関壮二「義経最期の地岩手県に於ける伝説」／鳥居龍蔵「義経の北方渡航説について」／志筑祥《しずきしょう》「人好きのする義経公」という一八本もの反駁論文が並び、学術研究の立場からそれぞれの認識が示されるのだが、小谷部を「門外漢」よばわりする専門家たちの語り口は、結果としてアカデミズムの権威主義を浮かびあがらせ、在野に生きてきた小谷部の反骨精神を増幅させるのである。

居並ぶ批判論文のなかで、特に注目したいもののひとつに歴史学者・高桑駒吉（一八六八―一九二七）の「成吉思汗は源義経にあらず」がある。そのなかで、冨山房版『成吉思汗ハ源義経也』（前出）がベストセラーになった理由に言及した高桑は、「聞く所によれば彼の書籍は或る当局が満洲及び蒙古に於ける或る種の宣伝に使用する為め、著者に或る力を供給して幾多の利便を与へ、また書籍を多数に買ひ上げて各方面へ頒布したといふことであるが、こんな間違つた愛国心はやめてもらひたいと思ふ」（一四七頁）と述べている。詳しい情報の入手先は明かしていないが、少なくとも「当局」が「満州及び蒙古に於ける或る種の宣伝」を目的に同書の販売に便宜を図ったという確証があるという書き方をしている。

こうした憶測が流布する背景にはさまざまな要因があったと考えられるが、『成吉思汗は源義経也 著述の動機と再論』（前出）に収められた「国民の声と史家の言説」が原因のひとつであることは間違いないだろう。同欄には高桑駒吉、鳥居龍蔵（一八七〇―一九五〇）、中島利一郎（一八八四―一九五九）といった「成吉思汗＝源義経」批判の急先鋒となった学者たちの言説が並ぶ一方で、「当局」の側に属する人々の書簡も紹介されており、「在郷軍人分会等の会合には必らず貴書を紹介説明し大に日本国民の意気発揚に努力致居る次第に御座候小生が私用のハガキに印刷せしも其微意の発露に外ならず候方今張目して列強の情勢を洞察するに世界平和の美名の下に横暴を逞うし正義もそれが為めに圧迫せられんとするを目撃し吾人は感慨無量に堪へず」（金沢聯隊区司令部 陸軍歩兵大尉伊藤方）、「我国の青年の士気振興上多大の貢献ある事を信じ青年将校にも閲読と勧誘致居候」（朝鮮第二十師団参謀長）といった文面が踊っている。また、一九二五年（大正一四）当時、千葉刑務所に収監されていた甘粕正彦《あまかすまさひこ》（一八九一―一九四五）(5)の書簡も収録されており、「貴下が義経に関する御講演を華族会館に於て清和源氏の一門になされしとの記事あり義経在天の霊もさぞかし満悦の事と推し貴台の為めに喜び且つ祝し居り候御著書も刊行せられ御上へも御献上御嘉納の光栄に浴せられ候事と存じ候」（二九二頁）と記されている。

土井全一郎が『義経伝説をつくった男』（前出）のなかで、「「読者の声」を見れば、当時の軍関係者からの好意的な声が多く寄せられていることも事実だ。関東大震災時に無政府主義者大杉栄らを殺害して懲役一〇年の刑を受けた元憲兵大尉甘粕正彦の千葉刑務所内からの獄中手紙、国家主義者大川周明《おおかわしゅうめい》（東京裁判のA級戦犯）らの便りも出てくる。／『日本及日本国民之起源』の扉のページには「賜天覧」「頭山満・題字」とある。天覧とは天皇も見た書物という意味であり、題字を書いた頭山満は当時の右翼の大立物。序文を記した竹越与《たけこしよ》三郎《さぶろう》も貴族院議員、枢密院顧問官をした政治家で『南国記』（二酉社、明治四三年）などを通じて南進論を展開した人物だった。

ついでになったが、『成吉思汗ハ源義経也』の漢文の序を書いているのは天台道士こと杉浦重剛で、小谷部全一郎も関わりがあった皇典講究所幹事長はじめ、東亜同文書院院長などを歴任した国粋主義者で知られた人物だった」（二三五―二三六頁）と指摘するように、『成吉思汗は源義経也 著述の動機と再論』は大東亜共栄圏の思想にもとづいて満蒙開拓を推進しようとしていた人々の熱烈な支援によって支えられている。「清和源氏」の血脈につらなる源義経が成吉思汗となって満蒙から中央アジア、ロシアにまたがるモンゴル帝国を築いたという物語は、彼らの皇国史観を補強する甘美な夢だった。小谷部の言論は、そうした「当局」側のイデオロギーと積極的に結びつくことで同時代の読者から支持されるのである。

二　興亜国民版『成吉思汗は義経なり』の時局性

一九二四年（大正一三）に出版された冨山房版『成吉思汗ハ源義経也』（前出）は発売と同時に話題となり、大正末期から昭和初期にかけて広汎な読者を獲得することになるが、必ずしも大衆向けの読物とはいえないこの書が人々の耳目を集めた背景には、同時代の日本が直面していた二つの閉塞感が深く関わっている。ひとつは、世界的な金融恐慌や関東大震災などの煽りを受けた経済不況が続き、その打開策として「満蒙こそ日本の生命線」（一九三一年に松岡洋右が唱えたことで広まった）というスローガンが掲げられるような状況になっていたこと、もうひとつは、日清・日露戦争、第一次世界大戦、シベリア出兵などを経て軍備拡張路線が定着していた日本にあって大陸進出の野望が膨張しつつあったことである。アジアの統一を成し遂げた成吉思汗のなかに日本人の血が流れているという物語を通して、人々は日本人としての誇りと矜持を取り戻そうとしたのである。

一九三一年（昭和六）の満洲事変勃発によってその夢想は現実のものとなる。翌年には「大日本帝国と不可分的関係を有する独立国家」（「満洲国指導方針要綱」一九三三年八月八日閣議決定）と位置づけられる満洲国が建国され、「大東亜戦争」へと続く長い戦いの日々が始まる。興亜国民版『成吉思汗は義経なり』（前出）は、こうした世相のなかで編まれる。同書が刊行された一九三九年（昭和一四）六月には、折しも満蒙開拓青少年義勇軍壮行会（明治神宮外苑競技場）が挙行され、翌月には日本軍によるノモンハン攻撃が開始されている。それはいうまでもなく、日本全体が大陸進出への昂揚感に浸っていた時代である。こうした文脈を踏まえて、いま試みに同書の目次に増補箇所に傍線を付すと以下のようになる。

（※傍線の部分が興亜国民版で増補された記述。それ以外にも口絵などが大きく変更された）

つまり、この増補版は第一章から第一二章までの内容に手を加えず、本論を挟み込むようにして新たな記述を加えた構成になっていることがわかる。同書の奥付には「昭和十四年六月八日印刷／昭和十四年六月十一日発行／成吉思汗は義経なり〔定価一圓三十銭〕／著者 小谷部全一郎／発行者 東京市麴町区六番町六番地 岡本正一／印刷者 東京市麴町区五番町十二番地 谷口熊之助／印刷所 東京市麴町区五番町十二番地 合資会社 谷口印刷所／発兌 東京市麴町区六番町六番地 図書出版 厚生閣／振替東京五九六〇〇番／電話九段三二一八」とあり、単価「一圓三十銭」で市販されていたことも確認できる。残念ながら発行部数などは明らかでないが、現在、その所蔵が確認できる機関が国立国会図書館などに限られていることを考えると、冨山房版『成吉思汗ハ源義経也』ほど普及したわけではないだろう。

同書には厚生閣の出版広告も掲載されているが、和知部隊中隊長・関田中尉『兵とその家族』に付された「日本の妻は、日本の村はいかに闘つたか出征兵と其家族を描いた銃後最初の長編」、あるいは、相馬御風《そうまぎょふう》『動く田園』に付された「銃後皆読の随筆集」などのキャッチコピーには、戦時下の世相が色濃く滲み出ており、小谷部の著書に付された「興亜国民版」という表記との連続性を感じさせる。

次に扉書についてである。冨山房版『成吉思汗ハ源義経也』では「明治天皇御製　山のおく島のはてまで尋ねみん　世にしられざる人もありやと」という和歌が記され、そのあとに「本書ハ御慶典奉祝ノ微衷《びちゅう》ヲ表シ　東宮殿下ヘ奉献ノ旨意ニテ大正十二年夏東京秀英舎ニ於テ印刷中九月一日ノ大震火災ニ遇ヒ組版焼失シ鎮火後庫裡ニ辛ウジテ焼亡ヲ免レタル原稿ヲ発見シ今般再ビ之ヲ上梓スルニ至リシハ恰モ義経ガ高館ノ猛火ヲ免レテ大陸ニ復興セル事ニ似タリ鉄火場裡ノ英雄ハ古今ヲ通ジ火ノ洗礼ヲ受ケテ世ニ出デタルハ奇シキ因縁ト謂フ可シ　勲六等　小谷部全一郎」という説明書きが付いていたが、興亜国民版『成吉思汗は義経なり』ではその説明書きが削除されている。関東大震災で組版を焼失した際の苦労話と「義経ガ高館ノ猛火ヲ免レテ大陸ニ復興セル事」を重ね合わせて、自らを「鉄火場裡ノ英雄」になぞらえる記述をしていた小谷部は、その説明書きを削除することで偶然の一致を感じさせる奇談めいた語り口を封印しようとしたのであろう。

それに替わって、新たに加えられた「昭和已卯再版之序」では、「我神国日本は極東日出づる処に屹立し、四面海に囲まれて自然の城郭を為し、国の中央に富嶽聳立して不覇高邁《ふはこうまい》の気を養ひ、伊勢神宮は太古の儘なる藁葺《わらぶき》の宮に鎮座し給ひて不言裡に質素勤倹を守るべきを教へ、万世一系の皇統は君臣の規矩を永世に示し、開闢《かいびゃく》以来未だ曾つて外敵に寸土を犯されず、挙国敬神尚武の俗をなすは、偶然にして然るものに非らず」といった文面で「万世一系の皇統」を継承する「神国日本」が讃美されている。「現下の支那事変の如きは、我に領土的野心なく巨額の戦費を自弁しての出兵の如きは、曾つて他国に其類例なく、遠き昔の十字軍に彷彿たるものあり」、「物質文明の根源なる欧米国人は、此神秘なる天意と日本の神国なるを悟らず、漫《みだ》りに我を誣《し》ゆるに侵略者を以てし、無稽の悪評と排日を叫んで世人《せじん》を惑はしむるは、神を畏るゝ基督教国民の所為《しょい》と謂ひ得べきや、彼等もまた支那と同じく天譴《てんけん》の鞭を受くる事なくんば幸ひ也」というように、「支那事変」における日本の政治的立場を代弁するような書きぶりが目に見えて多くなる。

また、こうした自己正当化の論理に続いて彼が再び招き寄せるのが「英傑義経」である。「神国日本に、不世出の英傑義経現はれ、東奥平泉の偽戦に死と偽りて本国を脱し、乱倫を極めたる欧亜の天地に鉄鞭を加へたりとて何の不思議かあらんや」と語る小谷部にとって、「英傑義経」は具体的な身体イメージをともなう存在なのである。

「昭和已卯再版之序」とともに着目したいのが「著書之反響」（文末に「昭和五年菊月於城南荘」とあり）という一文

である。そこには「曩《さき》に本書の発行せらるゝや、参謀本部総務部長黒澤淳少将之を購読し更に別冊を陸軍部内有数の満蒙通にして現に吉林督軍公署の顧問たる陸軍大佐林大八氏に送り其批判を覓《もと》められたるに対し大佐は之に所見を録して復命し、更に別冊の各章に批評を記し併せて其の巻首に讃辞を誌して未知の著者に恵贈せられたるものは即ち前記の華文なり。固より之は著者を激励せる好意の文なれば、本書に至大の関係ある満洲及蒙古に十数年滞在せる権威者の忠言として敬承し、爾来仔々《しし》として各方面に資料を求め、今や更に本書の重版を刊行するに際し此の熱誠なる読者の麗辞を掲げて序に代ふ」（八―九頁）という記述があり、満蒙通の陸軍関係者が冨山房版『成吉思汗ハ源義経也』を購読し、「讃辞」を記したことが紹介されている。小谷部は「著者の略歴」でも、「前著と同じく此書もまた牧野内相の斡旋に依り、皇室へ献上し奉れるなりき。爾来《じらい》反対論者等は先に放言慢罵《ほうげんまんば》せるに似ず、余輩の一喝に屏息《へいそく》して一言も出し得ざるは何たる無気力なる学者なるぞや」と記して同書が閣僚の斡旋で皇室に献上されたことを得意げに語っているが、そこに明確な固有名詞が掲げられていることを考えると、彼が吹聴している内容は一定の信憑性があると考えられる。

他にも、同書には「著者満蒙に在りて旅行の都度支那督軍より交附せられし護照の一書」【図2】、「満洲国皇帝ニ本書献上セルニ対シ御挨拶状」【図3】などの図版が新たに加えられている。自分の学説が満洲国の中枢にも届き、賛同を得ていることを強くアピールするその書きぶりからは、政治的な思惑というよりも権威に褒められることそれ自体に対する無邪気な欲望が感じられる。学者たちに対してあれほど激烈に噛み付いた小谷部が、ここではあられもない姿で軍部に靡いている。

一方、アカデミズムの言説に対しては相変わらず闘争心を堅持している。たとえば「義経高館落の再研究」という文章には、「義経は高館に於て死せず、而して亜細亜大陸の蘇城に雙城子に興安嶺に成吉思汗駅に其他蒙古に其の遺跡を存し、且つ鎌倉時代の遺風たる巻狩相撲等あり、蒙古士民の気性風貌また大いに日本人に酷似するものあるに、学者は之を対岸の火視して古文古書にのみ縋り、而して実際論を唱導する者に対し、感謝の辞に代ふるに罵詈讒謗《ばりざんぼう》を以てするが如きは、文運と富強とを以て世界に冠絶せる大国と成り得る日本の運命を阻害するものにて、邦家の不幸之に過ぎず」（二一四頁）とあり、「古文古書」にのみ縋って実際の「遺跡」を見ようとしない学者の態度が厳しく糾弾されている。「上智学と義経研究」という文章では、かつて自分が蒙古に駐留していた際、「東京帝国大学教授文学博士」の肩書きで実地調査に来た鳥居龍蔵が、軍部の歓待を受けたのちに武装した護衛兵や通訳を引き連れて調査に出かけ、小さな村々の史蹟や人々の暮らしぶりを見学することなく汽車や馬車で移動したことを引き合いに、「東京帝国大学教授文学博士云々の肩書に驚けるものにや、軍の幹部は慰労の宴を開いて氏を歓待し、其の見学旅行には武装せる護衛兵の外に蒙古語と蒙古の事情に精通せる鈴江大尉を嚮導《きょうどう》として同行せしめ、汽車及び馬車等の利便を藉りて沿道の蒙古部落に往復せしめたるなり。されば駅と駅との中間に散在するボゴイ及びアガ其の

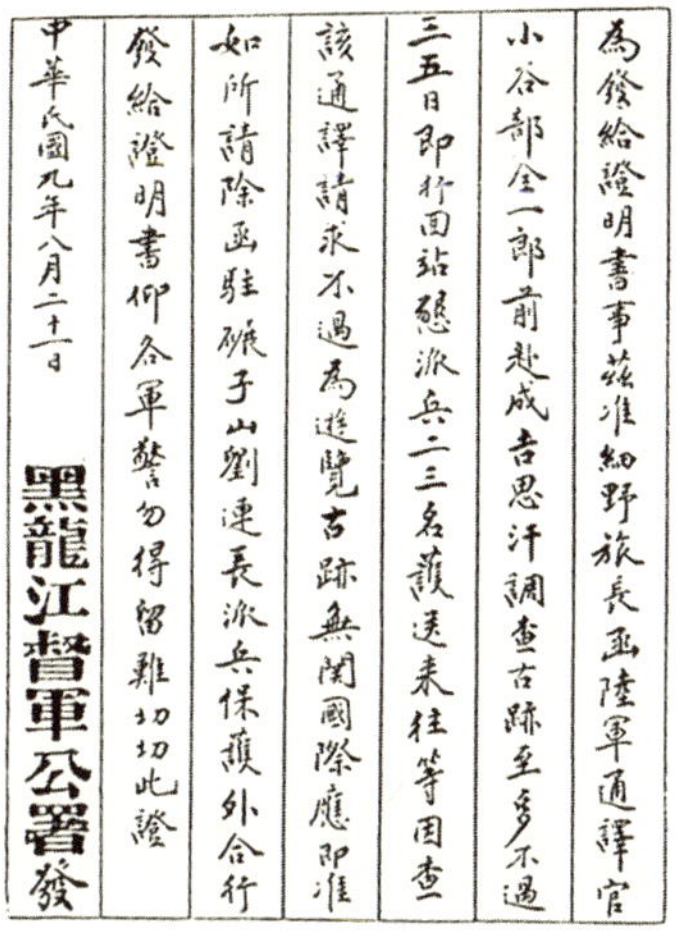
為發給證明書事茲准細野旅長函陸軍通譯官
小谷部全一郎前赴成吉思汗調查古跡至多不過
三五日即行回站懇派兵二三名護送來往等因查
該通譯請求不過為遊覽古跡無關國際應即准
如所請除函駐碾子山劉連長派兵保護外合行
發給證明書仰各軍警勿得留難切切此證
中華民國九年八月二十日
黑龍江督軍公署發

【図2】著者満蒙に在りて旅行の都度支那督軍より交附せられし護照の一書

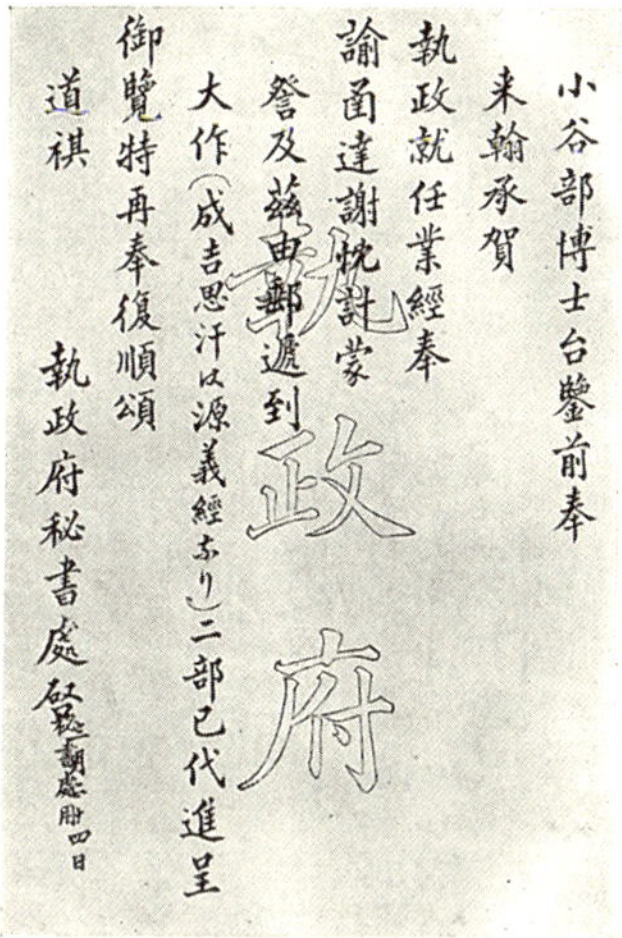
小谷部博士台鑒前奉
來翰承賀
執政就任業經奉
諭函達謝忱詒蒙
眷及茲由郵遞到
大作（成吉思汗ハ源義經なり）二部已代進呈
御覽特再奉復順頌
道祺
執政府秘書處啓

【図3】満洲国皇帝ニ本書献上セルニ対シ御挨拶状

他の史蹟地を見学せずして同氏は帰られたる訳なり。（中略）官禄に衣食する学者は、肝腎の生活に保障あるが故なるか、往々怠慢に流れ、事に誠意を欠くの嫌ひあるは、這般《しゃはん》世に曝露せられたる九大諸博士の醜行為に徴《しる》して之を看るべき也」（二三〇―二三二頁）と批判している。

ここでの小谷部は、アカデミズムを挑発することで読者の歓心を買おうとしている。自分が展開している議論が「文運と富強とを以て世界に冠絶せる大国と成り得る日本の運命」を左右する「実際論」であるのに対し、学者たちの言動はそれを「阻害」するだけの空論だと批判している。自著を通じて大陸進出の夢を高らかに謳いあげようとする小谷部にとって、それは邪魔者を排除することであると同時に大衆の支持を獲得するための最も効果的な方法だったのである。

その証拠に、興亜国民版『成吉思汗は義経なり』（前出）には「輿論と実際には敵す可らず」という章が挿入され、読者からの質問に筆者自身が応答する形式で歴史書とは到底思えない書き方がなされている。いま試みにその質問を列挙すると、「小谷部全一郎氏と源義経とは霊統か血統かの上で何か関係がありませんか」、「今御語りの中の奥羽の古城とは出羽国の白鳥にある白鳥城の事ですか」、「泰衡《やすひら》の血統は今も満洲に残つて居りますか」、「頼朝は義経が満洲に渡つたことを知つてゐましたか」、「弁慶も供をして参りましたか」、「満洲北部にジンギス汗の塁趾《とりであと》が残つてゐると小谷部氏の本に書かれてゐますがこれは義経が北狄《ほくてき》を防ぐために築いたものですか」、「龍動《ロンドン》の博物館に笹龍胆の紋のある冑があつて義経のものだと云はれてゐますが真物ですか」、「源義経と成吉思汗とは同一人物だと小谷部氏の本にありますが、果して義経は日本で死なずに蒙古へ渡りましたか」、「蒙古平定後義経から祖国日本へ便りをしなかつたのですか」といった質問が続き、挙げ句の果てには「義経の霊は幽界で満洲事変について働いてゐますか」といったオカルトまで飛び出している。

だが、小谷部はそれらの質問すべてに長々と応答し、読者を軽んじる素振りをいささかも見せない。つまらない質問であっても、そうした疑問が沸く原因がどこにあるのかを掘り下げようとする。最後の質問に対してさえ、「今その血統の穂先かの処に導き来りて、そをして彼処を治めしめんとする。その真霊を国幸厳霊命《くにさちいづひのみこと》と祀り合へし、これ此度の戦の穂出《ほしゅつ》ぞ、我皇軍の道先たるもの悉くかれの血統の者ぞ」（二四四頁）という「霊答」が添えられ、さらに著者自身の「附言」として「此霊示に対しては唯恐謹聴の外なく、神秘なれば畏みて函底に蔵し他見を禁じてありしが、義経公に関する余の執筆は本版を以て最終とする事なれば茲に公開して霊の活存は永世不滅なるを證する一助と為す。道齊先生より著者へ書信の一節に曰く、『霊示に依りますと貴臺には義経と清経の霊が交互にかゝつて居らるるとのことです。又先に述べました外垣国幸の皇子と申は神武天皇の皇兄稲氷命の御子にて今の満洲蒙古より西欧にまで討入りなした偉い御方です』云々。天に代りて不義を伐つとは、今に始めぬものなるを痛感す。嗚呼偉なる哉神国日本の国や」（二四四頁）と応答している。内容だけを取れば、それが他愛もない妄言であることはいうまでもないが、ここで重要なのは、そのくだらない質問に対して筆者が誠心誠意の応答をしている素振りを見せることだったのではないだろうか。小谷部は、大衆が何を求めどのような応答を期待しているかがわかっているからこそ、敢えて荒唐無稽な質問を列挙し、丁寧な言葉で読者と向き合おうとしているのである。

こうした大衆迎合路線は新聞記事の紹介からもうかがえる。同書では、一九三四年（昭和九）から一九三八年（昭和一三）にかけての新聞記事が数多く引用され、メディアの力を借りるかたちで自説の信憑性が訴えられている。なかでも注目したいのは、『満洲日日新聞』[6]に掲載された記事の多さである。そのひとつである「公主嶺の付近に源義経の墓　県公署が実否を調査」という記事では、「北海度を始めシベリア方面に残されている源義経を繞る古蹟や伝説を基礎にして「不世出の英雄ジンギスカンは源義経なり」との新説が小谷部全一郎氏に依つて提起され一頃学界はもとより一般に多大の興味を投げかけたことがあつたが、今回図らずも懐徳県公主嶺付近に「源義経の墓」がある、との極めてセンセイショナルな話題が提起され各方面を驚かせてゐる。／公主嶺付近が往時蒙古文化の極めて濃密な交流地点であつたことから、そして前記の「ジンギスカンは源義経なり」との説を一応肯定して考へるとき「義経の墓」の存在説を虚構の風説として抹殺する訳にゆかないのであるが、いづれにしても「源義経の墓」を繞る説は地元民は勿論一般に非常な関心の対象とされるに至つた」という記事が転載され、地元の役人たちが「事実とすれば国宝物だ」と意気込む様子まで紹介されている。『満洲日日新聞』は南満洲鉄道の機関誌のような役割から始まった新聞であり、その紙面には植民地支配のイデオロギーが露骨に反映されている。「源義経の墓」に関する記事も単なるトピックとして紹介しているわけではなく、何らかの政治的な思惑が含まれていると考えてよいだろう。逆にいえば、小谷部の言論はこうした記事を通して一般読者へと拡声されたともいえるのである。

同じことは国内紙でも指摘できる。たとえば、『東京毎夕新聞』（一九三四年（昭和九）七月一九日）の「源義経と蒙古」という記事には、「蒙古とは古の高麗図である。百済の国といふのは今の満州で、新羅と任那とを合したのが今の朝鮮である。今の蒙古と満州と朝鮮とが三韓といふので、今の朝鮮を三韓と思ふのは間違ひである。義経はこの道を通らないで、北海道から渡つて、蒙古では成吉思汗と名乗つた。蒙古には百六王があつて汗《かん》といふのが皇室に相当する。蒙古には又面白い予言があつて、成吉思汗起兵後六百六十六年にして蒙古救済の聖雄が現はれる。その時は黒鉄の蛇が世界をとり巻き牛や馬がものを云ひ、下駄の下を通る人間が出来るといふのである。今は牛や馬がものを云つてゐる。下駄の下を通るとは小人物といふことだ。又成吉思汗の子孫が五十四代の時に日本から蒙古に再現して蒙古を救うといふ予言もある（王仁）」と記されており、日本を「蒙古救済の聖雄」になぞらえるような伝説がまことしやかに語られている。

一九三八年（昭和一三）一月一六日の『東京報知新聞』の場合は、「小谷部氏の議論は何しろ我が上流階級のお歴々の支持もあり同氏が親しくその遺跡を訪ねているので反対にも汗だくであつた」と茶化す一方で、歴史学者・大森金五郎（一八六七―一九三七）の「著者は伝説を重んじかつ史書の識別がない。成吉思汗の前半生はチャンと那珂通世博士の研究によって審かにされてゐる」という論評が加えられている。この記事を目た多くの読者は大森の批判よりも「我が上流階級のお歴々の支持もあり」という一節に気をひかれたはずである。ここでいう「上流階級」とは何なのか？　そして「上流階級」のお歴々はなぜ小谷部の学説を支持するのか？　そこには大衆の関心を惹くゴシップの匂いが色濃くたちこめているのである。

【図4】蒙古アゲンスコイに於ける小谷部全一郎と蒙古貴婦人。出典は『成吉思汗は義経なり』(興亜国民版)より

三　小谷部全一郎と満蒙開拓

松山巖が「英雄生存伝説と日本起源論異説」（『ユリイカ』一九八九年九・一〇月）のなかで、「後に満洲を実質的に牛耳ったほどの怜悧な甘粕がジンギスカンが義経であるという荒唐無稽な説の証明に興味を示したとは思えない。多くの賛同者が嗅ぎ取ったよ

うに小谷部の論は、満州統治と大東亜共栄圏の思想を究めて通俗的に語りかけたのである。／その鍵は「又た清朝時代の駐英国公使デビス著、清国総録に曰く、成吉思汗の孫、忽必烈の子孫は明朝の為に放逐せられ、満州の故地及び蒙古に逃れ、酋長の女と婚して諸公子を生めり」という言葉にある。つまり清朝の祖はジンギスカンの孫であるフビライの子孫にあたるというのである。小谷部によれば、ジンギスカンは日本人義経である。そこで彼は「成吉思汗の源義経は日支両国の英雄たると共に、亜細亜の人傑なり」といい、日本がアジアを先導する根拠を見るのである。／小谷部は、蒙古から清国までの支配者の祖先を日本人と特定したのである。それ故に彼の著作はベストセラーになった」と指摘している通り、小谷部の言説は日本の満蒙開拓を正当化するとともに、のちの大東亜共栄圏の思想ともつながっていくものであった。また、物語の力学をかりて大衆の心を捉える小谷部の方法は、政治的にも軍事的にも都合がよく、出版社の期待も大きかったと思われる。

実際、その影響は同時代のさまざまな世相に見ることができる。一九二四年（昭和一三）八月二五日の『中国新聞』は「蒙古に笹竜胆模様、成吉思汗は義経だ　歴史家に挑戦する川端画伯」という見出しを掲げ、画家の川《かわ》端龍子《ばたりゅうし》（一八八五—一九六六）が「今を去る七百年前にアジア大陸を席捲して東洋の覇者となつた成吉思汗は義経であるといふ信念」および「聖戦下に蘇りつゝある大陸の平和を象徴する」ことを目的として「源義経」を描き、それを「大陸策連作の二」として第一〇回青竜展に出品したことを紹介している。同記事では、川端龍子自身が実際に蒙古に渡って源義経の足跡を辿ったときの様子も紹介され、「画伯は去る五月二十八日から一ヶ月間蒙古に渡り義経と蒙古に関する資料その他の蒐集にとかつて画家の企てたことのない沙漠踏破を行つて、六月二十八日に帰朝したが、徳王府の原野などにも義経の愛好したといふ笹竜胆の模様が彫られた石碑なども発見し、やはり成吉思汗は義経であるといふ信念を固めて筆を執つたもので、大陸策四部作は紀元一千六百年までに完成することになつてゐるが、何れも縦八尺、横二十四尺の大作で、図柄は曠原に白馬を惹いた義経が遠く故国日本に向つて太陽を拝んでゐる姿を取扱つたもの、画伯はアトリエの大作の前で朗らかに義経の由来を語る。／蒙古の砂丘に立つたときひとりでに東を向いて太陽を拝む気持になりました。義経説は歴史家は否定しているのですが、ある独逸の史家は成吉思汗の旗には笹龍胆が記されてをり東方に生れた小男だといつてゐる。それに蒙古軍は永年笹龍胆を微章にしてゐたやうですよ、もし乾隆帝の清朝史序文『先祖は義経で姓は清和源氏、拠つて清朝と名づく』といふのでもどこからか現はれて来ればね……きつと北海道から支那に渡つたに違ひないよ」と結んでいる。

また、さきにも言及した「上智学と義経研究」を読むと、大蔵省御用掛や山口県内務部長を務めてドイツに渡ったのち、官僚を辞めて在野の歴史家となり、『世界ニ於ケル日本人』（東陽堂支店、一八九三年）などを著したことで知られていた渡邊修二郎（一八五五―不明）が熱烈な書簡を寄こし、「小生先年世界に於ける日本人を著述し成吉思汗の事蹟を誌し疑ひを存し置きしに今回貴著成吉思汗は源義経也により頗る明瞭と相成り御苦心の程実に感謝に堪へず候猶は小生在欧中右関係の書籍を取調候中にLille版Favier, Pékingと題する書に成吉思汗の肖像ありよく本邦存在の義経の画像の顔に酷肖するのみならず其の着衣に笹龍胆の紋じらしを付け居るは興味あることゝ存候依て此段御参考迄に申上候云々」と書いてあったことも紹介されている。渡邊修二郎の支持を得た小谷部は、いよいよ意を強くし、「日本国民の何人も此の報告を聞いて驚喜せざるものなかるべし。祖先を崇敬するは我国民性なると共に、蔽《おお》はれたる真理の幾分にても世に顕はるゝを喜ぶは、人情の常とするところなればなり」と息巻いているが、そこには、学者や学界というものを相手にせず、自らの資料踏査によって歴史の既成概念を突き崩そうと目論む二人の在野研究者が互いの存在を心強く思いながら結びついていく様子が浮かびあがっている。

さらに、もうひとつ注目したいのが、近代の中国・蒙古研究を修めたのち陸軍通訳として北清事変に従軍して『北清大観』（興亜書院出版、一九三六年）にまとめ、頭山満らと辛亥革命を援助したかと思えば、満洲事変後は同地を視察して博物学の方法を用いた数々の書籍を出版するなどして満洲における活発な動きを見せた小川運平《おがわうんぺい》（一八七一—一九三五）の『東洋文化西進論』（未見、引用は興亜国民版『成吉思汗は義経なり』）に自説との関連を認め、同書の内容を紹介する箇所である。ここでの小谷部は、まず「彼等は自分達の先祖は日本人であると信じており、日本人に対し非常に好感を抱き、満洲国の成立についても親類たる日本人の勢力が伸びたものとして誇りを感じてゐるさうである。如何なる理由に基き日本人が先祖であると彼等が信じてゐるのは詳《ママ》でないが、無智蒙昧の彼等が伝統的に固くさう信じてゐるからには相当根拠があるのかも分らない」という一節を引用し、小川運平の調査がいかにフラットな立場からなされたものであるかを強調する。そこに生きる人々がそう信じているのだから、そこには「相当根拠があるのかも分らない」という言い回しをすることで、逆に自らの恣意性を払拭しようとしている。この記述は自分自身が探してきたのではなく、「拙著愛読者の一人なる雑誌『文藝』の記者佐藤雅春氏より余に恵贈せられたもの」であるという断りまで入れて、自説とは関係のないところから出てきた同一の見解という印象を与えようとしている。

森村宗冬が『義経伝説と日本人』（前出）において、「大陸での義経=成吉思汗説流布についてはすでに明治三十三年、『史学雑誌』の「白山黒水紀行」と題した報告中に、「義経大陸渡海説がシベリア在住の日本人に流布していることは驚く程であり（遂にニコリスク丘陵の城址を御殿山と称するに到る）或る種の人が信ずること実に堅固である」との記述があることから、明治の中頃には大陸に流布していたことが分かる」（一九二—一九三頁）と指摘しているように、義経=成吉思汗説は明治期に大陸に渡った日本人が流布させたものと考えることもできる。だとすれば、小谷部はさほど時を経ていない俗説をその土地に古来から伝わる伝承であるかのように捉えてしまった（あるいは意図的にそう解釈した）ことになる。

　そこには、小谷部全一郎という特異な人物を支えている思想的支柱のようなものが垣間見えている。第一に、彼は史料や古文書をもとに机上の論理でものを言う学者たちを心底軽蔑している。自分自身が走破し、その土地に生きる人々と膝詰めで語り合った言葉やそこに見た史蹟や風習のなかにこそ真実があると考える。つまり、彼のなかには、汗を流して働き必死に生きる人々のひた向きさの側に付こうとする信念がある。第二に、彼は国家や権力といったものと距離を置きつつ、国家や権力が自分の主張にお墨付きを与えることに対しては従順に振るまう。自分が靡いたのではなく向こうが自分の主張を認めたのだというかたちで権力との結託を果たす。そして第三に、彼は常に大衆を味方に付けるかたちでの議論を展開する。源義経という悲劇の主人公に肩入れし、不遇な身の上の人々や社会的弱者への判官びいきを実践する。歴史の真実を探究することが自らの使命であるかのようにふるまいつつ、実際には大衆の欲望や妄想を鮮やかに具現化しようとする。長山靖生は『偽史冒険世界』（前出）のなかで、「小谷部全一郎の『成吉思汗ハ源義経也』を本当の歴史として受容した者は、多くはなかったかもしれないが、宮崎滔天《みやざきとうてん》作詞の「馬賊の歌」や池田芙蓉《いけだふよう》（池田亀鑑《いけだきかん》──執筆者注）の『馬賊の唄』同様、それは日本人の大陸への野心を、ロマンチックに駆り立てる機能を果たしたのだった」（一九頁）と指摘し、小谷部の源義経＝成吉思汗説が、国策に従って故郷を棄てた満蒙開拓団[7]の人々にとってどれほど大きな心の支えになったかを説いているが、それは単純な開拓者精神でも抑圧される大衆への共鳴でもなく、極めて複雑な回路を経て達成される捻じれた権力志向である。彼は国家や権力を仮想敵としつつ、同時にそれらに寵愛されることを希求していたのである。

一九三三年（昭和八）の『満洲と源九郎義経』（前出）から『義経と満洲』（前出）を経て興亜国民版『成吉思汗は義経なり』（前出）に至るまで、小谷部が厚生閣から出版した書籍はいずれもその末尾に「満洲建国之祝意ヲ表シ執政溥儀閣下に贈呈セル表文」を付しており、そこには、

熟ラ惟ルニ元朝ノ大祖忽必烈王ハ大聖成吉思汗ノ汗ノ孫ニシテ清朝ノ祖先ハ元主ノ苗裔ナルコト内外ノ史籍ニ徴シテ明カナリ而シテ不肖著者ガ多年ノ研究ニ依リ成吉思汗ハ我大日本清和天皇ノ後胤源義経公ナルコト明瞭トナリ此書刊行以来鏞《のみ》ヲ重ヌル十五版ニ及ビ更ニ最近増補重版ヲ発行スルニ至ル又以テ源義経公ヲ敬愛スル我国民精神ノ旺ンナルヲ知ルニ足ラン是ニ依テ之ヲ観レバ満洲肇国ノ貴元首ハ成吉思汗ノ後裔タル蒙古王族ト共ニ我源義経公ノ裔冑ナルヲ知ルト與ニ満洲士人ノ多クモ往昔源大将軍ト倶ニ渡海セル日本武士ノ末裔ナルベキヲ信ズルニ至リテハ真ニ追懐ノ念ニ堪エザル也希クハ世界最強国ノ一ニ列スル祖国日本ト唇歯輔車ノ善誼ヲ結ビ永ク兄弟ノ友邦タランコトヲ茲ニ成吉思汗ハ源義経也ノ著書二巻ヲ呈シテ衷ヲ表ス幸ニ嘉納シ給ラバ著者ノ本懐之ニ過キズ右謹デ啓上ス　　頓首再拝

と記されている。ここでの小谷部は、清朝最後の皇帝となったのち再び満洲国の皇帝に据えられる愛新覚羅溥儀《あいしんかくらふぎ》（一九〇六—一九六七、在位一九〇八—一九一二）に向けて祝文を「贈呈」している。権力の傀儡に向けて自らの妄想を語りかけている。そこには、言葉が重々しくなればなるほどその言葉に込められた意味が内実を喪っていくような逆説性が露呈している。それは、対象との対話や関係性のなかで思想を成熟させることを知らなかった小谷部全一郎らしい独言であるとともに、自らの卑小性を認識しないまま「世界最強国」に列しようとした日本の姿

をも映し出しているのではないだろうか。

偽史に書き込まれた記憶はそれ自体が人々の果たせぬ夢である。正史が刻んできた歴史のなかに名を遺ることのない大衆は、その果たせぬ夢を支援することで自分たちがこの世界に存在することの意味を確かめようとした。だがそれと同時に、偽史の言説には時の権力に寵愛されたいという欲望も内在している。そこには、けっして正史を脅かすことをしないと誓うことで自分たちの果たせぬ夢が生き延びることを許容してもらおうとする意識がある。小谷部全一郎がそうであったように、偽史を巡る言説は、それ自体が贋物の匂いを発散することで権力と大衆それぞれから愛でられることを望んでいるのである。

注

（1）「源義経＝成吉思汗」という俗説に関しては、江戸末期から明治にかけて永楽舎一水『義経蝦夷軍談』（一八五〇年）、フィリップ・フランツ・フォン・シーボルト『NIPPON 日本とその隣国、保護国――蝦夷・南千島・樺太・朝鮮・琉球諸島――の記録集　日本とヨーロッパの文書および自己の観察による』（一八三二―一八五一年、オランダライデンより自費出版）、W・E・グリフィス『皇国 The Mikado's Empire』（一八七〇年、ニューヨーク）、清水市次郎『通俗義経再興記』（文苑閣、一八八〇年）、末松謙澄「The Identity of Great Conqueror Genghis Khan with the Japanese Hero Yoshitsune」（内田彌八によって『義経再興記』競錦堂、一八八五年と訳されて出版）などに記述があり、小谷部自身も『義経再興記』などを意識して『成吉思汗ハ源義経也』の草稿を書いた（当初、小谷部は『満蒙踏査・義経復興記』という題名を考えていたが、出版元の意向で『成吉思汗ハ源義経也』になった）。なお、原稿は一九二三年（大正一二）の夏に完成していたが、原稿を印刷所（有楽町数寄屋橋）に入れた直後に関東大震災に見舞われ、印刷所が原稿もろとも全焼したため、自宅に残していた草稿をもとに再度活字を組み直して出版するという憂き目にあっている。

（2）源義経の渡満に関する諸説をまとめたものとしては岩崎克己編『義経入夷渡満説書誌』（一九四三年、非売品）がある。

（3）一八七九年（明治一八）、当時、蝦夷とよばれて北海道に渡った小谷部全一郎は、土着民族であるアイヌの人々が普通教育を受けることもできず劣悪な環境のなかに置かれている現状を知るとともに、そこでアイヌを支援する活動を行っている宣教師のジョン・バチェラーと出遭い、自らも牧師の道をめざそうと考える。一八八八年（明治二一）にアメリカに渡り、苦学の末にイェール大学（コネティカット）神学部を卒業し、晴れて神学士となった小谷部は、先住民教育への関心を募らせて再び北海道に渡り、「北海道旧土人教育会」を設立するとともに、アイヌのための学校である虻田学園（虻田町）を創立してその経営にあたる。だが、入園者減少や資金難、周囲との軋轢などが重なって様々な挫折を味わった小谷部は、一九〇九年（明治四二）に同学園を離れることになる（同学園は一九一一年四月閉校）。小谷部のなかにある「矯正」の思想は、こうした体験のなかで培われたものだろうと類推する。

（4）森村宗冬は『義経伝説と日本人』（前出）において小谷部全一郎がなぜ生涯を通じて源義経＝成吉思汗説に固執し続けたのか、「『成吉思汗ハ源義経也』から立ち昇ってくる異様なまでの熱さ」はどこからもたらされるのかという問いを立て、（1）「日本のどこよりも敗者としての義経を愛して止まない」「東北という土地柄」に生れ祖母の語りを通じ「古代以来の東北の歴史と、東北に連綿と伝えられた義経への思い」を聞かされ続けたこと、（2）「零落した豪族の末裔として、祖業復興を第一とする家系に生れ」「排砂として生きる宿命」を与えられていたこと、（3）辛酸をなめつつ学位を取得し、アイヌの子弟教育のため北海道の辺土に埋もれ、シベリアで艱《かん》難《なん》辛苦の冒険を経験した」ことなどを挙げ、同書は「ユーラシア大陸に渡り、無人の境域に一新国土を建設して、祖業を復興させたい」という小谷部の「敗者復活・自己肥大幻想の書」だったと結論づけている。

（5）甘粕正彦は、関東大震災（一九二三年九月一日）後の混乱時、東京憲兵隊麴町分隊長（陸軍憲兵大尉）としてアナキストの大杉栄と伊藤野枝、および甥の橘宗一（当時七歳）を虐殺、遺体を古井戸に遺棄するという事件を起こし、禁錮一〇年の刑に服役していた。甘粕正彦は一九二六年（大正一五）一〇月に仮出獄して予備役となり、一九二七年（昭和二）からは陸軍の予算でフランスに留学、帰国後の昭和五年には満洲に渡って南満洲鉄道東亜経済調査局・奉天主任となっているし、関東軍特務機関長・土肥原賢二大佐の指揮下で情報・謀略工作の中枢を担うようになる。また、満洲での甘粕は、同じく小谷部に賛同の葉書を送った大川周明ともつながり、満州国建国に重要な役割を果たす右翼団体・大雄峯会に入ったのち、自身の名を付した甘粕機関という特務機関を設立して満洲国における数々の謀略を実行した。そうした経緯から考えても、一九二五年（大正一四）という段階で甘粕が小谷部に気持ちのこもった書簡を届けていることには大きな意味があるし、時系列的にいえば、小谷部の著書が満洲における甘粕の背中を押す働きをしたとも考えられる。

（6）小谷部自身は、同書のなかで『満洲日日新聞』の入手方法に言及し、「清貧学究の余輩には、遠き満洲より日刊新聞を取寄せて講読するなどの余裕なきも、徳必ず隣ありにて、此の新聞は南満洲大連市信濃町に住する林淳一郎と云ふ未知未見の特志《ママ》家より余に寄贈せられたるもの也」と述べている。

（7）一九三一年（昭和六）の満洲事変以降、一九四五年（昭和二〇）のアジア・太平洋戦争終結までのあいだ、当時の満洲や内モンゴル地区に移り住んだ入植者、約二七万人を指す。満洲国の維持とソ連国境の防衛という政治的な目的と、昭和恐慌で疲弊した農村の貧困層救済という経済的な目的を併せもつこの移民政策は、主に関東軍主導で進められ、政府はそれに従うかたちで「二十カ年百万戸送出計画」などを策定した。一九三七年（昭和一二）には満蒙開拓青少年義勇軍が組織され、地方自治体にノルマを課しての分村移民が行われるようになるものの、戦争の拡大とともに成人の移民希望者は激減し、政府は都市部の下層労働者などを集めて開拓団を組織するようになった。

※　本稿は科学研究費・基盤研究（B）「〈難民〉の時代とその表現：１９３０―１９５０年代北東アジアにおける移動と文化活動」（代表・坪井秀人　課題番号：17H02315）に拠る成果の一部である。また、本稿に使用した図版はすべて金沢文圃閣から提供された資料である。

第3部

同祖論の系譜

［第六章］

ユダヤ陰謀説

——日本における「シオン議定書」の伝播

高尾千津子

はじめに

古来「陰謀論」と位置づけられる言説は数多いが、『シオン長老の議定書《ぎていしょ》』（あるいは「プロトコル」、以下『議定書』と略）はそのなかでおそらく最も世界中に拡散し、また様々な陰謀論に影響を与え、その源泉となった「偽書」である。宮沢正典氏によれば、『議定書』はユダヤ陰謀論の主要な「論拠」であり、この「二四議定書からなる文書の用語を援用」すれば、それぞれの時代に合わせて反ユダヤ文書ができあがるという便利な代物である。[1]たしかに『議定書』の命脈は、それがねつ造されてから一〇〇年以上を経た現在も保たれているとみえて、近年ではインターネットという新たなメディアを通し、いかようにも解釈される節操のない無国籍文書となっている。

『議定書』は、そもそも二〇世紀初頭にユダヤ人がキリスト教世界を転覆する世界征服の陰謀を企んでいることを示す「証拠」としてロシア帝国の秘密警察によって偽造されたものであった。一九世紀後半から二〇世紀にかけてのロシアでは、ヤコフ・ブラフマン著『カハルの書——国際ユダヤ問題』（一八七九年）を筆頭に、ユダヤ

人に対する誤解と曲解に基づいてねつ造された「国際ユダヤ陰謀論」が、一部官僚や右翼の間にもてはやされていた。(2)

『議定書』は数あるユダヤ陰謀説のなかでも最も悪名高く、ロシアのみならず、世界的に翻訳され、大量に伝播した文書といえよう。『議定書』が「成功」した理由はなにか。それは『議定書』が、ヨーロッパにおける君主制帝国の瓦解、ロシアの一〇月革命によるボリシェヴィキの権力奪取、そしてなにより一九一八年(大正七)の皇帝ニコライ二世一家の暗殺という惨事が、世界秩序の転覆を狙う「ユダヤの陰謀」によって引き起こされたことを示す「証拠」として機能できたからであろう。

欧米諸国とは異なり、日本にはいわゆる「ユダヤ人問題」は存在しなかった。だが「議定書」は日本においても欧米に伝播したのと同時期に、大正末期から昭和にかけて翻訳、紹介され、大量に出版された。流入直後に『議定書』の真偽をめぐり「陰謀論者」たちとそれに反対した吉野作造や満川亀太郎《みつかわかめたろう》らの論客とのあいだで論争が起こることになる。本章ではユダヤ人の陰謀を説く偽書がユダヤ人不在のわが国で受容されていく過程と背景を考察する。

一　ユダヤ陰謀説と『シオン議定書』

(1)　ユダヤ陰謀説

ハンナ・アーレントが『全体主義の起源』のなかで、「一九世紀の世俗的なイデオロギーとしての反ユダヤ主義」と、「宗教的なユダヤ人憎悪とは、明らかに同一のものではない」(3)と書いたように、一九世紀末ヨーロッパに出現した反ユダヤ主義（アンティセミティズム）は、それ以前の宗教的（キリスト教的）ユダヤ人憎悪とは峻別されるべきものとして扱われることが多い。とはいえ、そもそもユダヤ陰謀説は、ユダヤ教徒に対するヨーロッパ・キリスト教社会の中世以来の妄想とユダヤ人憎悪のなかから生まれてきたのも確かである。

『議定書』に関して包括的な研究を著したノーマン・コーン[4]や反ユダヤ主義の宗教的源流を明らかにしたガヴィン・ラングミュア[5]はいずれも中世史家である。コーンによれば「近代におけるユダヤ人の世界支配陰謀の神話」は、中世キリスト教世界が生み出した様々な空想にその淵源があった。他方ラングミュアは、反ユダヤ主義という言葉の定義を試み、反ユダヤ主義とは実際のユダヤ人とは関係なく「ユダヤ人」という言葉から想起されたキメラ的な妄想と定義している。古くは、一二世紀に西ヨーロッパで出現した「儀式殺人」疑惑や「血の中傷」――「ユダヤ人はキリスト教徒の子供を誘拐し、殺してその血液を祭儀用に利用している」という根拠のない妄想――が近代までに東欧、ロシア、オスマン帝国にも広まった。近代の反ユダヤ主義者の代表格であるエドゥワール・ドリュモン（Édouard Drumont 一八四四―一九一七）は、一九一〇年（明治四三）のパリの洪水の原因をユダヤ人の責任に帰した。[6] こうしたユダヤ人をあらゆる不幸、災害、革命、動乱の原因とした「陰謀論」は宗教的、世俗的な問題にかかわらず、合理的な説明が難しい諸現象を、根拠無しにユダヤ人の責に帰することであった。問題の『シオン長老の議定書』がもてはやされるのは、「ユダヤの賢者」自らがいかにして秩序を破壊し、災害や革命、動乱、腐敗、戦争などの不幸を引き起こしてユダヤ人の支配を打ち立てるかという戦略を語る、という体裁を取っていることであり、ここから演繹すれば、あらゆる陰謀の「根拠」となりえるからである。

（2）『議定書』の内容

『シオン長老の議定書』は、既存の秩序を破壊して国家権力を転覆し、ユダヤ人が君臨する超国家を建設するための戦略を記した二四の「議定書」からなる。[7]「計画」完遂まで「数歩」（第三議定書）、あるいは「一世紀を要する」（第一五議定書）とするなど、その内容には一貫性が欠け、全体を要約するのは骨が折れるが、その「計画」とはおおよそ以下の様なものである。

第一に、自由主義、民主主義、個人主義を助長することで、国家を弱体化させる。「自分自身の中から出た成り上がり者に一任された諸国民は……騒憂によって自滅する」（第一議定書）。

第二に、経済不況を惹起させて、有産階級に嫉妬する大衆に革命を起こさせ、その結果生じた飢餓と暴力によって大衆がユダヤ人の支配を待ち望むように仕向ける。

第三に、世界中に敵対関係を煽り、ジャーナリズムを利用し、戦争を勃発させることで、敵対国を壊滅する。「欧州にある非猶太人諸国家を屈服させるため……暗殺計画すなわち恐怖政治、テロを以てする。」（第七議定書）

第四に、非ユダヤ人を放縦に走らせ、蒙昧化する。「我々は非猶太人の青少年を愚昧にし、誘惑し、堕落せしめた。……この目的に達したのは、青少年の教育を誤れる原則と教説との上に樹立したため」である。（第九議定書）

第五に、共和制の下では、ユダヤ人の操り人形となるような大統領を利用する。「責任は全部我々の傀儡に転化されることになる。……望み通りの結果を得るためにその過去においてパナマ事件のような後暗い点を持っているような大統領を選挙する。」（第一〇議定書）

さらに征服が達成されない間は、秘密結社であるフリーメーソンを世界各地に網羅し、ユダヤ人が一切を統括する。こうしてついに、安寧を欲する人民は、ユダヤ人の王たる世界支配者を歓迎するようになる。「その時我々は諸国民に告げて『皆の者よ、神を称えよ。そして神に選ばれたる者の前に膝を屈せよ。……』と言うことができるであろう」（第二三議定書）。

このようにして不況、戦争、革命、テロ、暗殺から若者の堕落や犯罪に至るまで、「諸悪の根源」がユダヤ人の陰謀であることを、ユダヤ人「長老」自らが暴露する計画が『議定書』のなかで語られる。

（3）『議定書』の由来

それでは偽書『議定書』は誰が、いかなる目的のために作り出したのだろうか。『議定書』の由来について陰謀論者側がもちだすのは、シオニスト会議、世界イスラエル同盟といった実存するユダヤ人組織や、フリーメーソン、イルミナティ等の「ユダヤ人秘密結社」とされる組織で語られた講演録とする説である。日本で最初に『議定書』全訳を公刊した包荒子《ほうこうし》（安江仙弘《やすえのりひろ》一八八八―一九五〇）によれば、一八九七年（明治三〇）バーゼルで開催されたシオニスト会議をある「ロシア人の間諜」が内偵し、その議事録を「一晩の中に」書き取り、後にセルゲイ・ニールス（後述）が翻訳したものである。[8] またウラジオストクで一九一九年（大正八）に初めて『議定書』を訳した樋口艶之助《ひぐちえんのすけ》（一八七〇―一九三一）（【図1】）は「一八九七年のシオニスト秘密会合の席上」でフリーメーソン結社の首領の発言を「ある婦人が窃取し世に暴露」したものとしている。[9]

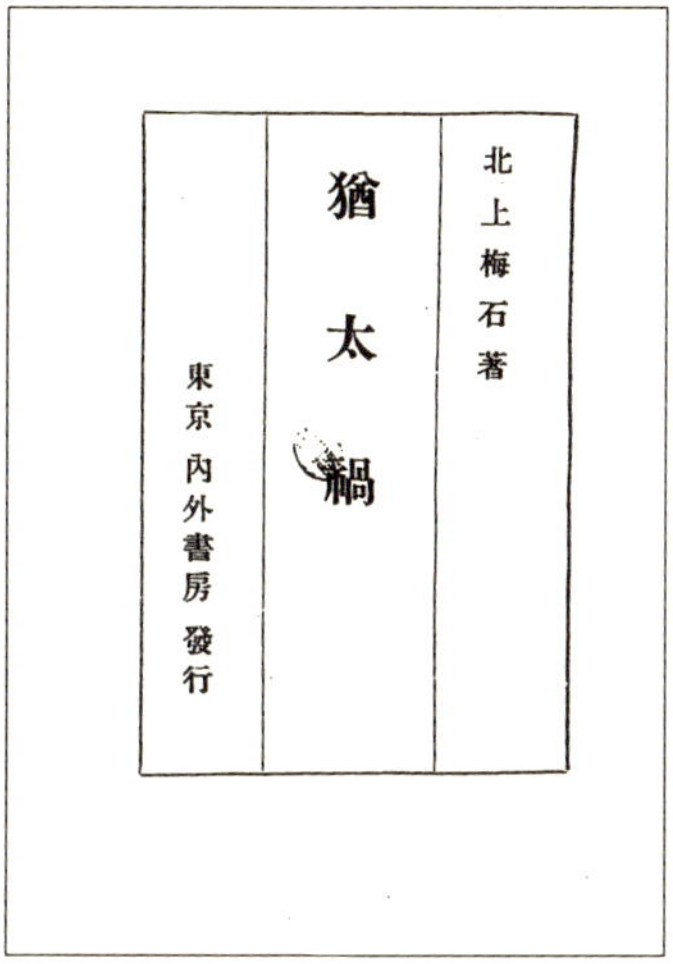

【図1】　樋口艶之助（北上梅石著）の『猶太禍』（内外書房）

一九三三年（昭和八）から一九三七年（昭和一二）にかけて、スイスのユダヤ人共同体連合とベルンのユダヤ人共同体が原告となり、反ユダヤ主義団体の「スイス民族戦線」を相手取って『議定書』の真贋をめぐる裁判がスイスのベルンで行われた。ベルン裁判の研究によれば、四年に及んだ大がかりな裁判でユダヤ人側原告が目的としたのは『議定書』がねつ造であることを明らかにし、反ユダヤ主義に対する反証を行うことであったという。(10)

裁判では『議定書』の由来をめぐって原告、被告双方の証言者が招かれ、とくに原告側からは第一回シオニスト会議参加者であるシオニスト指導者のハイム・ワイズマン（Chaim Weizman 一八七四—一九五二）、ロシア帝国の秘密警察に詳しいセルゲイ・スヴァチコフ（Сергей Григорьевич Сватиков 一八八〇—一九四二）、歴史家のウラジーミル・ブルツェフ（Владимир Львович Бурцев 一八六二—一九五二）とボリス・ニコラエフスキー（Борис Иванович Николаевский 一八八七—一九六六）、ユダヤ系弁護士のゲンリフ・スリオズベルグ（Генрих Борисович Слиозберг 一八六三—一九三七）、臨時政府で外相を務めた立憲民主党領袖のパーヴェル・ミリュコーフ（Павел Николаевич Милюков 一八五九—一九四三）らそうそうたるメンバーが証言者として出廷した。この裁判での原告側証言によれば、『議定書』はロシア帝国法務局第三課——秘密警察（オフラナ）の諜報員で、当時パリで海外活動を統括していたピョートル・ラチコフスキー（Пётр Иванович Рачковский 一八五三—一九一〇）が部下に命じてねつ造させたという。『議定書』が書かれたのはその内容から一九世紀末から二〇世紀初頭と推定されている。出版は一九〇三年（明治三六）、ロシアの極右団体「ロシア民族同盟」(11)創設者の一人で反ユダヤ主義者のパーヴェル・クルシェヴァン（Павел Александрович Крушеван 一八六〇—一九〇九）が、ペテルブルグの新聞『ズナーミャ（旗）』に発表したのが最初とされる。だが、『議定書』の完全なテキストが出版されたのは、一九〇五年（明治三八）にセルゲイ・ニールス（Сергей Александрович Нилус 一八六二—一九二九）が著書『卑小なるもののうちの偉大——来たるべき政治的可能性としての反キリスト』（【図2】）の中に収録したのが最初である。

さらに『議定書』そのものも、偽書としても「オリジナル」ではなく、その種本があった。種本は何かについては諸説あるが、モーリス・ジョリ（Maurice Joly 一八二九―一八七八）が一八六四年にベルギーで出版したナポレオン三世批判の書『マキャベリとモンテスキューの地獄の対話』であったというのが有力である。このジョリの著作はユダヤ陰謀論とは全く関係なく、自由主義を擁護するモンテスキューと独裁制の効能を論じるマキャベリのふたりが「地獄での対話」をするなかで、権力を掌握するための戦略をマキャベリが語った部分が『議定書』では「ユダヤ人賢者」の言として流用された。コーンによれば、ジョリのテキストからの剽窃が『議定書』全体の五分の二を占め、「第七議定書」は一章まるごとがジョリの剽窃であった。(12)（『議定書』がジョリを剽窃した偽書であることを判明したのは一九二一年（大正一〇）、ロンドン『タイムズ』紙上である。）他にも『議定書』の源泉をめぐっては、一九二〇年（大正九）にロシア宗務長官コンスタンチン・ポベドノースツェフ（Константин Петрович Победоносцев 一八二七―一九〇七）の言説との類似性を指摘したイギリスのルシアン・ウルフ（Lucien Wolff 一八五七―一九三〇）がいる。(13)ウルフによれば、『議定書』の本質はロシア帝国の反動思想にあり、保守主義思想の権家で反ユダヤ主義者として名高いポベドノースツェフによる反民主主義・専制擁護論を、あろうことか「ユダヤ人賢者」に語らせたものであった。(14)偽書の歴史の専門家であるチェーザレ・ミケーリスもまた、『議定書』が純

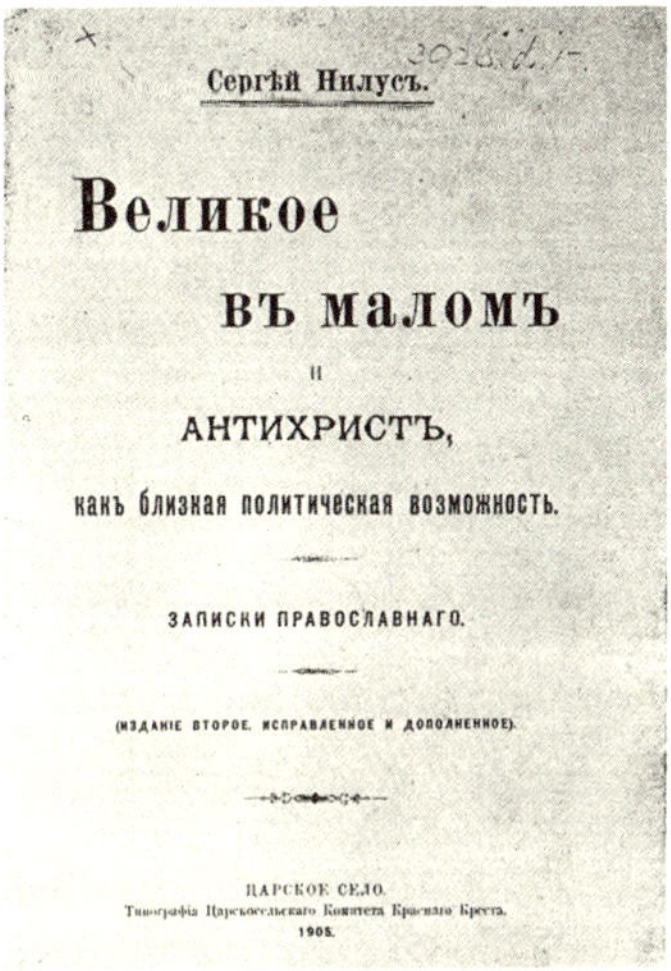

【図2】 セルゲイ・ニールス著『卑小なるもののうちの偉大――来たるべき政治的可能性としての反キリスト』（1905年）

粋にロシアの産物であり、ロシアの反ユダヤ主義思想を反映したものとみなしている。(15) 日本では、後に述べるようにすでに一九二一年には吉野作造（一八七八―一九三三）や満川亀太郎《みつかわかめたろう》（一八八八―一九三六）らが偽書であると看破している。

以上のように早くから『議定書』をめぐって真贋論争が展開され、また偽書であるとの指摘や、剽窃が暴露されるなどの一連の努力が払われたにもかかわらず、『議定書』の影響力を弱めることはなかった。ナチス統治下のドイツでは『議定書』はユダヤ人の陰謀の根拠として大いに利用されたが、その一方で『議定書』に心酔し、そこに書かれた方法を忠実に実行したのは、他ならぬヒトラー自身であったという興味深い指摘がある。(16) 当のヒトラーによれば、『議定書』に書かれた「秘密」は真実であり、ユダヤ人によって書かれたかどうかは「まったくどうでも良いこと」であった。(17)

二　『シオン議定書』の日本への伝播とその背景

以上のように、『議定書』はユダヤ人が陰謀を企てていることの「証拠」としてねつ造されたものであった。ところで欧米やロシアとは異なりユダヤ人社会が存在せず、ユダヤ人憎悪の歴史も土壌もなかった日本では、ユダヤ陰謀説と『議定書』が同時に流入し、伝播することになる。このような日本の特異性をどう考えるべきであろうか。

『ユダヤ陰謀説』を著したデビッド・グッドマンは、幕末期に儒学者の大橋訥庵《おおはしとつあん》（一八一六―一八六二）がとなえた攘夷論『闢邪小言《へきじゃしょうげん》』――すなわち徳川時代の反キリスト教論議――のなかに、すでに日本がユダヤ陰謀説を受け入れる土壌があったと述べ、「かのもっとも悪名高い反ユダヤ主義の偽書『シオン長老の議定書』が日本に紹介される一〇〇年も前に日本人にはすでに日本の滅亡を企てる世界規模の陰謀があると思い、それについて自明の理論を持っていた」という興味深い指摘をしている。[18] グッドマンによれば、江戸末期の攘夷派の論理と、大正末期から昭和にかけて日本で隆盛する『議定書』の「議論」には共通性があり、「排耶蘇の思想」こそが、日本人が『議定書』を信じ込む基盤を準備したとする。

日本におけるユダヤ陰謀説と『議定書』の伝播が、単なる西洋思想の受け売りではなく、日本独自の論理に基づくという説は確かに一考に値するだろう。承知のように、『闢邪小言』を書いた大橋訥庵は、後に老中安藤信正襲撃事件（坂下門外の変、一八六二年二月一三日）の中心人物となった。小池喜明氏によれば、攘夷論者の訥庵は日本が「義の国」から「商人国」へと堕するのを危惧し、「天主」の意志による万国の友誼を説くキリスト教が、平等主義を旗印として世界制覇の野望を持つというきわめてユニークなキリスト教批判を説いた。[19] たしかに、訥庵のキリスト教陰謀論と、『議定書』にみられるユダヤ陰謀論とには通底するものがある。

だが、それならばやはり、キリスト教徒から一転して、なぜユダヤ人に陰謀の主役が変化したのかを考えるべきであろう。これには『議定書』が世界的に伝播に寄与することになる特異な時代的な背景に加え、わが国独自の事情を考察する必要がある。

（1）ユダヤ人不在の反ユダヤ主義

日本におけるユダヤ陰謀説は、現実のユダヤ人とは関係なく、逆にユダヤ人不在のなかでこそ反ユダヤ主義が醸成されるという見本でもある。我が国では国民のほとんどは実際にユダヤ人と接触した経験はなく、また欧米諸国やロシアで一九世紀から二〇世紀のユダヤ人解放後問題になったような大学や雇用へのユダヤ人の殺到という現実的な「ユダヤの脅威」を受けたこともなかった。

日本における反ユダヤ主義の伝播の契機となったのは、ロシア革命とシベリア出兵であった。シベリア出兵を契機に反ボリシェヴィキ勢力の「反過激派」宣伝とほぼ同時にユダヤ陰謀説がシベリア派遣軍を通して日本に流入した。要するに日本では外来思想の脅威を説明するために、外来イデオロギーとしての反ユダヤ主義が導入されたのである。

第一次大戦以前にはユダヤ関連出版は、明治期に翻訳されたシェークスピアの『ベニスの商人』が、日本におけるユダヤ人の否定的イメージ形成に幾分かの影響をあたえたのは確かであるが、ごくわずかに過ぎなかった。ところが一九一七年のロシア革命と翌年のシベリア出兵を境に多く出版されるようになり、「ユダヤ人問題」をめぐる論争も始まることになる。

日露戦争の際に、当時日本銀行副総裁であった高橋是清（一八五四―一九三六）の求めに応じ、日本の戦債を大量購入したアメリカのドイツ系ユダヤ人銀行家ジェイコブ・シフ（Jacob Schiff 一八四七―一九二〇）の逸話など、日露戦争でのユダヤ人の対日支援はよく知られている。一九〇六年（明治三九）に日本政府に招待されたシフは、三月皇居に招かれ、明治天皇から直接勲二等を受けている。(20) だがそのたった十数年後には日本の軍人たちのなかにロシアの反ユダヤ主義を易々と受け入れる者が現れることになる。当時ユダヤ陰謀論を展開した代表的論客である四王天延孝《しおうてんのぶたか》（一八七九―一九六二）や酒井勝軍《さかいかつとき》（一八七四―一九四〇）は、日露戦争の「恩誼」を日本が感じる必要は無く、日本は単にユダヤ人の策略に利用されたにすぎないと記している。酒井によれば、ユダヤ人は歴史上常に他の野心に乗じて悪を教唆し、ついには滅亡に導く計画をたてるものだ、として著書『猶太民族の大陰謀』

（一九二四年）のなかで次のように語る。「猶太人が日本に同情的厚意」を表したと思うのは愚の骨頂であり、「日本を亡ぼさんがために日本に軍資を供給」したものの、日本が予期に反してロシアに勝利した、と。[21] 一方、四王天は一九二一年（大正一〇）に北満洲特務機関（ハルビン）が発行した『猶太研究』のなかで、次のように記している。

高橋蔵相が財務官として出張中、猶太人の公債に応募したる恩誼を深く感じ入られ、猶太人を徳とするに至れるは此時よりなりと聞く、実際彼らの財政上の援助無く財政枯渇せば日露戦争は帝国の不利に終わりたるやも知るべからず。（中略）しかれども猶太人より見れば、其当時日本の武力を利用し露国を敗戦に導き皇室を倒し、猶太人を解放せんとする策略より出でたるものなり。[22]

そして革命後のロシアが「猶太人の天下」となったからには、次は「日本をも露国の運命に導く順序」となったと四王天は警告した。

ところで日露戦争終結直後の一九〇七年（明治四〇）七月には第一次日露協約が調印され、その後満洲、モンゴルをめぐる日露の勢力範囲を密約により確定するなど、急速に日露関係は改善した。第一次世界大戦勃発後は、さらに日露の関係強化がはかられた。深刻な武器の欠乏に悩んだロシアは、大戦勃発後まもなく日本からの大量武器買い付け要求（一九一五年（大正四）八月には日本政府に対して一〇〇万挺の小銃をロシアは要求した）を行い、一九一六年（大正五）一月には大公ゲオルギー・ミハイロヴィチ（Георгий Михайлович 一八六三―一九一九）が訪日する「皇室外交」も行われた。同年七月日露同盟が締結し、戦中に日露関係は一層深まっていた。日露間の接近はアメリカの中国に対する門戸開放政策に対する警戒や、アメリカ西海岸における日系移民排斥運動や黄禍論、英米協調など動きが深まる中で、ロシアとの関係強化によって日本の国際的立場を向上させるという思惑があった。(23)

ところが同盟国ロシア帝国が一九一七年（大正六）三月の革命により崩壊し、一一月のボリシェヴィキの蜂起とソヴィエト政権の樹立、さらに翌年にはドイツとボリシェヴィキ間のブレスト講和による単独和平という流れの中で、一八年夏のシベリア出兵当初陸軍内で語られたのは、ヒステリックともいえる「独逸東漸論」にもとづくドイツ脅威論であった。日本でユダヤ陰謀説が台頭し始めるのは、一一月のドイツの敗戦を受けてドイツ脅威論が急速に力を失った後のことである。四王天らの陰謀論者の論理は、日露戦争後の日露間の密約（ボリシェヴィキ政府によって一九一七年一二月に暴露された）を棚に上げ、あらゆる不都合な事実を隠蔽するための手段としてユダヤ人陰謀説と『議定書』を利用したのである。

(2)　シベリア派遣軍と陰謀説

「ユダヤ陰謀説」は、シベリア派遣軍の間で一九一九年（大正八）までには広範囲に広まっていたと思われる興味ぶかい資料が、アメリカのフーヴァー文書館の篠田治策《しのだじさく》文書に残されている。それはザバイカル州のセミョーノフ軍と行動を共にした日本軍第三師団が一九一九年夏頃に実施した現地ユダヤ人社会の調査である。ユダヤ人社会調査は軍による現地情報収集の一部であったのかもしれないが、その内容は、ザバイカル地方のユダヤ人社会に関する客観的な情報収集というよりも、ユダヤ陰謀説の影響が色濃く反映されている。

「猶太人ノ情況」と題したこの手書きの調査報告書は、その冒頭で、従来ロシアで差別されてきたユダヤ人は「狡猾で他国のスパイとなる傾向」があり、このため日本が反革命派を支援していることがユダヤ人の反感を買っている、という認識を披露している。第三師団は管区内の諸都市、チタ、ヴォルフネウジンスク（現ウラン・ウデ）、ペトロフスキーザヴォード、ネルチンスク、満州里《まんしゅうり》などの都市のユダヤ人社会を個別に調査し、その人口、経済力、民族関係に加えて対米、対日認識について「分析」したものである。(24)

報告は、調査の結果ザバイカル州のユダヤ人に反日、過激思想は見られないとする一方で、「彼らの陰謀を未然に打破する用意が必要」であると、以下の様なユダヤ人認識を明らかにしている。一部を要約すれば、

一、ユダヤ人は営利のためにはその手段を選ばず、何者に対しても反抗的行為にでる。二、彼らは従来歴史上ほかの圧迫から逃れようとする思いが強く、常に他から侮蔑されたため、その性格が温和ではない。三、ユダヤ人内の団結が強い。四、当師団行動地域内のユダヤ人はこの地域の経済を牛耳っている。五、以前アメリカに避難していたユダヤ人が近年多くザバイカルにやってきている。六、ユダヤ人一般は過激派に好意を有する。七、米国軍が当管区内へ増員するに従い、アメリカ人の手先となって活躍するユダヤ人が少なくない。次第に一般ロシア人に影響を及ぼす恐れがある。八、中国人がアメリカの物質的援助に誘われアメリカの計画に共鳴し事をなす可能性がある。ユダヤ人は現在政治方面では大きな勢力を持たないがその勢力は次第に増大する傾向がある。(25)

要するに、客観的な概況調査ではなく、調査そのものがユダヤ陰謀論の産物であった。その内容には、共同派兵を行ったアメリカに対する強い不信感が見られる。

（3）『議定書』の流入

『議定書』は、ユダヤ陰謀論と同時にわが国に伝播していた。一九一九年（大正八）五月、ウラジオストク派遣軍は陸軍参謀本部に宛てて「過激主義ノ真髄」なる文書を大量に送り、五月一七日、これを受けた参謀本部庶務課は陸軍省宛に「過激主義の根源及び同真髄（某露人より某日本人宛書面共）浦潮派遣軍より送付」されてきたので、「別表の如く」配布したい、と伝達している。この「別表」によれば「過激主義ノ真髄」八二部、「過激主義ノ根源」一〇五部が、教育総監部、士官学校、幼年学校、各区師団など陸軍内部、さらに貴族院事務局、学士会、帝国大学、教育会長、第一、第三高等学校校長といった教育分野各方面、そして朝鮮総督、大蔵大臣、海軍大臣、さらに加藤高明、犬養毅、大隈重信ら個人宛にも送られていたことがわかる。(26)

ウラジオストクから到来した『過激主義ノ真髄』は、副題を「シオンの決議」と銘打たれた、八〇頁を越える手書きの謄写版印刷物であり、「露人ノ言」、「過激主義ノ真髄」（＝議定書本体）、「マッソン（＝フリーメーソン）ノ陰謀」の三篇が一つの冊子にまとめられたものである。興味深いのは、スピリドン・メルクーロフ（Спиридон Дионисьевич Меркулов　一八七〇―一九五七）の筆になるものとみられる冒頭の「露人の言」であり、それによれば『議定書』は「米国にあるマッソン秘密結社の首領がその総会に於いて述べた報告」とされ、また「ボリシェヴィズムハ露国ノ産物デハアリマセン、輸入物デアリマス。某国ノ猶太人ガ仕組ンダモノ……」という説明が付いている。某国とはアメリカを指しており、日本と共同派兵を行い、出兵方針をめぐって日本軍と対立したアメリカになっていることが最大の特徴といえよう。

この文書はシベリアで共同派兵を行ったアメリカに対する日本の不信や敵意をあおり、極東に対する日本の領土的野心をくすぐりつつ、その野心がロシア極東における秩序回復という大義と一致すると言ってはばからない。

すなわち、当初仏・英・米軍を歓迎し、日本軍に対してはむしろ敵意を抱いていたロシア人は、今ではシベリア、極東においては米軍を敵視、日本軍に同情している。ロシア人の心情を理解しない米軍は義援金をえさにロシア人の歓心を買おうとして失敗した。日本が真にロシアを防護しようとするならば、ロシアの秩序を回復させ、ロシアに合法的政権を樹立すべきである。ロシア極東の復興は、財政上独力では不可能であり、過激派や外国人からの防御にたいする日本の支援がどうしても必要であると述べ、さらにロシア、ドイツがユダヤの手に落ちた現在、日本がフリーメーソンを放逐し、ユダヤ人の入国を防ぎ、言論機関を統制しなければ、日本も早晩滅亡を免れないだろうというのが、「政治的預言ニ於テ一回タリトモ誤リタルコトナキ政治家ニシテ日本ノ親友」の助言であると締めくくったのである。[27]

誰がロシアから『議定書』をわが国に紹介したのかについては諸説あるが、この『過激主義の真髄』(【図3】)こそが、邦訳され日本に持ち込まれた最初の『議定書』であったと思われる。この最初の『議定書』をわが国に持ち込んだのは誰かについては、筆者が以前詳しく論じた。[28]ウラジオストクの実業家で、一九二一年五月の政変により、最後の白衛派政府首班となったスピリドン・メルクーロフ(【図4】)と、出兵当時ロシア語通訳官としてウラジオストクに三年あまりにわたって派遣された陸軍諸学校教授樋口艶之助のふたりの「共謀」により、『議定書』は一九一九年(大正八)に最初に翻訳され、日本に伝播したものと

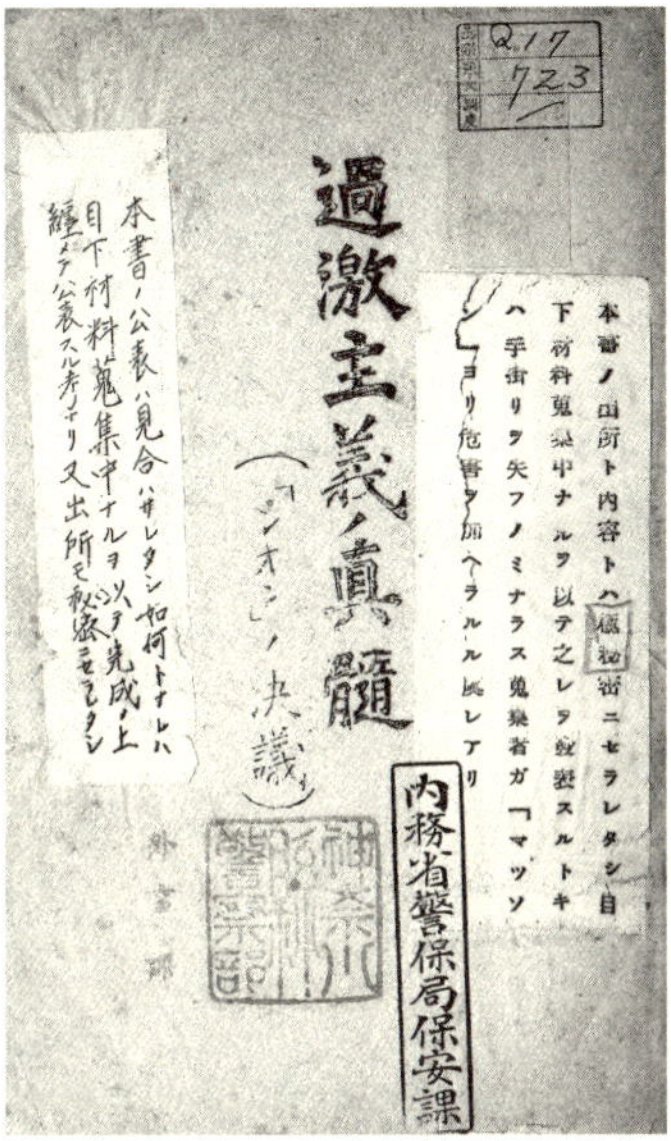

【図3】『過激主義ノ真髄』
(国立国会図書館デジタルコレクション)

【図4】　スピリドン・メルクーロフ

思われる。

（4）『議定書』をめぐる論議　一九二一年

『議定書』が、わが国で無批判に受け入れられたわけではない。一九二一年（大正一〇）には吉野作造をはじめ複数の論者によって批判され、当初から偽書との指摘を受けていた。

すでに述べたように『議定書』が一般向けに公刊される以前の一九一九年（大正八）にその存在は一部の人々の間に知られ、すでに謄写版の邦訳が回覧されていた。満川亀太郎（一八八八—一九三六）は一九一九年春「世界革命の陰謀」という噂を聞き、その二ヶ月後には知人宅で満州から入手したという謄写版の『猶太人の大陰謀——シオンの決議』なる文書を読んだ。満川は通読後すぐこれを「偽作」と断定し、「レーニンを傷付けんがための反過激派の宣伝」であり、「三千年もかかって未だ世界を転覆し得ぬような意気地ない秘密結社」がなぜそんなに恐ろしいのか、と「ユダヤ人陰謀説」を揶揄している。そしてユダヤ人は世界革命を起こすどころか、多くが無産階級であり、流浪と迫害を受けたユダヤ人を導くのは人種平等案をパリ講和会議に提出した日本である、とアジア解放論者の満川らしい主張をしている。[29]

大正デモクラシーの代表的思想家である吉野作造が『議定書』の存在を知ったのも一九一九年春であった。吉野も「フリーメーソンとユダヤ人に対する西洋人伝来の反感を利用してボルシェヴィキに対する不信を煽るために作った偽書」と断定している。吉野によれば『議定書』の翻訳はシベリアに出征した将校、官吏の間にひろく行き渡っていたが、それが日本に相当数流入し、あらたに出版され、「それがまた一部有力なる人々の間にかなり広く刷り撒かれた」。吉野はユダヤ人の陰謀という誤解が当時の日本人の間で信じられている状況を嘆き、『議定書』の作者が民主主義、自由主義、男女平等、普通選挙運動といった「新思想」を危険視し、さらには国際連盟や平和運動など自由、進歩、平和の目的を持つあらゆる運動を「ユダヤ＝フリーメーソン」の汚名とともに排斥する事が根本目的の「驚くべき頑迷な反動思想」であると指摘した。(30)

これに対し、一九二一年一二月、帰国から三週間後に樋口艶之助は「貴族院某団体」で「裏面より見たる西比利《シベリア》事情」を講演した。樋口によれば、ドイツやロシアなどの君主国崩壊後「世界唯一の帝国たる吾日本国が猶太の攻撃破壊の目標」となり「世界的陰謀団」によって攪乱された日本が世界的孤立状態に陥る。この問題への対策が「日本国民の最大緊急事」であるとして、樋口は「猶太人の世界破壊の計画書」すなわち『シオン議定書』を朗読し、普通選挙運動、労働運動、道徳の退廃、風俗紊乱、拝金主義、金力支配などをすべてユダヤ人の陰謀としたが、その際に樋口が長々と付け加えた解釈からは、樋口にとって『議定書』は、なかでも当時高揚した普選運動と、吉野作造に対する批判という持論展開のための手段であったことがわかる。

> 日本人にして猶太の金に依って動いている政治家又は学者がないでしょうか。……軍備縮小を唱道し、その結果ワシントン会議に於ける屈辱の因をなした軽薄な政治家や国体に適せざる空想を乱呼しているハイカラ頑迷の似非学者などの影には何か外国の媚薬が効いているのではありますまいか。(31)

(5)『浦潮日報』の「陰謀説」批判

メルクーロフ・樋口ルートで日本に初めて『議定書』が流入した二年後の一九二一年（大正一〇）五月二六日、

ウラジオストクの政変によりメルクーロフが政権を握り、沿アムール臨時政府を樹立する。極東における最後の白衛派政府となったメルクーロフ政権は、反ユダヤ主義的な諸事件によって幕が開ける。ウラジオストク在住の日本人貿易商人池田喜代松《いけだきよまつ》（一八八六—没年不明）によれば、政変当時メルクーロフ派が「数万枚の宣言書を自動車に満載して市中に散布」したが、その宣言書は共産党の罪悪とならんでユダヤ人の陰謀を攻撃するものであった。(32)

メルクーロフ政権下に置かれたウラジオストクには、相当数の日本人居留民が暮らしていた。彼らの間でユダヤ陰謀説は果たして受容されたのだろうか。ウラジオストクには日本の他にイギリス、アメリカ、中華民国など九カ国の領事館が設置され、ロシア極東の中心都市として栄えた都市である。一九一八年（大正七）、同市には、三六〇六人の日本人居留民が住んでおり、日本人はウラジオストク市ではロシア人、中国人、朝鮮人に次ぐ人口を擁した。周知のように、日本政府による当初のシベリア出兵は、チェコスロヴァキア軍団の救援という大義名分のもとで行われたが、チェコ軍兵士が漸次帰国後はその名目は失われ、アメリカ派遣軍も一九二〇年（大正九）に撤兵した。日本軍にとってはシベリアの日本人居留民の存在と保護が、シベリア駐留を継続する重要な名目となっていた。

日本人社会がウラジオストクのメルクーロフ政権をどのように観察していたのかは、当時ウラジオストクで発行された日刊紙『浦潮日報』の論調からうかがい知ることができる。この日刊紙はロシア革命後の一九一七年（大正六）一二月に創刊され、ウラジオストク在留の日本人にとって日本の情勢と激変するロシアの政治、社会情勢を知るための貴重な情報源であった。(33)発行人は浦潮日本人会の役員でもあった和泉良之助《いずみりょうのすけ》（一八七一—一九三一）である。和泉は東京外国語大学でロシア語を学び、日露戦争では乃木希典大将の従軍通訳を務めた。日露戦争後ウラジオストクに移り住んだ和泉は、ロシア革命後の一九一七年一二月かねてからの念願であった『浦潮日

報』を創刊した。(34)

さてメルクーロフが政権を獲得した翌日の『浦潮日報』は「布告文を発した臨時沿黒龍政府、三日天下に終わらざるか」という新政権の存続に対してきわめて懐疑的な記事が掲載された。

…メルクーロフ一派の非社会党員が臨時沿黒龍政府なるものを組織し臨時新政権樽を標榜するに至れり。しかるに、現在浦潮においては国民議会の存在せると同時に市会なるものも存在し、議員の多く不在なるも、これらの機関は一時的占領をもって存在意義を失うものにあらず。…はたして新政権なるものが合法的のものなるか、ないし民意を代表せるものなるか不明…(35)

また社説は、メルクーロフ政権下のウラジオストクでは「生活が逼迫、強盗が跋扈」し、政府が日本軍に犯罪を防止するために三〇〇〇丁の小銃を要求したと伝えられているが、「露国の為政者らは人民の生活よりも政治そのもののほうにより多くの興味を感じているので」日本軍が武器を提供したらさらに悪化するだろう、と述べ、メルクーロフに対し「ユダヤ人だとか、過激派だとかいうような人種的または党派的偏見を放棄し、潔く極東全住民の生活のために必要なる方向に猛進してはどうだろう」と批判した。(36) 一九二一年（大正一〇）九月、メルクーロフは原敬首相に日本の軍事的支援を求め、大連会議を批判する電報を送った。この電報のなかで、メルクーロフは原首相に、持論の「ユダヤ陰謀」説を展開している。それによれば、沿アムール臨時政府は「民主政権」であり、ロシア国民の多くから支持を得ている。一方、敵対勢力は、共産主義者の残党と極東共和国に買収されているユダヤ人だけである。極東共和国そのものが「異国の猶太人」（すなわちアメリカ・ユダヤ人）の政権であり、日本と極東共和国との大連会議がいかなる決定を行おうと「我々の決意を変えることはない」と。[37]『原敬日記』には、このメルクーロフの電文に関する言及はなく、また五月末にメルクーロフが政権を握ったウラジオストク政変に関しても全く触れられていない。

『浦潮日報』の記者であった中山貞雄は、日本陸軍が「労農露西亜」の暗黒面を観察するのに急であり、すべての問題を「マッソン式に解釈」し、「労農露西亜と言えば猶太人の専制国」と考えているのに対し、外務省がロシア革命をユダヤ人の陰謀とは見なしていないことを「一見識」と評価している。[38]原暉之氏は『浦潮日報』を日本軍の「広報紙」と位置づけているが、[39]少なくとも同紙は日本軍のユダヤ陰謀説に対しては距離感を持って見ていたといえるだろう。

おわりに

欧米諸国ではユダヤ人の陰謀説は古くから存在するが、日本は二〇世紀初頭に偽造された『議定書』と陰謀説が同時に流入した。一九世紀末から革命運動に動揺するロシア帝国では、反帝政、革命思想をユダヤ人と結びつける反動勢力と秘密警察によってユダヤ陰謀説の根拠となる『議定書』がねつ造された。一九一七年（大正六）のロシア革命によるボリシェヴィキの政権奪取後、共産主義「危険思想」や「過激派」をユダヤ人と結びつける反ユダヤ思想が欧米諸国にも拡大し、続くドイツ革命、ハンガリー革命、さらに極東では二〇年の極東共和国樹立といった一連の事件でユダヤ人の果たした役割が大きく注目された。さらに当初脆弱と見られていたボリシェヴィキ政権が存続し、内戦と干渉戦を持ちこたえる背景には、ジェイコブ・シフらアメリカのユダヤ系資本家の資金供給があるという、もっともらしい妄想によって補強された。ユダヤ人が資本家であれ過激派であれ、一致団結して既存秩序を破壊し、世界征服をもくろんでいるという『議定書』が欧米諸国で広く受容されたのと同時期に、わが国でも「諸悪の根源」を説明できる外来思想として受け入れられたのである。

注

（1）宮沢正典『増補ユダヤ人論考 日本における論議の追跡』（新泉社、一九八二年）四〇頁。

（2）帝政ロシアにおけるユダヤ人陰謀論の代表格であるヤコフ・ブラフマン（Яков Брафман 一八二五―一八七九）の『カハルの書』については、John Klier, *Imperial Russia's Jewish Question, 1855-1881*, Cambridge: Cambridge UP, 1995, pp. 169-173, 263-288を参照。ブラフマン自身は改宗ユダヤ人である。ユダヤ人の自治組織「カハル」が国際的なユダヤ人組織アリアンス（Alliance Israélite Universelle）と結託して陰謀を働いているとする同書の構図は、『議定書』の先駆といえよう。

（3）ハナ・アーレント、大久保和郎訳『全体主義の起源1 反ユダヤ主義』（みすず書房、一九七二年）。

（4）Norman Kohn, *Warrant for Genocide: The Myth of the Jewish World Conspiracy and the Protocols of the Elders of Zion*, London: Penguin Books, 1970（翻訳は内田樹訳『ユダヤ人世界征服陰謀の神話』ダイナミックセラーズ、一九八六年）。ノーマン・コーンの原作は陰謀説と『議定書』の歴史、由来をめぐる研究であるが、この邦訳巻末には『議定書』が付録として付けられている。

（5）Gavin Langmuir, *Toward a Definition of Antisemitism*, Los Angels: University of California Press, 1990; Id., *History, Religion and Antisemitism*, (Los Angels: University of California Press), 1990.

（6）ドリュモンは諸悪の根源をユダヤ人に求めた『ユダヤ的フランス』の著者であり、ドレフュス事件では反ドレフュス派の先鋒として『リーブル・パロール』紙で反ユダヤ的論陣をはった。ドリュモンによればセーヌ上流でユダヤ人が強行した森林伐採（根拠はない）こそが洪水の原因であった。ミシェル・ヴィノック（川上勉・中谷猛監訳）『ナショナリズム・反ユダヤ主義・ファシズム』（藤原書店、一九九五年）一〇三頁。

（7）邦訳として参照したのは、①、「過激派の真髄」と題したおそらくウラジオストク経由の『議定書』を収録した酒井勝軍『猶太民族の大陰謀』（内外書房、一九二四年）二二八―三二〇頁、②、包荒子『世界革命之裏面』（内外書房、一九二四年）八一―三一六頁、及び③、エス・ニールス（久保田栄吉訳）『脅威の怪文書 ユダヤ議定書』（大勢出版社、一九五九年）である。ちなみに前者①は議定書本体二四篇を切り刻んだ五七項目からなり、酒井の論評が各所で行われているが、冒頭に「議定書」の「演説者」はフリーメーソンだがユダヤ人ではないという興味深い指摘がある。②は『議定書』最初の全訳であり、訳者の包荒子は、安江仙弘の偽名である。③は一九三八年に翻訳されたが、訳者の久保田は「何とかして此の原書を入手すべく苦心惨憺の結果」、「世界的に貴重な」ニールスの『近き将来に来たるべきキリストの敵』を入手できたと述べている。この訳はニールスの一九一一年版『反キリスト』を底本にしておりニールスが一九一〇年頃に加筆した注釈も翻訳されている。②、③は同一のテキストに基づくと思われるが、①とは内容に共通性はあるものの、原本は異なると思われる。ここで引用した『議定書』は③の久保田訳（一九三八年初版）の改訂版であり、現代仮名遣いにあらためた。

（8）包荒子『世界革命之裏面』（二酉社、一九二五年）六八―六九頁。

（9）北上梅石『猶太禍』（内外書房、一九二四年）四八―四九頁。

（10）Michael Hagemeister, "The Protocols of the Elders of Zion in court: The Bern trials, 1933-1937" in Esther Webman, ed., *Global Impact of the Protocols of the Elders of Zion: A Century-Old Myth*, London: Routledge, 2012, p. 241.

（11）ロシア民族同盟（Союз Русского Народа）は、一九〇五年革命の際に創設されたロシア極右政党で、大ロシア主義、反自由主義、反ユダヤ主義を標榜した、いわゆる「黒百人組」。

（12）前掲注4コーン書、八〇頁。

（13）Lucien Wolf, *The Jewish Bogey and the Forged Protocols of the Learned Elders of Zion*, London: The Press Committee of the Jewish Board of Deputies, 1920.

（14）Wolf, *Jewish Bogey*, p. 31.

（15）Cesare G. D. Michelis, *The Non-Existent Manuscript: A Study of the Protocols of the Sages of Zion*, Lincoln:University of Nebraska Press, 2004, p. 75.

(16) Webman, ed., *The Global Impact of the Protocols of the Elders of Zion*, p. 4., 249.
(17)『議定書』に関するヒトラーの「評価」については、アドルフ・ヒトラー（平野一郎他訳）『わが闘争 上』（角川文庫、二〇〇一年）四〇〇—四〇一頁を参照。
(18) ディヴィッド・グッドマン・宮沢正典（藤本和子訳）『ユダヤ陰謀説 日本の中の反ユダヤと親ユダヤ』（講談社、一九九九年）六〇—六三、一四一—一四二頁。
(19) 小池喜明『大橋訥庵 日本「商人国」批判と攘夷論』（ぺりかん社、一九九九年）五七—六四頁。
(20) Jacob Schiff, *Our Journey to Japan*, New York: Co-operative Society, 1907.
(21) 酒井勝軍『猶太民族の大陰謀』（内外書房、一九二四年）一〇九—一一〇頁。
(22) 北満洲特務機関『猶太研究』（ハルビン、一九二一年）二一二頁。
(23) バールイシェフ・エドワード「第一次世界大戦期における日露接近の背景——文明論を中心として」（『スラヴ研究』五二、二〇〇五年）。バールイシェフは後発の日露両国が当時促成の近代化という共通課題を持っていたことが、日露接近の遠因にあり、日露同盟は、国際関係の中心である英米勢力を仮想敵とする性格を持っていたとする。（二三一頁）
(24) 詳細については、高尾千津子「シベリア出兵と『シオン議定書』の伝播」（『ユダヤ・イスラエル研究』二七、二〇一三年）。
(25) Hoover Archives, Stanford.　篠田治策コレクション「猶太人ノ情況 第三師団報告」Box 20, folder 3.
(26) アジア歴史資料センター（以後ＪＡＣＡＲと略）、Ref C07061023100（防衛研究所）「西受大日記」大正八年六月一七日付参謀本部長尾恒吉から陸軍省副官杉木宛。
(27)『過激主義ノ真髄』七八—七九頁。
(28) 前掲注24高尾論文。『議定書』を最初に日本に紹介した白衛軍将官は誰かについては、アタマン・セミョーノフ説、コルチャーク政権の宣伝部長イワノフ説、メルクーロフ説などがある。また近年の研究には、『議定書』はあらゆる白衛軍体制に遍在していたため、特定するのは困難とみる向きもある。Jacob Kovalio, *The Russian Protocols of Zion in Japan: Yudayaka/Jewish Peril Propaganda and Debates in the 1920s*, Berlin: Peter Lang, 2009.
(29) 南溟庵主人「世界革命と猶太人について」（『亜細亜時論』一九二一年七月号）。南溟庵は満川の雅号である。

ユダヤ陰謀説の台頭に抗し、満川は一九二九年には『猶太禍の迷妄』を発表した。西洋史家小林正之は、満川のこの著作は「日本反ユダヤ主義批判書として筆鋒もっとも徹底したもののひとつ」と高く評価している。小林正之『ユダヤ人その歴史像を求めて』（成甲書房、一九七七年）二四九頁。

(30) 吉野作造「所謂世界的秘密結社の正体」（『中央公論』一九二一年六月号、二一―四二頁）。

(31) 前掲注9北上書、五四頁。

(32) JACAR、**Ref.B03051275000**露国革命一件／出兵関係／反過激派関係、第九巻、「浦潮政変に関する件」大正一〇年六月一〇日。

(33) 橋本哲哉「『浦潮日報』の成立と『シベリア出兵』」（『金沢大学経済学部論集』一二―二、一九九二年）。

(34) 望月恒子「詩人ネスメーロフのウラジオストク生活と亡命」（『境界研究』特別号、二〇一三年）。

(35) 『浦潮日報』一九二一年五月二七日。

(36) 『浦潮日報』一九二一年八月二四日。

(37) 『浦潮日報』一九二一年九月二七日付「メルクーロフ首班の原首相宛電文」。メルクーロフの原首相宛英文電文は九月一五日に日本に届いた。JACAR、**Ref B03051244200**（外交史料館）露国革命一件／出兵関係／西比利亜政情、第二一巻。

(38) 『大阪朝日新聞』中山貞雄「第三回日露会議」大正一一年一月二一日。

(39) 原暉之『シベリア出兵――革命と干渉　一九一七―一九二二』（筑摩書房、一九八九年）五四八頁。

［第七章］

酒井勝軍の歴史記述と日猶同祖論

山本伸一

一　問題設定

本章が論じるのは、二〇世紀前半に活躍したキリスト教シオニスト、酒井《さかい》勝軍《かつとき》（一八七四―一九四〇）（【図1】）のユダヤ人をめぐる歴史記述と日猶同祖論である。酒井がユダヤ人に関心を持った背景には、キリスト教の伝道および帝国陸軍で活動した経歴がある。彼は山形英学校と仙台神学校で学び、一八八八年（明治二一）に洗礼を受けた。そして一八九八年（明治三一）から四年間にわたって米国の神学校（シカゴ音楽大学、およびムーディー聖書学院）に留学し、帰国後は賛美歌による伝道に乗り出した。歌唱指導や音楽に関する著作活動に没頭しながら、一九〇三年（明治三六）に東京唱歌学校を設立している。さらに米国留学で習得した語学力を活かし、一九〇四年（明治三七）に始まった日露戦争では観戦外国武官接伴掛、一九一八年（大正七）のシベリア出兵ではウラジオストック派遣軍の通訳として従軍した。この経験を通して日本の軍事政策と植民地主義的展望に関心を抱きながら、日本固有のキリスト教の理想像を国家主義と融合させようとした。信仰と国家主義という二点が酒井の思想の根幹で

【図1】　酒井勝軍の肖像
（久米昌文『「異端」の伝道者 酒井勝軍』学研パブリッシング、2012年より）

あり、そこにユダヤ人への関心が生まれたのである。

　酒井がユダヤ人の動向に強い関心を持ったのは、米国とシベリアで最新の外国事情に触れた結果である。日本でも米国でも一部のプロテスタントのあいだでは、キリスト再臨の前兆としてユダヤ人の聖地帰還を説く千年王国論が勢力を伸ばしつつあった。この終末論的な救済史観はもともと一六世紀の英国に遡るものだが、一九一七年（大正六）のバルフォア宣言に象徴されるように、シオニズムが国際的な関心を集めるなかで新たに現実味を帯びるようになっていた。一方、シベリア出兵の時期、ボリシェヴィキの台頭に対する懸念からユダヤ人が共産主義を牽引しているという風説が流行し、従軍した日本人のあいだでも『シオン長老の議定書』が出回った。そして、共産主義の流入を警戒する人々は、ユダヤ人についての十分な知識もないままに借り物の反ユダヤ主義を復唱した。その結果、国内で数々の類書が著され、一般読者に消費されるようになった。こうしたユダヤ人のイメージを反映しつつ、酒井の歴史記述では宗教と民族の観点から日本人とユダヤ人の関係が強調される。

　日本人とユダヤ人のつながりを指摘する仮説には、すでに先例があった。[1] なかでも、酒井が参照したと思われるのは、木村《きむら》鷹《たか》太郎《たろう》（一八七〇―一九三一）と石川《いしかわ》三《さん》四郎《しろう》（一八七六―一九五六）の著作で、ともに記紀神話を世界の古代史と結びつけようとする牽強付会の説が特徴である。[2] これらを科学的傍証と認めながら、酒井は次の二点で独自性を発揮する。一つ目はすでに述べたように、同時代の千年王国論とシオニズムの高まりに触発された宗教的な動機である。のちに何名ものキリスト教徒が宗教的な動機から日猶同祖論に傾倒するが、酒井はそれに先鞭をつけた一人である。次に特徴的な点は、ユダヤ人に対する神秘家としての関わり方である。彼は東京（一九一四年）とエルサレム（一九二八年）で幻視を体験し、日本人に託された信仰の使命とユダヤ人との歴史を超えたつながりを確信する。つまり、木村や石川のような論証的な方法ではなく、神秘体験が確固たる信念の源泉だった。酒井には、自分こそが日本人とユダヤ人のあいだの秘密を正しく理解しているという自負があった。そして、世界が歴史の大団円を迎えようとするときに、その秘密を広く宣べ伝えることが使命であると感じていた。そのうえで、彼は歴史記述のもっとも肝心な部分を、論証ではなく幻視体験によって裏付けていくことから始める。このように酒井は自らの「霊眼」を「科学」に勝ると考えていた。ところが、ある時期から「科学」的な論証へと大きく傾き、日猶同祖論の証明に努めるようになる。この転換も以下で扱う論点の一つである。

本章は政策や国際関係だけが日本のユダヤ人に対する関わり方のすべてではないという立場をとる。言い換えるならば、一見して突飛な酒井の歴史記述さえも、ユダヤに関するイメージを形成した一つの要素と捉える。確かにそれらは誤解や想像力の産物だったかもしれない。だが、酒井の思想と体験をたどるなかで明らかになるように、それはこの時代にしか生まれ得ない歴史観でもあった。酒井はなぜ一貫して日本人とユダヤ人の歴史に思いを巡らせ続けたのだろうか。この問いへの答えは、歴史記述という営みが孕む潜在的な問題、つまり往々にして歴史が宗教的な解釈と親和性を持つという傾向を浮き彫りにしてくれる。

酒井についての研究は多くない。相沢源七が連載した「酒井勝軍の〝神州天子国〟論について――その日猶主義を中心として」は酒井の思想を記述しているが、著作の逐語的な摘要が大半を占めており、十分な分析がなされているとは言えない。(3) 一方、久米晶文の単著『「異端」の伝道者 酒井勝軍』は酒井の生涯と思想の展開を丁寧に描いた研究である。神秘体験が酒井の思想の基盤にあることを強調している点で、本質に迫る仕事だと言える。ただし、酒井の「絶対的異端」に共鳴するあまり、いかにも時代の徒花《あだばな》が実を結びえたかのように描いてしまい、多くの過剰な読み込みが見られることは否めない(4)。それに対して、ここでは酒井の歴史記述が信仰の産物で、あくまでも偽史であるという前提に立つ。酒井が参照した学術的研究の成果が、宗教的な信念によっていかに上書きされ、そしてそれがなぜ日猶同祖論へと飛躍したかを考察することが本章の目的である。

二　反ユダヤ主義と逆説的な陰謀論

酒井勝軍によるユダヤ人の歴史記述と日猶同祖論を分析するにあたり、まず一九二〇—一九三〇年代のユダヤをめぐる言説と彼の位置付けを確認しておく。これは酒井がユダヤ人に多大な関心を寄せた時期にあたり、関連人物と比較しながらその独自性を相対的に明らかにするためである。当時の傾向は大きく三つに分類することができる。

まず主流を占めていたのが、反ユダヤ主義に基づく言説である。一九一九年（大正八）頃から『シオン長老の議定書』（以下、『議定書』）の内容が日本語で出回るようになり、一部で偽作が疑われながらも、要約や翻訳を重ねた。酒井自身も『議定書』の翻訳者の一人である(5)。その他にも東京の内外書房から複数の反ユダヤ主義の書物が出版されている。北上梅石《きたかみばいせき》の筆名で活動した樋口艶之助《ひぐちえんのすけ》（一八七〇—一九三一）が同社から『猶太禍《ゆだやか》』を出版すると、ユダヤ人に関する言論空間は悪意に満ちた言葉で埋め尽くされるようになった(6)。

それに対抗して、反ユダヤ主義と一定の距離を保つ政治的立場があった。満川亀太郎《みつかわかめたろう》（一八八八—一九三六）や吉野作造《よしのさくぞう》（一八七八—一九三三）といった言論界の論客は、『議定書』を偽書と判断し、反ユダヤ主義の流行を牽制する論文や書物を著した。だが当時は、扇動的な反ユダヤ主義のほうが圧倒的に優勢だった。満川は「ユダヤ禍説の伝染力も中々猖獗であつて、筆者が一弾を放てば、彼亦一弾を以て社会を迷はすといふ有様であつた」と嘆いている。[7] また、国際問題の専門家として実際的な問題と向かい合う人々もいた。安江仙弘《やすえのりひろ》（一八八八—一九五〇）、犬塚惟重《いぬづかこれしげ》（一八九〇—一九六五）、樋口季一郎《ひぐちきいちろう》（一八八八—一九七〇）といった政府から派遣された軍人である。彼らは必ずしも反ユダヤ主義を批判したわけではないが、ハルビンや上海にユダヤ人入植地建設の計画が持ち上がったところ、日本の国益に適うようユダヤ人を遇することに努めた。[8]

第三の傾向としては、ユダヤ教やユダヤ人の歴史に関する研究が挙げられる。外国人宣教師の布教と教育が実を結び、一九世紀末には米国に渡ってキリスト教を学ぶ若者が現れ始めた。酒井もその一人である。それに伴い西欧の聖書学の成果が紹介されると、石橋智信《いしばしとものぶ》（一八八六—一九四七）や大畠清《おおはたきよし》（一九〇四—一九八三）がキリスト教の信仰や神学と一定の距離を置いて古代ユダヤ教の学術的な理解を目指すようになった。館岡剛《たておかたけし》の『聖書解釈法』のように、中世のラビ・ユダヤ教を紹介する文献も現れた。[9] また、アルトゥール・ルッピン（Arthur Ruppin 一八七六—一九四三）の『現今之猶太種族』が出版されたことからは、ユダヤ人が置かれた最新の社会状況への関心もうかがえる。[10] 反ユダヤ主義が一部の知識人を魅了する一方で、ユダヤに関する学術的な知見が増えたのもこの時期である。

酒井の著作を読むと、興味深いことに、これらの傾向がすべて一人の人格に同居しているような印象を受ける。酒井は『猶太人の征略運動』、『猶太民族の大陰謀』、『世界の正体と猶太人』といった過激なタイトルの著書を出版しており、多くの研究者から反ユダヤ主義者と見なされてきた。前出の満川も酒井を評して「ユダヤ禍論者の驍将《ぎょうしょう》」と呼んでいる。だが、満川自身が気付いていているように、「その著書の内容を検すると、氏の真意が何処に在るか判断に苦しむ点が多い。[11]」実はこれは十分な分析なしに酒井を反ユダヤ主義者と断定するところから生まれる矛盾である。酒井に関する研究を行った相沢源七や久米晶文も指摘している通り、彼は当時流行していた反ユダヤ主義に与《くみ》することはなかった。[12]では、一見して敵意に満ちたユダヤ人への言及にはどのような意味が潜んでいるのか。

ここで私たちが注意しなければならないのは、酒井の言う「陰謀」が必ずしも一義的に反ユダヤ的な言葉とは捉えられないことである。酒井によれば、ユダヤ人はこれまで流浪の身だったために、生き残るには利益に執着し「陰謀」を図るほかなかった。したがって、『議定書』の通りに世界情勢が展開しているとしても、彼らの聖なる使命が否定されるわけではなく、むしろ真の姿が徐々に明らかになっているのである。この微妙な点を区別することが酒井のユダヤ観を理解する鍵になる。酒井の著作ではユダヤ民族とシオニズムが賞揚され、「陰謀」という否定的な言葉の奥に神の意志を見出している。[13]確かにユダヤ人は、『議定書』に書かれている通りに世界征服に乗り出しており、その脅威は共産主義や「米国宗」（神を忘れて民主主義に毒された米国のキリスト教）の姿を借りて日本にも迫り来ている。酒井は「世界的陰謀者猶太人」に民族としての統一的な思惑があり、それは歴史における神の介在を反映したもので、つねに世界情勢を背後からコントロールしてきたと信じていた。それは「昨今の出来心に非ずして、猶太民族の出現と共に生れ出でたる一の国民的事業なるが、而も之れ猶太民族の侵略的欲望より生れ出でたるものに非ずして、天地の造物主にして主宰者なる神の命令に由りて発したるもの」であるという。[14]ゆえに一見すれば「陰謀」と呼びうる画策だが、ユダヤ人は「神の選民」に他ならない。シオニズムを介し「現世界を崩壊して、新世界を建設せんとする」彼らの目的は、神の意志によって到達されようとしている。

酒井によれば、「此畏敬すべき彼等は世界文明の凡ゆる利器の精鋭を尽して神政復古の劫業を果たすべく日夜努力し居るなり、而して之れ世界的大陰謀なり。[15]」、その一方で、「今日に於いては最早陰謀に非ざるが故に余は憚らず彼等の運動を追究すべし」とも述べる。[16] 確かに表現の矛盾を見て取ることができるが、ユダヤ人の「陰謀」とシオニズムに神意の顕現を見出している点では一貫していることがわかる。

酒井は当時のユダヤ人が「陰謀」とシオニズムを通して「テオクラシイ」（神政）を実現しつつあると信じていた。ここでいう「テオクラシイ」とはユダヤ教だけでなく、キリスト教や神道の神の支配をも包摂する習合的な概念であり、西欧の腐敗した「デモクラシイ」と対置される。民主主義に対する反発は当時の国家主義者の一部に見られた態度で、酒井もそれを共有している。だが彼はこの反発をさらに推し進めて、「米国宗」の影響を排した真のキリスト教が神の国である日本に「テオクラシイ」を打ち立てると宣言する。ここにおいて酒井は、同じ神という概念のもとにユダヤ教とキリスト教と神道を包摂しながら、陰謀論から宗教的な歴史認識へと進み、ユダヤ禍を吹聴する同時代の反ユダヤ主義者とは一線を画すようになる。

三　終末論的な歴史記述とシオニズムの意味

一九世紀から二〇世紀にかけて世界各地で現れたナショナリズムのなかで、民族の歴史を書くことが重大な意味を担うようになった。歴史記述を通して民族の起源、失われた純粋性、英雄と宿敵を明らかにすることで、自分たちが何者であるかを内側から規定していくのがその目的である。そこでは大学の研究者たちによる学術的な方法論が大きな役割を果たすが、一方で民族史が政治的な意図を色濃く反映し、あるいは大衆の通俗的な関心を

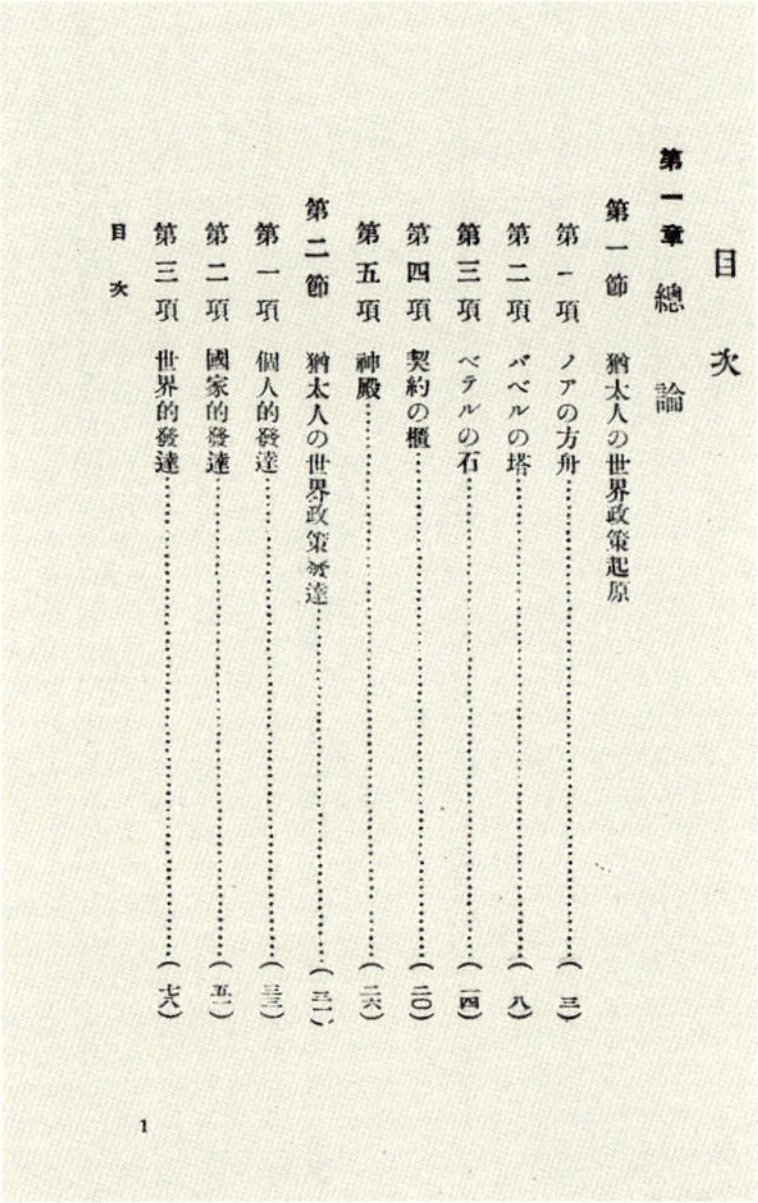

目次

目次

1

【図2】 酒井勝軍『猶太人の世界征略運動』目次（内外書房、1924年）

満たすために書かれることもあった。酒井勝軍の歴史記述はこの近代民族史の特徴を備えている。彼はユダヤ人を理解するにあたって、アカデミックな歴史研究の成果も取り入れたが、自らの想像力と神秘体験によって論理を飛躍させながら日本人とユダヤ人のつながりを見出していく。さらに、酒井が歴史に神の意志が介在していることを疑わなかった点も重要である。酒井には、歴史が終末を迎えるとユダヤ人がエルサレムに集い、キリストが復活するという確信があった。彼の黙示的な歴史観は、近代に発展した民族史の特徴に中世以来続く千年王国論が接合されてできあがっている。では、黙示的な歴史観に基づく近代的な歴史記述とは、具体的にどのようなものだったのだろうか。

酒井が最初に取り組んだのが日本の歴史でも宗教としてのユダヤ教の歴史でもなく、ユダヤ民族の歴史だったという事実は極めて重要である。一連の歴史記述の第一作に当たる『猶太人の世界征略運動』（内外書房、一九二四年）（【図2】）では、シオニズムの精神的な起源を説明するために、神の命令による「世界征略運動」がノアの方舟の解釈から説き起こされる。そして、三つの発展段階を追いながら、シオニズムにいたるまでのユダヤ民族史が綴られる。その後すぐに出版された『猶太民族の大陰謀』（内外書房、一九二四年）でも、「世界的大陰謀」が過去、現在、未来の順で展開する。いずれにも共通しているのは、酒井がユダヤ人研究者の手によって発表された文献を参照しながら、ディアスポラの歴史やシオニズムの位置付けを詳しく記述している点である。[17] ただし、その目的はあくまでも神の歴史への介在を証明することにあった。

それに加えて、酒井がシオニズムを歴史記述の終着点としていることは注目に値する。そこには世界各地のキリスト教徒が抱いていたシオニズムへの関心と共通点を見出すことができる。さらに、酒井はユダヤ人の民族主義を日本の国家主義と結びつけようとする。ここでは特に内村鑑三《うちむらかんぞう》（一八六一―一九三〇）の無教会主義と比較しながら、酒井の特異性に光を当てる。

明治政府による五榜の掲示の「切支丹邪宗門厳禁」が撤回されて、一八七三年（明治六）にキリスト教禁令が解かれると、外国人宣教師の活動によって日本のキリスト教徒は急激にその数を増やした。この時代のキリスト教は信仰の伝道だけでなく、教育を中心とする西洋文化普及の役割を担っていた。その一方で、キリスト教のなかに日本の固有性を見出そうとする動きも現れる。これが内村を源流とする無教会主義だった。酒井が無教会主義の流れを汲んでいたわけではない。だが、既存の教会から独立し、日本固有のキリスト教が担う使命を探求したことを考えると、無教会主義と共通の理念を持っていたと言える。[18] また、内村が「再臨運動」のなかで千年王国論に基づく終末観を前面に押し出した点にも、酒井の黙示録的な歴史観と通じるところがある。

そして、彼らはいずれもシオニズムに大きな期待と関心を寄せていた。このユダヤ民族主義の前進について、内村はユダヤ人に対する神の約束がキリスト教徒への約束と同じように果たされるとし、「パレスチナの回復に関してしかりとせば、再臨に関してもまたしからざらんやである。（中略）パレスチナ回復の時の近づきしを知って一層再臨の信仰を堅くせざるをえない」と述べている。[19] つまり、終末におけるキリスト再臨はユダヤ人のパレスチナ帰還を経て成し遂げられるということである。一九二二年（大正一一）、内村の弟子、矢内原忠雄《やないはらただお》（一八九三一九六一）は実際にパレスチナを訪れ、シオニズムの興隆とユダヤ人の再興を結びつけて観察している。[20]「私は聖書の預言より見てもイスラエル恢復の必然なるを信じます」という矢内原の言葉からは、ユダヤ人の聖地帰還を目にした千年王国論者の典型的な救済論を読み取ることができる。[21]これは一九世紀に英米で発展したキリスト教シオニズムの特徴と大きく変わるところはない。[22]つまり、内村や矢内原は日本に固有のキリスト教信仰を探求しながらも、シオニズムついては日本との関連を求めるようなことはしなかった。矢内原は「シオン運動（ユダヤ民族郷土建設運動）に就て」という研究論文のなかで、ユダヤ人の入植を植民政策の参考事例として考察しているが、太古から歴史的な連続性があるなどと主張することはなく、もっぱら政治、文化、経済の側面から分析と批評を加えている。[23]

それに対して、酒井はユダヤ人の民族史とシオニズムの現状に神秘的な意味を見出そうとした点で、矢内原よりも過激である。酒井は日本がシオニズムの実現に積極的に関わる必要性まで主張した。それは単にユダヤ人の歴史に神が介在するというだけでなく、自らがシオニズムに隠された秘密を明らかにし、日本の社会に働きかけなければならないという使命感からもたらされる確信だった。

『猶太人の世界征略運動』の「シオン運動の出現」と題された章で、酒井はシオニズムを救済史の最終段階に位置付けている。このことはキリスト教シオニズムの千年王国論から見れば特異なことではない。だが、酒井の解釈はそこに留まらず、新約聖書のシオンに関する記述が、終末におけるユダヤ人の聖地帰還のあとに続く、キリスト再臨と神の国、日本の出現を予言しているという。

新約聖書には、故あつてシオンの名称を載せること僅かに五回に過ぎざるも。

> 爾の王は柔和にして驢馬の子に乗り爾に来ると、シオンの女に告げよ。（馬太《マタイ》傳二十一〇四）之れ基督耶蘇が神政復古の成算を得て、聖都入場式をなし給へる時の引用説にして。
>
> 救者はシオンより出でヤコブの不虔を取除かん。（羅馬《ローマ》書十一〇二六）即ち耶蘇がイスラエル王統より出でイスラエル民族を救済するの意ともなり、又世の末日に於けるシオン国実現の預言ともなるべし。（中略）
>
> 羔シオンの山に立てり、十四萬四千の人是と偕にあり。（約翰《ヨハネ》黙示録十四〇一）羔は耶蘇基督なり、シオンは理想の帝国なり、余は之を日本と解す、十四萬四千はイスラエルの十二支族即ち今日の猶太人と称するものにして、神政復古成就の日の光景なり、（中略）而して此神政復古せらるるに先立ち、全世界に亘る大動乱あつて、最後に「ハルマゲドン」の大決戦あり、之にて地上の戦争は全然終始し、次いで開闢以来の論功及論罪あつて、行賞せらるるものあり、處罰せらるるものあり、而して後、行賞になりたるもののみの一大帝国は全世界に再建さるべく之れ即ちシオンにして、神意の自由に行はるる所なり、即ち日光の絶えず輝り光く所なりとす。[24]

酒井によれば、ユダヤ人が建設しようとしている国家は失われた「テオクラシイ」を具現化するもので、彼らは知らず知らずに「全世界をしてシオン帝国たらしむる準備」をしている。その「シオン帝国」の中心は先の引用に述べられているように、神を奉じる日本であり、さらにキリストは天皇を暗示しているという。「天祐を享有せる神秘的運動」たるシオニズムのあとには、天皇を再臨のキリストとする日本の「テオクラシイ」が実現すると宣言している。

『猶太人の世界征略運動』が著されたのは、酒井が安江仙弘の英語通訳としてパレスチナを訪れる前のことである。だが彼はすでにシオニズムについて多くのことを調べ、聖書の予言と関連付けながら一〇〇頁以上にわたってその精神と歴史を論じている。宗教的な歴史記述は奇抜だが、一方で矢内原に劣らぬほど質量ともに充実した情報を提供している。このころ酒井が、より主体的に自説に向かい合うために、その目でパレスチナのシオニズムを観察したいと熱望していたことは想像にかたくない。

四　ユダヤ民族史に神秘的な意味を与える幻視体験

ユダヤ民族史を学術的研究に基づいて描きながらも、酒井勝軍は歴史に対する神の介在とシオニズムの神秘的な意味を強調した。救済史の最終段階であるシオニズムは、日本が「シオン帝国」として世界の覇権を握り、メシアが天皇の姿で再臨する予兆である。これら三つの現象は、神の隠れた意志にしたがって同時に進行しているという。この発想が実証性と一貫性を欠いているのは明らかである。それでも、彼の著作はつねに時系列に沿って書かれており、直線的な連鎖が前提とされている。

そうした歴史記述を神秘的な体験によって補強しようとする点に酒井の独自性があることは、すでに冒頭で触れた通りである。単に聖書の予型論的な解釈やユダヤ人の「陰謀」の暴露だけでなく、幻視体験を通して歴史に意味を与えることにはどのような意図があったのだろうか。

酒井は何度も「異象」を見ているが、繰り返し語られる決定的な体験は二つである。最初は一九一四年（大正三）、東京は渋谷の天空に輝く日輪のなかの十字架だった。この幻視によって、酒井はキリスト教が日本の神政政治とその本質において合致すると確信した。このあと、おそらくはシベリア出兵で反ユダヤ主義を含むユダヤ人に関する様々な情報に触れたことが契機となって、日本とシオニズムに隠されたつながりを見出すようになったと考えられる。そして、次の幻視が一九二八年（昭和三）にエルサレムのオリーヴ山（橄欖《かんらん》山）の上に現れた旭日旗である。この体験を通して、酒井は日本人とユダヤ人が共有する歴史の使命を改めて確信した。ここではそれぞれの出来事を酒井がどのように解釈したかを見ながら、幻視体験が歴史記述に与えた効果を検証する。

東京の幻視が初めて記されたのは、『忠君愛国は神の命令なり』（一九一五年）という小冊子だった。そこには次のように書かれている。

大正三年六月七日（日曜日）午後八時十五分、余は家族及知人とを合わせ五人、一様に東天に偉大なる霊光を拝せり、其光芒白虹の如く、朧ろに白く月を中心として薩摩公の紋章丸に十其儘なるもの、時に他に雲なく霧なく、凛として鮮かに照ること約十五分、余は之を見て霊感に打たれ、座忘の中にも歓喜措く能はざりき、蓋し余が心天に通じ、天の意余に降れるが如く直感したればなり、（中略）我日本は遠からぬ未来に於いて神政復古の大使命を成就すべきことをも感知したると共に、重大なる責任を全身に会得したりき。(25)

この幻視は、日本のキリスト教徒が国体にしかるべき忠誠を尽くしていない現状を非難する文脈で語られている。そこでは解釈が必ずしも明瞭ではないので、後年の酒井が語り直したもので補足する必要があるだろう。彼は次のように述べている。

【図3】 酒井勝軍著『橄欖山上疑問の錦旗』口絵（萬里閣書房、1928年）

余は此瞬間、「日本は已に神の国なり」と心に叫び、最早従来の伝道法の無用にして、今後の伝道は「日本は神州なり」との伝道ならざるべからずを看破せりき、余は幾度となく大月圏を見し事あるも斯くの如く十字章を加へたるものを見し事なし、十字は基督なり、円は日本なり、而して此霊光は即ち両者の合一にして、日本は尋常一様の帝国に非ずして天子国なり、又従来神州と謂ひたるも神道家の唱ふる日本一国の氏神の国に非ずして、真に天地の主宰なる神エホバの秘蔵国にてありしものなるを発見せるなり。[26]【図3】

ここから酒井の確信が、日本が神の国であり、その神をキリスト教の神と同一視できるというものだったことがわかる。つまり神とは西洋のキリスト教だけでなく、日本の神道にも通じる存在なのである。西洋人が真の「テオクラシイ」を忘れてしまったために、それを蘇らせて神政復古を成し遂げるのが日本人の使命である。それを誹謗するキリスト教徒は、「信仰の奥義すらも体験せる事なく、唯徒らに第一段なる祈禱の生涯をのみ繰返し居る」にすぎないという。この厳しい言葉からは、幻視によって導かれた習合的な神概念を前面に押し出そうとしていることがわかる。

ここで注意すべきは、習合的な神概念の連想が酒井という個人の幻視のみに依存している点である。キリスト教の神と神道の神が歴史的に関連しているという主張はもとより、それぞれの歴史的な背景や性質の共通点に関する説明すら見られない。言及されるのは、せいぜい神を中心とするキリスト教と日本の伝統的な価値観が似ているという点だけである。もちろん論証がなされたところで、疑似科学的な手法の域を出ないことは言うまでもないが、酒井のアプローチは極めて直感的である。つまり、酒井の幻視は始めから論証による歴史の連続よりも直感による統合を指向していた。日本人にこそ真のキリスト教信仰が可能だという発想は、彼の個人的な神秘体験から活力を得ているのである。

シベリアから帰国したあと、一九二四年（大正一三）以来、酒井は続々と著書を出版していく。構成はユダヤ人の歴史記述というスタイルを取り、いかに彼らが神秘的な調和のもとに活躍したかを明らかにしながら、その時系列をシオニズムに収束させていく。例えば『猶太人の世界征略運動』では、聖書の題材からディアスポラを経て、シオニズムはユダヤ民族史の最終段階に置かれている。当時、世界のユダヤ人人口の圧倒的多数がパレスチナの外に住み、文化の多様性のほうが際立っていたにもかかわらず、酒井はまだ発展期にあったシオニズムによる民族の一体性をことさら強調している。シオニズムの実現に伴って、日本が天皇による神権政治を回復し、それがキリストの再臨につながるという酒井の救済史は、すでにこの時期に完成していたと言えるだろう。この確信に基礎を与えたのが、輝く十字と円光が重なる最初の幻視だった。

一九二七年（昭和二）、酒井は安江仙弘のパレスチナ視察に同行した。シオニズムの現状をつぶさにその目で確かめるためだった。そして翌年、二度目の重大な幻視を体験することになる。その体験は帰国後すぐに出版された『橄欖山上疑問の錦旗』に記されている。この書物は復活篇、決戦篇、凱旋篇の三部からなり、彼の黙示録的な歴史観がはっきりと現れている。オリーヴ山上に屹立する錦旗の幻視が、一連の議論の展開に先行する形で冒頭を飾っている点は印象的である。

茲に二千年間全く荒廃の焦土たりしパレスタインを遥かに望めば、其首都エルサレムの東に聳ゆる橄欖山上、怪しむべき哉、五彩の霊雲低く棚引き殺気四方に漲り、幻か、非ず、不滅の異象中空に現はる。

こう述べたあと、酒井はヨハネ黙示録の一二章を引用する。一二の星の冠を戴く女がメシアを産み落とし、そのメシアによる世界支配が宣言される場面である。この黙示録の情景がオリーヴ山の上空に見た異象に含まれるかどうかは定かでないが、それが天と魔の決戦であることに触れて、酒井はさらに日輪の描かれた錦旗に言及する。

而して戦正に酣《たけなわ》なるの今日、キリスト昇天の地点と言ひ伝えらるゝ小高き丘を仰げば、紫匂ふ東雲に昇る朝日の影かとばかり、十六光條を放てる日章の錦旗燦として尊し。(27)

この「日章の錦旗」こそが天軍の勝利を暗示している。当時はまだ酒井の「霊眼」によって見ることしかできないが、近い将来においてあらゆる人々の肉眼に明らかになるという。別の箇所ではこの錦旗が「日本の軍旗」であると明言されており、ユダヤ人が参集するパレスチナの地と日本の統治が重ね合わされていることがわかる。(28)

酒井の解釈によれば、この幻視において重要な意味を持つのは、一二の星の冠を戴く女と一六の光条を放つ日輪である。神は地上に神政政治を復活させる目的で、皇族にかつて日輪と月輪の錦の御旗を与え、その一方で臣下には一六の光条を放つ日輪のみを与えたという。その証拠に「猶太古文書」なる出所不明の文書には、一二と一六の光条があり、前者は神の選民に関わる場合に、後者は全世界に関わる場合に用いると書かれているという。(29)また、シンボルとしては、ユダヤでは一二、日本では一六の光条が主流であるとも述べ、子どもを産み落とそうとする黙示録の女がユダヤであり、オリーヴ山の上の錦旗が日本の象徴であると示唆する。言い換えるならば、ユダヤが世界を統べるキリストを産み、日本人はユダヤ人が築きつつある世界文明の中心地、パレスチナにおいて「神州」としての真の存在意義を自覚する。そして、これこそが大局的に見れば「テオクラシイ」の復活でもあるという。

ただし、実はこの一大事はまだ達成されているわけではなく、あくまでも幻視として酒井に見えているにすぎない。ユダヤ人がシオニズムによって復活しつつあるものの、依然として歴史のプロセスが完成したわけではない。『橄欖山上疑問の錦旗』の構成そのものが示唆しているように、復活のあとには世界大戦の形をとった天魔両軍の決戦と日本の凱旋が続くことになるというのが酒井の黙示的歴史観の展望である。

この著作もそれまでと同様に時系列的な展開で全体が構成されているが、冒頭を飾る錦旗の幻視が決定的な役割を果たしているところで他と異なっている。エルサレムを訪れる前の酒井の議論は既存の研究成果に基づいており、それに沿って歴史の背後にある神秘とユダヤ人の「陰謀」を解き明かしていた。

それに対して、歴史の最終局面となるエルサレムで見た錦旗の幻視は、自らの歴史記述を時系列から解放し、過去から未来までを一回の体験に凝縮させたものだった。すなわち、シオニズムを象徴するオリーヴ山に翻る錦旗は、「世界統一神政復古」のために日本人がユダヤ人のあとを継承することを暗示しているのである。(30) 一九一四年（大正三）に見た最初の幻視と異なるのは、ユダヤの要素が加わり、キリスト教の要素が幻視に含まれていない点である。だが、キリスト教の本来の姿を取り戻すことと「テオクラシイ」の復古が同じ意味を持つことは何度も確認されている。錦旗の幻視により、酒井は日本が主導する「世界統一神政復古」に働くユダヤ人とシオニズムの役割を明らかにして見せたのである。幻視はその性質からして、歴史記述のような段階的な説明を経ることはなく、むしろ一瞬の体験のなかでそれらを統合的に暗示している。そのような意味で、酒井の幻視体験は終末の予兆であり、彼が綴る歴史を直感的に表象する機能を持っていたと言えるだろう。

五　ユダヤ民族史から日猶同祖論へ

酒井勝軍が思い描く終末において、日本で実現する最終的な「テオクラシイ」の復古のためにユダヤ人が不可欠な役割を担っていることは間違いない。酒井の思想の展開を追うために、次に考察しなければならないのは、いわゆる日猶同祖論である。なぜなら彼は歴史に対する関わり方を同祖論によって大きく変更したからである。酒井についての包括的な著作を著した久米晶文をはじめ、多くの人々は単純に彼を日猶同祖論者だったと紹介する。(31) しかしよく注意して分析すると、パレスチナ視察以前に酒井が日本人とユダヤ人の血縁関係を主張することはない。のちに同祖論への大きな転向を引き起こしたのは、「竹内文書」で有名な天津教の竹内巨麿《たけうちきよまろ》（一八七四—一九六五）との出会いだった。ここでは同祖論への没頭が酒井の思想にもたらした影響について考察する。

その前に酒井と同時代のキリスト教徒による同祖論者について簡単に触れておく。最初に挙げられるのは、中国景教の研究者、佐伯好郎《さえきよしろう》（一八七一—一九六五）である。(32) 佐伯は日本書紀、新撰姓氏録、扶桑略記などの史料を考証することで、渡来人の秦氏がユダヤ系だったと唱えた。秦氏は日本に渡ると、京都の太秦において重要な社会的地位を占めるようになった。佐伯は、太秦蜂岡町の大酒神社で祀られているのが秦始皇帝ではなく、ダビデ王であるとの説を展開し、秦氏がユダヤ教を継承していたことを比較言語の手法で明らかにしようとした。(33) ただし、酒井のように宗教的な連想を前面に押し出すことはなく、学術的研究としてはまったく不十分であるものの、文献分析から議論を組み立てようとしている。

佐伯の研究はのちにキリスト教徒の同祖論者の範型となる。例えば、日本ホーリネス教会の中田重治《なかたじゅうじ》（一八七〇―一九三九）や牧師の川守田英二《かわもりたえいじ》（一八九一―一九六〇）が佐伯の主張を発展させ、歴史、文化、言語の類似性から日本人とユダヤ人の歴史的関連を論じている。中田は内村鑑三と「再臨運動」を発起した人物で、熱烈な同祖論者として知られる。中田の『聖書より見たる日本』によれば、二つの民族に血縁関係があり、そのために日本人はユダヤ人のために祈らなければならないという。[34] 一方、川守田は『日本へブル詩歌の研究』において、日本の伝統的な民謡が聖書に現れるヘブライ語の韻文と共通していることを「言語考古学」なる方法で証明しようと試みた。その動機は、日本の皇室が「ヒゼキヤ王第一王子インマヌエルを介して、ダビデ王の永遠の王座を踏襲した最古の王族である」という確信に基づいている。[35] 彼らの議論は根拠が薄弱な比較分析を中心に展開されており、日本人をユダヤ人の末裔だとする典型的な日猶同祖論である。

こうした直接的な血縁関係を求める仮説を日猶同祖論の典型であるとすれば、もともと酒井はそこから一定の距離を置いていた。ユダヤ人に関する一連の著作を世に送り出した最初の年、『猶太の七不思議』（一九二四年）のなかで、彼は古代のイスラエル王国が万世一系の前半身で、日本帝国の皇室がその後半身である述べている。この万世一系とは、一貫した王統を記録するユダヤ人から日本人に連なる系譜を指している。その根拠はイザヤ書のメシア預言である。「エッサイの株より一つの芽出て、その根より一つの枝はえて実を結ばん。（中略）その日、エッサイの根たちて諸の民の旗となり、諸の国人は之に服ひ来り、栄光は其止まる所にあらん。」[36] 酒井はこの聖句にある「一つの芽」がキリストで、根から出るもう一つの枝が日本であると述べる。ところが、キリストはユダヤ人のメシア伝承に適合せず、存命中は救世主として認められなかった。その一方でイスラエル王国が滅亡したのと時を同じくして、極東の孤島に神州日本が生まれた。こう考えることで、万世一系が脈々と続いているだけでなく、不明瞭だった神武天皇以前の歴史が世界創造に始まる聖書の歴史によって補完されるというのである。

しかし、「余は科学的証左は学者に譲り、唯だ「万世一系」の一事実を以て、我日本はイスラエル王国の後半身なりと信じ居るものなり」と述べるにとどまり、両者の一致から日本人とユダヤ人が祖先を共有しているとは明言しない。日本人とユダヤ人の構造的な紐帯を認めつつも、実際の血縁関係を詳細に記述することはなく、そうした科学的な議論は研究者に委ねるとしている。[37] 酒井は日猶同祖論を否定するわけではないが、神秘家としての「霊眼」によってユダヤから日本への歴史の連続性を見抜く信念のほうが重要だと考えていた。

ところが、一九二八年（昭和三）にパレスチナから帰国すると、紀元前八世紀にアッシリアへ追われた北イスラエルの十部族、いわゆる「失われた十部族」のなかに日本へ来た者たちがいたと主張し始めた。つまり、現在のユダヤ人の祖先とされるユダ族とベンヤミン族ではなく、歴史の表舞台から姿を消したユダヤ人が日本人の祖先だったというのである。酒井がはっきりと血縁関係に言及するのは『神州天子国』（一九二八年）が最初である。たしかに彼は依然として「学者等は単に科学眼を以て之を捜索するに力《つと》めたりしが故に失敗せるものといはざるべからず」と述べ、信仰を通して「世界統一神政復古」を悟ることに重きを置いているように見える。[38] だが、聖書と古事記の記述に基づく血縁関係の論証からは、パレスチナ視察以前とはかなり異なる態度を見出すことができる。酒井は佐伯ほど文献考証に徹することはないが、この段階で文字通りの同祖論へと傾倒していったと考えられる。

それによれば、「失われた十部族」のなかでも日本と縁を結んだのは、「ヤコブ族」と「エドム族」だという。ここで酒井が言う「ヤコブ族」とは、ユダヤ人の父祖ヤコブの末子ヨセフの末裔のことである。ヤコブは兄弟のなかでもヨセフに一目を置いていたためこう呼んでいる。のちにイスラエルの民が約束の地に進むにあたってヨルダン川を渡り終えたとき、モーセの後継者ヨシュアは一二人の代表者を選んだとされる。彼らがヤコブの息子たちの子孫、イスラエル十二人支族のもととなった人々で、特にヨセフの末裔はエフライム族とマナセ族として特別に土地を与えられた。酒井は両者をヨセフ族として一括し、イスラエル王国滅亡とともに姿を消したものの、実は日本に渡って天孫民族、つまり皇族の祖先となったと主張する。ヨセフ族はヤコブの正系であり「ヤコブ族」と称したため、日本では「八雲族《やくも》」と呼ばれるようなったという。それに対して、エドム人はヤコブの兄エサウの末裔であり、イスラエル十二支族には数えられないが、「ヤコブ族」と協力して日本に至った。酒井はこれを天孫民族の臣民、すなわち一般の日本人の祖先であるとする。「出雲族《いずも》」という言葉は「エドム族」が転訛した呼称だという。日本語をヘブライ語と結びつける偽言語起源論は同祖論者の常套手段として知られる。

酒井が「万世一系」の前半と後半をつなぎ合わせた目的は、将来における日本の世界支配を正当化することにあった。

建国者として日本に渡来せるは、未だ十分の研究には非ざれども、イスラエル民族の所謂天孫民族の正系ヤコブ族と、又其閨系エドム族との共同運動なるが如く、而も正系ヤコブ（即ちイスラエル十二支族）中の正系ヨセフ族が渡来せるものにして、其闡明に由りて日本は正々堂々と世界に君臨しうる資格を公認せらるるなり。(39)

こうして見ると、それまでより一歩踏み込んで日本人とユダヤ人の血縁関係を認め始めていることがわかる。

わずか数ヶ月前にエルサレムでオリーヴ山の上に旭日旗を見たとき、酒井はなぜユダヤ人がその錦旗を奉侍することになるのかと自問し、将来の「テオクラシイ」実現のために日本が中心的な役割を担うからであるという答えに行き着いている。さらにこの理路を補強しようとして、実際に日本人がユダヤ人の血が引き、シオニズムの成就とともに日本（シオン）において、天皇（メシア）を中心とする「世界統一神政復古」が実現するという発想にたどり着いたのだろう。日本人がユダヤ人と血縁関係にあれば、単に「万世一系」に前半と後半があるという発想を超えた確固たる証拠になるはずである。おそらくはそのような思惑から、直感的な神秘体験よりも、ユダヤ人が日本へ移住してきた可視的な証拠を求めるようになっていったと考えられる。

ただし、ここでは言及しなければならない点が二つある。第一に、酒井はエルサレム滞在中に草稿を準備し、帰国後、半年も経たずに立て続けに出版した『橄欖山上疑問の錦旗』と『神州天子国』で、「出雲族」と「八雲族」をめぐる同祖論は必ずしも主題になっているわけではない。前者ではわずかに発想の萌芽が見られる程度で、後者でも一部の主張を補っているに過ぎない。[40]むしろ依然として、ユダヤ民族史の解釈や日本人とユダヤ人の構造的な紐帯が中心となっている。それを考えれば、帰国直後まで、血縁関係を軸とする同祖論はそれほど重要な位置を占めていなかったといえる。いずれの著作のなかでも万世一系の連続性を「霊眼」によって見通しながら、段階的に歴史を綴るという方法が取られているのはそのためだろう。つまり、『橄欖山上疑問の錦旗』と『神州天子国』を出版した一九二八年は、同祖論への過渡期と見ることができる。

次の点は、酒井が『神州天子国』で、石によって同祖論を証明することができると考えていたことである。聖書にはヨシュアが十二人の代表者に土地を分配する前、石を割り当てたという記述がある。[41]その文脈で酒井は次のように述べている。

我建国者の天孫民族たる事に対しては何等の疑問を許さざる以上、我国の何処にか国宝としてイスラエルの石は必ず保存せられて居る筈なり。（中略）此神智霊覚こそ彼の石を精神的に体得したるものにして、石以上に天孫民族なることを立証するものといはざるべからず。(42)

おそらく酒井は、聖書と記紀神話からの論証を補強するために、さらなる物的証拠を求めていた。ところが、考古学的な遺物に証拠を見出そうすれば、彼がこれまで避けていた「科学」へ接近することになるはずである。酒井自身はこの矛盾を意識していないが、石への予感は奇しくもこのあと彼の歴史記述に劇的な変化をもたらすことになる。

その変化は『橄欖山上疑問の錦旗』と『神州天子国』が出版されたあと、一九二九年（昭和四）の春に酒井が「竹内文書」で有名な天津教の竹内巨麿を訪ねたことをきっかけに起こった。(43)このころ、竹内は自らが受け継いだとする皇祖皇太神宮の神宝を公開して衆目を集め、各界の著名人ら多くの拝観者を得ていた。酒井もはじめはそのなかの一人だった。だが、神宝のなかに保存されているかもしれないモーセの十戒を探してほしいという酒井の求めに応じて、竹内は特別に対応し、次々とモーセの遺物を「発見」していった。これらにはモーセ十戒の原型のほかに、モーセが日本にやって来た経緯までもが神代文字で記録されていた。「発見」はいつも酒井が探し求めているものを説明したあと、竹内により事後的に報告された。それならば、竹内が酒井の欲している石を捏造していたと考えるのが自然である。だが、酒井は騙されているのではないかといぶかしむどころか、これらの遺物を示されて感激し、日本を起源とする日猶同祖論の証明に乗り出した。(44)『神州天子国』にほのめかされた考古学的論証の可能性は、竹内との出会いを通じて方法論として確立することになる。

天津教の神宝のなかから見つかったモーセの遺物の意味を解説したのが、『三千年間日本に秘蔵せられたるモーセの裏十誡』（一九二九年）である。数ヶ月前、『神州天子国』を書いていたときには十二支族に割り当てられた石の発見を企図していたものの、実際に見つかったのはモーセの「裏十誡」を刻んだ石だった。[45]「裏十誡」とは、神武天皇の五代前の天皇の時代、モーセが日本に渡ってきたときにユダヤ人やローマ人を統治するために作られた掟で、石に刻まれて当時世界を支配していた日本の天皇に献上されたとされる。その後、モーセはエジプトに帰ってユダヤ人を導き、さらにはローマでロミュラスと名乗ってローマ帝国建設の礎を築いたという。

酒井は「余は何処までも其の正系であるヨセフ族を主張し且つ之を凡ゆる方面から立証して居るもので、裏十誡の発見も亦明らかに之を立証して居るのである」と述べている。[46]すなわち、酒井は記紀に綴られていない皇紀以前の歴史を伝えるとする天津教の伝承にモーセの姿を見出し、そのことを物証によって証明しようとした。そうすることで、世界史上の重要な法が日本で制定されたことが明らかになるのである。

酒井は日本を世界史の起点として理解しただけでなく、歴史へのアプローチをも変更した。それまでの酒井は、日本人とユダヤ人がこれほどまでに直接的な関係を持つと主張することはなかった。それは彼にとって「科学」に属することであり、神秘家の幻視体験とは異なるものだったはずである。それにもかかわらず、「竹内文書」および天津教の神宝に触れてから、酒井は日本からユダヤ教やキリスト教の歴史が始まったことを証明してみせようとする。シオニズムにおいて実現しつつある「テオクラシイ」が日本に継承されて完成するという基本的な論旨は変わらないものの、歴史の語り方には大きな変化が生じていることがわかる。

それに呼応して、この時期から従来のユダヤ民族史が姿を消すようになる。酒井の著作の構成は、ユダヤ人の歴史を古代から中世を経て時系列に沿って綴り、それをシオニズムに帰着させるというものだった。そこには幻視体験による意味づけがあり、予言的な内容が付加されることはあったが、ユダヤ民族史という形式は維持されていた。ところが、一九二九年以降はそうした従来の時系列がほぼ姿を消し、世界史における日本の中心性や「竹内文書」に基づいた解釈が目立つようになる。たしかに酒井の歴史の意味を追究し続ける姿勢は変わらなかったが、日本にユダヤ人の痕跡を求めるようになってからは、超歴史的な神秘家の「霊眼」よりも、現代に残された物的証拠から日本人とユダヤ人の直接的な関係を模索する方向に進んでいったのである。本章では割愛するが、一九三四年（昭和九）から酒井が日本で「ピラミッド」の遺構を探索し始めたことからも、そうした方法論の変化を見て取ることができる。

結語

宗教的な動機から行われた酒井勝軍の歴史記述には、この時代に特徴的な様々な言説が反映されている。日本の国家主義と植民地政策、日本固有のキリスト教の探求、キリスト教徒による千年王国論的なシオニズム解釈、陰謀論的な反ユダヤ主義への異議、天津教という神道系新宗教ブームが挙げられる。本章では酒井の思想を荒唐無稽なものとして排除することなく、これらの要素に影響された彼の歴史記述の展開を分析してきた。

最後に言及しておくべきは、酒井の特異性や独創性ではなく、外部の批判的な視点のないままに作り上げられた偽史に垣間見える危うさである。いかに時代精神を反映していようとも、酒井の歴史記述は宗教的な信条に基づいて綴られ、偶然の類似に因果関係を見出し、まったく無関係な事柄を強引に結びつけたものである。偽史の研究においては、単に奇説を生み出した背景だけでなく、そうした宗教的あるいは政治的な意図に基づく歴史記述の評価のあり方も問われなければならない。

『「異端」の伝道者』の著者、久米晶文は酒井が日露戦争に従軍したあと、西欧の価値観を肯定的に受け入れることをやめ、「反近代主義」へ転向したと述べる。久米によれば、「酒井の反近代主義とは、たんなるアナクロニズムではなく、代替という思考法（オールタナティブな思考）を梃として文明の再構築を目指す一種の変革思想なのである。ことは文明観の根幹にかかわっている。[47]」つまり、酒井の反近代主義に国家主義を超えた文明への視座が備わっているというのが久米の見解である。

しかしながら、この肯定的な評価は過剰であると言わねばならない。酒井は天皇をメシアと仰ぎ、日本人とユダヤ人の民族的優越性を説いて、さらには歴史の終末における世界統治を夢想した。オカルト趣味の好事家に消費されている限りでは、この種の夢想は無害なものかもしれないが、偽史がそれを助長する言説で補われたときに生まれるのは、宗教的な確信を装った排他的で自己完結的な論理である。酒井が竹内巨麿に出会って日本人とユダヤ人の血縁関係の論証に努力を傾注し、典型的な同祖論を展開した様子からは、たしかにそれまでにも増して自らの論理の内側に引きこもる姿が見えてくる。遺物による論証という方法は、実のところ神秘体験と同じくらいに合理性を欠き、酒井が思い描いた過去も未来もユダヤ人を取り巻く現実と結びつくことはなかった。

その証拠に、酒井の言説は極東のユダヤ人政策からは掛け離れた位置にあり、当時の日本のユダヤ人への関わり方を考えれば、あまりにも現実感が希薄だった。二〇世紀初頭といえば、ロシアでの迫害から上海やハルビンへと逃れてきたユダヤ人が増加するなかで、日本の軍部が彼らの現実的な処遇を考えた時代である。特殊な宗教的視点からユダヤ人を理解しようとする酒井は、単なる夢想家と見られたに違いない。それを示すかのように、かなり専門的な知識を持っていたにもかかわらず、実際のユダヤ人政策で協力を仰がれることはなかった。その点で、ユダヤ人入植地計画に携わった安江仙弘、犬塚惟重、樋口季一郎に比べれば、周辺的な人物だったことは間違いない。政治外交史に関する従来の研究において、酒井が重要な位置付けを与えられない理由はそこにある。

また、パレスチナにおけるシオニスト指導者との関係も空転していた。酒井は日本とユダヤ人国家の関係を生み出そうとシオニストの指導者、フレデリック・キッシュ（Frederick Kisch 一八八八―一九四三）に積極的に接近を試みた。だが、キッシュのほうは酒井を「変わり者の異教徒」（meshuganer goy）と呼び、日本との外交関係を構築する際にもまったく信用せず、世界シオニスト機構のロンドン支部には彼を避けるよう助言している。この事実からも、酒井がその誇大な使命感に比べて、実際の世界では矮小な存在として認知されていたことがわかる。(48) 久米がいう文明を再構築するような運動に関わるにはほど遠い人物だったのである。

それでも、日本のユダヤに関する言説の文献目録を通読してみると、反ユダヤ主義や日猶同祖論がその少なからぬ一角を占め、特に一九二〇―一九三〇年代に酒井の著作が目立っている。(49) 酒井の歴史記述や日猶同祖論が実を結ぶことはなかったが、今でもそのなかで隠然と存在感を放っていると言えるだろう。想像された歴史が社会に影響を及ぼす事例は枚挙にいとまがない。その事実を考えれば、酒井が書き連ねた偽史さえも、無害な代替思考と軽視することはできないのである。

注

（1）日本人とユダヤ人の関係を指摘した最初の人物としては、日本を訪れたスコットランド人、ノーマン・マクレオドが挙げられる。マクレオドの著作には明らかな日猶同祖論が見られる。Norman McLeod, *Epitome of the*

Ancient History of Japan Including a Guide Book Nagasaki: Rising Sun Office, 1879. Idem., *Japan and the Lost Tribes of Israel* Nagasaki: Rising Sun Office, 1879.

マクレオドの日猶同祖論については、井上哲次郎が一八九二年に行った講演のなかで厳しく批判している。『井上博士講論集』第一編（敬業社、一八九四年）六―七頁。また、日本のキリスト教徒で最初に日猶同祖論を唱えたのは、中国景教の研究者、佐伯好郎である。佐伯好郎「太秦を論す」（『歴史地理』第一一巻第一号、一九〇八年）一六八―一八五頁。管見の限りでは、酒井がマクレオドや佐伯に言及することはない。ただし佐伯に関しては、共通の知人で英国出身の仏耶一元論者、E・A・ゴルドンを介して知っていた可能性がある。

（2）酒井勝軍『猶太人の世界征略運動』（内外書房、一九二四年）四七〇頁、酒井勝軍『神州天子国』（万里閣書房、一九二八年）二九七―二九八頁。木村鷹太郎『世界的研究に基づける日本太古史』上下巻（博文館、一九一一年）。石川三四郎『古事記神話の新研究』（三徳社、一九二一年）。

（3）相沢源七「酒井勝軍の〝神州天子国〟論について――その日猶主義を中心として」（『東北学院大学東北文化研究所紀要』一五、一七、一八、一九、二一号、一九八四―一九八九年）。

（4）久米晶文『「異端」の伝道者―酒井勝軍』（学研パブリッシング、二〇一二年）五―九頁。

（5）日本に『議定書』が伝わった経緯に関するもっとも重要な研究は、高尾千津子「シベリア出兵と『シオン議定書』の伝播一九一一―一九二二」（『ユダヤ・イスラエル研究』二七号、二〇一三年）。一九二四年、酒井が『猶太民族の大陰謀』に「プロトコール論評」として『議定書』の全訳と論評を収録。同年、安江仙弘が包荒子の筆名で『世界革命之裏面』に全訳を収録した。酒井勝軍『猶太民族の大陰謀』（内外書房、一九二四年）二一九―三一〇頁、包荒子『世界革命之裏面』（二酉社、一九二四年）八一―三一六頁。

（6）北上梅石『猶太禍』（内外書房、一九二三年）。樋口は神田のニコライ神学校を卒業し、陸軍でロシア語を教えた人物。酒井と同様、シベリアに従軍した経験を持つ。

（7）満川亀太郎『ユダヤ禍の迷妄』（平凡社、一九二九年）一三七頁。

（8）関根真保「二人の「ユダヤ問題専門家」――安江仙弘、犬塚惟重」（『ナマール』第十号、二〇〇五年）。

（9）館岡剛『聖書解釈法』（警醒社、一九三〇年）。

（10）『現今之猶太種族』（大日本文明協会、一九一五年）。原著はArthur Ruppin, *Die Juden der Gegenwart: eine sozialwissenschaftliche Studie*, Berlin: Calvary, 1904.

(11) 前掲注7満川書、七九―八四頁。

(12) 相沢源七「酒井勝軍の〝神州天子国〟論について」(上)(『東北学院大学東北文化研究所紀要』一五号、一九八四年)二四―二五頁。前掲注4久米書、二八六―二八八頁。

(13) 一九二七年に酒井を連れてパレスチナ視察に赴く安江仙弘も、それ以前からユダヤ人の陰謀を指摘しながら、反ユダヤ主義とは一線を画した研究を行う重要性を説いている。包荒子『世界革命之裏面』七頁、包荒子『世界の猶太人網』(二松堂、一九二七年)三頁。

(14) 前掲注5酒井書、一〇頁。

(15) 同右書、二四頁。

(16) 前掲注2酒井『猶太人の世界征略運動』、一六〇頁。

(17) 酒井は執筆に際して外国の研究成果を取り入れている。英語で参照したのは、Heinrich Graetz, *History of the Jews*, Philadelphia: Jewish Publication Society of America, 1891-1898. *The Jewish Encyclopedia*, 12 vols. New York: Funk & Wagnalls, 1901-06. 前出のルッピン著『現今之猶太種族』も基本的な典拠にしている。

(18) 例えば、酒井が主張する三つのJ(Japan, Jesus, Jews)の融合には、内村の二つのJ(Japan, Jesus)からの影響があることは間違いない。内村との接点については以下を参照。前掲注4久米書、一四八―一五一頁。

(19)『内村鑑三全集』第二四巻(岩波書店、一九八二年)二四八頁。

(20)『矢内原忠雄全集』第二六巻(岩波書店、一九六五年)七二一―七二三頁。

(21) Usuki Akira, "Jerusalem in the Mind of the Japanese: Two Japanese Christian Intellectuals on Ottoman and British Palestine,"(『日本中東学会年報』一九巻二号、二〇〇四年)四一―四三頁。

(22) 内村と矢内原のキリスト教シオニズムにおける植民地主義との関係については、役重善洋「内村鑑三・矢内原忠雄におけるキリスト教シオニズムと植民地主義――近代日本のオリエンタリズムとパレスチナ/イスラエル問題」(『アジア・キリスト教・多元性』第八巻、二〇一〇年)七〇―七六頁。

(23) 矢内原忠雄「シオン運動(ユダヤ民族境土建設運動)に就て」(『植民地政策の新基調』弘文堂、一九二七年)三九―一一二頁。

(24) 酒井勝軍『猶太人の世界征略運動』、三五〇—三五一、三五七頁。
(25) 酒井勝軍「忠君愛国は神の命令なり」(『神秘之日本』第四巻第二八号、八幡書店、一九八二年)七八頁。一九一五年の小冊子を再録したもの。久米は酒井の言葉に基づいて、最初の幻視のときからユダヤへの開眼があったと述べている。前掲注4久米書、二五〇—二五一、二八七—二八八頁。しかし、幻視を解釈した最初の記述から日本とキリスト教の関係性は伺えるが、ユダヤの明白な位置付けを見出すことはできない。しかしシベリア出兵以後、この幻視がユダヤと結びつけられて解説されるため、酒井が幻視の解釈を拡大したと考えることができる。酒井勝軍『猶太の七不思議』、一五〇—一五四頁。酒井勝軍『三千年間日本に秘蔵せられたるモーセの裏十誡』、一—三頁。
(26) 前掲注25酒井書『猶太の七不思議』、一五〇—一五二頁。
(27) 酒井勝軍『橄欖山上疑問の錦旗』(万里閣書房、一九二八年)四—五頁。
(28) 酒井勝軍『天孫民族と神選民族』(神秘之日本社、一九三八年)一二三頁。
(29) 前掲注27酒井書、一六頁。
(30) 久米が指摘するように、それまで酒井は日本よりもユダヤに重点を置いていたが、ここにおいて「ユ日」から「日ユ」へとシフトしたと解釈することができる。同右書、三八〇—三八一頁。
(31) 相沢はパレスチナ訪問を機に親猶主義から日猶主義へ転じたという。相沢源七「酒井勝軍の〝神州天子国〟論について(下の二)」(『東北学院大学東北文化研究所紀要』一九号、一九八七年)一〇四頁。久米はユダヤを起点にした「ユ日同祖論」から「日ユ同祖論」へ移行するきっかけになったと述べるが、酒井が最初から同祖論者だったことを前提に議論を進めている。
(32) 前掲注1佐伯論文、一六八—一八五頁。
(33) 前掲注1佐伯論文、一七一—一七六、一八二—一八四頁。
(34) 中田重治『聖書より見たる日本』(ホーリネス教会出版部、一九三三年)二三—五四頁。
(35) 川守田英二『日本ヘブル詩歌の研究』上巻(日本ヘブル詩歌出版委員会、一九五九年)六頁。
(36) イザヤ書一一—一一〇。
(37) 前掲注25酒井書、一三—三二頁。

(38) 前掲注2酒井『神州天子国』、三〇四頁。
(39) 同右書、三一一頁。
(40) 前掲注21酒井書、二五、一八七―一九一頁。ヤコブがヘブライ語で「ヤコモ」や「ヤクモ」と発音されるという記述は誤りである。この段階ではエフライム族を探す必要を説いているが、日本人との同祖論には踏み込んでいない。前掲注2酒井『神州天子国』、二九三―三二四頁。ここでは古事記の「豊葦原水穂国」をバビロニア地方と同一視する石川三四郎と木村鷹太郎の説を積極的に支持し、そこを起点に同祖論を展開している。
(41) ヨシュア記四章一―九節。
(42) 前掲注2酒井『神州天子国』、三〇六―三〇八頁。
(43) 酒井が竹内巨麿を訪ねた経緯は以下に詳しい。前掲注4久米書、三八六―四七八頁。
(44) 同右書、三八六―三九三頁。久米はそれ以前酒井がユダヤ人に重点を置く同祖論を唱えていたとするが、血縁関係を主張する厳密な意味での同祖論ではない。
(45) 前掲注2酒井『神州天子国』、一五七―一六〇、三〇六―三〇七頁。竹内と出会う以前は、特に十戒の実在を確信するような記述がない。
(46) 前掲注25酒井『三千年間日本に秘蔵せられたるモーセの裏十誡』八三頁。
(47) 前掲注4久米書、二三四頁。
(48) World Zionist Organization, The Central Zionist Archives, Notation: S25/766. 特にキッシュがロンドンに宛てた4と9の書簡を参照。ドヴ・ベル・コトレルマン博士（バル・イラン大学）のコメントによれば、イディッシュ語の meshuganer goy という言葉には必ずしも嘲笑的な含みはなく、ユダヤ人に好意的な異教徒を指している。しかし、キッシュの書簡に見られる酒井への不信感は明らかである。キッシュの日記、Frederick Hermann Kisch, *Palestine Diary*, London: Victor Gollancz, 1938 に酒井についての記述は見当たらない。
(49) 宮澤正典『ユダヤ人論考――日本における論議の追跡』（新泉社、一九七三年）二一一―二二四頁。

［第八章］

日猶同祖論の射程——旧約預言から『ダ・ヴィンチ・コード』まで

津城寛文

はじめに

「日本」「ユダヤ」の二語を入力してネット検索すると、最初のページには日猶《ゆ》同祖論に関するサイトが続出する。二〇〇〇年ほど前の中東がらみの話に、現代日本人大衆の関心が集まっているのは、説明を要する事態である。

こうした異説のまとまった種本を書いたのは、明治初期に来日したスコットランド人であり、そのサブテキストは旧約の「失われた十部族」預言であり、当時の観察と絡めて、日本人の一部は失われた十部族の末裔だと主張された。他方、最近の話題作『ダ・ヴィンチ・コード』（ダン・ブラウン著）のサブテキストは、いわば「失われなかった二部族」説であり、「失われた十部族」預言と割符の関係にある。このように、日猶同祖論は日本産ではなく、ユダヤ・キリスト教世界発の異説と捉えると、別の相貌が浮き彫りになってくる。またこの異説は、現代および将来の国際政治にも接点があり、その扱いは「終末」の行方に無関係ではない。(1)

一　身元証明、起源論、終末論としての日猶同祖論

（1）日本人起源論

日猶同祖論Japano-Israelismは、一九世紀（遡れば一六世紀）半ばから語られはじめ、現在でも出版界の片隅を占めるトピックである。これは「ナショナリズムの世紀」に世界中で流行した、「民族文化起源」に関わる、構想力、実証力、想像力の産物の一例である。三世紀近く島国に引き籠もっていた日本が直面したのは、人種論の世界でもあり、近代世界に身元証明をする必要に迫られた日本では、衣・食・住、信仰、言語、神話その他の文化項目を資料として、「南北」あるいは「四方」に連なる、さまざまな起源説・系統論が構成された。日本民族・文化の起源・系統は、正統史学や人類学も共有する関心事であるが、そこでも、アジア東部よりさらに遠くから、細々ながら人間の流入があったことは否定しきれない。その内、異説として、西アジアやヨーロッパの諸民族との血縁関係も唱えられた。その一つが日猶同祖論にほかならない。あまり知られていないことであるが、これは日本だけの孤立したエピソードではなく、イギリスやエチオピアやジャマイカ、モルモン教その他にも、ユダヤとの同祖論が広く見られる。

このトピックは、動機がナショナルなアイデンティティーに関わる点が重要である。近代の政治的想像力にとって、そのための政治神話は、世界史・世界地図と接続可能なものでなければならなかった。日猶同祖論はこの意味では要件を満たしている。他方、ナショナリズムは、自己主張や自己防衛に際して、迫真性を強めるために、さまざまな「深み」につながる文化資源を動員するが、日本とユダヤは歴史的地理的にあまりに遠いため、文化心理的に共感できる射程を超えており、実感は弱い。

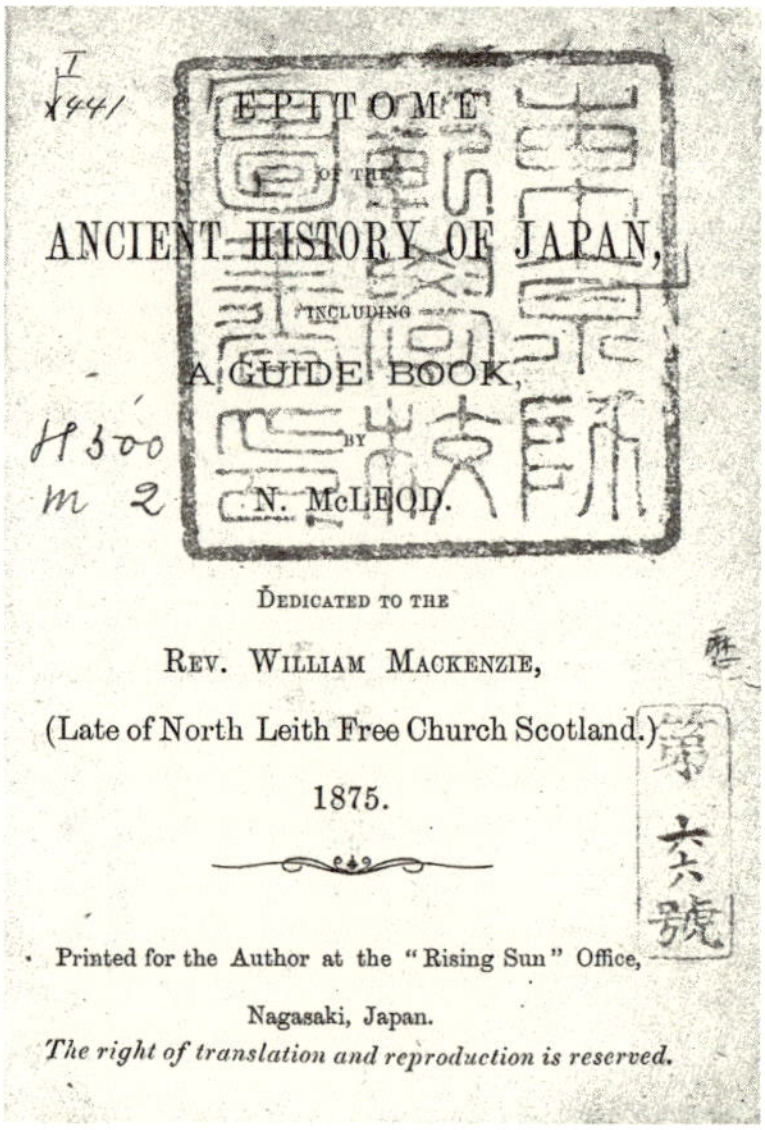
EPITOME
OF THE
ANCIENT HISTORY OF JAPAN,
INCLUDING
A GUIDE BOOK,
BY
N. McLEOD.

DEDICATED TO THE
REV. WILLIAM MACKENZIE,
(Late of North Leith Free Church Scotland.)
1875.

Printed for the Author at the "Rising Sun" Office,
Nagasaki, Japan.
The right of translation and reproduction is reserved.

【図1】　ノーマン・マクレオド著『古代日本の縮図』表紙

（2）日猶同祖論の原典

ユダヤとの関係についての近代の異説は、来日したスコットランド人、「失われた部族探索者」の一人であるノーマン・マクレオド（Norman McLeod 生没年未詳）の著書『古代日本の縮図』（EPITOME OF THE ANCIENT HISTORY OF JAPAN）（【図1】）に始まる。この書物は翻訳されることはなかったが、断片的に言及・引用されることで、日猶同祖論のスタイルを確立したといってよい。マクレオドはそこで、「神社には、今の契約の箱とそっくりの形をした箱が祀られている」など、日本人の風貌や風習、神道の建築や作法のなかに、古代ユダヤの痕跡があると主張した。(2)

このあとに、小谷部《おやべ》全一郎《ぜんいちろう》（一八六八―一九四一）、酒井《さかい》勝軍《かつとき》（一八七四―一九四〇）、川守田《かわもりた》英二《えいじ》（一八九一―一九六〇）など、日本人による日猶同祖論が続くことになる。また日猶同祖論とまでは行かないが、古代日本がユダヤと深い関わりを持ったことを主張したものとして、キリスト日本渡来説を展開した山根《やまね》キク（一八九三―一九六五）、日本史の中の景教およびユダヤ教の痕跡をたどった佐伯《さえき》好郎《よしろう》（一八七一―一九六五）の説は、しばしば日猶同祖論者に引用された。軍人では、安江《やすえ》仙弘《のりひろ》（一八八八―一九五〇）、犬塚《いぬづか》惟重《これしげ》（一八九〇―一九六五）らが日猶論に関与した。近年になっても、引用で埋まった日猶同祖論のほかに、神社で住み込みの研修をしたユダヤ人のヨセフ・アイデルバーグ（Joseph Eidelberg 一九一六―一九八五）、キリスト教牧師の小石《こいし》豊《ゆたか》（一九三一―）など、ややオリジナルなものがある。他方、日猶同祖論と表裏して対日ユダヤ陰謀説の系譜もあり、最近の論者としては、宇野正美《うのまさみ》（一九四二―）、太田竜《おおたりゅう》（一九三〇―二〇〇九）らがあった。(3)

（3）新宗教における日猶同祖論

日本人知識人による日猶同祖論のはじまりと同じ時期、同じような日猶同祖論を唱えはじめたのが、大本教、正確には出口王仁三郎《でぐちおにさぶろう》（一八七一―一九四八）であり、「ユダヤの三分の一は良いので三分の二は〇いので、之がフリーメンソンをやってゐる……一番いいのが日本へ来てゐるので日本民族だ」「ユダが暫く世界を統一する。それから〇〇の番だ」といった発言が記録されている。(4)

このような、日本中心主義が、当事者の思惑はともかくとして、日本の膨張主義に親和性があることは疑いない。じっさい、それが日本の大陸進出や満蒙政策の口実となったとも指摘されている。(5) ただし、日韓（鮮）同祖論や南島論が植民地主義イデオロギーに流用されたのと比べ、日猶同祖論は歴史地理的なあまりの遠さ、実感的な隔たりの大きさから、ほとんど現実政治の口実になり得なかった。

出口王仁三郎の日猶同祖論、万教帰一・万教同根思想、日本（皇室）中心思想は、続く大本系の教団にさまざまな形で流れ込んでいるが、とくに生長の家を介した孫教団にあたる日本エホバ教団は、日猶同祖論を教義の中核に置いている。教祖の宇田川豊弘《うだがわとよひろ》（一九一二―一九九二）は、キリスト教の牧師や生長の家の講師を勤め、戦時中に中国で運命学を学び、帰国後、弘く聖人の教えを活かすという意味で弘聖閣《こうせいかく》を組織、のちに「日本エホバ教団」と改称した。そこでは万教同根・万教帰一思想が、「先哲聖人はすべて真之神から遣わされた預言者である」と述べられ、日猶同祖論は、たとえば「シロの来る時」という預言の一節に関連して、「シロとはシオンと同じであろう。シオンは日出る丘であり、日の出の国である。従ってその名の意義から、日本である」と言われる(6)。宇田川の日猶同祖論は、大本系の教団としてはむしろ例外的で、啓示的ではなく、旧約聖書と日本の民俗風習、年中行事などをヒントとしている。当然、同じような手続きをとって日猶同祖論を説いた小谷部全一郎や酒井勝軍や川守田英二らの説が、先行例として引用されている(7)。

(4)栄光ある起源を求める動機

日猶同祖論において、かくも遠距離の二つの民族が同祖とされるのは何故か、またそうした同祖論が流通するのは何故か、その意味するところは何か。これらの疑問に、一般論としてとりあえず答えるのはそれほど難しくなく、多くの出来合いの答えがある。日猶同祖論は、日本人をユダヤ人と同じ神の選民とすることにより「西欧文化への劣等感」をくつがえしそれを心理的に補償する、という説明はわかりやすい。「ユダヤ人側のもっと多くいてほしいという願いと日本人側のより深いルーツへのあこがれ」があるとも言えよう。起源論として一般化すれば、「さまざまな人間集団や『文化』が自分たちのために、きわ立った系譜、栄光に満ちた尊厳ある起源」を求める普遍的意図が存在するとか、「千年王国的メシア信仰運動の……世界中に出現した何千もの宗教運動のひとつ」と言えよう。

この自我のインフレとも見えるものは、しばしば言われてきたように、異質の宗教的伝統を摂取・消化して、全体を調和させようという宗教的心性の表れの一つである。ユダヤ、キリスト、イスラムの三宗教が、もともと同起源であり、宗教間対話の目指す方向はエキュメニズムとなるのに対して、日本の宗教伝統にとってまったく系譜の異なるアブラハムの宗教は、将来において帰一すべきものであるか、あるいは遠い過去に親縁であったものとしなければならない。

もし世界が一つとなるべきものならば、世界の主流からあまりにも隔たったこの布置は、神の経綸による遠大なレッスンではないか？「歴史の神」を信じる人々によっては、日本の状況はこのようにも受け取られた。これはちょうど、白人の支配からの独立を目指したエチオピアニズムにおいて、黒人の隷属状態という経験が、「黒人の歴史」の中で「神によって与えられた訓練期間」と解釈されて、「形而上学的に乗り越えられた」のに似ている。[8] つまり日本人の多神教その他は、旧約預言によって定められたとおりの、ディアスポラ状態での正しい信仰からの離反として、全否定され悔い改められるべきものとされたのである。

（5）平和という理想

しかし日猶同祖論を、「劣等感の裏返し」「中央と辺境」「救世主願望」などの視点だけで見ては、一つの重要な思想史的な契機を、見逃してしまう。それは、キリスト教という世界宗教との出会いをきっかけにして、日猶同祖という人類史的な役割を引き受けたあと、日猶同祖論者たちは、例外なく「世界平和」を日本の使命としたことである。

二　平行例――「失われた十部族」預言との対話

（1）「失われた十部族」という旧約預言

同祖論の前提にある「失われた十部族」預言について、「奇妙な」「常軌を逸した」「馬鹿げた」と批判される一方、「人気のある空想」「熱心な読者がいる」と繰り返される。極右と人種主義との結びつきから英猶同祖論Anglo-Israelism, British Israelismを論じたマイケル・バーカン（Michael Barkun 一九三〇—）が、慧眼に指摘するように、愚かしいほどの奇妙さと、空想をかきたてる興味深さは、このトピックに本来的なものである。[9]「失われた十部族」は旧約聖書に断片的に記述があり、ほかの多くの集団（民族や地域）に起源説の資源を提供している。まとまったものとして、日本版、英・米版、ジャマイカ版その他、自らあるいは他によってイスラエル人、ユダヤ人の末裔と称する伝説が世界各地にある。[10] またユダヤ系とされる人々のイスラエル帰還政策は、国際政治ジャーナリズムの話題にもなっている。[11]

（2）「失われた十部族」探索者たち

「失われた部族探索者《ロスト・トライブズ・ハンター》」と総称される人たちが、当の部族を「イスラエルの失われた十部族」と判定するにあたっては、大きく分けて二つの手法があった。一つは人類学の延長線上にある文化比較や容貌比較、言語学の周辺にある語呂あわせや語彙であり、もう一つは聖書学の周辺にある預言解釈である。

人類学的な比較について、インディアンの儀礼や習俗が、ユダヤ人のそれと似ているといった説は、ヨーロッパの失われた部族捜索者たちがすでに唱えていた。日本の儀礼や習俗、衣食住とユダヤのそれの類似については、出発点のマクレオドが細かく列挙していた。言語と習俗の比較から集団の同一起源を説いたこのような仕事を、旧約学のアレン・ガドビー（Allen Godbey 一八六四—一九四八）は夙《つと》に、「民族学の大失敗」とまとめている。[12]

他方、ガドビーはまた、預言の恣意的な引用という二つめの方法について、「預言書と呼ばれている文書の中に、諸部族が失われるだろうという予測や恐怖、あるいは失われたという認識」はない、そうした預言は「混乱した曖昧な節々が、字義どおりに解釈された結果、謎めいた予測として受けとられたもの」である、と批判している。[13] 歴史学のムンロ・ハイ（Stuart Munro-Hay 一九四七―）らも、『王たちの栄光』を含むエチオピアの文献について、「シオンという言葉はアークをさすのか、エチオピアをさすのか、はたまたキリスト教会全体をさすのか」、こうした多義性や曖昧さは、「神学者や神秘家には魅力的」かもしれないが、「歴史学者にとってはしばしば苛立たしい」と苦情を述べている。[14]

こういう良識的な批判で済めば楽だろうが、私はもう少しこの主題に深入りしたい。聖書預言の社会科学的な研究が手薄であることについて、バーカンはまた、「福音主義プロテスタンティズムを覆っている預言信仰について、学者はそれを軽視しているので、結果として学術的研究には失敗している」と指摘している。そしてその理由についていくつかあげたのち、「この奇妙で不愉快な信仰にもとづく運動は、多くの観察者にとって真剣に扱うのが困難であり、したがって意味のないものと片づけられてしまう」のだろうとまとめている。社会に重大な影響を及ぼすこともあり得る、このようなテーマの扱いに、「学界は失敗」しているようである。[15]

（３）英猶同祖論

日猶同祖論の対照例として、まず英米版の英猶同祖論を一瞥してみよう。「英国人は『失われた十部族』の直系の子孫である」という信仰には長い前史があるが、それが組織的な思想運動になったのは、一九世紀後半のことである。

英猶同祖論について、要点を四つあげよう。一つは、アングロ・エフライム協会を設立したエドワード・ハイン（Edward Hine 一八二五―一八九一）という人物の著作が、小谷部全一郎の参考文献になっていること。二つめは、ハインはまたピラミッド論と英猶同祖論を結びつけ、直接の影響関係はともかく、酒井勝軍のピラミッド論と日猶同祖論に先行していることである。この二つは、日猶同祖論の歴史と関係する。あとの二つは、現代の国際政治との関係で、深刻である。つまり、三つめとして、アングロ・サクソンを人類史の主人公とする英猶同祖論は、アメリカが神の計画の中で（最）重要な使命を果たす「明白な宿命《マニフェスト・デスティニー》」を持つという「アメリカの市民宗教《シヴィル・レリジョン》」の信念につながっていること。四つめはさらに深刻であり、イスラエル建国、ユダヤ人のパレスチナ帰還のシナリオ全体、つまりシオニズムは、英猶同祖論を震源としていること、である。(16)

（4）エチオピアニズム、ラスタファリアニズム

日猶同祖論のもう一つの対照例として、ジャマイカ版、その背景にあるエチオピア版の同祖論を見てみると、ソロモンとシバの女王のエピソードや、アフリカの伝説を繋ぎ合わせたエチオピアニズムEthiopianismやラスタファリアニズムRastafarianismは、日猶同祖論の荒唐無稽、英猶同祖論の牽強付会に比べて、歴史的なリアリティが大きい。国民的叙事詩『王たちの栄光』には、エチオピアの女王マケダは帰国後にソロモンの息子を生み、長じて息子はソロモンに会いに行き、父から油を注がれ、祖父ダヴィデの名をもらい、帰国にあたって聖櫃を持ち出した、という伝えがある。(17) エチオピアニズムの要点とすべきは、以後は王権の正統性がこの伝説をもとに争われるほど、ユダヤの王統ということが公的なテーマになったということである。現実政治に直接の影響を持った点で、エチオピアニズムは英猶同祖論と共通している。

三　失われなかった二部族――『ダ・ヴィンチ・コード』のサブテキスト

(1)　聖杯、聖櫃、聖書考古学の周辺

聖書世界のサブカルチャーに、歴史考古学サスペンスと言うべきジャンルがある。そこでの探し物には、十戒の石板を納めた聖櫃、マナの壺、アロンの杖、聖十字架、聖骸布、イエスの脇腹を刺した聖槍、イエスの体液を受けた聖杯、などがある。クリスチャン人口約一パーセントの日本でも、ちょうど聖書を読む人口が少なくないように、書籍や映画、インターネット・レベルで、こうした話題への関心は小さくなく、すべて日猶同祖論に動員されている。

(2)　聖杯伝説

「聖櫃」が人類史における神の介入を想像させる、天地を貫くスペクタクルであるのに対して、「聖杯」のテーマはイエスの子孫（ダヴィデの子孫）がヨーロッパ王朝の一つになった（終末には至高の王朝になる）という、地上の王権論である。『ダ・ヴィンチ・コード』に先立つベストセラー『レンヌ＝ル＝シャトーの謎――イエスの血脈と聖杯伝説』（マイケル・ベイジェント他著）によれば、イエスの子孫という話題の流行は、著者たちの一人がかかわった「エルサレムの失われた財宝か？」という番組がBBCで放送された一九七二年に始まる。調査が進むにつれて、南フランスの「謎の村」レンヌ・ル・シャトーは、単純な財宝物語の舞台という最初の見込みから、しだいに大がかりな筋書きの舞台になり、最終的には「西洋史全体を新たに書き換える」ような結論が出てきた。

著者たちが探索した「イエスの血統」という話題は、「イエスの血統」を根拠に、ある集団がヨーロッパの「統一的な政治力」を目指しているという、現代ヨーロッパ発の神権政治思想と捉えられる。この政教関係の

「非現実的」なシナリオについて、著者たちは、いったい誰がこのような大がかりな話を、大金を使って流しているのか、誰が得をするのか、と問題提起している。そのうえで、宗教的衝動は「深く染みこんだ心理的で感情的な渇望」を反映していること、もし人間の試みがすべて失敗して絶望的な極限状況になれば、キリスト教という「西ヨーロッパの集団心理」は、「信じられる何か」を求める気持ちから、「全面的な宗教復興にいたる新しい意味での神聖さ」を、「イエスの家系」という考え方に求めるかもしれない、と想像する。(18)

『レンヌ＝ル＝シャトーの謎』の出版以来、類書やアレンジ物が大量に出てきたが、そこで起こっているのは通則的なことで、ダヴィデの王朝の再興という旧約の主題と、イエスとマグダラのマリアとの結婚という新約聖書に見え隠れする話題をつないだ、素材と結論を共有する物語のバリアントの競合にほかならない。

イエスとマグダラのマリアとの結婚をテーマとする外典や伝承は、何を意味するのだろうか。マグダラのマリアがイエスの妻とされるのは、外典・伝承を俟つまでもなく、四福音書にも片鱗が見えており、伝承のプロセスや結果というより、そもそもの出発点である。王族の出身とされるのは、イエスがダヴィデ王の家系に属するという系譜的記述、また救世主という信仰からも、配偶者は高貴な者でなければならないという願望から出てくる。ベニヤミン族の出身とされるのは、ユダヤの理想の王はユダ族のダヴィデだが、最初の王はベニヤミン族のサウルであったことから、王の正統性が王族の結婚によって強化されるという民衆知から出ている。この二つめと三つめの要素は、伝承の集合的な願望、想像、構成、編集、伝達というプロセスを、よく表現している。

(3)　北朝十部族と南朝二部族

映画化された『ダ・ヴィンチ・コード』は、イエスに子孫がいたというストーリーの深刻さ、バチカンとの軋轢の大きさがわからない日本でも、多少は若者たちを動員した。ほかにも、現代日本の出版界では、「九・一一」を筆頭に、ハルマゲドン、フリーメイソン、イルミナティ、イエズス会など、キリスト教世界発の陰謀論や終末論の定番的キーワードがヒットする。

ところで、このような世界的ベストセラーの部数にはとうてい及ばないが、二〇〇〇年代の「神道」関係の本の売れ筋を見ると、一見奇妙なことに、「ユダヤ／キリスト」をタイトルに含む本、飛鳥昭雄『失われたキリストの聖十字架「心御柱」の謎』、久保有政『日本の中のユダヤ文化』が、長期にわたって二〇位内に入っていた。[19] この場違いとも見える二冊の本は、日猶同祖論であり、日本あるいはその中枢にある皇室、神道、神社がユダヤ・キリスト教と何か関係するらしいという、サブカルチャーで根強い人気のある噂に乗ったものである。

飛鳥昭雄《あすかあきお》（一九五〇―）の日猶同祖論は、（1）天照大神はキリストであるという説、[20]（2）失われた契約の聖櫃が日本にあるという説、[21]（3）キリスト磔刑の聖十字架が日本にあるという説から成り、[22] この順で「謎」の「奇矯さ」が大きくなる。このような物語の背景には、まず日猶同祖論がサブテキストとしてあり、さらにその上に、神道がユダヤ・キリスト教と密接な関係があるという、神仏習合説を思わせる上書きがある。「契約の聖櫃」も「聖十字架」も、世俗的な財宝ではなく、信仰の対象であるから、神道の至聖所に祀られるはず、という推理から、行方は最終的に伊勢神宮にまで辿られる。ユダヤ・キリスト教徒にとって至高の聖遺物が、日本宗教の第一の施設の中心に納められているというこの推理は、日猶同祖論の願望の極致であり、「かくして、極東の小さな島は、一気に世界史の中心」になるのである。

飛鳥昭雄らによるこの三部作は、人類史のファンタジーの一つとしては、『ダ・ヴィンチ・コード』など、キリストを主題に、歴史の神、終末、救世主などをキーワードにしたヨーロッパ・キリスト教世界のミステリーと、構造的に同じである。語り手・書き手、聞き手・読み手、伝達、流通、背景、影響、といったさまざまなレベルで、同様の手続きで扱うことができるのは、実は不思議ではない。この「神道＝原始キリスト教＝ユダヤ教」説のサブテキストは日猶同祖論、さらには旧約の「失われた十部族」預言であり、この話題自体が、日本人発というより、もともと来日したキリスト教徒やユダヤ教徒に発するものであり、それに異端的知識人、境界的キリスト者が応答しているものだからである。

ではこのようなユダヤ同祖論と、前節で見た聖杯伝説は、どうつながるのだろうか。「イエスの血統」「イエスとマグダラのマリアの結婚」という伝承は、キリスト教世界の正統な王家、という王権論のサブテキストである。この結婚を部族単位で見れば、ユダ族（イエス）とベニヤミン族（マグダラのマリア）の結び付きであり、この二つは南朝ユダ王国を構成している。これを補完してイスラエル十二部族を完成するには、北朝イスラエル王国を構成する十部族が合流しなければならない、というのが預言者的あるいは民衆的終末論の論理である。「聖杯」伝説と、「イスラエルの失われた十部族」伝説は、この論理どおりに、きれいな割符の関係を作っているのである。

四　終末論のシナリオ

（1）　陰謀論と終末論

現代世界の端々に、ユダヤ・キリスト・イスラム教の「歴史の神」に由来する「終末論」がからんでいる。終末論は日本に自生のものではないが、国際世界に組み込まれている日本も、否応なくそこに触れざるを得ない。超大国アメリカとの関係で見た日米関係、ユダヤ民族との関係で見た日猶同祖論を組み合わせることで、終末論の中の日本の見え方が違ってくる。じっさい、「陰謀論」の業界では、このような組み合わせ方が主流である。パレスチナ問題一つ見ただけでも、終末論に関する平均的な日本人のリアリティと、欧米、イスラエル、アラブ世界の人々のリアリティの違いは歴然としている。現代日本の外交に世界戦略がないのは、このような終末論をサブテキストとして動く一定の勢力に対して、トップリーダーの多くが無感覚なところに原因があるとされるのも、このような文脈と無関係ではない。リアリティの有無、ことの真偽にかかわらず、終末論という集合的シナリオに沿って、考え行動する一群の人々がいるとすれば、その現実政治への影響（の可能性）がどれほどのものか、日本を組み込んだ思考実験を試みることも無意味ではない。

マイケル・バーカンの研究は、陰謀論においても示唆的なところがある。まず「拒絶された知」その他で呼ばれてきたものを、バーカンは「スティグマを付された知」と呼び、さらにそれらをブリコラージュ的に自由に組み合わせることで生まれるものを「即興的終末論」と呼んでいる。私は同じことを、「周辺化」とか、「アド・ホック」という言葉で考えていたので、バーカンの流行しそうな（ことを狙った）用語の意図がよくわかる。つぎに、「ブリコラージュ」が文化人類学・民俗学のキーワードであることから、陰謀論や終末論を、民間信仰の領域と接続して考える手がかりともなる。(23)

(2)『黙示録』のシナリオ

アメリカを舞台とする陰謀論には、キリスト教シオニズムもアクターとして登場し、このキリスト教のユダヤ教化は、重大な政治的含意を持つとされる。

教科書レベルのわかりやすい対比によれば、ユダヤ・キリスト教の終末は、歴史的プロセスにおける「ダヴィデ王国の再建」というイメージで理解される場合（預言者的終末論）と、歴史を超えた宇宙論的イメージで理解される場合（黙示文学的終末論）があり、イエスは後者を強調したが、その後のキリスト教史では二つの終末論が併存している。キリスト教のユダヤ教化とは、神学的には宇宙史から民族史、部族史への退行である。この退行の一例であるキリスト教シオニズムが、政治領域では大きな災いの原因となり得るし、じっさいすでに災いを引き起こしているというのが、シカゴ大学のミアシャイマー（John J. Mearsheimer 一九四七―）、ハーバード大学のウォルト（Stephen M. Walt 一九五五―）による、ＡＩＰＡＣ（アメリカ・イスラエル公共問題委員会）批判の実証的な論文である。

政治学者ミアシャイマーらは、イスラエル・ロビーに含まれる重要な非ユダヤ人グループとして、キリスト教シオニストの存在を強調し、イスラエル・ロビーもキリスト教シオニストも、「米国の国益」ばかりか「イスラエルの長期的な利益」を害なっていると指摘している。言うまでもなく、これらの集団は「利益団体」ではあっても、その陶酔的「利益」は、経済合理的、政治合理的な「利益」と必ずしも一致しない。シオニストの「大イスラエル建設への献身を止めるように説得することはほとんど不可能」であるという、論文に漂う無力感は、正しい観察に基づいている。[24] 出来事の仕掛け人はたしかに何らかの形で存在するが、退行的現象の特徴は、仕掛け人自身も陶酔を完全には免れないところにあるからである。陶酔者を説得するのは、経済的、政治的な論理ではなく、陶酔の論理だけである。

（３）「陰謀を無効化する日本」論

陰謀論・終末論に対して、陰謀・終末の無効化論があり、その一亜種として、日本が最後に決定的・中心的な役割を果たす（べきだ）という主張がある。

ラビ・バトラ（Ravi Batra 一九四三―）は、アメリカ政府の対日本政策は「占領政策の延長」であり、「搾取的資本主義の毒」が日本の全身に回っていると警告するが、主張の要点は、戦後の日米関係といった局所的なところにはなく、「搾取的資本主義」そのものの批判であり、さらに代替システムとして、プラウト経済を提案するところにある。「プラウトPROgressive Utilization Theory（進歩的活用理論）」とはラビ・バトラの一貫した主張であり、しかも人類が今後目指すべきこの社会システムは、机上の空論ではなく、一九五〇年（昭和二五）から七五年くらいまでの日本で実行されていたものとされる。したがって、新たなプラウト経済の実現も、破局後の日本に大きな期待がかけられている。(25)

最後には日本が世界を救うという、こうした異口同音の期待には、八つほどサブテキストが動員されている。一つめは「光は東方から」という西洋古来の格言である。二つめは世界からかなり孤立した地理と歴史、とくに現存する王朝の古さである。三つめは、明治維新後の急速な近代化、第二次世界大戦後の急速な復興などから推測される潜在力である。四つめは、唯一の被爆国という受難である。五つめは、武士道の職業倫理、自己犠牲の精神である。六つめは、民族宗教である神道の思想的「中空」性である。七つめは「大和」の国号、聖徳太子の十七条憲法の「和」の精神、日本国憲法九条の軍事力放棄の条項など、価値の中心に「平和」が置かれていることである。そして八つめが、聖書世界との接続を図る日猶同祖論である。これらが組み合わされて、それぞれの論拠となっている。

（4）不愉快な主題

ここまで、かけ離れたような、あるいは密接なようにも思われる、いくつかの主題に触れてきた。一つは、世界的陰謀という政治の舞台裏にかかわるもの、一つはユダヤ・キリスト教の終末論にかかわるもの、もう一つは、イスラエルの十（十二）部族やイエスの子孫など、王権にかかわるものである。どれも、主流文化の中で語られるものではないが、ときおり、何かの事件の奇妙な背景（の一部）として、現実社会の表面に出てくるという意味で、共通している。そして世界史の陰謀が、ほぼ「ユダヤ」と関連して語られることから、これら三つの主題は大きな意味での「ユダヤ人問題」に関連している。また聖書を背景とするところから、そこでは人的シナリオと、人間の思惑を超えた神的シナリオが、分かちがたくからみ合って考えられている。

バーカンは、こうした「拒絶された知」を組み合わせたブリコラージュ的な即興的千年王国論について、組織的な支持構造がほとんどなしに広がっていることを「最も不思議なこと」と考えている。とりあえずの目星は、それは「インターネットで創造されたヴァーチャルな共同体」だろう、ということである。その領域は「多くの新宗教運動が、自分たちのインスピレーションを引き出してくる」環境であり、そこで「緩やかに構造化された宗教集団」のようなものが発生するが、運動を仕掛ける側と、それを受容する側の区別は乳化し、もっぱら仕掛ける側の極と、消費する側の極のあいだには、広い中間層が広がる。そしてインターネット上では、この中間層が発信・受信のあいだを自由に往還し、とくに話題が一定以上の知識や知能を必要とする場合、この書き込みは一定以上の教養層のやり取りになる。このように、「拒絶された知」の領域でどの要素が生き残るかは、参加者の双方向的な作用で決まっていく。またその「知」はしばしば「超常的な源に由来する」と自称するのである。(26)

（5）主題の重大さ

多くの研究者にとって、これらは奇妙で不愉快なテーマであろうが、研究対象から除外して済む問題ではない。

アメリカにおける「右翼の陰謀論と、ＵＦＯ主題の融合」の重大さを強調するバーカンが、主流文化に流入する「スティグマを付された知」の典型としてあげているのは、たとえば一九九五年のオクラホマ市連邦ビル爆破事件の例である。犯人は、「五一地区」「ＵＦＯ資料」「ノストラダムスの預言」「イルミナティ」等々を混ぜ合わせたシナリオをもとに、ビル爆破事件を引き起こした。これによって、主流のアメリカ人は「自分たちの真っ只中に急進的な政治的サブカルチャーがあることに、突然気付いた」のである。同じ年の日本でも同じような事件が起きており、バーカンは「日本のオウム真理教のショウコウ・アサハラ」について、「密教」「黙示録」「ノストラダムスの予言」「反ユダヤ主義の陰謀理論」などを使って「即興的終末論」を作り上げた「現代の千年王国論の起業家」と位置付けている。(27)

ことの重大さは明らかであり、少なからぬ人々がそれに気付いてもいる。一九九〇年代半ばから、ケネディ暗殺、ＵＦＯ、エイズなどをめぐって「陰謀」の有無やその主体、動機、最終目的、等々を論じる夥しいウェブサイトが立ち上がり、二〇〇一年（平成一三）の「九・一一」でこの動きが拡大され、今や「インターネット討論グループ」が成立している。(28) こうした匿名者と署名者が交錯するサイバー空間は、合理的精神が想定した市民的公共圏とは異質で、理性的討議というより、即興的ファンタジーの媒体であり、ハーバーマス的な討議倫理からすれば、きわめて不愉快な領域に違いない。しかしそこで、陰謀論や終末論、王権の神話や伝承が増殖し、それが現実社会に「奇妙な予測できないやり方で」(29)、しかもリアルに影響してくるのであれば、そこを流通する言説は軽視できない。

五　終末の政治

（1）預言への応答

預言を呼びかけととらえれば、解釈は、預言が自分たちに何を求めているかという実践的な問いかけになる。実際、聖書を使う聖書占いは、易、辻占、夕占などと同じく、断片的な言葉に行動の指針を求める手法である。もし、終末預言の解釈を占いの一種と見れば、十部族預言のような込み入ったシナリオのある預言の解釈は、辻占や天気占いのような一回かぎりのハプニングではカバーできない。解釈者は自分（たち）の使命を確認するために、預言を選択し、預言と対話し、その呼びかけに応答しようとするだろう。そこでは、預言は成就するものではなく、使命として引き受けられるものになる。これは私の強引な説明ではない。

神を「歴史の神」ととらえるセム系宗教において、とくに「解放の神学」のような「現代世界における教会の実践」に関わる思想は、歴史を「神の圧倒的意志と、人間の自由意志によるそれへの同意」の結果ととらえる。神は「終末論的約束」を通じ、歴史を隔てた「ことばとイメージ」によって、人間の「使命をよびさます」。そうした呼びかけに応じて、人間は「自己の運命を引き受け……それを受け継ぐ」と理解されている。[30]これは逆にいうと、「神によって支配される歴史の中で、自分に委ねられた使命は何か？」というのが、聖書預言を社会実践的に読む人々の問いなのである。「読め」と示されたものの中に、読めるものを、読みたいように読む、というこの循環は、特定の聖典解釈から一般のテキスト解釈まで、さらに占いやロールシャッハ法のような投影法にまでおよぶ、原理的なプロセスである。そこでは、問い以外の答えは、出てこない。

（2）理想の選択

しかしこうして旧約預言から選択されたビジョンや価値や使命や目標は、さらなる目標として何を目指していたのだろうか？

エチオピアニズムでは、聖書の断片やその含意から、白人優位で黒人が迫害されている社会、教会への批判を読みとり、黒人の尊厳を回復し、「黒人主導」の独立教会をつくるという分離主義的ビジョンをつくりあげた。ラスタファリアニズムは、アフリカを遠く離れた地域で聖書とエチオピアニズムを発見し、栄光の母国への帰還を目標にした。英猶同祖論や日猶同祖論は、預言された「神の経綸」の中に、自分たちの担うべき「神の使命」を読みとろうとした。ラスタファリ運動は、黒人世界の限定されたユートピア思想があるが、その先の人類的ビジョンは見えにくい。英猶同祖論も日猶同祖論も、帝国主義、エスノセントリズムがあるが、その果てに収束すべき人類的目標は、いったい何だろうか？　こういう問いは、ユダヤ同祖論の研究において思いつかれたこともないが、公的な役割を担う宗教のビジョンの問題として、それら同祖論の目指すところを考えてみたい。

明らかに不良なものは別として、あらゆる運動目標は、どれもほぼ似通った理想語の羅列である。しかし特徴的で反復的な使用からみて、それぞれの最も核心的な価値が区別できるものである。つまり、諸集団文化は、それぞれ特徴的な価値のランキングを持っている。

エチオピアニズムにおいて第一位は、「愛と普遍的な兄弟愛」であるらしいが、抑圧された条件下では分離主義の傾きを免れなかった。[31]英猶同祖論においてそれはどうやら「自由」であるらしいが、ヨーロッパ共通のこの価値は、人種的優越感と排外主義を引きずっている。[32]日猶同祖論にも、ラスタファリアニズムのような対立図式を描く分離主義もあり、英猶同祖論のように排外主義もあり、世界史（神の経綸、筋書き）の主役争いの主張もある。しかしそれよりも、とくに宗教をベースにした日猶同祖論では、すでに述べたように、「平和」の主張が目立っている。それぞれは、選択したそれぞれの価値を検索語として、預言その他を解釈するのである。

そのような預言の読み方の一例として、「平和の計画が二人の間に生ずる」（ゼカリア書、六・一三）という一節が、酒井勝軍によって、「猶太人のシオン運動と、日本人の皇政復古とは相呼応し、両者の間に世界平和の討議が必ず有るべき筈である」と解釈された箇所があげられる。[33]明らかにこれは、テキストを機械的に読み合わせて導き出したものではなく、「平和」から逆算的に検索された預言とその解釈である。

(3) 世界史の主役争い

こうした価値・理想の選択と表裏して、世界史における主役争いが起こっている。一九世紀の文脈では、その主語はつねに何かの「人種」であり、候補者としてつねに旧約のユダヤ人も呼び出される。答えは問いに対応するので、英猶同祖論の中の人種主義を問題にするかぎり、こうした自民族中心の人種主義的な思想が浮き彫りになるのは、当然ではある。

主語が何であれ、このような政治的宗教思想においては、神の道具となった個人や集団が、さまざまな理想や使命を持って「それぞれのメシア主義を展開」する。[34]この主導権争いの愚かさは、個人間の争いを譬え話に持ち出すとき、わかりやすい。弟子の中で誰がいちばん偉いかという、われわれからみても愚かな問いに、イエスが答えた言葉は、自明の規範のように見える。しかしまた同じ聖書の終末預言においては、救世主や王に率いられた集団が平和をもたらす、とも呼びかけられている。純粋な民族、純血という考えは、フィクションとして簡単に否定できるが、「直系」「子孫」という血統は否定できない。そしてこの血統に関する考えは、民族集団としての起源というよりは、もっと限定的に個人、とくに王の正統性にかかわっている。旧約預言その他の終末預言、救世主預言があるかぎり、主役争いは止まないだろう。

（４）ファンタジーの上書き、未来の選択

『レンヌ＝ル＝シャトーの謎』の著者たちが想像しているように、イエスの子孫にして人道的な指導者という思考実験は、少なくとも一部の人々にとってリアリティがある。キリスト教シオニズムなどの破局的ビジョンと比べて、その含意するプロセスと結末は、はるかに平和的でもある。もしビジョンを選ぶことができ、あるいは、ちょうど万人参加のインターネット事典のように、修正を加えることができるとしたら、そこに参加する人々の集合知は、どのようなビジョンを上書きしていくだろうか。

人的シナリオにせよ神的シナリオ（＝神律）にせよ、終末論や陰謀論に関心やリアリティを持つ人々の深いファンタジーや陶酔は、理性的なコミュニケーションによって醒ますことは難しい。終末論、メシアニズムと一括される、集合的なファンタジーには、大きな暴力と破局の地獄絵図と、最終的にはそれらを無効化する楽園図が混在している。神的シナリオによる人的シナリオの無効化、「陰謀の無効化」論は、不幸な終末に対する通則的な対案であり、たとえばイエスの血統、聖櫃の出現、「陰謀を無効化する日本」論など、どれも同じモデルの応用である。この内、「日本」を要素に含むファンタジーは、文脈が世界史の主流から離れており、流通範囲も小さいが、現実社会に対するインパクトの大きさには、別の要素がからんでくる可能性がある。

(5) 起源論の想像、実感、創造

一つは、「失われたイスラエル十部族」（「ユダヤの言い伝えの中でも最も興味をそそるもの」）の末裔が日本にいるという他愛もないファンタジーが、深刻な政治問題化している聖書世界の主題を、歴史的地理的に最も遠い視点から見ることで、当事者からは見えにくい問題の根深さ、あるいは愚かしさを、戯画的に浮き彫りにするかもしれない、ということである。もう一つは、逆にその日猶同祖論というファンタジーが、日本とイスラエルが「協力することが双方のためになる」という発見に材料を与えて、「成功したのけ者」である二つの世界が結び付いて、国際政治の重大な勢力が生まれるかもしれない、ということである。(35)

社会的に無意識で周縁的でありながら、ときおり表面化して社会に影響を与えるという意味でも、また大衆の需要があるという意味でも、このファンタジーは、「不快な」あるいは「奇妙な」ものとして黙殺しきれない。聖書世界のファンタジーに水を浴びせるにせよ、その一つの火種に油を注ぐにせよ、発射地点が遠ければ遠いほど、ファンタジーの力に無防備な中心部が受ける衝撃度は大きくなる。しかも日猶同祖論は、ほかの終末預言と異なり、「平和」のビジョンを主文脈としている。「奇妙な予測できないやり方」でしか想像できないにせよ、人類的ビジョンの選択肢を考えたとき、このファンタジーの衝撃の大きさがどれほどのものか、思考実験をしてみる価値はないだろうか。

注

(1) 本章は、以下の三つの拙著の該当箇所をとりまとめ、私の日猶同祖論研究の普及版として、コンパクトに説き直したものである。津城寛文『日本の深層文化序説――三つの深層と宗教』（玉川大学出版部、一九九五年）第一部

「歴史主義的な深層研究――われわれはどこからきたのか?」、同『〈公共宗教〉の光と影』（春秋社、二〇〇五年）第七章「日猶同祖論――世界史の中心をめざす起源神話」、同『社会的宗教と他界的宗教のあいだ――見え隠れする死者』（世界思想社、二〇一一年）第八章「現代日本から見る終末論――人的シナリオと神的シナリオのあいだ」。

（2）N. McLeod, *Epitome of the Ancient History of Japan*, Nagasaki: Rising Sun Office, 1875. 部分訳は、高橋良典編著『日本とユダヤ謎の三千年史――原典日ユ同祖論』（たま出版、一九八七年）。「近代」とことわったのは、一六世紀に来日したジョアン・ツズ・ロドリゲス（João "Tçuzu" Rodrigues 一五六一（一五六二）?―一六三三）が、『日本教会史』においてすでに日猶同祖論に言及しているからである。この点に関しては、日沖直子氏（南山宗教文化研究所）の教示をいただいた。

（3）前掲注1津城『〈公共宗教〉の光と影』、一八〇―一八三頁。

（4）木庭次守『新月のかけ 出口王仁三郎玉言集 霊界物語啓示の世界』（日本タニハ文化研究所、一九八八年）二五九、三八七頁。

（5）村上重良『評伝 出口王仁三郎』（三省堂、一九七八年）四八―五三、一七二―一七八頁。

（6）『開運宝典』（宗教法人日本エホバ教団、一九八〇年）一、九頁。

（7）『生命 一九七四年甲寅之年預言』（宗教法人日本エホバ教団、一九七四年）二七―三七、八五、九三、一五一、一五六―一五七頁。『生命 一九七六年丙辰之年預言』（宗教法人日本エホバ教団、一九七六年）三一七―三三二頁。『生命 一九八〇年庚申之年預言』（宗教法人日本エホバ教団、一九八〇年）一二〇―一二五、一四二頁。『生命 一九八一年辛酉之年預言』（宗教法人日本エホバ教団、一九八一年）六五―六七、八四頁。

（8）J. M. Chrenje, *Ethiopianism and Afro-Americans in South Africa, 1883-1916*, Baton Rouge: Louisiana State University Press, 1987, p. 164.

（9）Michael Barkun, *Religion and the Racist Right: The Origins of the Christian Identity Movement*, Chapel Hill: The University of North Carolina Press, 1997 [Revised Edition], pp. v and passim, ix, x, xii, xiii, 3, 20 and passim.

（10）Allen H. Godbey, *The Lost Ten Tribes, A Myth: Suggestions Towards Rewriting Hebrew History*, Durham, North Carolina: Duke University Press, 1930, pp.1-4. 宮沢正典「日本・ユダヤ同祖論とは何か」（『別冊歴史読本特別増刊11 ユダヤ／ナチス』新人物往来社、一九九三年）一二―一三頁。

(11) Anton La Guardia, *Holy Land Unholy War: Israelis and Palestinians*, London: Penguin Books, 2002[2001], pp. 255-257.
(12) Godbey, *The Lost Ten Tribes*, pp. 3-5.
(13) Godbey, *The Lost Ten Tribes*, pp. 665-666.
(14) ロデリック・グリエルソン、スチュアート・ムンロ＝ハイ（五十嵐洋子他訳）『失われた聖櫃――アーク伝説のなぞを解く』（ニュートンプレス、二〇〇〇年［Roderick Grierson, Stuart Munro-Hay, *The Ark of the Covenant: The True Story of the Greatest Relic of Antiquity*, London: Weidenfeld & Nicolson, 1999］）二八〇―二八一頁。
(15) Barkun, *Religion and the Racist Right*, pp. xii-xiii.
(16) Barkun, *Religion and the Racist Right*, pp. 4-13. また、レオン・ポリアコフ（アーリア主義研究会訳）『アーリア神話――ヨーロッパにおける人種主義と民族主義の源泉』（法政大学出版局、一九八五年［Léon Poliakov, *Le Mythe Aryen: Essai sur les sources du racism et des nationalisms*, Paris: Calmann-Lévy, 1971］）四七―六九頁参照。
(17) Chrenje, *Ethiopianism and Afro-Americans in South Africa*, pp. 1-2, 64,101, 106. レナード・E・バレット（山田康裕訳）『ラスタファリアンズ――レゲエを生んだ思想』（平凡社、一九九六年［Leonard E. Barrett, *The Rastafarians: Sounds of Cultural Dissonance*, Boston: Beacon Press, 1977, 1988］）一一七―一一八、一二五頁。
(18) マイケル・ベイジェント他（林和彦訳）『レンヌ＝ル＝シャトーの謎――イエスの血脈と聖杯伝説』（柏書房、一九九七年［Michael Baigent, Richard Leigh, Henry Lincoln, *Holy Blood, Holy Grail*, New York: Jonathan Cape, 1982］）一一四―一一六、一二五―一二六、二三九―二四二、三四九、三五六―三五七、四五九―四六二頁。
(19) http://www.ne.jp/asahi/jubus/com/jinbun/htlm/jinbun45.htlm　二〇〇六年八月一三日から二〇一一年一月三日まで断続的に確認。二〇一一年四月末時点で、アドレスが変更されていることを最終確認（http://yokomi.life.cooca.jp/jinbun/html/jinbun45. html）。なお、二〇一一年四月時点での神道関係の売れ筋ランキングの一位は、中丸薫他の日猶同祖論本。二〇一六年三月二四日現在、このサイトは消滅。
(20) 飛鳥昭雄他『失われたイエス・キリスト「天照大神」の謎』（学習研究社、一九九八年）。
(21) 飛鳥昭雄他『失われた契約の聖櫃「アーク」の謎』（学習研究社、一九九九年）。
(22) 飛鳥昭雄他『失われたキリストの聖十字架「心御柱」の謎』（学習研究社、二〇〇二年）。神道関係のベストセラー二〇位に入っていたのは、これである。

（23）マイケル・バーカン（林和彦訳）『現代アメリカの陰謀論——黙示録・秘密結社・ユダヤ人・異星人』（三交社、二〇〇四年［Michael Barkun, *A Culture of Conspiracy: Apocalyptic Visions in Contemporary America*, Berkley, Calif: University of California Press, 2003］）。

（24）ジョン・ミアシャイマー、マイケル・ウォルト（副島隆彦訳）『イスラエル・ロビーとアメリカの外交政策』（講談社、二〇〇七年［John J. Mearsheimer, Stephen M. Walt, *The Israel Lobby and U.S. Foreign Policy*, New York: Farrar, Straus and Giroux, 2007］）Ⅰ・四、二三八—四二、二四八頁、Ⅱ・二九一頁。なお、ユダヤ人の中に、約束の地への帰還を要求しない、地上的なシオニズムに反対する勢力があることを、ヤコヴ・ラブキンは説得的に示している。Yakov Rabkin, *A Threat from Within: A Century of Jewish Opposition to Zionism*, New York: Zedbooks, 2006.

（25）ラビ・バトラ／ペマ・ギャルポ他監訳『ラビ・バトラ緊急予告、日本国破産のシナリオ、破滅から黎明へ、光は極東の日本から』（あ・うん、二〇〇六年）。

（26）Barkun, *A Culture of Conspiracy*, pp. 13, 25, 172, 177-182.

（27）Barkun, *A Culture of Conspiracy*, pp. ix, 18, 79.

（28）Stuart A. Kallen ed., *Are Conspiracy Theories Valid ?*, Farmington Hills, MI: Greenhaven Press, 2006, pp. 7-9.

（29）Barkun, *A Culture of Conspiracy*, p. ix.

（30）グスタボ・グティエレス（関望・山田経三訳）『解放の神学』（岩波書店、一九八五年［Gustavo Gutierrez, *Teología de la Liberación*, Salamanca: Ediciones Sigueme, 1972］）一五七、一六〇、一六二、一六三、一六五頁。

（31）Chirenje, *Ethiopianism and Afro-Americans in South Africa* , pp. 163-164.

（32）前掲注16ポリアコフ書、三二二頁。

（33）酒井勝軍「神秘極まる天軍の作戦計画」（『神秘之日本』一八号、神秘之日本社、一九三八年）三—四頁。

（34）ヴェアナ・スターク（杉山忠平・杉山泰一共訳）『宗教社会学』（未来社、一九七九［Werner Stark, *Grundriss der Religionssoziologie*, Freiberg im Br.: Rombach, 1974］）二六、三七頁。

（35）ベン・アミー・シロニー（仲山順一訳）『ユダヤ人と日本人——成功したのけ者』（日本公法、一九九三年［Ben-Ami Shillony, *The Jews & the Japanese: The Successful Outsiders*, Rutland, Vt: Charles E. Tuttle, 1993］）五、一九九、二一〇、三六九頁。

第4部

偽史のグローバリゼーション

［第九章］

「日本の」芸能・音楽とは何か——白柳秀湖の傀儡子＝ジプシー説からの考察

齋藤　桂

はじめに

（1）大江匡房『傀儡子記』

時代や地域を問わず、流浪の民というのはしばしば憧れと、さげすみと、そして過度のファンタジーの対象となってきた。大江匡房《おおえのまさふさ》（一〇四一―一一一一）によって書かれた『傀儡子記』には、その名の通り「傀儡子《かいらいし》《くぐつ》」と呼ばれた、そのような流浪の人々の生活が記録されている。「傀儡子は定まった家を持たずに天幕で放浪して暮らしている。その様子は北狄《ほくてき》の風俗に非常によく似ている。男は弓馬を使い、狩猟をし、様々な曲芸や手品、人形劇を行う。女は化粧をし、歯を見せて歌い踊り、人々を魅了する」という生活の様子が三〇〇文字あまりの漢文体で示されたものである。[1] 短いながらも——短いからこそというべきか——この文章は傀儡子なる人々の実態や出自について後世の人々の様々な想像力を刺激してきた。その中でも目立っているのが、彼らがヨーロッパのジプシー[2]なのではないかという説である。

もちろんこの説は、ヨーロッパにジプシーと呼ばれる人々が登場したと考えられるのが一五世紀頃であるとされていることを考えても偽史であると判断できるものである。しかし、これまでこのような主張を行った論者は少なくない。

（2）様々な傀儡子＝ジプシー説

たとえば柳田國男（一八七五―一九六二）は、一九一二年（大正元）一二月の南方熊楠《みなかたくまぐす》（一八六七―一九四一）との手紙のやりとりの中で「わが邦のクグツは九州より上りたりと覚ゆれば、朝鮮を通過して大陸より入り込みしジプシーの片われではなきかなどと空想いたし候」(3)と述べている。もっとも、これに対して南方熊楠は、ジプシーというヨーロッパの人々を安易に持ち出すことを戒め、何でもヨーロッパが進んでいると考えたがる日本の思想状況を批難しつつ「小生は本邦にはジプシイ入りし等のことなしと主張す」(4)と返し、柳田もそれには「ジプシイの方は、もし彼らが東方にも遷徙せす跡ありとすれば、あるいは面白き推論を来たさざるかと考え候のみ」(5)と、ただの思い付きだったと論をひっこめてはいる。(6)それを踏まえてか、折口信夫《おりくちしのぶ》（一八八七―一九五三）も「傀儡子が、東あじあ大陸に広がつて、朝鮮半島までも来てゐる文献はあつても、それを直に、我が国のくゞつ――傀儡子の字面を好んで宛てた――の民の本源だとは信じない」(7)と慎重な態度を表明している。

また国文学者である高野辰之《たかのたつゆき》（一八七六―一九四七）は一九三四年（昭和九）に『国劇史概観』（春秋社）において「我が傀儡子はジプシー即ちチゴイナーと同一種族なのではあるまいか、傀儡はインドから出たものとして西洋の学者も立論してゐるが、（Die Heimat des Puppenspiels. von Richard Pischel. 1900）チゴイナーは黒髪暗膚で身の丈は低く、どうやらインドの北西部から出たらしいといふ。これが西域地方を経て、支那北西部のウラルアルタイ語族の地帯に入り、同語系の住民地を東へ東へと進んで来て、南に転じて朝鮮に入り、更に同語系の我国へ入込んだものとして考へたい(8)」と述べている。

日本における文化人類学の祖の一人である西村眞次《にしむらしんじ》（一八七九―一九四三）も『日本文化史点描』（東京堂、一九三七年）においてジプシーが日本に入ってきて傀儡子となったとの説を唱え、さらに彼はその傀儡子が山人＝サンカにつながっていく、としている。この、時代や地域を越えて「民族」が繋がっていく構図は、「人類学的――殊に文化人類学的に観れば、自発の文化といふものはあり得ない、文化の独立起源といふものは認め得られない。それが自発と見え、独立起源と見えるのは、周囲を知らない為めか、或は系統を知らない為めであつて、周囲を知り、系統を知つたならば、それが環境によつて変化を来らされた既存文化の二次的分岐文化であることが直ぐにわかるであらう(9)」と述べて、文化がそれぞれの地域で独立して生じるのではなく、同一の起源から移動し伝播していくことで発展していくのだという立場をとっていた西村らしいものではある。

また、比較的近年の一九八九年（平成元年）に出版された吉川英史編『日本音楽文化史』（創元社）に収められた吉川英史（一九〇九―二〇〇六）と小泉文夫（一九二七―一九八三）、小西甚一（一九一五―二〇〇七）らの座談会においても高野辰之の傀儡子＝ジプシー説が話題となり、小泉が「日本のくぐつのことはあまりくわしく知らない」と前置きしつつも「インドのジプシーと非常に共通しているところがある(10)」と述べており、断言はしないまでも、ほのめかしを避けてはいない。

これらの例は、傀儡子についての記述が現在のジプシーのステレオタイプに似ているという一点から発想され、まさに先の往復書簡において柳田國男をたしなめて南方熊楠が言ったように、ヨーロッパへのコンプレックスが背景にあるものと考えられる。すなわち、近代化と、そもそもその近代化という契機を生み出すことができた歴史をもつという点において近代日本の範とされたヨーロッパと何らかのかたちで繋がっていてほしいという感覚、もしくはそんなヨーロッパにあるものは日本にもあってほしいという感覚である。だが、その意味でこれらの論はかなり素朴なものであり、また素朴さという意味で言えば、ここでの「民族」という概念は、民族・民俗・人種・生活習慣・文化・身分・職分といったものが相当曖昧なかたちで混ぜ合わされて用いられており、しかもそれらは容易には変化しない固定的なものとして扱われていることも指摘しておくべきだろう。それはあたかも、ジプシーはいつでもどこにいてもジプシーであり、どれだけ時が経とうが、日本にまでやってこようが、その特性は変わらないと考えているかのようでもある。

このことは、視点を変えれば、ジプシーが「日本」とは異なった他者として扱われており、その意味では近代的な概念である「日本らしさ」もまた変化のない固定的なものとして措定されているのである。

そこで考えたいのは傀儡子の芸能と音楽についてである。既に述べたように音楽学者の吉川英史と小泉文夫は、音楽の面でも傀儡子とジプシーの共通性に触れてはいたが、詳しく見解が述べられることはなかった。しかし、傀儡子＝ジプシーが演じたとされる芸能・音楽は、彼らが「異民族」である以上、「日本音楽」と異なった特徴を備えていると考えられたはずである。翻ってそれは、様々なジャンルを含みつつ近代以降に「日本音楽」として一つに収斂した概念がどのようなものであった／あるのかを明らかにする手がかりとなるはずである。

一　白柳秀湖による傀儡子説

（1）白柳秀湖の傀儡子＝ジプシー説

さて、本章で扱うのは、やはり傀儡子＝ジプシー説と、そしてその芸能・音楽との関わりを扱った作家・在野歴史家の白柳《しらやなぎ》秀湖《しゅうこ》（一八八四―一九五〇）である。白柳秀湖（本名は武司）は一八八四年（明治一七）に静岡県引佐郡気賀町（現・浜松市北区細江町）に生まれた。若いころから島崎藤村の文学に触れ、早稲田大学文学部哲学科に進学して社会主義思想に出会う。早稲田社会主義学会を通じて幸徳秋水（一八七一―一九一一）や堺利彦（一八七一―一九三三）と知り合い、一九〇七年（明治四〇）に短編集『離愁』（隆文館）（【図1】）を出版し、左派系作家として知られるようになる。この後、一九一〇年（明治四三）から一一年にかけておこった大逆事件の頃から次第に政治的な活動から離れ、一般向けの歴史書や偉人伝を多く手掛けるようになる。自らを「町の歴史家」と呼び[11]、アカデミズムとは距離を置いた歴史著述で名を売った[12]。

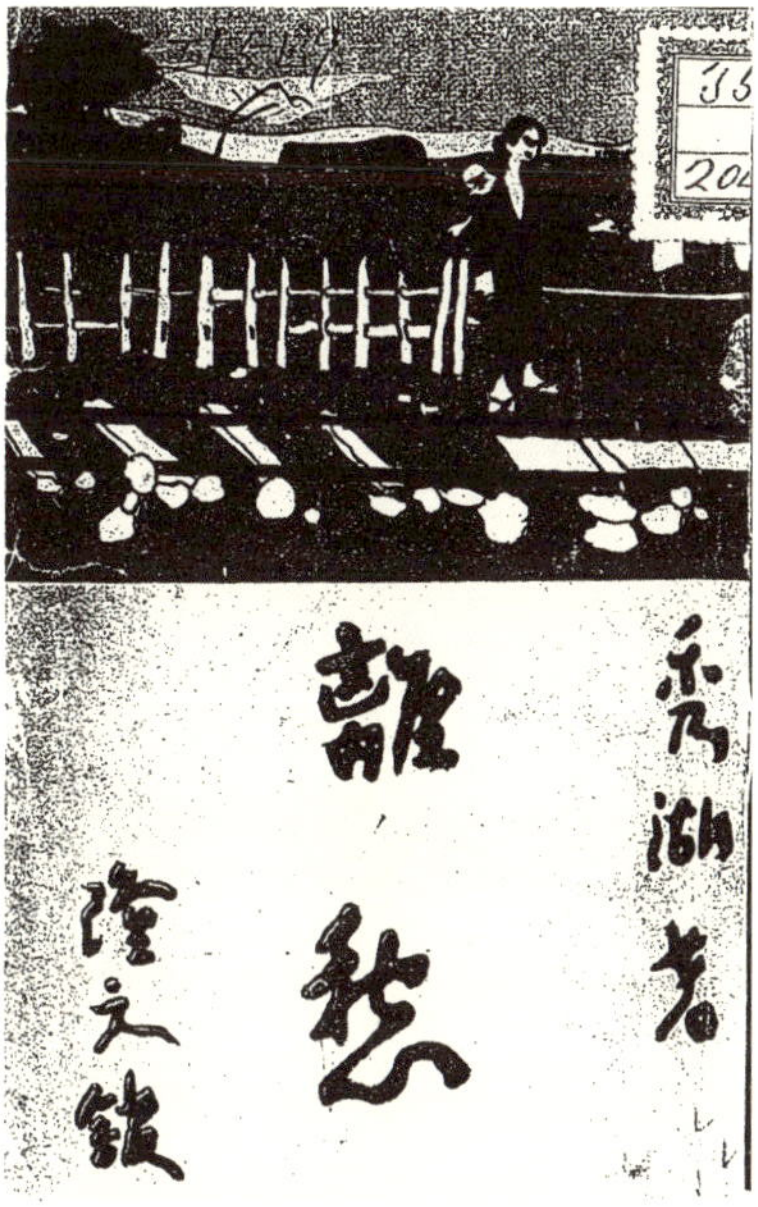

【図1】　白柳秀湖『離愁』（隆文館、1907年）
（国立国会図書館デジタルコレクション蔵）

そんな彼の傀儡子＝ジプシー説は、ただヨーロッパへの憧憬の意識や、単に両者が似ているという理由のみに起因しているわけではない、そこには近代日本における民族観とそれに基づく芸能・音楽観がよく示されてもいるのである。

彼が傀儡子とジプシーについて語ったのは『東洋民族論』（千倉書房、一九四〇年）が最初である。ここではジプシーが傀儡子となり、その後「このジプシイの一部の民族的に融けきれなかつたものが、『山窩』として残つたのではないかといふことも考へて居ります」[13]と述べており、その点ではおそらく前述の西村眞次のジプシー＝傀儡子＝サンカという説を下敷きにしているものと考えられる。とはいえ白柳は傀儡子の移動を中心とした生活の様子だけではなく、その芸能・音楽の様態に着目する。彼は次のように言う。

一体、ジプシイの芸といふものは概して三部に分れ、舞踊・手品・曲芸・の中、何でも御好み次第といふのでありますが、奈良朝時代から平安時代にかけ、日本にその姿を現はして居ります傀儡子も三部曲の旅芸人でありました。[14]

いわゆる雑芸の類であるが、これだけであれば単に傀儡子とジプシーは同じような芸を担う人々というだけである。つまり両者の関連は薄い。しかし白柳は『傀儡子記』に書かれた傀儡子の「女則為愁眉、啼粧、折腰歩、齲歯咲、施朱傅粉、倡歌淫楽、以求妖媚」すなわち、傀儡子の女性は愁眉・啼粧・折腰歩・齲歯咲（これらはどれも『後漢書』に載る、女性を魅力的に見せる方法で、愁いを含んだ眉を画き、泣いたような化粧をし、腰を曲げて歩き、虫歯があるように笑うこと）をし、朱を指し、粉をはたき、淫楽を歌い、観客に媚びを売る、という踊りの様子についての次のような説明を続けて自説を補強する。

明らかにジプシイ－ダンスともボヘミアン－ダンスともいふべき類のものでありませう。そのわけは原日本人には白い歯を見せて笑ひながら踊り、踊りながら観客に媚を売るといふ手は元来なかつたやうでありま す。日本元来の舞踊は、シャアマンの巫女が、鉦だの太鼓だのに合せて、神がゝりしたもののやうに踊り狂ふ、あれに類したものではなかつたかと思はれます。(15)

つまり、彼らの踊りが「日本元来の舞踊」とは異なることが、彼らが「異民族」であることの理由となるのである。

(2)「日本の」芸能とは

ここで問題なのは、なぜ「巫女」の「神がゝり」が「日本元来」なのかということである。白柳自身はここに何の説明も附していないが、その手がかりになる記述がある。戦後に至るまで日本の音楽研究の重鎮であった田辺尚雄（一八八三―一九八四）は、『雅楽通解』（古曲保存会、一九二一年）において、音楽の原初形態について次のように述べている。

> 人が喜びに堪えない時には思わず手足を打つ、それが一層昂じると手を打ち足を踏んで踊り出す。茲に於て拍子といふものが起つて来る。未開人や野蛮人の音楽には此種の拍子がこの主要な要素となつて居る。（略）古代に於ける日本民族固有の音楽には原始的拍子しかなかつた(16)

また田辺は『日本音楽講話』（岩波書店、一九一九年）においても、ほぼ同じことを人種（民族）との関わりの中で述べている。

世界国民の中で理性的人種として目立つて居るのはチュートン人種（ドイツ、オランダ、スキーデン、ノルウェー、イギリス）と支那人とである。之に対して感情的人種として特に目立つて居るのはラテン人種（フランス、ベルギー、イタリー）と日本人である。（略）人間の感情が昂まつて来れば、独りで手を舞ひ足を踏んで踊り出し、そこに拍子といふものが現はれて来るのである。それ故理性に乏しくして主として感情に依つて事をなして居る所の未開人や原始人には拍子が最も遺憾なく発揮されて居る。(17)

日本人が音楽において感情を重視する「人種」であり、その高まりに任せて踊り出すという説は、白柳が「元来の日本」における芸能の起源を巫女のトランスに求めたことと共通の考え方であろう。この、日本人と感情を結び付けるステレオタイプは、古くは和魂漢才の頃からあるわけで、田辺が「チュートン人」とともに「支那人」を日本人と異なる特性をもつ人々としたのもその流れにあると言える。

しかし白柳の説で興味深いのは、傀儡子の芸能が「日本元来の舞踊」とは違うとは言いつつも、「白い歯を見せて笑ひながら踊り、踊りながら観客に媚を売る」といった彼らの芸能の記述は決して日本人＝感情的という構図に「理性的」といったものを対置して、そこに傀儡子を置いているとは言えないであろう点である。つまり田辺は感情と理性との対比から日本を感情の側に位置付けたが、ここで白柳が対置しているのはむしろ、神事としての芸能とエンターテインメントとしての芸能、あるいはその芸能に惹きつけられる観衆・聴衆の有無である。

(3) エンターテインメントを担う「ジプシー」

言うまでもなく日本にもエンターテインメントとしての芸能は存在する。しかし白柳はそういった芸能もまた傀儡子＝ジプシーの名残であると言う。

支那で『散楽』と申しましたのが、日本の『傀儡子』と同じものに当るのではありますまいか。散楽ではやはりツラン系のウグリア族とかトルコ族とかいつて、エウロツパの東部に深く喰込んでゐた種族が、アジアの陸屋根を経て、北支那に伝へたものではないかと考へられるのであります。支那の散楽といふことばが日本に来て『猿楽』となり、公卿階級――すなはち貴族の間に持て囃されました。この猿楽の中から後に『能』が分離し、『能』が更に発展して歌舞伎となりました。(18)

また、一九四七年(昭和二二)の『日本民族文化史考』でも、

日本の歌舞伎劇に幾分でも表情と身振りとの見るべきものがありとすれば、それは確かに傀儡子すなはちヂプシイの演技から発達した人形芝居の影響であると思ふ。(19)

と述べて歌舞伎への影響を説いている。

「散楽」が「猿楽」の語源になったというのは、現在でも通説のひとつである。しかし能も歌舞伎もジプシーに由来するとなると、とにかくエンターテインメント性のあるものはジプシーと結びつけていると言えなくもな

い。実際、同じ『日本民族文化史考』において『傀儡子記』に登場する「魚竜曼蜒之戯[20]」を水芸の一種だとした上でこう述べる。

著者は千九百二十二年米国ニユウヨーク市に旅装を解いて、一夜ヒツポドラムの客となり手品・軽業・及び舞踊の三部からなる頗る大がゝりな興行物に好い『お上りさん』振りを発揮したものであつたが、その番組の中に舞台を一ぱいのプールにして多くの若い女たちが人魚のやうに遊び戯れる一幕があつた。この水遊びの一幕こそは、仕掛けこそ頗る大がかりのものであつたが、正しく『魚龍曼蜒之の戯』であり、支那の散楽と同じ流れを汲むものと打見られた。

ニユウヨークのヒツポドラムはその仕かけの大がゝりな点で、正しく『世界一』の興行物であらうが、これを要するにその番組は（一）手品、（二）軽業（三）ダンス（芸能）の三部以外に出でぬ。ヂプシイ系統の興行物はどこまで行つてもこの三部芸につきる。[21]

「ヒッポドラム」とはニューヨークにあった「ヒッポドローム Hippodrome」（【図2】）のことで、五〇〇〇人以上を収容する当時最大と言われた劇場である。映画『地上最大のショウ』で有名なサーカス師バーナム＆ベイリーや、伝説的な奇術師フーディニもここで公演を行っている。この劇場の売りのひとつはステージ下からせりあがる三万リットルを超える水槽で、白柳が渡米した一九二二年のヒッポドロームでは「超絶音楽スペクタクル A Super-Musical Spectacle」と銘打った『より良き日々』(*Better Times*) がロングランを行っていた。これは単なるミュージカルだけではなく、以前から劇場の売り物であった象のダンスやサーカス、ジャグリングを含んだ豪華なものである。その台本[22]にはフィナーレで「ダイビングガール入場」「水の妖精のバレエ」と書かれており、件の水槽を活かした壮大な演出がなされていたことが伺われる。この年のパンフレットにも水泳ダンサーの写真が載っている（【図3】）。白柳が見た「人魚のやうに遊び戯れる一幕」の「人魚」とはまさのこの彼女達であろう。

ちなみにこのヒッポドロームでの水泳に関しては一九五二年の映画『百万ドルの人魚』(*Million Dollar Mermaid*) でも扱われている。もちろん、このオーストラリア人水泳ダンサーが主演の映画でもそうだが、劇場の演者や経営

【図2】　ヒッポドロームの外観
（Billy Rose Theatre Division, The New York Public Library. "Exterior of the Hippodrome Theatre." New York Public Library Digital Collections. 1905-1939）

【図3】　白柳が渡米した年のヒッポドロームの水泳ダンサー達
(Billy Rose Theatre Division, The New York Public Library. "Box 7 Folder 1"　The New York Public Library Digital Collections. 1922-1923.）

者はジプシーという訳ではない（もちろん皆無だったとは言い切れないが）。つまり白柳は、演者の出自等とは関係なく、このような商業的なエンターテインメントを全般的に「ギプシイ系統」と認識していたのである。逆に言えば白柳は、「元来の日本」の芸能・音楽とはこのようなエンターテインメント性を欠いたものであったと考えているとも言える。

二　南方系の影響

（1）南方の「ヂャズ」

ところで白柳は日本における芸能・音楽について、「元来の日本」とジプシーとの二つだけを考えていた訳ではない。もう一つ、稲作をもたらした南方系の民族が日本に入ってきて芸能を行なったとしている。白柳は言う。

武士、すなはち大隅・日向・の隼人族を主要構成分子とする武士階級は、『田楽』の方が好きであつて、容易に猿楽の趣味には寄付けなかつた。これは申すまでもなく、隼人とか、熊襲とかいふものが南方系統の種族であつて、米の値付〔註：「植付」か〕並にその収穫に関係のある野田踊りの方を喜んだ。(23)

さらに白柳は、日本と同じく朝鮮半島にも南方系の民族が入ってきたのだという。が、その芸能・音楽の描写が面白い。

天孫御降臨以前の日本列島には、南洋（インドネシア）方面から、幾種もの大洋人が渡来して、九州・四国・東海・の沿岸地方に、それ〴〵の生活様式を振付けて居りましたやうに、朝鮮半島にも高句麗・百済・新羅・の三韓が興ります以前には、その南端、すなはち今の慶尚南道から全羅南道付近にかけ、黒潮の関係でやはり南方渡来の民族が占拠して居たものであります。今の全羅南道地方に居たのを馬韓人といひ、慶尚南道地方に居たのを弁韓人・辰韓人・と呼んだものでありますが、その中、弁韓人、辰韓人・は、ヂャズに合せて、手拍子、足拍子、面白く、タンゴも踊ればタップダンスもやるといふわけであつたらしい。これは北種の好んだジプシイーダンスとは全くその性質を異にして居たもののやうに思はれます。(24)

「三韓が興ります以前」ということは一世紀から紀元前頃ということになり、その時代に「ヂャズ」「タンゴ」「タップダンス」とは、まあせいぜい「——のようなもの」という意味ではあろうが、それでも可笑しな時代考証である。とはいえ、このような芸能・音楽イメージは同時代の東南アジアのイメージと重なるものではある。

(2) 音楽を好む「南方民族」

たとえば『音楽文化新聞』一九四三年（昭和一七）三月一〇日号には「南方文化の建設には音楽を大いに活用する」（二面）という記事があり、そこでは、

元来南方民族は音楽や舞踊を非常に好むので、この点からも南方へ音楽普及の必要を痛感してゐる然し南方民族はジャズ音楽が好きなので、これは望ましいことではない故、今後は日本の交響曲を聴かせる

全國中繼放送

赤い灯青い灯を
彩るカフエーのジヤズ
フイリツピンジヤズバンドの正體

＝ワ＝ンテーブル、ワンガールで東京から來るカフエー黨を喫驚させたりけなさせたりしてゐる大阪のカフエーの名物は之れ位にジヤズだ。浮立つやうなジヤズに足拍子を合せてカクテルグラスのかげから女給のプロフイルを眺めようといふのが大阪のカフエー黨だ、ジヤズのないカフエーは大阪ではもうてんでお客がよりつかぬ

＝カ＝フエーにこのジヤズを植つけたのは何事にもカフエーの先驅者となつてゐるユニオン合資會社である。ユニオンがジヤズを初めて大阪に引ッ張つて來てからもう數年になる。今では幾多の專屬バンドを持つて居るが、今日大阪から中繼される

＝ヒ＝リツピンジヤズバンドはその代表的のものであつて昨年秋ユニオンの招聘によつて道頓堀に現れた生粹のフイリツピン人のみのバンドである。メンバーは左の通りである。

ヴアイオリン　ジヨニー
バンジヨー　ローイ
サキソフオン　マヌーヴエル
ピアノ　ダビト
ドラム　ドミンゴ
トロンボーン　パトリーシエ
トロンペツト●ロドルア●ドミンゴ

【図4】　フィリピン人によるジャズバンドの活動を伝える記事（『読売新聞』1928年12月28日号第10面）

やうにしたい方針(25)

という情報局次長奥村《おくむら》喜和男《きわお》（一九〇〇―一九六七）の言葉が報じられている。もっとも奥村はこの後「「フィリッピン」の如きは「アメリカ」の「ジャズ」音楽が一般的になつて居ります(26)」と述べているため、「南方」といってもここではまずはフィリピンを指していると言えるだろう。この背景には、フィリピン国内だけではなく、日本にも戦前から多くのフィリピン人ジャズ奏者がやってきて活躍していたという事実があろう（【図4】）。しかしともかく、東南アジア・東アジア民族音楽研究のパイオニアの一人である黒沢隆朝（一八九五―一九八七）が「芸術を解せずして南方に行く人こそ大東亜の共栄を傷つける輩である(27)」と述べたように、「元来南方民族は音楽や舞踊を非常に好む」というイメージは当時一般的であり、白柳が一見唐突に「ヂャズ」等と言いだしたのも、まったく脈絡のないものでもなかったのである。

三　階級と民族

（1）三つの音楽的起源

さて、ここで白柳の芸能・音楽史観を一度整理してみよう。彼によれば日本の芸能・音楽は、①巫女のトランスのような「元来の日本」、②エンターテインメントを担ったジプシー＝傀儡子、そして③田楽や「ジャズ」や「タンゴ」といった南方系民族、の三つによって作られていた。このような民族観は、科学的な民族移動の解明とは大きな距離があり、冒頭でも述べたようにその文化を固定的に捉えている点において偽史としての性格をもつものである。ここで考えたいのは、このような民族観がどのように思想史上に位置づけられるかという問題である。

（2）階級と芸能

そのためには彼がジプシーであるとした傀儡子が、それ以外の文脈でどのように捉えられていたのかを知る必要がある。「それ以外の文脈」と書いたが、具体的には、社会における階級という文脈である。

芸能民であった傀儡子は、その社会的階級がしばしば考察の対象となってきた。たとえば一九八〇年代には網野善彦（一九二八―二〇〇四）と脇田晴子（一九三四―二〇一六）の間で、傀儡子や遊女が国の管理の外にあった「化外の民」であるか、それとも国および社会とつながりを保った「職人」であるかという点が争われた(28)。また白柳と近い一九二四年（大正一三）の著作では、喜《き》田《た》貞吉《さだきち》（一八七一―一九三九）が差別問題の一環として傀儡子の歴史を扱い『傀儡子記』を引用している(29)。

さて、傀儡子が階級の問題と深く関わっていることをよく示す話がある。『今昔物語集』巻二八に載る「伊豆守小野五友目代語」である。

伊豆守であった小野五友が目代《もくだい》として雇った優秀な男が、仕事中に館の前で歌い踊る傀儡子の音楽を聴いていてもたってもいられなくなり、それに合わせて踊り始めた。実はその男はもともと傀儡子だったのだという。五友はその後も彼を重用したが、人々は面白がって彼を「傀儡子目代」と呼び、彼の評判は少し下がったのだ、という話である。

白柳はこの話には言及していないが、傀儡子の芸能・音楽が観衆を踊りへと誘うエンターテインメント性に富んだものとして描かれているのは、彼が提示した傀儡子のイメージによく合致している。ここでは目代という役職と傀儡子との社会階級の違いが話の肝になっている。つまり階級の侵犯がこの話の主題である。白柳の言うようにエンターテインメントを担う人々、すなわち芸能民が、他の人々と異なる点があったとするならば、それは民族ではなく階級なのである。

(3)　演奏者間の落差

芸能のエンターテインメント性と階級の問題については、音楽そのものの面からも、このような論が提示されている。音楽学者の藤田隆則（一九六一―）は次のように述べる。

多くの古典芸能がそうなのですが、長い歴史の中で個々のパートのやること、分業体制がはっきり決まっているので、極端なことを言うと、ある人が自分のパートのことしか知らなくても、基本的に全体が成り立つ

というふうになっています。（略）

能などの古典芸能は、そのような参加者間の落差があってあたりまえであるというようなシステムとして出来上がっています。[30]

普段から能のような古典芸能に触れることの少ない人は、そこで演じられる音楽を聴いた際に、演者に共有された統一的な拍節があるとは感じ取れないことがしばしばであるが、それは既にその音楽が構造的に「参加者間の落差」を許容しているからであり、この「落差」とはすなわち断絶とも言えるだろう。能以外でも、たとえば雅楽は楽器によってそもそも用いている音階が異なることすらあるし、義太夫等の三味線音楽でも語りや歌が三味線にべったりついて演じることは下手だとされる。藤田は別のところでこの「落差」は「身分」のことであり、武士階級の式楽として発展した能においてシテを演じる立場の人――身分は高いが音楽的には素人であるため技術は低い――がどのように演じても対応できるように、能の拍節は伸縮するようになったのかもしれないと推測している。[31] このように階級の違いを予め織り込んだ芸能は、それが音楽の仕組みにも表れており、また逆にそれを乗り越えて皆で一つの音楽にノルというような芸能の形態（白柳が描写するエンターテインメントとしてのジプシー＝傀儡子の芸能や『今昔物語』における傀儡子の音楽等）は、日本の伝統音楽の範疇からは除外されているのである。

このように芸能・音楽と階級の問題は様々なレベルで深く関わっている。既に述べたように、白柳はじめ、社会主義作家として世に出た。とすれば、この階級という問題に対して敏感であって然るべきであろう。実際、彼は確かに階級の問題を常に意識していたのである。しかしそれは一般的な意味での階級とは異なったものだったのである。

【図5】　白柳秀湖『古代日本の奴隷制度』（南宋社、1927年、国立国会図書館デジタルライブラリー）

（4）民族と階級の物語

白柳が「無産者大学パンフレット」の一つとして一九二七年（昭和二）に出した『古代日本の奴隷制度』（南宋社）（【図5】）の中で次のように言っている。

> 神武天皇東征のくだりに、皇軍が諸国の土蜘蛛を勦滅した記述が見える。土蜘蛛は吾々日本民族に先つて此連島に居住した一種の穴居民種で、（略）まだ蒙昧時代の末期を脱せぬ劣等人であつたといふことが察せられる。（略）かやうな戦争によつて征服された民族が、若し奴隷として、古代日本の社会階級を構成してゐたものと仮定すれば、それは同じく『やかべ』と称へられた階級の中でも最下級の牛馬にひとしく駆使された奴隷であつたに相違ない。(32)

奴隷となった「民族」がいたと仮定して論を進め、そしてこの民族的な理由による奴隷は桓武天皇（在位七八一—八〇六）の時代に廃れるのだとする。白柳は同書の最後に次のように述べて締めている。

> かくして血統上の奴隷は解放せられたが、経済上の奴隷は消滅したわけではない。貴族と奴隷との血統的従属関係は、平安朝に入つて領主と農奴との経済的従属関係となり、武家時代に入つては其農奴が場合によつて凡下と呼ばれ、場合によつては郎等と呼ばれ、土民、水呑百姓、小作人などといふ称呼によつて現代に至

るまで、引続き複雑な社会問題の重要な一因子となつて居る。(33)

大逆事件以降、政治思想・政治運動からは遠ざかっていたとされる白柳ではあるが、具体的な活動はさておき、歴史観・社会観はかつてと比べて大きく「転向」しているわけではない。すなわち彼はここで、現代まで続くマルクス主義的な階級闘争史観として古代以前の日本史を見ているわけであるが、そこに記紀を出典とする神話と、さらにそれに基づいた民族闘争の歴史を重ねているのである。

マルクス主義的歴史観と神話、という不可能な足し算。それを辛うじて可能にする「民族」の解釈。それは白柳の独創的な解釈ではある。しかし、その他の多くの民族がらみの偽史が第一次世界大戦後に流行することからも分かる通り、白柳の場合もまた、民族自決という原則が提示されたこと、そしてそれに関連して、本土ではほとんど意識する機会のなかった複数の民族の同居という問題を、植民地を通じて考えざるを得なくなったということが、大きな影響を与えていると考えられる。白柳の民族観は、「民族」が文化的アイデンティティの問題から、極めて政治的・外交的なタームとして重要度を増した時代の産物ともいえる。

白柳が傀儡子＝ジプシー説を唱えたことも同様の理由であろう。すなわち、芸能・音楽における差別や階級という問題が、「民族」という皮をかぶせられて変奏されているのである。

おわりに

ここまで、白柳の傀儡子＝ジプシー説を中心に彼の歴史記述とそこに投影された近代日本の芸能・音楽観を検討してきた。

もちろん、白柳の芸能・音楽に関する偽史のおかしさを指摘するからといって、様々な地域から日本へ人々が入ってきたことを否定するわけではない。むしろ日本単一民族説こそ近代的な価値観の中で生み出された偽史であるともいえる。[34]だが、そもそも民族という曖昧かつ恣意的な概念を、安易に人種や文化、その他地理的な条件と結び付いた固定的な特性をもったものとして捉えること自体が問題の多い行為である。

しかし白柳が「異民族」に投影した音楽観は、翻って何が「日本らしい」芸能・音楽だと考えられ、また何がそこに収まらないものとして排除されてきたのかを示すものでもある。そしてそれは白柳だけの、もしくは彼が傀儡子＝ジプシー説を唱えた時代だけの問題ではない。たとえば現代でもなお「日本音楽」という言葉には、単に「日本の音楽」というだけではない意味が託されている。雅楽のような宮廷音楽や声明のような宗教音楽、もしくは近世・近代を経て芸道化した音楽がおもな「日本音楽」であり、それ以外のものは排除されないまでも周縁的な芸能として扱われる。もちろん芸術にそのような排他的な側面があることは否定できないし、ある意味では不可欠なのかもしれない。だがそれは、たとえば差別や階級といった問題と表裏一体でもある。白柳の傀儡子＝ジプシー説について検討することは、そのような「日本音楽」の重要な、しかし表層からは隠されている側面について考えることでもあるのだ。

注

（1）傀儡子者、無定居、無当家、穹廬氈帳、逐水草以移徙、頗類北狄之俗、男則皆使弓馬、以狩猟為事、或跳双剣弄七九、或舞木人闘桃梗、能生人之態、殆近魚竜曼蜒之戯、変沙石為金銭、化草木為鳥獣、能□人目。女則為愁眉、啼粧、折腰歩、齲歯咲、施朱傅粉、倡歌淫楽、以求妖媚、父母夫智不誡□、亟雖逢行人旅客、不嫌一宵之佳会。徴嬖之余、自献千金繡服錦衣、金釵鈿匣之具、莫不異有之、不耕一畝田、不採一枝桑、故不属県官、皆非土民、自限浪人、上不知王公、傍不怕牧宰、以無課役、為一生之楽、夜則祭百神、鼓舞喧嘩、以祈福助、東国美濃、参川、遠江等党、為豪貴。山陽播州、山陰馬州等党次之、西海党為下、其名儡、則小三、日百、三千載、万歳、小君、孫君等也、動韓娥之塵、余音繞梁、聞者霑纓、不能自休、今様、古川様、足柄、片下、催馬楽、黒鳥子、田歌、神歌、棹歌、辻歌、満固、風俗、咒師、別法等之類、不可勝計。即是天下之一物也、誰不哀憐者哉、

（以上を含め本章の「傀儡子記」はすべて大曾根章介校注のもの（『古代政治社会思想』日本思想大系8、岩波書店、一九七九年）を用いた。）

（2）「ジプシー」という言葉は蔑称とされることがあり、近年はその使用は避けられる傾向にある。筆者もそのような言葉の使用については慎重であるべきという意見に賛成なのは言うまでもないが、本章では、論中で取り上げる文献が「ジプシー」と表現していること、またそれらの文献が実在の集団を指しているというよりは、あくまで偽史というコンテクストの中で、誤解や偏見を含んだままの「ジプシー」を意味していることが重要であると考えるため、敢えて改めないまま用いる。

（3）『柳田国男 南方熊楠 往復書簡集』（平凡社、一九七六年）二九三頁。

（4）同右、二九六頁。

（5）同右、二九八頁。

（6）早速否定されたジプシー流入説はともかく、他の東アジア地域の芸能民との関連についての柳田の立場に関しては川村湊『「大東亜民俗学」の虚実』（講談社、一九九六年）が論じている。川村はそこで、朝鮮の芸能民と日本の傀儡子の関係を示唆していた柳田は、天皇家と渡来人との関係を扱うことを避けるべく、その後一国民俗学へと「転向」していった過程を指摘している。また戦後、滝川政次郎《たきかわまさじろう》（一八九七―一九九二）は『遊女の歴史』（至文堂、一九六五年）において傀儡子を朝鮮の「白丁族」であるとした。但しこのことについて細川涼一（一九五五―）は「滝川の見解は、遊女・傀儡子を律令の課役を逃れた「一種の犯罪集団」としてとらえ、その起源を異民族に求める予断に満ちた見解で、この背後には滝川の朝鮮民族に対する根強い偏見があることはいうまでもない」（『漂泊の日本中世』筑摩書房、二〇〇二年、九四頁）との指摘をしている。

（7）折口信夫『古代研究 第1部第2民俗学篇』「追ひ書き」（大岡山書店、一九三〇年）二〇頁。もっとも本論では触れないが、折口は「くゞつ」と「傀儡子」を同一視してはおらず、注意が必要である。
（8）高野辰之『国劇史概観』（春秋社、一九三四年）三〇―三一頁。
（9）西村眞次『日本古代社会』（ロゴス書院、一九二八年）二二九頁。
（10）吉川英史編『日本音楽文化史』（創元社、一九八九年）一一〇―一一一頁。
（11）横溝直二「白柳秀湖氏の国民史」（『社会及国家』一九三六年一〇月号（二四七）、一匡社）六二―六三頁。
（12）白柳の伝記的な情報に関しては杉原志啓『おもしろい歴史物語を読もう』（NTT出版、二〇〇八年）に拠った。同書は白柳の歴史記述についての数少ない評論のひとつでもある。
（13）白柳秀湖『東洋民族論』（千倉書房、一九四〇年）七五頁。
（14）同右、七三頁。
（15）同右。
（16）田辺尚雄『雅楽通解』（古曲保存会、一九二一年）六〇頁。
（17）田辺尚雄『日本音楽講話』（岩波書店、一九一九年）一六―一八頁。
（18）白柳秀湖『東洋民族論』（千倉書房、一九四〇年）七五頁。
（19）白柳秀湖『日本民族文化史考』（文理書院、一九四七年）二五―二六頁。
（20）これは『傀儡子記』本文では傀儡子が演じたのではなく、彼らの芸が「魚竜曼蜒之戯」のようだと述べられるだけだが、白柳は傀儡子が演じたのだとして話を進めている。
（21）前掲注20白柳書、二三―二四頁。
（22）*Better Times*, Billy Rose Theatre Division, The New York Public Library. “Better times” The New York Public Library Digital Collections. 1922. http://digitalcollections.nypl.org/items/827abd20-4814-0132-de55-58d385a7bbd0
（23）前掲注18白柳書、七六頁。
（24）同右、七六―七七頁。
（25）音楽文化協会『音楽文化新聞』一九四三年三月一〇日号（第四二号二面）。
（26）同右。

（27）南満洲鉄道株式会社経済調査局編、黒沢隆朝ほか『新亜細亜叢書第四 南方亜細亜の文化』（大和書店、一九四三年）二八七頁。なお、ここでの黒沢の言葉は一方的な日本文化移植を試みようとする奥村のような風潮への反発と解釈できるものである。

（28）この論争については細川涼一『漂泊の日本中世』（筑摩書房、二〇〇二年）。同書では脇田晴子『日本中世都市論』（東京大学出版会、一九八一年）と、網野善彦『中世の非農業民と天皇』（岩波書店、一九八四年）との間で交わされた論争を扱っている。

（29）喜田貞吉『歴史上より見たる差別撤廃問題』（中央社会事業協会地方改善部、一九二四年）。

（30）藤田隆則「古典芸能に習熟すること――能において「手順を暗記する」というのはどういうことか？」（『教師学研究』五・六、二〇〇四年）五七頁。

（31）藤田隆則、森安未来（口頭発表）「能のヘテロリズム――複数の立場の共在」（日本音楽学会二〇一一年九月二四日、於：神戸大学）。

（32）白柳秀湖『古代日本の奴隷制度』（南宋社、一九二七年）八―九頁。

（33）同右、五五頁。

（34）この問題については小熊英二『単一民族神話の起源――「日本人」の自画像の系譜』（新曜社、一九九五年）。

［第一〇章］

原田敬吾の「日本人＝バビロン起源説」とバビロン学会

前島礼子

はじめに

欧米では楔形文字を史料とする古代メソポタミアに関する文献学的研究を、一般にアッシリア学と呼ぶ。一九世紀前半から学術的研究が開始されたこの学問は、[1] 聖書学と密接な関係がある。そのため、確かに西アジア研究の一つではあるのだが、欧米においては以後に連なる西アジアの歴史とは切り離され、ユダヤ・キリスト教文化に流れ込む源泉を研究する分野と位置づけられた。[2]

このような背景を持つアッシリア学は、日本においては二〇世紀前半の大正時代から研究が開始された。特筆すべきは、大正時代に東京で組織されたバビロン学会である。戦後創設された日本オリエント学会の初代会長、三笠宮崇仁《みかさのみやたかひと》殿下（一九一五―二〇一六）は以下のように語る。

> 大正初期における我が国の古代オリエント研究については、史学雑誌の論文からうかがえるとおり、いかに

も貧弱でありました。これに対して、若き向学の情熱を燃やしたのは民間の篤学者たちでありました。彼らの力によって一九一七年（大正六年）七月二十一日に「バビロン学会」が設立されたのであります(3)。

日本の古代オリエント学誕生の「正史」では、京都大学でシュメール研究を本格的に行った中原与茂九郎《なかはらよもくろう》（一九〇〇―一九八八）、早稲田大学の定金右源二《さだかねうげんじ》（一八八七―一九七二）、そしてこのバビロン学会が挙げられるが、バビロン学会は組織や規模の面で他を圧倒する。バビロン学会がアカデミズムの外、「民間学」として始まったことは注目してよい。学の確立、人材輩出、戦後の学界・研究機関の組織化への影響など、その多大な貢献は柳田國男（一八七五―一九六二）の民俗学に匹敵すると言っても過言ではない(4)。この学会の創設者である弁護士原田敬吾（一八六七―一九三六）の晩年に親交があった杉勇《すぎいさむ》（一九〇四―一九八九）(5)によると、原田は一九〇一年（明治三四）に、当時は世界最古の法典とされたハンムラビ法典碑が発見されたのを機に古代メソポタミア文明の研究をはじめたという(6)。

通例、戦前の日本の古代オリエント研究の「開祖」として記述される原田とバビロン学会だが、彼の古代オリエント学研究の内実で言及されてきていない側面がある。それが、日本人はバビロンに起源をもつという「日本人＝バビロン起源説」である。この偽史言説は原田が唱え始めた説では決してない。一七世紀末に日本の出島に滞在したドイツ人医師エンゲルベルト・ケンペル（Engelbert Kaempfer 一六五一―一七一六）は、日本の起源は中国であるという当時の西欧における通説に対して複数の証拠から反論を試みた。その際、日本人の起源は直接バビロンに由来しているとし、それを裏付けるためにバビロンから日本に至る道のりを、地理学的な知識を踏まえて考証した(7)。ユダヤ・キリスト教文化の源流を形成した古代メソポタミア人は欧米では「白人」とされたため、この主張は日本民族白人起源説の一つと言える。日本民族白人起源説は明治時代以後、欧米に対する劣等感を背景として田口卯吉《たぐちうきち》（一八五五―一九〇五）など日本人論者の間でも台頭した。[8] ただし、大正期に入ると西方アジアとの文化的連続の主張はシルクロードを経由してヘレニズム文明を吸収したという形に変わり、人種的つながりを唱える説は勢力を失ったと小熊英二は述べる。[9] しかし原田は大正時代に入ってから、バビロン学会という自身が提唱し法曹界の人物を中心として組織した私的なサークルの中で「日本人＝バビロン起源説」をさらに展開した。彼の説はその後「日ユ同祖論」などと並ぶ近代日本が生み出した偽史運動の一つとなり、[10] 昭和前期には一部極右思想集団へも影響を及ぼすことになる。

原田敬吾に関しては、前述の三笠宮殿下をはじめとした日本の古代オリエント学者たちの証言があると同時に、原田が卒業した慶應義塾大学の森征一（一九四三―）による詳細な研究がある。[11] しかし、いずれにしてもハンムラビ法典に対する関心から古代オリエント研究に没頭したという側面だけが描かれ、「日本人＝バビロン起源説」を生涯かけて主に研究した人物という指摘はない。

本章では、バビロン学会創設者である原田敬吾を、「日本人＝バビロン起源説」という偽史言説を展開した人物としてとらえ直すことを目的とする。その際に主に明治から大正時代までの動きに限定して原田敬吾の生涯と研究活動を主に出版物を中心に考察し、また彼のバビロン起源説に関する言説を分析する。さらにバビロン学会のその後の影響と、原田の「日本人＝バビロン起源説」を継承・発展させ、戦後そして現在にまで及ぶ日本人シュメール起源説という偽史言説を大成させた三島敦雄《みしまあつお》との関連にも触れる。

一　原田敬吾のアメリカ経験

日本では一八七七年（明治一〇）に東京大学文学部第一科に史学哲学及政治学科が設置されたのを始まりとして近代的歴史学研究が開始されたが、古代オリエント学は扱われず、宗教学・聖書学の分野でも明治時代には特に研究がなかった。(12)初めて古代メソポタミアを題材とした研究が発表されたのは一八九二年（明治二五）の『史学会雑誌』二六号での坪井九馬三《つぼいくめぞう》（一八五九―一九三六）(13)による「「まだ」王「でよけす」考」であったが、史料紹介に留まる内容であった。西欧では一九世紀半ばに新アッシリアの都であったニネヴェから大量の粘土板文書群が出土し、聖書との関連性からその内容に注目が集まったものの、西欧と異なりキリスト教徒も多くなかった明治半ばまでの日本では、この分野の研究に触れる機会が少なかった。

この状況に変化が生まれたのは二〇世紀に入ってからである。一九〇一年（明治三四）、フランス隊によってスサの遺跡から「ハンムラビ法典碑」が発掘され、当時は「世界最古の法典」として解読が進むと、(14)日本の法学者の間で関心が広まったのである。一九〇八年（明治四一）一月には、宮中で東京帝国大学法科大学長であり宮中顧問でもあった穂積八束《ほづみやつか》（一八六〇―一九一二）がハンムラビ法典の解題を行った。そして一九一三年（大正二）の『史学雑誌』第二四編に中田薫《なかだかおる》(15)による「ハンムラビ法典とモーゼ法の比較研究」が掲載され、古代オリエント学の分野でその内容にまで踏み込む論考が日本で初めて発表された。ただし、あくまでも比較法制史の対象として研究されていた。(16)

弁護士、原田敬吾による一九一七年（大正六）のバビロン学会創設は、通常この日本の古代オリエント史学史の「正史」の文脈に位置づけられている。しかし彼は、その機関誌『バビロン』第一号の寄稿論文で、すでに

【図1】　原田敬吾（法曹月旦原田敬吾君より）

「日本人＝バビロン起源説」を展開している点を忘れてはならない。(17) 彼によるバビロン学会創設の提唱は、その点においてそれまでの法制史的な研究とは一線を画すのである。彼はなぜこのような説を提唱するに至ったのか。第一節では原田敬吾のアメリカ留学を中心に、彼が大正時代になって「日本人＝バビロン起源説」を唱えるに至る背景を考察する。

原田敬吾は一八六七年（慶応三）一二月二五日に現在の秋田県秋田市に生まれた。父である原田《はらだ》種徳《たねのり》は旧秋田藩士で、後に大審院判事として活躍した人物である。(18) 原田が生まれた直後、秋田藩は戊辰戦争の大きな戦乱の舞台となった。奥羽越列藩同盟を脱して新政府側についた秋田藩は勝利したものの、藩内は甚大な被害をこうむった。多くの人材を失った秋田はその復興に時間がかかった。(19)

秋田藩士の子弟で早くから俊才として聞こえていた原田は、一八八一年（明治一四）の一一月、一四歳の時に上京して慶應義塾に入り、英学を学んで一八八五年（明治一八）に本科を卒業した。卒業後すぐに法律家を目指し、卒業の翌年には法律を学ぶために渡米した。この時敬吾は一九歳であった。その際に父種徳が秋田の士族出身らしく、全て漢文で著した海外留学にあたっての訓戒文が残っている。そこで種徳は、敬吾が国費で留学するわけでも、資金繰りが豊かな家の出身でもなく、「僅携数百金」で留学することが容易ではないことを述べた後、「学業之成否、在志気」と断言し、敬吾を鼓舞している。(20)

原田は渡米後、ニューヨーク州ポーキプレーでまず英文学を学び、その後、福沢諭吉（一八三五―一九〇一）の長子である福澤一太郎《ふくざわいちたろう》（一八六三―一九三八）が一八八四年（明治一七）に入学していたコーネル大学に無試験で入学し、同大学で三年間法律を学んだ。[21]杉勇の伯父にあたる杉文三[22]も同地で親友だったというので、当時のコーネル大学には日本人留学生が一定数いたと考えられる。

原田がアメリカでどのような生活を送っていたかは、本人もほとんど語らず、また他の同時代のコーネル大留学生の証言もないため不明である。しかし原田と慶應で同期だった武藤山治《むとうさんじ》（一八六七―一九三四）[23]による留学記は当時の様子を知る参考になる。武藤もほぼ同時にアメリカ西海岸のカリフォルニアに留学しており、やはり同様に「数百円」しか持たずに渡米した彼が、中国系移民と同じ船室で渡米し、たばこの見習い職工などを経て最終的にはサンノゼの私立大学で食堂の給仕係をしながら勉強した様子を記録している。慶應で政治哲学など高尚なことを勉強した自分がアメリカで受けた扱いに対し、当初「何だか高いところから突き落とされたやうな感じがした」と武藤は当時を振り返る。またサンノゼで給仕の先輩だった三重士族出身の「森君」が、家族の期待を一身に背負って渡米したが、仕事の傍ら夜中まで勉強し続けたことがたたり急死したことも伝えている。[24]ここから「勉強立身」による上昇移動を目指した士族出身子弟の米国留学生活がいかに過酷だったかがわかる。

さらに原田の米国留学生活を考える上で重要なのは排中日運動の動きである。[25]アメリカでは一九世紀半ば頃から中国人を中心とする低賃金で働くアジア系移民に対する排斥論が発生した。原田や武藤が留学した一八八〇年代後半は一八八二年に中国人移民の入国を禁止する一〇年間の時限立法が制定された後であり、一八九〇年以後に日本人移民が急増する以前であったが、一八八〇年代の末には中国人同様低賃金で働く日本人移民に対する排斥運動が既に始まっている。[26]武藤も帰国前に醤油販売に関わった際に売れず、当時のアメリカ人が日本を劣等国とみており、直接口に入れる醤油をアメリカ人に売り込むことは無理だったと回顧している。(27) 程度の差こそあれ、このような黄色人種差別・排除の空気の中で原田もアメリカ留学生活を送っていたのである。

一八八九年（明治二二）に法学士「バッチェロル・オブ・ロー」の学位を取得した原田は、彼は日本条約論を卒業論文として提出し、高評価を得た。(28) この卒業論文の詳細は不明だが、この時代に日本の条約について論考をまとめている点は注目すべきである。一八八〇年代は日本と欧米列強との間ではまだいわゆる不平等条約が結ばれている状態であり、条約改正は日本にとって悲願であった。このテーマ設定からは、原田もまたその時点での不平等条約撤廃に関心を持っていたことがうかがえる。

留学中の日本と欧米列強との関係に対する関心の高さは、原田が留学中に愛読し、「我邦人に示さん」と考えて、帰国後すぐ訳本を出版したボーエン（John Eliot Bowen 一八五八―一八九〇）の『埃及惨状――内地干渉』(*The Conflict of East and West in Egypt*) という本からもわかる。彼は序文で近代化を遂げつつある日本について「能ク富強天下ニ恥ツル々（ママ）ナシト稱スヘキ乎」と評価し、さらに欧米中国の「人種」と比べて「日本人種ノ匹敵スル處ナランヤ」とした上で、当時の日本の状況を以下のように嘆く。

況ンヤ歐州諸國カ外交戰略ノ陰險ナル殆ト抵抗スヘキノ道ナキニ於テオヤ既ニ我邦ハ過去三十年ノ間ニ損害ヲ蒙ルル少小ニ非ス外國政府ノ亡状ニシテ外國人民ノ専横ナル大ニ我國權ヲ傷ケ我富源ヲ損シタルモノアリ(29)

このように原田は「日本人種」が他と比べて劣らない能力を持ちながらも、欧米列強の「陰険さ」の前に損害を被っていると考えていた。それに留まらず、彼は以下のように続ける。

然レド治外法権ノ有ルアリテ外人ト直接ノ競争ヲナササリシカ故ニ其損害尚未タ微小ナリシヤモ知ルヘカラス将来内地雑居ヲ許シ内外直接ノ交際ヲ試ムルニ至ラハ其結果果シテ如何[30]

彼は欧米「人種」と日本「人種」が日本国内で「雑居」し「直接の交渉」をするようになると、事態はさらに悪化するのではないかと危機感を抱いたのである。この「直接の交渉」に対する危機意識には自身のアメリカでの生活が影響しているだろう。アメリカで「直接の交渉」を経験した原田は、自身が味わったと思われる困難を今後日本全体が経験することになると考えたのである。彼にとってボーエンが描き出したエジプト植民地化の状況は、自身のアメリカでの状況に合致し、だからこそ日本が植民地支配される可能性を感じて警鐘の意味を込めてこの本を訳し、広めようとしたと言える。その思いは、タイトルを敢えて「埃及惨状――内地干渉」と訳した点からも明らかである。

同年の秋に帰国した原田は、その翌年代言人試験に合格し、一八九一年（明治二四）、二四歳の時に自身の代言人事務所を開業した。民事を得意とし、特に国際的な特許関係だけでも仕事があり莫大な収入を得たという。一九一一年（明治四四）前後には、明治石油株式会社監査役も務めていた。弁護士業の傍ら慶應義塾の普通部や商業学校で教鞭も取っている。[31]

大正期に入る前までの足跡から見えてくる原田は、明治士族の立身出世主義の典型例のような人物であった。アメリカ留学で学位を取得し、アメリカの法律事務所で実務経験も持つ上、帰国後すぐに弁護士として個人事務所を構え、優秀な弁護士として社会的にも経済的にも成功をおさめた。実務面だけでなく、英語の学術書を正確に翻訳できるほどの高い学問研究能力を持ち、また西洋的知識だけでなく和漢の学に深く通じていたと後にバビロン学会に加わることになる小林俊三《こばやししゅんぞう》（一八八八―一九八二）[32]も三淵忠彦《みぶちただひこ》（一八八〇―一九五〇）[33]も証言している。[34]極めて優秀で、立志・苦学・出世街道を突き進んだ彼はそれでも、二〇代初めに経験した過酷なアメリカ留学生活を忘れることはなかった。彼の経験はそのまま日本という国の現状、そして未来の姿へと投影され、欧米列強に対する劣等感と強い危機意識を抱かせ続けた。さらに、一八九五年（明治二八）の日清戦争勝利後に三国干渉を受けた上、それをきっかけに欧米列強による中国分割が活発化した時、欧米で高揚した黄禍論に対抗する形で日本の知識人の間で起こった人種論争の影響も無視できない。[35]三国干渉の「屈辱」は、原田にとってはまさに恐れていた欧米列強による「内地干渉」に他ならなかった。日清・日露戦争の勝利により芽生え始めたナショナリズムと、人種的劣等感が複雑に絡み合う世相の中で、原田はハンムラビ法典碑発見の報に触れたのである。

二　バビロン学会設立と原田敬吾による「日本人＝バビロン起源説」

小林俊三は一九一六年（大正五）に弁護士を開業した時、原田のところに挨拶に行くと、原田は「事件をいくらやってもそれは大したことではない。深く学問をやらなくては本当の弁護士とはいえない。金になるならぬと学問は関係がない」といって、小林にしきりに学問に打ち込むことを勧めたという。[36]ここに大正時代に入ってから原田自身が弁護士業をほとんどやらず、古代オリエント学研究に打ち込んだ理由が読み取れる。しかし、前述したとおり彼がバビロン学会創立当初から発表していたのは、「日本人＝バビロン起源説」そのものであった。明治期の立身出世の成功例の典型のような原田敬吾が、大正時代になって「本当の弁護士」たらんとすべく深く研究したのがなぜ「日本人＝バビロン起源説」だったのか。第二節ではまずバビロン学会の概略について説明し、次に機関誌『バビロン』の記事の全体像について分析する。最後に、原田自身がその趣意書やその機関誌『バビロン』そのものの中で展開した「日本人＝バビロン起源説」を、その寄稿論文の言説から分析する。

（1）バビロン学会創設

原田がいつ、どのような形でハンムラビ法典碑の発見について知ることになったのかは定かではない。しかし、この報に触れた彼は、その研究こそが法学研究の出発点でなければならないと考え、まずその翻訳から始めようと決意した。そこで一九一六年（大正五）一〇月に学会趣意書と定め書を発表、一〇〇〇部を印刷し諸方に配布して賛助を求めた。原田が四八歳の時のことである。定め書の示すところによれば、会員は年間五円の会費を支払う必要があったようである。この中で注目すべきは当時鐘ヶ淵紡績会社の専務取締役、武藤山治である。先に述べたように原田と武藤は慶應時代の同期で、同時にアメリカに留学していた。原田は武藤に彼のバビロン学会創立の趣旨を打ち明けて、そのための財政的な援助を依頼したところ、武藤は快諾したという。彼は一九一七年、結成時最初の会員名簿に名を連ね、設立資金として三万円の私財を寄付した。武藤は会員名簿に名を連ねるが、その後も毎月資金援助し、「賛助会員」として協力していた。一九一七年（大正六）七月二一日に築地精養軒で開かれた創立会までには、研究に携わる者、趣旨に賛同して資金を提供する者を合わせ、入会者は二九名にのぼった。機関誌『バビロン』の第一号から第四号までに書かれていた会員の名簿は【表1】のとおりである。

ここからバビロン学会は法曹界、財界、教育者、宗教者、知識人などのエリートを中心とした民間の研究組織であったことがわかる。この会の活動内容は、定め書によれば月に一回、または年に一〇回程度の研究会を催すこと、古代オリエント学および法制史に関する洋書の蒐集を行うこと、そして研究成果の出版を行い、会員へ配

【表1】　バビロン学会会員名簿（職業表記は『バビロン』記載のまま）

巻	職業	名前	住所	創立会	事務	第二回談話会	第三回談話会
1	貴族院議員	日高　栄三郎	東京				
1	教育家	川上　為次郎	東京				
1	教育家	山口　光蔵	東京				
1	教育家	那智　典	東京		事務		
1	教育家	野口　保市郎	東京	○	事務	○	○
1	教育家	千田　憲	東京	○	事務		
1	銀行家	上田　保三郎	東京				
1	銀行家	杉浦　甲子良	東京				
1	銀行家	成川　義太郎	東京				
1	工学家・男爵	辻　太郎	東京	○			
1	裁判官	三淵　忠彦	東京	○		○	○
1	裁判官	尾佐竹　猛	名古屋				
1	裁判官	椎津　盛一	浜松				
1	裁判官	白井　茂	静岡				
1	実業家	松原　重栄	東京				
1	実業家	武藤　山治	兵庫				
1	農業家	谷戸　頼	台湾				
1	文学家	松本　重彦	東京	○	事務	○	○
1	弁護士	石原　毛登馬	東京	○			○
1	弁護士	岡崎　雅也	東京				
1	弁護士	佐藤　博愛	横浜	○			○
1	弁護士	岸井　辰雄	東京	○		○	○
1	弁護士	牧野　充安	東京	○			
1	弁護士	野村　此平	東京				
1	弁護士	中野　俊助	東京				
1	弁護士	野村　六三郎	東京	○		○	○
1	弁護士	繁田　保吉	東京				○
1	弁護士	原田　敬吾	東京	主唱者○	事務	世話人○	世話人○
1	弁護士	渋澤　昇三	東京	○	事務	○	○
1	弁護士	会田　範治	東京		事務		○
1	弁護士	遠藤　直一	東京	○	事務	○	
1	弁護士	小林　俊三	東京	○	事務	○	○
1	弁護士・衆議院議員	松田　源治	東京			○	○
1	弁護士・衆議院議員	佐々木　文一	東京	○			
1	弁護士・衆議院議員	清水　市太郎	東京				
1	貿易家	荒木　伊久太郎	神戸				
1	貿易家	淵上　巌	大阪				
1	貿易家	山田　寅次郎	大阪				
1	貿易家	関　守造	東京				
1	法学家	西村　六二	東京		事務		
2	官吏	野本　実	東京				
2	教育家	長橋　治作	東京				
2	行政官	田中　信良	東京				
2	行政官	塚本　虎二	東京				

巻	職業	名前	住所	創立会	事務	第二回談話会	第三回談話会
2	銀行家	安藤　浩	東京				
2	芸術家（文学士）	内藤　智秀	東京				○
2	裁判官	奥山　八郎	東京				
2	裁判官	名川　侃市	荏原郡				
2	実業家	大原　祥一	東京				
2	実業家	斉藤　廉吉	東京				
2	実業家	正田　隆	栃木				
2	商業家	野本　福太郎	東京				
2	弁護士	石田　仁太郎	宇都宮				
2	弁護士	花岡　敏夫	東京				
2	弁護士	川淵　千蔵	名古屋				
2	弁護士	田坂　貞雄	東京				
3	銀行家	吉田　丹次兵衛	東京				○
3	考古家	沼田　頼輔	東京				○
3	実業家	藤井　辰次郎	東京				○
3	実業家	安藤　源之助	東京				
3	商業家	両角　好親	東京				○
3	農業家	小澤　猪太郎	福島				
3	農業家	赤坂　毅一	福島				
3	文学家	栗山　九	東京				
4	官吏	酒巻　芳男	東京				
4	銀行家	柳井　信治	東京				
4	考古家	入田　整二	東京				
4	公証人	岡本　一雄	東京				
4	社会学者	柳沢　泰爾	東京				
4	弁護士	甘粕　勇雄	大阪				
4	貿易家	松岡　謙	兵庫				
	（名簿なし：会員扱い）	大森　洪太					○
	（名簿なし：会員扱い）	小谷　五木雄					○
	（名簿なし：会員扱い）	斉藤　種五郎					○
	来賓	春木　一郎					○
	来賓	筧　克彦					○
	来賓：法学家	原　嘉道					○

布することであった。原田は学会の事務所を自身の法律事務所に置き、そこで研究会を開いていた。三笠宮によると研究員には一人当たり一五円から二〇円の手当が渡され、当時としては破格の待遇だった。[37] 会員はまた年に一度開かれていた談話会にも参加していたようである。[38] 小林俊三は『バビロン』第四号で、第三回談話会の様子を伝えているが、談話会は午後五時から開始され、年次報告、松本重彦《まつもとしげはる》（一八八七―一九六九）[39]、沼田頼輔《ぬまたよりすけ》[40]（一八六七―一九三四）両氏の講演後、原田自身が「我國の地名と信仰の古き関係」という題の報告をし、その後質疑応答が止まらず、日付が変わるまで散会しなかった。[41] このように、バビロン学会は民間組織でありながらきわめて活発な研究活動を行っていた。原田敬吾は「日本人＝バビロン起源説」という偽史をこれらエリートに向けて積極的に展開していたのである。

（２）機関誌『バビロン』

バビロン学会の機関誌『バビロン』は、現在第四号までを確認することができる。発刊時期は以下のとおりである。

第一号…一九一七年（大正六）八月／編集兼発行人　松本重彦
第二号…一九一七年（大正六）一二月／編集兼発行人　小林俊三
第三号…一九一八年（大正七）五月／編集兼発行人　小林俊三
第四号…一九一九年（大正八）一二月／編集兼発行人　小林俊三

このように、編集責任は原田ではなく、若い会員であった。第四号には一九二〇年（大正九）発行予定の第五号の予告が載っているが、出版は確認されていない。『バビロン』は非売品で、学会員にのみ配布された。目次と各記事のページ数は【表2】のとおりである。

ここからは『バビロン』において、その論考のほとんどを会の創設者原田敬吾自身が執筆していることがわかる。記事の内容も翻訳以外では法学に関する記事がほとんどなく、第一号から第三号にかけて連続で掲載している原田敬吾の「日本とバビロン」という論考が最多ページ数を占めていることは明らかである。確かに、翻訳では小林俊三が第三号と第四号にわたり、「バビロン法の梗概」を訳しており、第五号にて完結する予定であった。しかし、この翻訳以外では、原田自身による「所謂シューメリア家族法の原文及び解読」のみである。他の論考はいずれも古代という共通点はあるが、特に法に限ってはいない。

バビロン学会の会員の分布からは法曹界や財界を中心に会員が集まっていたが、研究内容は決して法学や法制史に関する研究だけではなく、一号から古代オリエント学的内容だけとも限らなかった。その会員、研究員の研究対象の幅は、古代という共通点はあるものの幅が広い。ただし、原田自身はこの四号の機関誌の中で、一貫して「日本人＝バビロン起源説」を展開したことは注目すべきである。

(3)　原田敬吾による「日本人＝バビロン起源説」

原田自身が展開した「日本人＝バビロン起源説」とはいかなるものだったのか。ここではバビロン学会創設にあたって彼が記した趣意書、『バビロン』に発表された「日本とバビロン」および「文明の揺籃」という論考を分析し、彼による「日本人＝バビロン起源説」の特徴を考える。

【表2】　機関誌『バビロン』目次

巻	ページ数	著者・訳者	原著者	タイトル
1	1	原田敬吾		創刊私語
1	1	原田敬吾		ローリンソン卿の肖像に題す
1	25	原田敬吾		日本とバビロン(上)
1	1	原田敬吾		グローテフェンド氏の肖像
1	16	小林俊三(訳)	メセルシュミット	楔形文字解読史(上)
1	13	松本重彦(訳)	ヴィンクラー	バビロニア及びアッシリアの政治上の変遷(上)
1	11	原田敬吾		所謂シューメリア家族法の原文及び解読
1	3	野口保市郎		会報
1	3			名簿
1	19	千田憲		祝詞に現はれたる祈願
1	11	松本重彦		市邊押磐天皇考
2	36	原田敬吾		日本とバビロン(中の一)　容貌の類似
2	33	小林俊三(訳)	メセルシュミット	楔形文字解読史(中・下)
2	1	原田敬吾		ヘロドートスの肖像
2	13	野口保市郎		ヘロドートスの見聞したるバビロン
2	11	原田敬吾		ネブカドネザル王か即位式における祈願の原文及び解釈
2	10	渋澤昇三		会報
2	2			名簿
2	4	原田敬吾		松倉乾二君の日本民族の故郷について花岡敏夫君に送りし書簡
3	54	原田敬吾		日本とバビロン(中の二)　神話伝説の類似
3	15	小林俊三(訳)	マイスナー	バビロン法の梗概(上)
3	28	原田敬吾		文明の揺籃(前)
3	16	内藤智秀(訳)	ヴィンクラー	バビロン市史(上)
3	15	原田敬吾		月の観察について天文台長官より王に上りたる報告書の原文及び解釈
3	1	原　嘉道		激励の書簡(手書き)
3	4	原田敬吾		会報
3	1			名簿
3	4	原田敬吾		雑録
4	25	原田敬吾		文明の揺籃(後)
4	16	小林俊三(訳)	マイスナー	バビロン法の梗概(中)
4	17	内藤智秀(訳)	ヴィンクラー	バビロン市史(中)
4	14	渋澤昇三(訳)	ジョーンズ	古代バビロニア(一)
4	15	原田敬吾		アッシリア王チグラートピレーセル1世が狩猟記の原文及び訳文
4	30	松本重彦		フォイニケーの文物
4	24	松本重彦	ローゼンベルク	フォイニケーの金石
4	8	松本重彦	シュルツ	拝火教と火器の起源
4	2	小林俊三		会報
4	1			名簿
4	2	原田敬吾		我国の紋章に関する研究を紹介す
4	43	沼田頼輔		十文字紋の研究
(以下、4号に掲載された5号の目次)				
5		原田敬吾		日本とバビロン(中の三)　宗教の類似
5		小林俊三		バビロン法の梗概(下)
5		内藤智秀(訳)		バビロン市史(下)
5		渋澤昇三		古代バビロニア(二)
5		原田敬吾		「創世記七編」中第一篇(諸神生成に関する神話)の原文及び訳文
5		松本重彦		フォイニケー研究(二)
5		酒巻芳男		古代希臘の産業
5		沼田頼輔		菊花御紋章の研究

彼はまず一九一六年（大正五）に、バビロン学会設立趣意書の中で以下のように述べる。

バビロンの文明は早く既に西漸したりと信す。**シリア**、小亜細亜を経て希臘に入り、羅馬に傳はり、以て近代欧羅巴文明の基礎を築けるなり。**バビロン**の文明はまた早く既に東漸したりと信す、印度に至りて**アリアン**民族の思想を淘冶し、支那に入りて蒙古種族の風習に鎔合し、以て特殊の地方的発達を遂けたるなり。別に一隊若しくは数隊の**バビロン**人は民族移動の壓力に推され、本土を去りて遠く諸方に流寓し、終に極東の瑞穂の天地を發見して、此こに天孫建國の鴻業を輔翼したるなり。吾曹は幾多の證據と状況とによりて斯く論斷すと雖も、固より學説の一致せさる所にして将来の研究に須つへきもの多し。蓋し世界史の序幕に現はれたる此最古の國民と後の舞台に上れる文明諸國との間に、種々の方面に於て多様の合致あるを認むへし。就中、形式的若しくは趣味的事物の合致に就いては單に偶然の暗号を以て説明すること難し。果たして然らは其間何等の聯絡ありとせんか、是れ神話、宗教、人種、言語等諸学の領域に於いて重要の問題たるのみならす、文明史、法制史の學は此を以て第一次の専攻科目と為すへきなり。(42)（太字原文まま）

ここで注目すべきは、彼がバビロン「文明」の西漸、東漸と述べているのに対し、日本に関して数隊のバビロン「人」が日本へと流れ着いて「建国」したと断言している点である。彼は大正時代に論壇の主流となったシルクロード経由の西方文明吸収という文化的連続説に対し、日本にはあくまでもバビロン「人」がやってきたという人種的つながりを主張したのである。

その上で、原田は自分が得ているバビロン起源説を裏付ける証拠や状況について説明し、会員に広く広めようとしていた。まず、『バビロン』第一巻に寄稿した論文「日本とバビロン」(上)において「豊葦原の千秋の長五百秋の瑞穂の国を統一して、大日本帝国を建国したる優秀無比の民族は、人種学上何れの分類に属するものなりや、之れか解決は我歴史の発足点にして、また我法制史の前提なり」と問いを立てた後、古代メソポタミアにおいてシュメール人とセム人とが同化していった段階を、ウル第三王朝滅亡期（第一機会）、バビロン第一王朝滅亡期（第二機会）、アッシリアによるバビロニア支配（第三機会）、そしてアケメネス朝ペルシャによるバビロン征服（第四機会）の四つに分けて説明する。その上で、彼は以下のように述べる。

以上四個の機會の何れに於いても、バビロニア民族は我國に移住若しくは渡来したるものの如し我國の神話伝説が多数の純シュメール分子を含むこと理由の一なり。我國の地名に多少の純シュメール語を存し、我國民の一部に純シュメール容貌を示すものあること理由の二なり。バビロン第一王朝の神話統一事業が我國の神話に於て明らかなる反映を有すること理由の三なり。多数の純セミット分子が日本的事物の各方面に存在すること理由の四なり。新バビロン帝國に到りて發達したるバビロン事物が日本的事物に混和せるること理由の五なり。新バビロン帝國に於てのみ存在したりと信すべき希臘分子並びに波斯分子が日本的事物に混和せること理由の六なり(43)

ここで原田は、「バビロニア民族」がバビロンから日本に流入した時期と経緯について述べ、最初にメソポタミアにおいてシュメール的要素とバビロニア的要素が同化していき、同化後に彼らが長期間にわたって度々日本へと流れてきたために、日本の中にはシュメール的要素、バビロニア的要素、さらには古代ギリシャやペルシャ的な要素まで混在するようになった、と日本人の起源を結論づけている。このような古代オリエント史の具体的な理解から、彼が一九世紀以後の欧米のアッシリア学研究を正確に追っていることがわかる。そして原田は日本への移住時期をウル第三王朝末期から新バビロニア時代まで幅広く考え、バビロニアのみならず、シュメール的要素、さらにはギリシャ的、ペルシャ的要素までが、あくまでも人を伴って日本に流入したとしている点は、ケンペル等のバビロン起源説にはない原田のバビロン起源説の特徴である。

次に彼は第二巻から第三巻にかけて「日本とバビロン」（中）を掲載する。ここではメソポタミアのシュメール人・バビロニア人と日本人との形質的、また文化的類似点が列挙される。この（中）は少なくとも第五号まで計画されており、第三号では「容貌の類似」、第四号では「神話伝説の類似」が発表され、第五号では「宗教の類似」が発表される予定であった。例えば「容貌の類似」では「俗に日本人を黄色なる皮膚と漆黒なる毛髪の主人公となすか如きは、幾んと色盲性の謬見たるに過きす。」とし、壁画や絵画に描かれた鼻の形状と目元の形状の類似点から、バビロンから直接人が渡来したことを論証する。(44) 類似による比較同定法は原田以前の起源説で用いられた手法と特段変わらないとはいえ、これらの類似点こそが、原田が趣意書で述べた「幾多の證據と状況」であったことは間違いない。

このように「日本人＝バビロン起源説」をバビロン学会発足当初から発表していた原田の元に、会員から「バビロン文明の大要を摘みて一見明瞭に記述せよという勧告」が寄せられたと言う。(45) そのため彼は第三号と第四号に渡り「文明の揺籃」と題し、メソポタミア史の概説を著している。第三号の（前）は歴史的展開の概説、第四号の（後）はハンムラビ法典を含め、メソポタミアの社会制度・文化についての概説だった。第四号（後）の最後にはバビロン文化が四方に伝播したこと、そして「斯くして現代欧米の文明はバビロンの文化を基礎として築かれたる樓閣に過ぎさるなり」とし、さらに「バビロン文明東漸の跡は資料缺乏のため明確に指摘し難し」としながらも、印度のリグヴェーダ、仏教、儒教などにも類似点があると説明を加えている。その上で「極東の大帝國別にバビロン文明の明確なる反影を示せり。その言語、容貌、宗教、神話、風俗、工藝、一として民族の由来を物語らさるはなし。」としている。(46) ここで原田のいう「極東の大帝國」とはもちろん日本のことである。ここでも彼はバビロン「文明」の東漸という言説と並行して、日本に関しては単に文化的影響があったのではなく、あくまでも日本人の起源がバビロンにあるとしている点は注目に値する。概説本文の内容から判断すると、二〇世紀初頭の欧米で出版されていたアッシリア学の研究書を多数集め、読んでいたことは間違いない。また、原田は楔形文字で書かれた文書の原文と訳、その解釈も毎号必ず載せており、楔形文字で書かれた第一次史料にあたることをも厭わなかった。(47) 的確な文献選びとその蒐集欲からは、原田の古代オリエント学研究に対する情熱と執念が伺える。

その上で尚、原田が「日本人＝バビロン起源説」にこだわったのはなぜなのか。彼は創立会の席で以下のように発言したという。

バビロン学の研究を志すに至りしは今より殆ど七八年前のことにして、初めて「ハムラビ法典」を読みたるに始まり、これよりバビロン学の研鑽を思ひ起こしてこれが歩を進めたり。併し斯学の歩を進むるにつれて、今日楔形文字の解釈につきては、英国派と独逸派とありて互に相異れる解釈をなせり、而して真に楔形文字を解釈するに都合よきものは、これ等英独人にあらずして、却て極東に於ける我が国人なることを知るに至れり。(48)

要するに、西洋人ではなく日本人こそが楔形文字を理解することができると主張しているのである。さらに彼は、「日本とバビロン」で以下のように述べる。

就中、日本民族固有法とバビロン法との関係は最も重要なる題目にして、之れか研究の究極の結果は多数判例の根底を覆へし、成文法の解釋を一變し、將來の立法に向て主義方針を改めしむるものなきを保せす。然れとも是れ予が専門の研究科目なり、責任に於て輕々に立言すへからざると同時に、また甚だ複雑な事業なるを以て、此こには姑く之れを省略し、他の機會を竢て予か研究を発表せんと欲す(49)

ここからわかることは、例え原田が『バビロン』においてバビロン法に直接かかわるような論考を発表していなくても、彼は確かに「法学的な関心」を持って古代オリエント学研究に着手していたという点である。彼は近代世界を支配する西洋の法思想を、非西洋でかつ「世界最古」の法に基づき、日本に接続して乗り越えようとした。いわば「日本」法の国粋主義、「日本人論」の法学版とも言える。ここに、彼が展開する日本人バビロン起源説の最大の特徴がある。彼にとって、この偽史言説は彼の目指す法学研究における大前提だったのである。そのため、彼は創刊以来四巻、予定では少なくとも六巻にわたってその前提を論証することに費やした。『バビロン』四巻からはこの前提部分の論証しか見ることができないが、彼の「日本人＝バビロン起源説」とはこの未発表の法学的な言説を含めた壮大な物語だったのである。

三　一九二〇年以後の原田敬吾と三島敦雄による「日本人＝スメル起源説」

バビロン学会は、一九一九年（大正八）以後『バビロン』を発刊しなかった。そして一九二三年（大正一二）九月の関東大震災の際、事務所と蔵書が焼失し、バビロン学会の活動は停止せざるを得なくなった。『バビロン』休止以後の原田敬吾の研究活動はいかなるものだったか。第三節では一九二〇年（大正九）から関東大震災までの間の研究と、大震災後の研究の復元を試みる。その際に、原田の「日本人＝バビロン起源説」を継承・発展させて「日本人＝スメル起源説」という偽史言説を大成させた三島敦雄との関連にも触れる。

（1）関東大震災までの活動と古代学研究所

一九二〇年（大正九）から二三年にかけての間の彼らの活動についてわかる史料の一つは、原田敬吾のノートに記された古代学研究所の研究発表題目のメモである。古代学研究所とは、原田が一九一九年（大正八）以後、バビロン学会とは別に組織した研究サークルで、原田をはじめ複数の会員が研究・発表を行っていた。彼は月次回の活動内容を記録しており、佐藤進がそのメモを発表している。佐藤はバビロン学会と古代学研究所との関係を定かではないとしながらも、沼田や酒巻芳男《さかまきよしお》（一八九〇—一九六七）(50)のようなバビロンに限定せずに古代を探求する会員が新たに参加したことから、一層包括的な研究組織を必要とするに至ったのではないかと推察している。(51)この記録によれば、一九一九年（大正八）八月三一日の一年目第一回から関東大震災前日の一九二三年（大正一二）八月三一日の五年目第一回までの間毎月一回必ず開催されており、研究員たちの研究活動が盛んだったことを物語る。その合計四九回の研究会で、原田は常に発表している。他の研究員では小林俊三だけが四九回全てで報告しており、この二人の発表回数が他と比べると突出して多い。

この時期の原田の研究題目は、他の研究員のようにある程度決まったテーマに取り組んでいるというよりも、非常に多岐にわたり傾向がつかみにくい。その中で二つの点をこの時期の古代学研究所での研究の特徴として挙げておきたい。一つは「日本とバビロン」のような「日本人＝バビロン起源説」を想起させる研究題目はほとんどないという点である。[52]民族や民族の移動に関しては関心が高く合計で一八回発表しているが、彼の言う「バビロンの東漸」とは逆に西側での民族移動について研究している。もう一つはアマルナ文書解読による成果に基づいて、研究関心がエジプトを含む地中海東海岸の諸国やその国際関係に多く向かっていて、直接バビロニアやその文化に関する研究よりも多いという点である。佐藤が推察するような他の研究員の研究だけでなく、この原田自身の研究関心の違いが、この研究会をバビロン学会とは別に「古代学研究所」と呼んでいた理由の一つだったのではないか。原田にとってはあくまでも、バビロン学会とは「日本人＝バビロン起源説」をベースにした研究を行い発表する場であり、それ以外の古代史研究全般を行う場所が古代学研究所だったのである。

しかし、原田が研究関心を完全に変えていたとは言えないことは、一九二二年（大正一一）に『國學院雑誌』、一九二三年（大正一二）に『財団法人明治聖徳記念学会紀要』に発表された二つの論考からわかる。[53]この時期、彼はバビロン学会以外の、神道系団体に講演を依頼されていた。二つの講演で原田はいずれもバビロニアの宗教に関する内容を発表しているものの、「日本人＝バビロン起源説」は明言していない。ただし、國學院大學での講演では、自らを「バビロン学会長」と名乗っており、また講演ではバビロニア宗教と日本の神道との類似点について触れている。そしてバビロンの主神であるマルドゥク神の説明の後で、以下のように続ける。

さうして後世バビロニアが歴史を終るに至るまで、マルドークは最も深く尊信されたのであります、此マルドークを我國の民間に於て深く尊信した痕跡があると思ふ。此事は私が初めて發表する疑でありますから少し詳しく申上げて置きます。

マルドークの信仰の形跡は何處にあるかといふに、熱田神宮にあるのであります。熱田神宮の祭神は日本武尊であります、日本武尊は小碓命であります。小碓の小は兄神の大碓命と區別する為に付けた名前であって、眞の名前は碓命である。ウスは先程も申したウトの變化でありまして日の神であります、此日本武尊が西　熊襲の頭川上梟帥を誅し給ひ東　東夷を討つて伊吹山へ歸つて薨ぜられるのでありますが、その全體の傳記或は傳説と云ふか神話と言ふか知りませぬが、それはバビロニアのギルガメシの傳説と少しも違はないのであります。

このような類似による比較同定法は『バビロン』で発表していた「神話伝説の類似」と相違ない。講演では概説を述べるに留まっているものの、原田はこの時期、バビロン学会員以外の、より広範な人々に「日本人＝バビロン起源説」を基盤とする研究を普及させる活動をしていたのである。

（２）関東大震災後の研究活動と三島敦雄の「日本人＝スメル起源説」

一九二三年（大正一二）九月一日、関東地方を大地震が襲った。この震災とそれに伴う火災によって、学会の蔵書は焼失した。森征一は原田が震災一年後に当時を回想して作った詩を紹介しているが、そこには火災の時、原田が事務所から必死で蔵書を持ち出そうとしたものの、火の勢いに押され、「傷ましくも怨めしき思ひして図書の大部分を路傍に棄て」たこと、それでも貴重本や書類を何とか持ち、過酷な状況の中逃げた様子が描かれている。しかし彼は再出発を決意し、その詩を「請ふ這の孩児の蘊畜する意気を看よ、班白にして皺面なる這の怪孩児の清新にして満腔の意気を看よ」と締めくくる。(54) その証拠に、この詩が詠まれる前の一九二三年（大正一二）一一月四日、震災の二か月後には古代学研究所の会合が、以前と同様毎月開かれている。(55)

彼はこの時期に雑誌『伝説』に三つの論考を発表している。それはいずれも類似による比較同定法を用いた「日本人＝バビロン起源説」に関する論考だった。(56) その記載内容、また結論はいずれも彼が『バビロン』で発表していたものと変わりはない。例えば「神話伝説の類似」では

古代海外の諸民族が有した神話傳説の多くは、集めてこれを我國の神話傳説中に見られる。この現象を説明せんがためには、必ずしも暗合説に根據がないせず、模倣説が全然不可であるとは云へないけれども、日本國民が異人種の混合によつて成つたのを思ひ、またその建國が比較的に舊いのを思ふと、之等の神話傳説が、主として諸種の移民が其身と共に本土から将來したものであることを信じないではゐられない。(57)

と冒頭で述べたうえで、結論部分において、直接バビロンから将来されたと認められる神話伝説を挙げていると述べ、合わせると、バビロン人が「其身と共に本土から」直接日本に神話伝説を携えてやってきたと明らかに主張している。震災前の二講演よりも明確に、バビロン学会以外の場で「日本人＝バビロン起源説」を広めようとしているのである。

この時期のもう一つの特徴は、学会員やその関係者の書籍に跋文を寄稿していることである。一つはバビロン

学会員で古代学研究所の研究員でもあった酒巻芳男が一九二五年（昭和元）に出版した『歴史以前』に寄せた跋文である。この本の内容は酒巻の古代学研究所での発表題目とほぼ一致する。そしてこの著書に寄せた跋文で原田が述べる内容も原田自身の発表題目と合致する。(58) この著作は酒巻自身が述べるように古代学研究所における研究のまとめであり、震災後にその「究学の志」を記念すべく出版した著書だった。(59) 当然、先に述べたとおり古代学研究所における研究には「日本人＝バビロン起源説」を想起させるような内容が見当たらないため、原田は跋文でも特に言及していない。

この時期の原田の「日本人＝バビロン起源説」を考える上でより重要なのは、三島敦雄の著作である。当時愛媛県大三島にある大山祇《おおやまずみ》神社の宮司だった三島はバビロン学会員ではなかったが、原田の「日本人＝バビロン起源説」を継承・発展させた唯一の「正統な」後継者であった。三島は貴族院議員で「日本のビール王」として知られる馬越恭平《まごしきょうへい》（一八四四―一九三三）から特別に後援を受け、自分の私的な出版社「スメル学舎」から『天孫人種六千年史の研究』（【図2】）を刊行した。(60)

その内容は「日本人＝スメル起源説」と言えるものだが、彼は序において以下のように述べる。

古来我が建国史は徹底せらるるに到らず、従つて国體の根源に懐疑を生じ、動もすれば民族伝統の精神は破壊せられ、今や欧米の主我的思想に遇えば忽にして人心の頽廃思想の悪化動揺を萌し、将に国家の重大なる危機として上下愕然たるものがある。…かくて余は深く感ずる所あり、我が国體の根底たる皇室並古代神社と創祠氏族との研究を試むるに到った(61)

三島は西洋の個人主義を「主我的思想」とし、それを受け入れることによって「民族伝統の精神」が破壊されつつある日本の風潮を憂い、原理主義的に日本神道を研究しようと考えた。そして根源をシュメール人に求めたのである。三島は「我が國に於て天皇をスメラ、スメラギと申すスメラは、スメルと同語、且つスメル國と皇國と一致して神國の義」と断言し、[62]その上で当時の欧米における楔形文字史料の解読成果を存分に活かし、神名や地名、神話の類似点を緻密に論証した。彼の著書は「日本人＝スメル起源説」の決定版とも言える大著で、後に中山忠直は、「天孫民族をヒッチト民族なりとする人に石川三四郎がある。彼もまた古事記神話とヒッチト民族の合致や、三種の神器を論じ、『スメラミコト』をスメル語の「統《スブ》る」より出しと論じてゐる。スメル民族を天孫民族とする人々に、原田敬吾、三島敦雄、戸上駒之助などの諸氏があり、ことに三島の研究は最も詳細を究め『天孫人種・六千年史の研究』があり、日本との伝説の合致はもとより、日本の地名、古代神の名、神社の祭神、

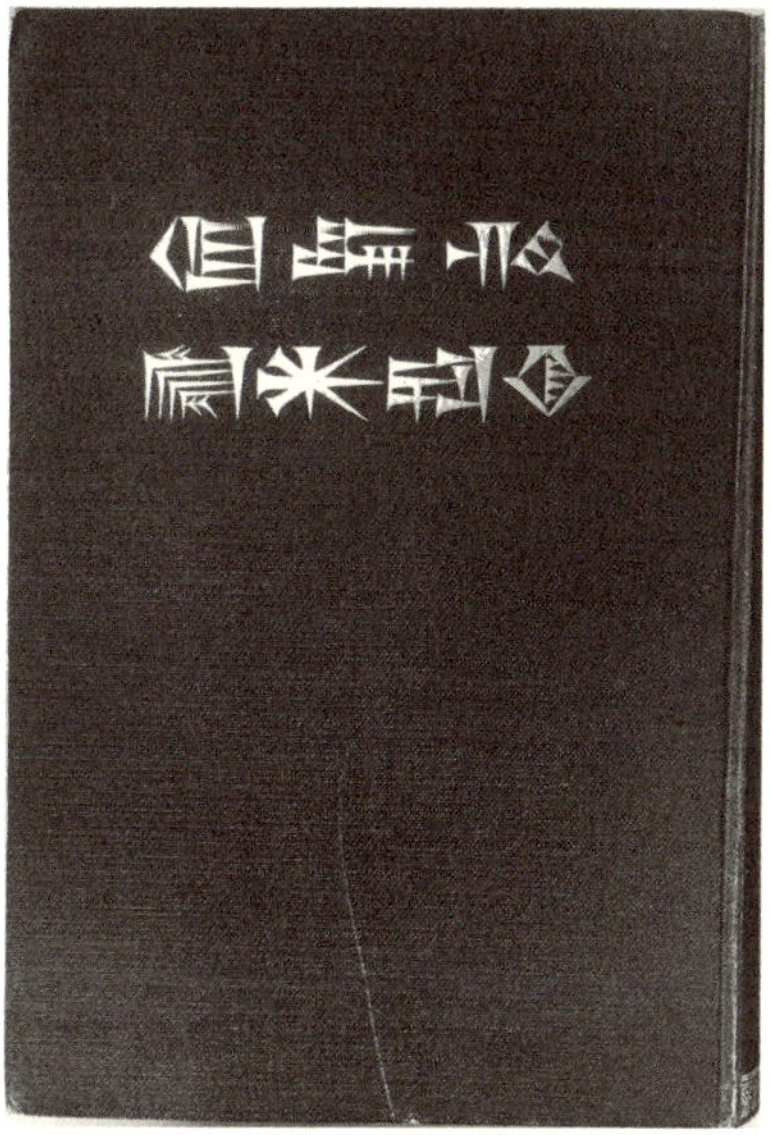

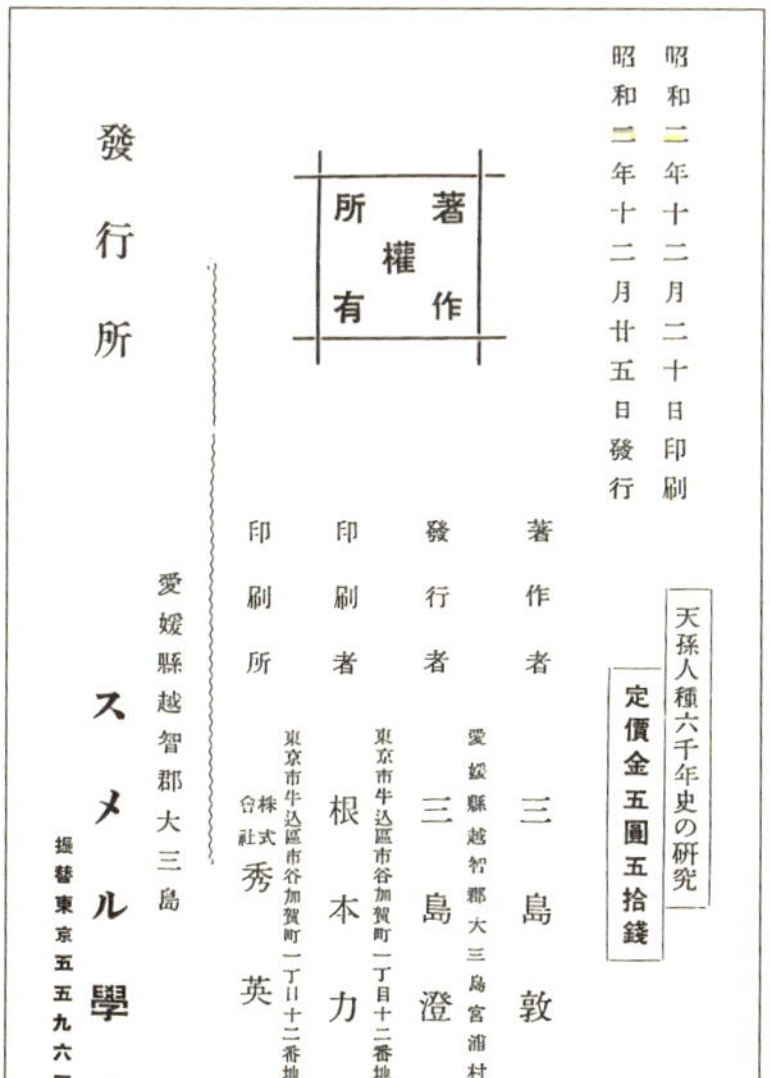

昭和二年十二月二十日印刷
昭和二年十二月廿五日發行

著作權所有

天孫人種六千年史の研究
定價金五圓五拾錢

著作者　三島敦雄
發行者　愛媛縣越智郡大三島宮浦村　三島澄俊
印刷者　東京市牛込區市谷加賀町一丁目十二番地　根本力三
印刷所　東京市牛込區市谷加賀町一丁目十二番地　株式合社　秀英舍
發行所　愛媛縣越智郡大三島　スメル學會　振替東京五五九六三番

【図2】『天孫人種六千年史の研究』表紙・奥付

その上で

三種の神器の一致までをもって、天孫民族がスメルの正系たるを主張し、天皇陛下を「スメラミコト」と呼ぶのを「スメルのミコト」と解してゐる」として、三島の著作を最も詳細な研究と位置付けている。(63)

この三島に楔形文字を教え、この研究を支援したのが原田敬吾だった。三島が原田をいかに知ったかは不明だが、原田のことは「日本人＝バビロン起源説」を提唱する人物として認識し、その教えを受けたいと考えていた。

然して余は大正十二年春バビロン学会頭原田先生に会見して歓談時の移るを知らず、当時バビロニア語の研究に就いて懇篤なる指導を受けたるは、余の深く肝銘措く能はざるところである

と述べている。これは原田による『天孫人種』の跋文においても証明される。原田は跋文において以下のように三島を評価する。

既に大正七年十一月バビロン學會の第三談話會に於てシュメール系に属するバビロニアの日の神ウト、海の神ヤー等が廣く我國に崇拝されたる事蹟を指摘し、會員の注意を促してより以来、機會ある毎に予は其の意見を公表せり。然れども予が専攻の學科は異れる部門に在りて、其等の問題に深入りすべき餘力なく、加ふるに予は我國の古典に暗くして神社の調査に多大の困難あり、孰れにしても奴鴈となりて學界を警告するは格別、研究の遂行に就ては予自身に於て其任に堪えず。あはれ何人にも有れ、適當なる學者の出でて之れを大成するものあれかしと切望し居たる折柄、宿願空しからずして圖らずも篤學なる三島君に逢ひ、一夕縦談

放語の樂得て忘るべからざるものありしなり。(64)

原田は震災前に明治聖徳記念学会で行った講演の冒頭で、「併し私は弁護士でありまして法律を研究するが為にハムラビ法典を読み、ハムラビ法典に分らぬ点がありますから宗教に道入つたといふだけのことで、宗教を専門にして居る者ではないといふことは御承知置を願ひます。」と述べており、(65)「日本人＝バビロン起源説」を述べる上で宗教上の類似点の論証は外せないと考えつつも、専門の違いは認識し、限界を感じていた。よって、三島の登場は原田にとって喜ばしいことだった。彼らは最初の会合以来度々文通し、三島の質問に答えていた。その上で、原田は三島の著作について、「さしも前人未到の荒野、君が数年の努力によりて一大美田と化したるを知り、拍手以て君のために祝すると同時に、我學會近来の快事としてまた國民の為に祝せり」と評価する。最後の署名に「大正十五年十二月　バビロン學會の研究室に於て原田敬吾記す」とあることから、この「我學會」とは即ちバビロン学会である。バビロン学会は震災を最後に活動を休止していたと考えられているが、少なくとも原田の中ではバビロン学会は大正末まで継続していたのである。原田にとっては三島の提唱する「日本人＝スメル起源説」は自身の提唱する説と袂を分かつようなものではなく連続しており、自身の説を批判的に乗り越え補完するものであり、宗教専門家としてこの問題に取り組んだことを大いに歓迎していたのである。

昭和に入ると原田主催のバビロン学会・古代学研究所の活動はほぼ休止した。杉勇によれば、昭和初期には酒巻と杉と原田の三人のみで、酒巻宅で細々と月に一度の会合を続けていたようで、(66)そのことは酒巻の娘も記憶している。(67)しかし、酒巻が脳溢血で倒れ、その後原田も病気になり、この研究会自体も消滅した。原田敬吾は一九

三六年（昭和一一）に享年七〇歳で他界した。(68)

このように、「日本人＝バビロン起源説」を提唱するバビロン学会の活動は、少なくとも原田の中では大正末まで続いたが、彼の構想した「日本人＝バビロン起源説」は、彼にとっての本丸であった「日本固有の法をバビロニア法的視点から再考する」という地点まで至らないまま未完に終わった。しかし、日本民族起源説の文脈では三島の「日本人＝スメル起源説」に継承され、発展していくのである。

おわりに

二〇世紀初頭に創設された、日本の古代オリエント学の黎明と言われるバビロン学会は、創設者原田にとっては独自の「日本人＝バビロン起源説」を探求する場だった。彼があくまでもバビロン「人」「民族」がその文明を携えて日本にやってきた、という主張を繰り返したのは、それが近代になり日本もその受容が必須であった西洋法とは異なる「日本固有の法」を研究し、西洋法の論理を乗り越えるのに必要な前提だったためだった。彼の類まれなる学識の深さは多くの法曹界人、また財界人を魅了し、最終的には七〇名ほどの会員が彼の下に集った。ただし戦後、原田や三淵について記録している小林は「（原田は）バビロンに首をつっこんでしまった」と述べ(69)、また佐藤は杉勇について、「杉先生は原田氏に心から敬愛を示されたが、バビロン学会の研究には不満をいだいていられたように思われる。」と述べているように、学会研究員は原田の偽史研究と距離を置いていた。(70)しかしいずれにしても、彼の情熱に心打たれ、共に研究をし、また資金を援助した人物が一定数いたことは間違いない。秋田の士族出身の一弁護士が組織した民間研究組織は、その組織力と人材輩出の面で、戦後の日本オリエント学会の設立に影響を与えた。

確かに原田の仕事は、内容は全くの荒唐無稽であり、そこに議論の余地はない。原田を「日本人＝バビロン起源説」に駆り立てていたのは、二〇代初めにアメリカで経験した人種差別からくる白人コンプレックスである。あくまでもバビロン「人」「民族」が日本に渡来したという主張にこだわったのは、人種的劣等感の裏返しだった。類まれなる知的能力の高さ、純粋なまでの探求心を持つ彼は、日本という国と良くも悪くも自分自身と一心同体に考えた。そしてそれはあるべき本当の日本、欧米列強に負けない誇り高い日本の姿を模索する行為につながり、その姿を地域的にも時代的にもはるかに遠いメソポタミアの民族に投影したのである。

原田の「日本人＝バビロン起源説」はバビロン学会・古代学研究所の研究員には継承されなかったが、三島敦雄の「日本人＝スメル起源説」の大成に寄与したことは注目に値する。三島の著作は原田の説を越え、その後の日本人＝シュメール起源論の聖典と化すほどの多大な影響力をふるった。作家の八切止夫（一九一四―一九八七）によると、情報源は明らかにはしていないので扱いには注意を要するが、三島の著作が当時ベストセラーとなり、昭和一〇年代には陸軍大学、陸軍士官学校の課外読本として採用されたと述べている。さらに「スメル」の名前は戦前戦中の右翼思想家達の中で大きく取り上げられるようになったため[71]、戦後GHQは三島の著作を発禁図書に指定したという[72]。八切のこうした記述を介し、三島の著作は戦後のみならず現代でもなお偽史運動の中で命脈を保ち続けることになる[73]。三笠宮崇仁殿下は、日本におけるシュメール文明の学術的研究の先駆的存在だった中原与茂九郎についての以下のような説話を記憶している。

すこし話がそれますが、特別なエピソードをご紹介しておきます。それは戦後、学者もマス・メディアも、みんな「シュメール」と長音を入れて使用しております。これについて、私は中原先生から直接次のようなお話を伺いました。日本語で天皇のことを「スメラノミコト」ともいいますが、戦争中にそれは「シュメルのみことである」とか「たかまがはらはバビロニアにあった」とか、俗説が横行したことがありました。そのために、中原先生は、「シュメールとながくひっぱったら混同されないだろう」というわけで、わざわざ長音を入れるようにされた、ということでした。それ以来、「シュメール」には戦争の悪夢が絡みついているように感じられ、私は「シュメル」と書くことにしています[74]

「あるべき自分の姿」を投影するために創造された偽史は、一度生まれると同様の思いを抱える人々の間でその影響力が想像を超える強さを持つことがある。原田―三島以後の日本人＝バビロンおよびシュメール起源論の系譜の具体については、稿を改めて明らかにしたい。

注

（1）西洋におけるアッシリア学は一九世紀はじめの楔形文字解読への試みから始まる。その後、一九世紀の半ば頃、英仏による北部アッシリアの遺跡発掘競争が起こる。いわゆる考古学的な手法を用いた発掘が行われるようになるのは一九世紀末からである。こうした発掘によって出土した、楔形文字によって書かれた粘土板文書の解読は一九世紀後半から進み、多数の出版物が欧米諸国から発表された。尚、このような経緯から欧米ではアッシリア学と呼ばれているが、日本においては史学科において「古代オリエント史」「古代メソポタミア史」と呼ぶのが一般的である。本論考では日本の文脈に即し、古代オリエント学に呼称を統一する。

（2）前田徹「アッシリア学とヨーロッパ十九世紀」（『西洋史論叢』（早稲田大学）第二〇号、一九九九年）七二頁参照。

（3）三笠宮崇仁「日本における古代オリエント文明研究史」（『オリエント』第四三巻、二〇〇〇年）九頁参照。

（4）近代日本における民間学のはたしてきた意義については鹿野政直『近代日本の民間学』（岩波新書、一九八三年）参照。

（5）杉勇は昭和のオリエント史学者。一九〇四年（明治三七）に大阪で生まれ、一九二七年（昭和二）東京帝国大学文学部西洋史学科を卒業した。彼は一九二五年に言語学の荒木茂教授からベヒストゥン碑文の講読を受けた。荒木茂はアメリカ、コロンビア大学に留学してジャクソン教授から古代ペルシャ語を取得していた人物である。彼の卒業論文は「サルゴン二世のウラルトゥ征討」であった。その後大学院に進学してアッシリア学を専攻。後述するが、その頃原田敬吾と会ったようである。戦前に東京高等師範学校教授、戦後一九四九年（昭和二四）東京教育大学発足に伴い文学部教授となった。戦後、日本における古代オリエント研究の開拓者の一人として研究・啓蒙活動に貢献し、戦後の日本オリエント学会の設立に参画した。

（6）「よき師・よき友・よき時代——オリエントと私」（杉勇対談）（『桐朋教育』一一巻、一九七九年）九六頁。

（7）Engelbert Kaempfer, *Werk 1/1, Heutiges Japan*, hrsg. v.M. Michel und B.J.Terwiel, München: Iudicum, 2001. 大島明秀「エンゲルベルト・ケンペルの「神道」研究とその背景」（『九州史学』第一四二号、二〇〇五年）。

（8）武藤秀太郎「田口卯吉の日本人種起源論——その変遷と中国認識」（『日本経済思想史研究』第三巻、二〇〇三年）。

（9）小熊英二『単一民族神話の起原〈日本人〉の自画像の系譜』（新曜社、一九九五年）。彼によると、日本民族の起源についての説は大きく単一民族論と混合民族論とに分かれる。明治初期、欧米の近代的学問の大系をとった混合民族論が導入され始め、一九一〇年の日韓併合を機に混合民族論が主流となる。敗戦以後、日本の論壇では単一民族論が台頭することとなる。今回の「日本民族白人説」は混合民族論の一種であると位置づけることができるが、大陸や東南アジアとの民族的混合を論ずる説がほとんどなのに対して異彩を放っている。

（10）近代日本の偽史運動に関しては長山靖生『偽史冒険世界　カルト本の百年』（筑摩書房、一九九六年、ちくま文庫、二〇〇一年）、長山靖生『人はなぜ歴史を偽造するのか』（新潮社、一九九八年、光文社知恵の森文庫、二〇〇八年）参照。

（11）森征一「弁護士　原田敬吾とバビロン学会の設立」（『近代日本研究』第四巻、一九八七年）、「原田敬吾とバビ

ロン法研究」（安西敏三・岩谷十郎・森征一編『福沢諭吉の法思想――視座・実践・影響』慶應義塾大学出版会、二〇〇〇年）。

（12）宗教学・旧約学は、日本では歴史学と並びアッシリア学者を輩出する分野。日本の宗教学において、古代メソポタミアの宗教に言及した最初の例は、一九二六年（大正一五）、石橋智信（旧約学・古代イスラエル）が『宗教研究』第三号誌上で発表した「ギルガーメシュ物語」となる。

（13）当時、東京帝国大学文学部東洋史教授職にあった。

（14）例えば、Arthur Ungnad *Keilschrifttexte der Gesetze Hammurapis*, Leipzig: Hinrichs, 1909; Paul, Koschaker, *Rechtsvergleichende Studien zur Gesetzgebung Hammurapis, Königs von Babylon*, Leipzig:Veit, 1917など。

（15）当時、東京帝国大学法学部教授職にあった。専攻は法制史ならびに比較法制史。

（16）この法学者たちによる法制史的観点からのハンムラビ法典研究は、戦後の原田慶吉『楔形文字法の研究』（弘文堂、一九四九年）で大成された。原田慶吉は一九〇三年（明治三六）神戸に生まれる。東京帝国大学法学部に入学し、ローマ法を中田薫から学ぶ。卒業後、一九三六年（昭和一一）より二年間、文部省の海外留学生としてベルリンに滞在し、ベルリン大学のコシャカー教授に師事し、ハンムラビ法典をはじめとする楔形文字法を研究する機会を得る。帰国後、一九三九年（昭和一四）に東京大学教授に就任する。戦後、ローマ法に関する研究と共に、『楔形文字法の研究』を発表した。中国、日本の古代法をメソポタミアの法と比較研究したことや、また正確・体系的な翻訳でハンムラビ法典を日本に初めて紹介したことが高く評価され、一九五〇年（昭和二五）一月に朝日文化賞を受賞した。しかし、同年九月自殺。

（17）原田敬吾「日本とバビロン　上」（『バビロン』第一号、一九一七年）。

（18）原田種徳は一八九一年（明治二四）に起こった大津事件が落着してから約一年後、大審院長児島惟謙ら七大審院判事が、待合等で花札賭博をしたとして、判事懲戒法により懲戒裁判に付された、いわゆる司法官弄花事件の懲戒裁判所の裁判長として裁判に携わり、一八九二年七月に証拠なしとして免訴を言い渡した人として知られている。この事件の頃は敬吾は二五歳で、既に弁護士業を開業していた。

（19）竹内洋『立志・苦学・出世　受験生の社会史』（講談社学術文庫、二〇一五年）、園田英弘・濱名篤・廣田照幸『士族の歴史社会学的研究――武士の近代』（名古屋大学出版会、一九九五年）参照。

（20）前掲注11森論文、一六四頁。この文章は種徳自身が「静岡地方裁判所」の名前が印刷されてある事務所用縦罫紙に毛筆で書いたものだと言う。
（21）會田倉吉「慶應義塾とコーネル大学」（『史学』二九号、一九五六年）。福澤一太郎は同大学に八八年まで在学しており、原田と同地で会っていたことは間違いない。
（22）杉文三は統計学者であった杉亨二の次男。コーネル大学で土木工学を学んだという。杉勇「祖父・杉亨二のことども」（『統計学』第三三号、一九七八年）参照。
（23）武藤山治は美濃国出身で、熱心なクリスチャンであった父・佐久間国三郎の影響を強く受けた。彼は慶應義塾に進学したが、そこで原田敬吾と同期だったようである。大学卒業後アメリカ、カリフォルニアに留学し、帰国後、新聞社や三井銀行で勤めた後、一八九四年（明治二七）に鐘ヶ淵紡績会社（現在のカネボウ）に入社。一度辞職しているが、一九〇八年（明治四一）に再入社し、専務取締役に就任する。そして、一九二一年（大正一〇）に取締役社長に就任した。「温情主義」「家族主義」と評される経営方針をとったとされる。一九二四年（大正一三）大阪市より立候補し衆議院議員に当選。以後は本格的な政治活動を行う。一九三四年（昭和九）三月、右翼の青年により鎌倉で暗殺される。
（24）武藤山治「私の身の上話――在米三年間の思い出」（『武藤山治全集』第一巻、新樹社、一九六三年）二三―三八頁。
（25）帝国主義時代の西欧で発生した黄禍論は、一九世紀半ば以降のアメリカでは国内のアジア系移民排斥という形で展開した。黄禍論についてはハインツ・ゴルヴィツァー（瀬野文教訳）『黄禍論とは何か』（草思社、一九九九年［H. Gollwitzer, *Die Gelbe Gefahr*, Göttingen: Vandenhoeck & Ruprecht, 1962］）、飯倉章『イエロー・ペリルの神話 帝国日本と「黄禍」の逆説』（彩流社、二〇〇四年）参照。
（26）木原聖子「アメリカにおける黄禍論の展開――一八四〇年代～一九二四年」（『国際基督教大学キリスト教と文化研究所　人文科学研究』三五巻、二〇〇四年）。
（27）前掲注24武藤論文、三七頁。
（28）前掲注11森論文、一六五頁。
（29）ジョン・ボーエン他（原田敬吾訳）『埃及惨状――内地干渉』（博文堂、一八九〇年［J.E.,Bowen, *The Conflict of East and West in Egypt*, New York and London: Putnam, 1887］）七頁。

(30) 同右、八頁。
(31) 前掲注11森論文、一六六頁。
(32) 小林俊三は一八八八年東京都に生まれる。一九一四年（大正三）東京帝国大学独法科卒業、卒業後に三菱合資会社に入り、一九一六年（大正五）退社、弁護士を開業し弁理士も兼ねた。一九三九年（昭和一四）には中央大学教授に就任。一九三六年（昭和一六）のゾルゲ事件で尾崎秀実の官選弁護人になる。戦後は東京裁判で松岡洋右の弁護人も務めた。一九四七年（昭和二二）東京高等裁判所長官、一九五一年（昭和二六）最高裁判所判事となり、チャタレイ裁判などにかかわった。
(33) 三淵忠彦は一八八〇年（明治一三）岡山県生まれ。一九〇五年（明治三八）に京都帝国大学を卒業し、一九〇七年（明治四〇）以降各地の地方裁判所に勤務、一九二三年に大審院判事となるが、一九二五年（大正一四）に退官。戦後、初代の最高裁判所長官に就任した。
(34) 小林俊三『私の会った明治の名法曹物語』（日本評論社、一九七三年）二八一―二八二頁。
(35) 前掲注25飯倉書、第四章参照。高山樗牛（一八七一―一九〇二）は明治三〇年代に人種対立観を論じて日本支那同種論を説き、前述した田口卯吉は一九〇一年（明治三四）頃から日本人はアーリア人であるという白人起源説を展開した。森鷗外も一九〇三年（明治三六）に「人種哲学梗概」、一九〇四年（明治三七）に「黄禍論梗概」を発表し、当時の日本人に欧米の黄禍論を周知する役割を果たした。森鷗外に関しては廖育卿「明治期の〈黄禍論〉言説に見た森鷗外――講演「人種哲学梗概」と「黄禍論梗概」を中心に」（『熊本大学社会文化研究』七号、二〇〇九年）参照。尚、後にバビロン学会に加わることになる沼田頼輔も『日本人種新論』を発表している。沼田頼輔『日本人種新論』（嵩山房、一九〇三年）。
(36) 前掲注11森論文、一七二頁。
(37) 前掲注3三笠宮論文、九頁。
(38) 機関誌『バビロン』の記録によると、バビロン学会では一九一七年に開かれた創立会の後、第二回談話会が同年一〇月に神田一ツ橋学士会館において、また第三回談話会は一年後の一九一八年一一月に、創立会と同様築地精養軒において開かれた。第三回談話会には来賓三名と会員二五名が参加し、それまでの会合の中では最大人数を記録していた。

(39) 松本重彦は一八八七年（明治二〇）東京都生まれ。一九一二年（明治四五）に東京大学史学科を卒業、大学院に進学。その後一九二一年（大正一一）には大阪外語教授に就任、一九二九年（昭和四）京城大学文学部教授となり、戦後中央大学教授となった。
(40) 沼田頼輔は一八六七年（慶応三）相模生まれ。神奈川師範卒。岡山師範学校などで教えた後、一九一一年（明治四四）に山内家の家史編纂主任となったことをきっかけに日本の紋章を研究。穂積重遠博士の勧めによって『日本紋章学』（明治書院、一九二六年）を博士論文として提出し、一九三〇年（昭和五）に文学博士の称号を取得した。一九三四年（昭和九）死去。
(41) 『バビロン』第四巻、会報。
(42) バビロン学会設立趣意書　第二段落全文。
(43) 原田敬吾「日本とバビロン」（上）（『バビロン』第一号）。
(44) 原田敬吾「日本とバビロン」（中の一）同「容貌の類似」（『バビロン』第二号）。
(45) 原田敬吾「文明の揺籃」（前）（『バビロン』第三号）。
(46) 原田敬吾「文明の揺籃」（後）（『バビロン』第四号）。
(47) 例えば第三号で原田が掲載している月の観測についての報告書は、著者が現在扱っている史料のうちの一つである。キングが書いた概説書に基づいて訳しているとはいえ、引用されている楔形文字、読み方、翻訳のいずれも正確である。
(48) 『バビロン』第一号、会報。
(49) 前掲注43。
(50) 酒巻芳男は宮内省秘書課長、総務課長を務めた人物で、『皇室制度講話』『在りし日の華族制度』などの著作がある。彼は機関誌『バビロン』第四号の追加会員名簿の中に名前が出てくる。梶田明宏「酒巻芳男と大正昭和期の宮内省」（『年報　近代日本研究』第二〇号（特集　宮中・皇室と政治）、一九九八年）参照。
(51) 佐藤進「バビロン学会と古代学研究所――日本における古代オリエント学研究の黎明」（『立正大学人文科学研究所年報　別冊』一〇巻、一九九六年）。
(52) 一九一九年九月二八日に一度「希臘ノプラートラ、羅馬ノクリア、我邦ノ氏族ノ比較研究」を発表しているが、

「日本人＝バビロン起源説」に関する類似の論証とは異なる。
(53)　原田敬吾「バビロニアの神道」(『國學院雑誌』二八巻八号、一九二二年)、同「バビロニヤの神政主義」(『財団法人明治聖徳記念学会紀要』一七巻、一九二三年)。
(54)　前掲注11森論文、一七三―一七四頁。
(55)　前掲注51佐藤論文、四六―四八頁。
(56)　原田敬吾「神話傳説の類似」(『伝説』一巻二号、一九二六年)、同「容貌の類似」(『伝説』三巻一号、一九二七年)、同「容貌の類似　承前」(『伝説』三巻二号、一九二七年)。
(57)　同右「神話傳説の類似」、一〇一頁。
(58)　原田敬吾「酒巻君の新著の後りへに」(酒巻芳男『歴史以前』岡書院、一九二五年)。
(59)　酒巻芳男「序文」(酒巻『歴史以前』)。
(60)　三島敦雄『天孫人種六千年史の研究』(スメル学舎、一九二七年)この本の序文は二本あり、一つは三島自身が、もう一つは東京帝国大学法科教授筧克彦が書いている。筧は三島のことを「愛友」と呼んでおり、また「永く神・國體の根源を研究」していたと述べる。この筧もまたバビロン学会と関係があり、バビロン学会の第三回談話会に来賓として参加した三名の内の一名である。原田によればこの談話会で原田が神話の類似について述べたことから、その関係で三島は原田のことを知った可能性がある。
(61)　三島敦雄『天孫人種六千年史の研究』序。
(62)　同右書、第一篇　総論。
(63)　中山忠直『我が日本学』(嵐山荘、一九三九年七月初版、九月改訂)四一五―四一六頁参照。
(64)　原田敬吾「跋」(三島敦雄『天孫人種六千年史の研究』)。
(65)　前掲注53原田「バビロニヤの神政主義」、一四三頁。
(66)　前掲注6論文。
(67)　ただし、娘の記憶によると紋章学の沼田も来訪していたようである。酒巻芳男『華族制度の研究』(霞会館、一九八七年)四三四頁。(酒巻芳男の娘、尾崎左永子氏の証言)。
(68)　告別式の喪主は親族の原田泰三、友人総代には東京川崎財閥の二代目当主であった川崎八右衛門、司法大臣なども務めた原嘉道と門下生一同が名を連ねている。森征一「弁護士　原田敬吾とバビロン学会の設立」、一七六頁。
(69) 前掲注34小林書、二八〇頁。
(70) 前掲注51佐藤論文、三七―三八頁。
(71) 極右集団スメラ学塾が掲げていた「スメラ」思想は、三島の「日本人＝スメル起源説」の影響を受けている。スメラ学塾については、森田朋子「スメラ学塾をめぐる知識人たちの軌跡――太平洋戦争期に於ける思想統制と極右思想団体」(『文化資源学』第四巻、二〇〇五年)参照。
(72) 八切止夫『天皇アラブ渡来説――日本アラブ古代交流史』(日本シェル出版、一九七四年)参照。しかし、『没収指定図書総目録』の中には三島の著作の記載がない。連合国軍総司令部覚書　文部省社会教育局編『連合軍総司令部指令　没収指定図書総目録』(今日の話題社、一九八二年)参照。
(73) 最近では鷲見紹陽『シュメールの天皇家――陰陽歴史論より』(明窓出版、二〇〇七年)、稲羽太郎『歴史は西から東へ――古代オリエント史と古代中国史は実は同一の歴史だった』(鳥影社、二〇一三年)、「古代日本シュメール王朝と第十番惑星ニビルの謎」(『ムー』第四二三号、二〇一六年)など。
(74) 前掲注3三笠宮論文、一二頁。ただし、原田は既に「シュメール」と長音を入れており、中原のこの発言はあくまでも三島との区別を意識しての発言だと考えられる。

［第一一章］

「失われた大陸」言説の系譜——日本にとってのアトランティスとムー大陸

庄子大亮

はじめに

大昔に存在したという「アトランティス」や「ムー大陸」の伝説について聞いたことがある人は多いだろう。太古、大西洋に存在していたという陸地が「アトランティス」である。一方、太平洋にあったとされるのが「ムー大陸」だ。二〇一三年（平成二五）、日本の深海調査船「しんかい六五〇〇」が、ブラジル沖の海底において太古の陸地の痕跡を発見した際には、「アトランティス大陸発見か？」と報道された。それは伝承に合致するものではなく（痕跡は、アトランティスが存在したとされる時代よりも遥か昔、そのあたりが陸地だったことを示すものであった）、伝えられる通りの実在を示す証拠は未だ見つかっていない。ムー大陸についても同様である。いわばこれらは偽史なのだが、日本における「失われた大陸」への関心は根強い。本章では、西洋由来の「失われた大陸」言説が、日本においてどのように受容され、影響を及ぼしてきたのか、考えてみたい。

【図1】『南洋諸島の古代文化』掲載地図

一　「失われた大陸」の起源

まずは情報源を確認しておこう。アトランティスとは、古代ギリシアの哲学者プラトン（前四二七―前三四七）が、宇宙の生成から国家論へと展開していく著作『ティマイオス』と『クリティアス』において存在を伝えたもので、換算すると現代から一万二〇〇〇年ほど前、大西洋上にあったという陸地のことだ。[1]アトランティス（初代の王アトラスの島の意）の住民は繁栄を謳歌していたが、傲慢になり、神罰による地震と洪水で海中に没したという。

実在をめぐり古代から議論があったが、それを詳しく辿ることは本章の意図からそれるので、[2]アトランティスが人口に膾炙していく転機、近代のアトランティス・ブームに目を向けよう。その発端は、アメリカの政治家・作家イグネーシャス・ドネリー（Ignatius

Donnelly 一八三一―一九〇一、ここでは浸透しているドネリーという表記にする）が著した、『アトランティス 大洪水以前の世界』（一八八二年）[3]である。そこでドネリーは、エジプトやマヤなど大西洋東西の文明の起源はアトランティスにあると説き、大きな反響を呼んだ。彼は以下のような根拠をもとにアトランティス実在を主張していた。すなわち、大西洋をはさんで遠く隔てられていた東西の地で太陽神崇拝といった共通の文化・慣習が見られるので、それらを伝えた母文明（＝アトランティス）が想定されることや、アトランティスが沈んだ跡としての大西洋海嶺の存在などである。

大西洋海嶺は英国の調査船チャレンジャー号によって存在が示されたのだが、ドネリーの論拠には、こうした当時の科学的調査の成果も含まれる。そこに示唆されるように、アトランティスへの関心と、時代は結びついている。世界の交流が増し、必然的に人類の歩みが世界規模でふり返られることになった時代におけるアトランティス伝説解釈は、世界の諸文明の起源を統一的に説明しようという試みであったのだ。

そうした点でいうと、近代の「オカルト」も忘れることはできない。当時、ヘレナ・P・ブラヴァツキー（Helena Petrovna Blavatsky 一八三一―一八九一）などの神秘主義者が、アメリカで神智学協会を設立した。神智学とはすなわち、古代の知恵の開示によって根源的叡智への回帰を目指そうという思想である。神智学ではアトランティスを、現生人類以前の「根源人種」による古代文明が栄えた地としていた。科学興隆の近代、対抗文化のごとく発展したオカルト思想においてもアトランティスは注目されたのである[4]。

ドネリーの主張についていえば、太陽を神として崇める発想などは普遍的であり、必ずしも伝播を想定しなくても理解できるであろうし、海嶺は沈んだのではなく海底から隆起したことがのちに示されてもいるように、その論拠は説得的ではなかった。

その後も実在説及び「アトランティス＝○○説」が数多く登場してきたが、同様に説得力に欠けたり、論理的でない推論にとどまったりしている。そもそも、プラトンがこの話を語った文脈が見過ごされているのが大きな問題だ。プラトンは特に祖国アテネに向けて、繁栄した国が傲慢になって滅ぶという反面教師的な話として語ったと思われる。物語を教育に利用しようとしていた彼の意図をふまえると、基本的には創作であったと見なすべきなのである。(5)

一方、ムー大陸は、英軍大佐を自称したアメリカの作家ジェームズ・チャーチワード（James Churchward 一八五一—一九三六）が、従軍時にインドで高僧に見せてもらったという粘土板文書をはじめとした古代の伝承をもとに、『失われたムー大陸』（一九二六年、一九三一年）等の著作で存在を主張したものである。(6) 彼によるとムーは太平洋上にあって、世界の諸文明の起源である古代文明がそこに繁栄していた。先述のアトランティスもムーの植民地と説明されている。ムー大陸も一万二〇〇〇年ほど前に大災害によって海中に沈没したが、その名残が太平洋の島々で、たとえばイースター島のモアイ像はムーの遺産だという。

しかし、重要な論拠であるはずの粘土板の実在が確認できないうえ、チャーチワードが依拠する他の史料である中米古代マヤ文明の『トロアノ絵写本』の訳は、一九世紀フランスの異端的研究者ブラッスールなどが未知の文明の記録と誤解して翻訳したものに由来する（アトランティスの別名として訳出されたのが「ムー MU」なる言葉）。チャーチワードの意図の詳細は不明だが、アトランティスの話を踏襲した創作であろう。(7) ところが、文明の起源への関心を背景に、アトランティスの太平洋版として受け入れられていったのである。ただし欧米では今に至るまでアトランティスの知名度の方が圧倒的に上で、ムー大陸はそれほど知られていないが、これから見ていくように日本ではムー大陸も有名になっている。(8)

二　日本での受容

（1）明治から昭和初期のアトランティス

「失われた大陸」言説は、いかにして日本に浸透したのであろうか。海底の遺跡としてアトランティスが登場する有名な古典SF冒険小説に、フランスの作家ジュール・ヴェルヌ（Jules Verne 一八二八―一九〇五）による『海底二万里』（一八七〇年）があるが、これが一八八〇年代に邦訳されており（ヂュールス・ベルネ／井上勤訳『六万英里海底紀行』博聞社、一八八四年、ジユールス・ベルン／大平三次訳『五大洲中海底旅行 上巻』四通社、一八八四年、同『五大洲中海底旅行 下巻』起業館、一八八五年など）[9]、アトランティス・イメージの日本における紹介の初期の例である。

アトランティス伝説はそもそも哲学者プラトンが伝えたので、日本への西洋の学問移入と共に必然的に知られうるものでもあったわけだが[10]、そのプラトンの著作の邦訳刊行が画期として捉えられよう。プラトン全集が木村鷹太郎によって翻訳されたのは二〇世紀初めのことである（『プラトーン全集 全五巻』冨山房、一九〇三―一九一一年、英訳版の和訳）。『ティマイオス』と『クリティアス』の訳は一九〇六年に刊行され、西洋の原書を読むような学者以外の日本人にもアトランティスについての詳しい情報が伝わりうる状況を促進した。海底の国アトランティスを設定に盛り込んだ、アメリカの反ユートピア小説、D・M・パーリー『くらげ 前・後編』（籾山書店、一九〇七年、原著一九〇六年）[11]が、『ティマイオス』の和訳刊行の翌年に訳されているのだが、この『くらげ』訳の冒頭には早速その『ティマイオス』訳の一部が、日本の読者の理解を助ける情報として掲載されている。

アトランティス伝説のいわば原典を日本に広めたというべき、プラトン全集訳者の木村鷹太郎《きむらたかたろう》（一八七〇―一九三一）（【図2】）は、偽史における要人でもある。彼は西洋古典文化を高く評価しつつ、東西の神話に共通性が見

【図2】　木村鷹太郎
（戸高一成「木村鷹太郎小伝」（『世界的研究に基づける日本太古史 復刻版 上・下巻』八幡書店、1983年より）

られることなどから、日本こそがギリシア・ローマの文明を、さらには世界の諸文明を生み出したとの主張に至った（『世界的研究に基づける日本太古史 上・下巻』博文館、一九一一－一九一二年）。そして自らの研究を「新史学」と称し、大日本協会（のち日本民族社、日本民族協会）を設立、『日本民族研究叢書』を発刊するなど、自説を発展させつつ、その普及に努めた人物なのである。[12]

たしかにギリシア神話と日本神話には似ているものがある。たとえば、イザナギの冥界下り――ギリシア神話の詩人オルフェウスの冥界下り、スサノオのヤマタノオロチ退治――英雄ペルセウスの怪物退治などだ。鷹太郎は、そもそもギリシア文明を築き、世界の文明に影響を及ぼした民族こそ日本民族である（もともと西方にいたが徐々に東進して日本に定住した）から、神話に共通性があるのだと解するのである。その見解は『希臘羅馬神話』（日新閣、一九二〇年）でも展開されており、「酒に酔った状態、へべれけの語源は、女神ヘーベのおしゃく（ヘーベーエリュエケ、「ヘーベーが注ぐ」の意）なり」など独特の語源解釈も論じられている。

世界の神話の共通性は、今では人間精神の普遍性などとも絡めて理解されるように、いわゆる「構造主義的」解釈も可能である。それに、「似ている」とされる神話群も、細部を見れば相違点も多くあるわけで、必ずしも伝播によると説明する必要はないだろう。語源解釈の説得力の無さは言わずもがなである。

ところで、鷹太郎の主張に通ずるような「日本人の白人起源説」は、それ以前から見られた。[13] また、鷹太郎とほぼ同世代で、日本・ユダヤ同祖論者であった酒井《さかい》勝軍《かつとき》（詳しくは、本書の山本論考、津城論考を参照）は、日本におけるピラミッドの存在を主張しつつ、太古の日本に優れた文明が存在したと説いていた。これらも、世界の歴史と文明を意識した、ある意味で近代的な自己認識であるとともに、西洋コンプレックスの裏返し、解消という性質もあろう。それが極端な形で表出したのが、鷹太郎のような主張といえる。

さてアトランティス伝説については、夏目漱石の門下で執筆活動をしていたこともある野村傳四《のむらでんし》（一八八〇―一九四八）が、一九一八年に小論にて取り上げている（「アトランチスの傳説」『學鐙』二二巻九号、五―一一頁）。ここでは、一九〇〇年にエーゲ海のクレタ島で遺跡が発掘され、前二千年紀のミノア文明の存在が明らかになったことを背景とする、アトランティス＝クレタ島説が紹介された。野村は一九一一年（明治四四）にアメリカの雑誌でアトランティスのことを知り、強く関心を抱いていたそうだが、日本でのアトランティスについての紹介は当時から自身のこの小論に至るまで、ほとんどなかったように叙述している。

そんな折、鷹太郎は先述の『希臘羅馬神話』（一九二〇年）においてアトランティスについても考察を加えた。西洋の伝承を日本中心に再解釈する彼は、以下に挙げるように「アトランティスもアジアにあった。それはスマトラである」と主張したのであった（八四三頁以下、附録三「アトランチス島物語」）。

> 従来西洋の学者がジブラルタル海峡をヘーラクレースの柱と思うたが抑もの誤り（筆者註：アトランティスは「ヘラクレスの柱」＝ジブラルタル海峡の向こう側にあったと言われていた）。前にも言うた如く希臘神話は主として東洋神話であり、ヘーラクレースの天文星座に持つて居る棍棒はマレイ半島の事で、其棍棒が又た柱である（語源Mala棒、柱）。さらばマレイ半島はヘーラクレースの柱で、其端のシンガポール海峡が、此に「所謂ヘーラクレースの柱」に当つて居る。此海峡から外即ち東は太洋洲なるもので、海神ポセイドーン（註：ア

礼世界風俗と奇聞』（修教社書院、一九二八年）にアトランティス伝説が紹介されている。それは一九三六年に再刊されており（『写真図解世界の奇風俗』一心社）、こうした題材の人気と世間への浸透が伺える。また鷹太郎も先述のスマトラ島説についての論考を『日本民族叢書第一九巻』（日本民族協会、一九二七年）に再録している。

一方、先述の『海底二万里』が二〇年代末にあらためて邦訳されたり（邦題『海底旅行』、木村信兒訳『世界大衆文學全集』第二四巻、改造社、一九二九年）、プラトンの『ティマイオス』と『クリティアス』が鷹太郎以外によっても訳されたり（津久井龍雄訳『社会哲学新学説体系』第一一巻、新潮社、一九二五年）、アトランティスがサハラ砂漠にあったという解釈のもとに描かれる冒険物語、ピエール・ブノワの『アトランティード』（一九二〇年）を原作とする映画『アトランチード』が一九三二年に日本でも公開されたりした。日本SF小説の先駆者である海野《うんの》十三《じゅうざ》（一八九七―一九四九）の『海底大陸』（一九三七―一九三八年、『子供の科学』に掲載）もアトランティスを題材としており、アトランティスがよく知られていることが前提となっている。遥か遠くの大西洋にあったという太古の陸地は、世界をますます意識するようになる大正から昭和にかけての時代に、多くの人々にロマンを感じさせながら浸透していったことだろう。

（2）ムー大陸の浮上

続いて、ムー大陸について見ていこう。日本では一九三二年（昭和七）に『サンデー毎日』（【図3】）においてムー大陸が紹介され、太陽神の化身たる帝王が治める「日のもとの国」ムー大陸と日本との深い関連が示唆されていた。[16] そして三〇年代後半にはムー大陸がよく知られるようになっていたことが、歴史上の謎や不思議な逸話を一般向けに紹介した以下の書の記述から窺える（藤井尚治『国史異論 奇説新説学説考』日本書荘、一九三七年、九四頁）。

太平洋の真ん中に、太古今の濠洲と南アメリカとを合したものよりまだ広い位な大陸が存つたものだと云ふ事が、近頃ちよいちよい引合に出されて居るが、此説は学問上からみて果してどの位な価値のものだらうか。まだどれだけの証拠があつてそれだけ騒がれて居るのだらうか。

建国の歴史と神話とに於て世界に異彩を放つて居る我が日本は、第一地理的に最もこの謎の大陸に近接して居る事になるのだから、従つて何れの国よりも深い関心をこの問題の研究に嘱せざるを得ない。

国体の明徴は国史の明徴であり、国史の明徴は結局建国神話の検討であり、建国神話の検討は、遂に我が天孫人種の渡来した方角と、其発生地如何の問題に帰着する。してみると謎の大陸に関する研究は、軈て我国史上の大疑問を解決する鍵となるかも知れぬ。

30
失はれたMU《ミュウ》
太平洋上秘密の扉開く
三好武二
世界の初め
タブレットは語る

【図3】『サンデー毎日』昭和7年8月特大号の最初のページ（毎日新聞出版、1932年より）

ポイントは二つである。一つは「ちよいちよい引合に出されて居る」というほど、ムーへの関心が当時の日本にあったこと。そして、ムー大陸が日本の起源を解く鍵として日本にとってこそ重要な存在と見なされていることである。

これをふまえながら、「ムー大陸」への初期の関心の背景として以下のような点が挙げられる。まず、すでにアトランティスについての情報も知られていたことで（『国史異論』九五頁でも言及がある)、「失われた大陸」について「ありそうなこと」と思う人々もいたであろう。また太平洋に存在したとされるムー大陸は、日本にとってアトランティスよりも身近に感じられるものであった。チャーチワードによれば日本人は、ムー大陸住民のうち最も支配的であった白人の子孫で、その血をかなり純粋に維持しているという(小泉源太郎訳『ムー大陸の子孫たち』大陸書房、一九七〇年、三〇〇頁、原著一九三一年)。[17]また「現在、日本人はあらゆる点で現代的であり、地球上のあらゆる民族の中でも最も開けた民族の一つに数えられる」(同三〇一頁)といった日本観も述べられている。急速な西洋化を進めた日本人に西洋的要素・起源を見出して日本を理解しようという発想がそこに垣間見えるのだが、[18]先述の『国史異論』著者が述べるように、日本の建国神話を検討しようとする者たちの関心や、かつての鷹太郎のごとく日本の起源を「世界化」しようという思いが、チャーチワードの日本観に呼応しえたわけである。

さらに、ムー大陸が存在したとされる太平洋のミクロネシアは当時、日本の委任統治地域であったから、ムーと日本のつながりを示すことは、南洋支配の正当性がムーの子孫たる日本にあるとの主張に結びつくものでもあったのだ。これは戦時にはっきり表出することになる。

三　偽史との絡まり

(1)『竹内文献』における「ミヨイ」と「タミアラ」

では、アトランティスやムーが日本の偽史言説とどう関わりあっていくのかを見ていこう。そこでまず言及すべきは、有名な偽史文書、『竹内文献』である(詳しくは本書の永岡論考を参照)。それは、富山から茨城に移住して天津教《あまつきょう》という教団（現・宗教法人皇祖皇太神宮）を創立した竹内巨麿《たけうちきよまろ》（一八七五頃―一九六五）が、自家に伝わっていた古文書として一九二八年（昭和三）から段階的に公表したものだ。皇国は超古代にまで遡り、世界を支配していたとするその内容は、鷹太郎のような考えにも連なるものでもある。青森県新郷村の「キリストの墓」や、広島県庄原市の「日本のピラミッド」などについての叙述もあるが、これらは天津教と交流のあった研究家たちの主張や想定を取り入れたものらしい（たとえばピラミッドについては先述の酒井勝軍）。「偽史」であっても、多くの人々の関心を反映させたものでもあるゆえ、影響力をもった書である。一九三七年（昭和一二）に巨麿は、皇国について正統ではない事物を捏造したとして不敬罪で起訴され（最終的に無罪）、裁判のため提出された原本は空襲で焼失したというが、複数の写本が刊行されている。たとえば、巨麿が残した文書類をもとに、息子の竹内義宮《たけうちよしみや》によって編集されたのが『神代の万国史』（皇祖皇太神宮、一九七〇年）である。[19]

さて『竹内文献』では、太平洋にあったという陸地「ミヨイ」国、大西洋にあったとされる「タミアラ」国についての言及が、十数回に及んでいる。それらは皇族が支配していた要地だったという。『神代の万国史』では、これらの陸地は「ムーとアトランチスのこと」との注釈が加えられている。二つの陸地は、不合朝（ウガヤフキアエズ朝またはウガヤ朝ともいい、神武天皇以前の王朝とされる）第六九代天皇の即位三三年に、天変地異によって海に没した。そこでは、「天地万国大変動五色人全部死ス。ミヨイ国タミアラ国海ノソコニシズム。アアオトロシヘ」と伝えられている。五色人とは、太古に暮らしていた黄・赤・青・白・黒の五つの人種のことである。太古の人々は何度も大災害によって滅び（天皇家は難を逃れる）、再興してきたが、なかでも規模の大きな災害で、世界は大混乱に陥ったという。

なお、ミヨイ、タミアラについての言及は当初見られなかった。『竹内文献』を紹介した一九四〇年（昭和一五）の児玉天民『天国棟梁天皇御系図宝の巻き 前・後巻』（太古研究会本部）より確認できるので、三〇年代のムー大陸の情報浸透から取り入れられたと推測できよう。

「失われた大陸」は、「大災害によって失われた歴史」、「今に知られていない歴史」があったのだという、偽史の世界設定のために重要な前提をもたらしてくれるものであった。世界を再構成しようという思いの一つの表出の仕方である「偽史」と、「失われた大陸」とは、きわめて親和性が高い。そして日本は、ムー大陸があったという太平洋に面した島国であるうえ、その民族起源について諸説あり、西洋さらに世界を意識した起源神話の再構築を試みる鷹太郎のような者がすでに現れていた国である。そうした日本でこそ「失われた大陸」は、よりいっそう想像を喚起しえたのだ。

(2)　南洋の幻想

続いて、特に戦時の日本と直接的な関わりが生み出されるムー大陸を中心に見ていこう。[20] 皇国史観に基づいて壮大な戦史をまとめた、思想家・哲学者の仲小路《なかしょうじ》彰《あきら》（一九〇一―一九八四）による『上代太平洋圏』（世界創造社、一九四二年）では、太古、日本こそがミユ（ムー）文化を生み出したとされている（二三〇頁）。

> 日本は明かにミユ帝国の表徴たる太陽をその国旗とし、その風俗、信仰、政治等はすべて最古のミユ文化のそれと密接なる関係を表示してゐる。――かく、チャーチワードは、古代太平洋文化を推定するのである。しかも最も重要なることは、これ等の見解の中心たるミユ文化の本質とも云ふべきものは、まさに上代日本より淵源せるものであり、これが黒潮文化圏として全太平洋の地域に展開し、スメラ太平洋圏を創造せしも

のなることを、新しく批判的に把握することにより、始めてミユ文化説の臆説の是正がもたらされるものであり、また上代文化の真にあるべき形態が決定されるのである。

先述のようにチャーチワードはムーと日本とを直接結びつけていた。その発想が受け入れられ、南進政策の正当化と相まって日本中心の解釈が先鋭化しているのである。(21)また、政治思想家、大政翼賛会要人であった藤沢親雄《ふじさわちかお》（一八九三—一九六二）の『世紀の預言』（偕成社、一九四二年）では、ムー大陸について以下のような言及がある（一六一—一六二頁）。

日本に残つてゐる或る太古の文献には、太平洋に陥没せる国として「ミヨイ国」と「タミアライ国」の二大国のことが記載されてゐる。このミヨイ国こそは、すなはちミユウのことではなからうか。ミヨイの住民は日本から渡来して行つたもので、日本の天津日嗣の皇子が、ミヨイを支配されたと誌されてゐる。処が蒙古に於て発見せられた古代地図(22)によると、わが日本と、陥没せるミユウとは、陸続きの一大島嶼を形成してゐるとのことである。もし之が真実ならば、ミヨイと日本とは、当然重大なる関係を持つてゐる譯である。何れにせよ、チャーチワードのミユウ大陸説は、再検討を要するもので、人類発祥の地は実は日本であり、ミユウ大陸の住民は日本と同民族であつて、日本から分派して行つた日本神族の分族であらうと思はれる。

このように、『竹内文献』を参照しつつ、世界の諸民族・文明の起源としてのムー大陸と、日本の皇国史観とが重ね合わされているのである。さらに、この藤沢がチャーチワードの原書 *The Lost Continent of Mu* および *The*

Children of Muを提供し、『竹内文献』に関心を抱いていた劇作家・演劇評論家の仲木貞一《なかきていいち》（一八八六―一九五四）が再構成しつつ翻訳し出版されたのが、『南洋諸島の古代文化』（岡倉書房、一九四二年）であった。初版三〇〇〇部、翌年には増刷され、戦時下に多くの読者を得ていたらしいこの書の冒頭、訳者の緒言には以下のように述べられている。

現在、全世界の人類が、血みどろの戦争をしてゐる今日、かゝる太古に海中に没した陸地の事等をとやかく云つて、それが何の役に立つのか、と滑稽にすら思はれる人があるかも知れない。然し、今日我々の歴史に知られてゐない太古の文化を調べることは、やがてこれから打建てられやうとする新しい世界文化の建設に、何等かの新しい暗示と参考とを供することゝ確信するが故に、敢てこの仕事を為した訳である。

我神代に於て米国はヒナタエビロス、ヒウケエビロスと称し、ムー大陸はミヨイ国及びタミアライ国と称して、いづれも我が神々の統治下にあった国々なのである。八紘一宇の大御心を持つて、其等の民草を愛撫された名残りが、今日に伝わつてゐると見てよからう。

つまり本訳書の目的とは、日本こそが世界の中心だったことを示す「失われた大陸」について紹介し、戦争を経て日本中心の世界文化が建設されるという示唆を与えることにあった。

以上のような一連の書の存在からして、ムー大陸と日本を直接結びつける主張には支持もあったと思われるが、(23)もちろん否定的意見も現れていた。たとえば足立日精「問題となれる世界の謎『MU陥没大陸』批判（一）

（二）」（『神日本』二巻一一号、一九三八年、および三巻一号、一九三九年）は、チャーチワードの論拠が薄弱であると批判していた（さらにその批判は、ムー大陸と日本との始原の関わりを主張するのは日本の国体の起源を間接的に否定することになるとか、ムー大陸言説は秘密結社フリーメーソンの陰謀なのだ、と展開する）。

　また、林秀（一九〇七―一九八一、本名は八《や》重《え》樫《がし》昊《ひろし》、『婦人公論』編集長を務めた後、退社し四季書房を経営していた頃の筆名）の、戦後を仮想した小説のような形を取っている評論『共栄圏未来記』（四季書房、一九四二年）には、複雑な受けとめ方が見て取れる（二七六頁以下）。ここでは、「人は誰しも自分の佛が尊いのである。アジア大陸や太平洋諸島嶼が『昔から東洋のもの』だつたことを証明する為に、あまりに性急に幻想（筆者註：ムー大陸のような幻想）を歴史化することは慎まなければならないだろう」と述べられている。こうした冷静な反応がもちろんあったわけだ。同箇所では、「かかる信仰（筆者註：ムー大陸と日本を結びつけること）が戦争から建設期への人々に与える不思議な魅力については充分警戒の必要があらう」とも述べられる。どうやら、影響力があったからこその批判であることもわかる。そしてここから意外な展開を見る。「古代神話への陶酔は、ややもすると現代神話創造への熱意を喪失せしめる」とも述べられ、今と未来を見据えた構想が「現代神話」と表現されているのだが、そこで構想として語られるのが、ムー（ミユ）にかけた「未有大陸説」なのである。すなわち、大東亜共栄圏はこれから大陸のように結びつきながら発展していくという未来の展望が、ムー大陸のイメージに仮託されているのだ。過去への陶酔は批判されているのだが、未来に向けてムー大陸のイメージを活かそうとする発想に、その影響力の強さが逆説的に表れてもいるのである。

　そうした影響ゆえ無視できなくなったという事情もあってだろう、ムー大陸と日本との関わりは記紀に反する神代史であるとして、右派系有力誌『公論』（第一公論社）において特に厳しい批判が出てくる（一九四二年七月号掲載、島田春雄「常若なる古典」、および一九四三年五月号掲載、白旗士郎「承詔必謹と神代史観」、なお本節ではムー大陸に焦点を当てているが、これらの批判では記紀に少しでもそぐわないような民族起源論がまとめて対象とされている）。そして一九四三年（昭和一八）、同じく『公論』の九月号に掲載された座談会「偽史を攘ふ――太古文献論争」[24]において藤沢は、右派論客、国学院の島田春雄と直接対峙し、激しく糾弾されるに至った。「皇国の起源がムー大陸にあるとして、その崩壊で天皇の世界統治は一旦崩壊したというのか」、「天皇陛下の御統治に何か汚点でもあるというのか」と、舌鋒鋭い島田の前で自説を擁護できなかった藤沢は、その後ムー大陸について沈黙する（『神国日本の使命』と、先述の『世紀の預言』の二冊の著書を藤沢は自ら絶版にした）。それと共に、戦時のムー大陸は姿を消していったのである。

（3）日本とドイツ

ところで、「失われた大陸」と政治的イデオロギーとの結びつきは、日本だけで突然生じたわけではない。日本のごく一部の者たちによる愚考、戦時の気の迷いのように評する向きもあるかもしれないが、ことはそう単純ではなかった。藤沢親雄が留学していたドイツ、およびドイツ周辺地域でも、そうした偽史が影響を及ぼしていたのである。[25]日本における言説を主眼とする本章ではごく簡潔な内容にとどめざるをえないが、その状況について補足しておこう。

当時、アトランティスをアーリア＝ゲルマン人の原郷と捉える見方があった。たとえば、多くの著書を執筆し、アーリア人種の優越性を主張した、オーストリア出身の著述家アドルフ・ヨーゼフ・ランツ（Adolf Josef Lanz 一八七四―一九五四）は、主著『神聖動物学』（一九〇四年）において、ブラヴァツキーのオカルト思想とドネリーのアトランティス研究の影響を受け、アトランティスとは北方にあった白色人種誕生の地であると述べていた。[26]

そのようなアトランティス・イメージが継承され続けたことがわかるのが、のちにナチスの要職に就くことになる（対外政策全国指導者、第二次大戦期には東部占領地域大臣）思想家アルフレート・ローゼンベルク（Alfred Ernst Rosenberg 一八九三―一九四六）による『二十世紀の神話』（一九三〇年）である。[27] そこでは、金髪碧眼のアーリア＝ゲルマン人こそが、世界の諸文明の起源であると説かれ、その起源の地がアトランティスとされていた。

また、こうした言説と絡み合った偽史に、『ウラ・リンダ（オーエラ・リンダ）年代記』なる書物がある（一八七二年にオランダで公刊）。フリースランド（オランダ・ドイツにまたがる北海沿岸地域）のある一族に伝わっていたという古文書で、当地の古言語で書かれていたものが翻訳され出版された。同書によるとアトラント（アトランティス）が前二一九三年に沈没し、逃れた人々は他民族と混淆したが、ゲルマンの祖先のみが純血を保ち、優れた文化を生み出したという。ドイツでは、ローゼンベルクのアトランティス解釈にも影響を与えた古代文化研究家ヘルマン・ヴィルト（Herman Wirth 一八八五―一九八一）がこの年代記を編集・翻訳し、一九三三年（昭和八）に公刊した（その後ヴィルトは人種・歴史についてのナチスの研究機関アーネンエルベにおいて活動）。なおこの書は、文法的な分析からも明らかに偽書で、所有者コルネリス・オヴェル・デ・リンデン（Cornelis Over de Linden 一八一一―一八七四）が自身の「由緒ある家系」を捏造しようと、想像力豊かに創作したものともいわれる。『竹内文献』とその影響を類推させるような書である。

藤沢親雄はドイツに留学しており（一九二三年にベルリン大学で哲学博士号取得）、ドイツの思想状況に当然詳しく、三四年に、日本国民原理の解明、国民文化発揚を目的とする国民精神文化研究所に属してからは右記のような動向も意識していただろう。また一九三八年には『二十世紀の神話』が邦訳されていたし（吹田順助・上村清延訳『二十世紀の神話』中央公論社、一九三八年、および丸川仁夫訳『二十世紀の神話』三笠書房、一九三八年）、ドイツと重なり合うようにイデオロギーをまとった偽史が世に出てくる気運があったといえる。

つまり、日本で唐突にあらわれたわけではない。また、だからこそリアリティも持つ。特にヨーロッパの思想状況について知識がある者たちにこそ、アトランティスというリアリティを介して、より日本に近いムー大陸という幻想が、日本の南下政策や日本人起源論と絡まり合いながら受け入れられやすい状況にあったわけである。『世紀の預言』や『南洋諸島の古代文化』邦訳は、一部の奇人の突然の思いつきによるものではないのだ。

なお、いうまでもなく敗戦と共にドイツの右記のような言説は姿を消していく。しかし主に知的探求の対象として、ドイツ含む欧米諸国においてアトランティスへの関心は今に至るまで存続している。そして戦後日本でも、様々な形でアトランティスやムーが「浮上」し続けているのだが、その日本的文脈とはいかなるものだろうか。

四　「失われた大陸」は沈まず

（1）　戦後から六〇年代まで

以下は、関連文献の網羅や諸説の検討ではなく、「失われた大陸」が日本においてなぜ興味を抱かれ続けているのかを、残されたわずかな紙幅で問う試論である。まずは六〇年代までを見てみよう。

戦後まもなく、先述の海野十三が短編小説『洪水大陸を呑む』（一九四七―一九四八年、『まひる』に掲載）のなかでアトランティスにふれているように、「失われた大陸」言説を知っていた者たちによる継承の連続性も当然ある。ただ本作では、少年の口を通して「（日本の敗戦後）苦しいだの、つまらないだのと思っているけれど、アトランチス人の最後を思うと、元気を出さなくてはならない」という教訓が語られている。敗戦と、文明崩壊が重ねられつつ、日本が滅亡したわけではなく、文明は続いていく、という戦後の世界観の一端がそこにあらわれている。「失われた大陸」は、まことに様々な解釈のもと各時代の思いが投影され受け継がれるのだということが窺えよう。

また、西洋文化の流入増加に伴い、アトランティスやムーの情報が再び日本に入ってくる。たとえば五〇年代には、『海底二万里』の新訳（石川湧訳『海底二万里 上・下巻』岩波書店、一九五六―一九五七年）のほか、ピエール・ブノア『砂漠の女王（アトランチード）』（小宮尊史訳『世界名作全集 一〇四』講談社、一九五五年）、コナン・ドイル『マラコット深海』（大西尹明訳『世界大ロマン全集 第一六巻』創元社、一九五七年）など、アトランティスに関わる小説が続々と邦訳された。

ムー大陸についてはどうだろうか。興味深いのは、映画『海底軍艦』（本田猪史郎監督、東宝、一九六三年）である。ここでは、かつて全世界を支配した「ムウ帝国」が日本の敵として登場する。原作の押川春浪の小説（一九〇〇年）では敵はロシアだったが、戦後にそのままの設定というわけにはいかなかったのだろう、ムウ帝国に変えられているのだ。かつてムーと日本が同族と捉えられたのと真逆である点で、戦後を反映する特徴的脚色である。

同じく六〇年代には、作家・ミステリ翻訳家である黒沼健（一九〇二―一九八五）の一般向けの著作『古代大陸物語』（新潮社、一九六三年）、『世界の謎と怪奇』（徳間書店、一九六七年）で、アトランティスやムーの伝説が紹介されており、浸透が見て取れる（ちなみに作家の高橋克彦（一九四七―）も黒沼の著作を熱心に読んだそうだが、筆者は中学時代にその高橋の伝奇小説で、失われた太古の文明が存在したとする「超古代文明論」にふれ興味を抱いたので、影響を実感する）。作家といえば、アトランティスを題材の一つにした光瀬龍（一九二八―一九九九）の小説『百億の昼と千億の夜』も同時代である（一九六五―一九六六年）。一方、ソ連の作家Ｅ・Ｂ・アンドレーエヴァがアトランティス研究の諸説を紹介・検討した書『失われた大陸』の翻訳が岩波書店から出版されていた（清水邦生訳、岩波新書、一九六三年、原著一九六一年)。

(2)　画期としての七〇年代

七〇年頃から、日本のフィクション作品においてアトランティスやムーを題材にしたものが増加する。たとえば山村正夫（一九三一―一九九九）による『まぼろしの魔境ムー』（朝日ソノラマ、一九七〇年）、光瀬龍『かれら、アトランティスより』（立風書房、一九七九年）といった小説である。また、原作は手塚治虫（一九二八―一九八九）の漫画『青いトリトン』だが、かなり脚色されたアニメ『海のトリトン』（富野喜幸監督、アニメーションスタッフルーム、朝日放送、一九七二年）には、アトランティス大陸と、アトランティスで豊富に産出したとプラトンが伝えたオリハルコンなる金属が登場していた。ムーとアトランティスを共に設定に取り入れたアニメ作品には『ムーの白鯨』（東京ムービー、よみうりテレビ、一九八〇年）がある。戦闘的なアトランティスと、平和的ムー大陸との対立が軸になっている物語で、アトランティスとムーが絡まり合いながら、ポップカルチャーを通じて一般に浸透したことがわかる例であろう。「失われた大陸」はフィクション作品において、どこかリアルさを備えつつ未知のロマンを感じさせるような舞台設定に便利である。よってそれへの注目は、漫画やアニメ含むエンタテイメント発展の時代の必然でもあったといえよう。

一方で、七〇年代には研究紹介等も増えていた。「アトランティスを襲った大災害とは、前二千年紀におけるエーゲ海のサントリーニ火山の大噴火に伴う災害のことであり、それに襲われたクレタ島もしくはサントリーニ島こそアトランティスではないか」という仮説が海外の研究者によって唱えられると、地質学者の金子史朗（一九二九―『アトランティス大陸の謎』講談社現代新書、一九七三年）、地球物理学者で科学雑誌『Newton』初代編集長を務めた竹内均（一九二〇―二〇〇四『アトランティスの発見』ごま書房、一九七八年）などが検討・紹介した。また両者はそれぞれムー大陸についても考察している。金子は『ムー大陸の謎』（講談社現代新書、一九七七年）において、地質学的にムー大陸はなかったとするが、太平洋諸地域の文化的共通性から、ムー文化圏とでも呼べるものが太古の太平洋の島々に存在したのではないか、と推論した。そして、氷河期が終わって溶けた水が海に流れ込んだことによる海面上昇や、付近の地震・火山活動の影響が、大災害で滅んだ大陸の伝説につながったと解する。竹内も、『ムー大陸から来た日本人』（徳間書店、一九八〇年）において、チャーチワードが伝える通りのムー大陸の存在は認めないが、太古の広範囲に渡る交流を想定し、それを象徴的に「ムー大陸」と捉えた。そしてムー文明の源流をアジア側に想定し、それに日本人の起源論を重ね合わせ、縄文時代から弥生時代初期の日本が「ムー文明圏」に属していたと考えたのであった。

また、六〇年代末から七〇年代、ムー大陸に名が由来する出版社、大陸書房によって、チャーチワードの著作をはじめ関連する研究書の翻訳がなされ(28)、それに影響を受けた日本人の書も刊行された。多くの翻訳を担当した小泉源太郎（一九二九―）は、諸研究を整理・総括しながら冷静なアトランティス論を執筆している（『アトランチス大陸』大陸書房、一九七七年）。

さらに、日本とムー大陸とを直接結びつける、かつての見方が再登場しているのが注目に値する。たとえば宗教法人月刊誌『真光』紙上での連載をもとにした白上陽徳『ムー大陸の世界』（大陸書房、一九七八年）では、ムーの神髄を最もよく受け継いだのが日本であり、天子を中心に祭政が一致してきた国体、日章旗や旭日旗などの象徴をはじめとする諸文化に、数万年前のムーの伝統が生き残っていると主張されているのだ。白上は戦前に伯父（注23）から聞いた「日本の植民地だったというムー大陸」の話を覚えており、戦後に社会科教員になってから関心を深めたという。こうした者たちが、大陸書房の出版活動などを刺激として、「失われた大陸」を再生させたといえそうである。

東京農工大教授で超自然現象に関心を抱いていた藤沢偉作（一九二三―）も、『日本ムー王国説』（大陸書房、一九七八年）において、人類文明発祥の地としてムーは実在したと主張し、日本神話のイザナギとイザナミはムー帝国から日本列島に来た植民団隊長であったとするように、太古のムーと日本の歴史を日本神話に見出し、偉大な文明の継承地として日本を捉えようとしている。そんな彼は、同書執筆の動機として、戦後に皇国史観が否定されたのに伴い神話が顧みられなくなったことを無念に思ってきたから、と述べている（冒頭、および「あとがき」）。もちろん皇国史観が正しいというのではなく、豊かな神話物語と、神話に含まれる（と彼が考える）太古の事実までもが全て無視されるようになったのが残念だというのである。(29)

当時の「失われた大陸」への関心の要因の一つとして敷衍できると考えるのは、ここに吐露されているような戦後日本ゆえの「神話の渇望」である。つまり、我々がどこから来たのか、文明の起源はどこにあるのか、そうした壮大で根源的な問いかけに応じてくれるような神話を求める心性、ロマンある物語の希求が背景にあるのではないだろうか。「失われた大陸」は、かつて日本神話、皇国史観と結びつけられたけれども、西洋由来のものであって戦後はタブー視されることはなかったし、海外で特にアトランティスについて研究が積み重ねられ、それが日本にも紹介されるようになっていた。そんな中、「失われた大陸」は、皇国史観の歴史教育を受けてきた者たちには神話へのノスタルジーも呼び覚ましながら、神話無き若い世代を含む多くの人々に、太古のロマンを感じさせつつ関心を喚起したことだろう。(30) そういえば、日本の漫画やアニメなどの発展も、神話に代替しうるような物語の希求に応じる要素をもつであろうし、先述のごとくそこにも「失われた大陸」が影響を及ぼしていたことは見過ごせまい。そしてついには、竹内の日本人起源論のように、科学者がムー大陸のイメージを象徴的に自説に取り入れるようなケースも現れた。それはあたかも、ノスタルジックな神話と、戦後の歴史・科学教育とを橋渡しする試みのような観を呈していまいか。

七〇年代末には、「失われた大陸」も含むオカルトの専門誌『ムー』が創刊される（学習研究社、一九七九年―、現在は学研プラスより刊行）。神話を失った日本のロマン希求に応じた部分もあるかもしれないこの雑誌には、筆者も幼い頃に好奇心をおおいに刺激されたものである。その後も『ムー』の記事は、誌名の由来であるムーや、アトランティスの継承に大きな役割を果たしている。(31)『ムー』に象徴されるように、七〇年代はオカルト・ブームの時代でもあった。経済成長の陰り、オイルショックによる社会混乱、公害問題、米ソ冷戦によって、安直な進歩史観、科学万能主義への懐疑や反発が世に生じ、(32)人々はオカルトに関心を抱いて、ときに別の世界を夢想した。先述の神話希求とも合流するような動向である。なかでも文明発展の末に滅亡したとされるアトランティスやムーは、当代が重ね合わされるものとして共感を得たという面もあるだろう。

その七〇年代に話題となった小説が、SF作家の小松左京（一九三一―二〇一一）による『日本沈没』である（光文社、一九七三年、同年に映画化、二〇〇六年に再映画化）。大地震と火山噴火による日本崩壊を描いたこの作品は、当時の社会不安を背景に、進歩のアンチテーゼとして大きなインパクトを日本社会に与えた（先述のオカルト流行の背景とも無縁ではないわけだ。ちなみに一九九九年の人類滅亡を主張しベストセラーになった五島勉『ノストラダムスの大予言』刊行も同年）。小松左京は、火山の大噴火におそわれたエーゲ海のミノア文明こそアトランティス伝説の起源とする説についての日本テレビの取材に、監修者として同行している（竹内均も参加）。(33)『日本沈没』はアトランティスを連想させたのだ。当時の週刊サンケイ（二二巻三七号、一九七三年、二〇―二四頁）には象徴的な記事が掲載されている（「アトランチス発見騒動と『日本沈没』の一致点」）。[34] アトランティスが大陸のような陸地だとしたらもっと痕跡が残るはずであるから、実際には島国だったという解釈のもと、「同じような島国に住む日本人にとっては、ある日突然海に沈んだアトランティスのナゾについて無関心ではいられない。小松氏の『日本沈没』が話題となるユンなのだ」と述べつつ、『日本沈没』はあくまでフィクションだが、ミノア文明の大災害のような「実質的な沈没」はあり得ないことではないとし、関東大震災や、富士山の噴火を引き合いに出しながら、日本近辺で火山活動が活発化しており不気味であると記事は結ばれていた。現実の大災害への意識が「失われた大陸」にこれほど投影されるのは、火山・地震大国の日本ゆえである。[35]

以上のような状況が、特に七〇年代には重なり合い、相互に刺激因ともなり、「失われた大陸」は再浮上したのである。そしてまた各々の要因はその後も影響を及ぼし続けているのだ。

（３）　世紀末を越えて

時代を下ってみると、海洋地質学者・地震学者の木村政昭（一九四〇―）が九〇年代以降「ムー大陸」に関心を抱いてきた理由も、大災害にある。[36] 木村は、『新説　ムー大陸沈没』（実業之日本社、二〇〇六年）冒頭においてこう述べる。

〝ムー文明〞や〝アトランティス文明〞の水没を、「まったくの作り話」といって軽視するわけにもいかない。現在進んでいる地球温暖化にしても、将来くるであろう本格的な氷河期にしても、その変動に対応して地球規模の気候変動や地殻変動を伴った未知の変動（地球大変動）が起き、文明の跡形すらなくなってしまうほどの火山活動や、大地震の襲来を伴う変動が予想されているからだ。

このように考える木村は、チャーチワードが言った通りの大陸はなかったと認めるのだが、かつて琉球が大陸とつながっていた「陸橋」を、「ムー」（琉球ムー）と呼ぶ。一万二〇〇〇年前、氷河期が終わると海面が上昇し、地殻への圧力が高まって火山活動が活発化した。そのため陸地の沈降や隆起がその周辺で何度か起こった（地震を引き起こす「プレート境界」にできた海底盆地、「沖縄トラフ」が琉球諸島北西にある）。それによって陸地は段階的に沈んだと木村は想定する。そして、与那国島近くの海底に確認された、階段状の巨石構造物など含む「海底遺跡」は、沈んだ陸地にかつて栄えた文明の名残であると木村は解していた。

陸橋がいつどのようにどこまで沈んだか、あくまで推測による部分が大きいうえ、文明と呼べるようなものが太古の当地にあったという説得的根拠は示されていない。与那国島の「海底遺跡」についても、それを人工のものとする見解は専門家たちの賛同をほとんど得ておらず、たとえば階段状構造は自然の風化・浸食による形成として説明可能である。(37)「琉球ムー」もどうやら幻想的存在なのだが、木村にとっては、火山や地震による大災害の可能性をムーやアトランティスの物語に仮託して今と未来に向けてうったえかけることこそ重要なのだ。(38)それはあたかも、「失われた大陸」を日本において語り継がれていくべき神話にする試みのようである。

大災害への関心といえば、二〇世紀末の「超古代文明」ブームも無縁ではない。ブームのきっかけは、英のジャーナリスト、グラハム・ハンコック（Graham Hancock 一九五〇―）が著した『神々の指紋』（大地舜訳『神々の指紋上・下巻』翔泳社、一九九六年、原著一九九五年）(39)であった。ハンコックは、失われた大陸（氷で覆われていなかった太古の南極大陸）に始原の超古代文明が存在したのだと主張した。[40] そして地球規模の環境変動、大災害が起こったこと、それが再来しうることを示唆し、世紀末という、大きな変化を予感させるような時代背景もあって各国で関心を呼び起こしたのである。

同書は、都合のいい解釈に飾られ、論拠は説得的ではなかったのだが、[41] とりわけ日本で評判になり、その後もハンコックの著書が即座に和訳され版を重ねているのを見ると、日本は「失われた大陸」言説が好きなのだと思わずにいられない。先述のように、太古にロマンを感じたい心性が日本社会に潜在しているがゆえでもあるだろう。

繁栄の末、大災害によって滅亡してしまったという「失われた大陸」の物語は、正統な歴史に代替するようなロマンある神話的歴史として受け継がれていくことだろう。また、かつて『日本沈没』がブームとなり、近年では東日本大震災を経験した日本においてこそ、リアルな警鐘として共鳴を引き起こし続けそうでもある。

おわりに

「失われた大陸」は、何らかの意図のもとでの歴史の捏造、フィクションの世界設定、そして世界の起源についての好奇心の暴走など、「知られていなかった過去」を描き出すための舞台装置のごとくはたらく。よって偽史との親和性が高い「ツール」なのだが、特に近現代日本では、以下のような事情のもとで「失われた大陸」が偽史と絡み合ってきた。

近代、世界を視野に入れたなかでの日本の歴史的自己認識が模索されるなか、アトランティスという「リアルな偽史」が日本に輸入された。そのアトランティスから太平洋に派生した、ムー大陸が関心を呼び、日本の起源論と連結されていく。それは戦中に一部の者たちによって先鋭化し、ムー大陸＝日本こそが世界の文明の起源であるという主張が生み出されたが、皇国史観との齟齬、敗戦によってその幻想は消えていった。

しかし戦後、アトランティスもムーも失われはしなかった。ポップカルチャーの発展にともない、フィクション作品の舞台設定として世に浸透する一方、戦後に日本神話がタブー視されるなかで、神話を渇望するがごとく、「失われた大陸」を神話的歴史として求め続ける者たちがいたのである。そして日本が、火山・地震による災害が強く意識される地であることを背景に、大災害によって姿を消した大陸のイメージ・物語は現代に至るまで歴史の装いをまとう偽史として受け継がれている。

「失われた大陸」への関心の要因として挙げた各々は、もちろん日本以外でも見られる。大災害への恐れは普遍的であるし、たとえば西洋のユダヤ・キリスト教的終末思想も大変動や大災害のイメージに結びつく。しかし本章で見てきたように、多くの要因によってアトランティスもムー大陸も受容され受け継がれてきた日本こそ、「失われた大陸」に取り憑かれた地だ。ムーが日本の起源とされたり、『神々の指紋』が流行したり、「日本の深海調査船によるアトランティス発見か」という報道がなされたり、日本は「失われた大陸」言説の培養地でもある。歴史教育では教わることのない言説が、日本においてこのように求め続けられている。それを虚構と批判することはたやすいが、その意味、背景、影響こそ、意識されねばならないだろう。

注

（1）プラトンは「大陸」という言葉を用いていないが、広大な陸地として叙述されているため、大陸とも表現されるようになっている。

（2）アトランティスをめぐる議論については拙著『アトランティス・ミステリー』（PHP新書、二〇〇九年）参照。

（3）I. Donnelly, *Atlantis: The Antediluvian World*, New York: Harper & Brothers, 1882. 邦訳は刊行されていない。

（4）神智学を含むオカルト思想については大田俊寛『現代オカルトの根源』（ちくま新書、二〇一三年）参照。

（5）あっさりそう断言してしまうことに反論もあるかもしれないが、詳しくは前掲注2拙著、特に第四章四節以降をご覧いただきたい。

（6）J. Churchward, *The Lost Continent of Mu, The Motherland of Man*, New York: W. E. Rudge, 1926. 一九三一年に改訂して出版され（*The Lost Continent of Mu*, New York: Ives Washburn, 1931）、よく知られているのはこちらのほうである。

（7）詳しくは、志水一夫「疑惑の人ジェームズ＝チャーチワードとムー大陸伝説・伝」（ジャパンミックス編『歴史を変えた偽書』ジャパンミックス、一九九六年、四四―六三頁）参照。

（8）「レムリア」について補足しておく。英の博物学者フィリップ・L・スクレーター（Philip Lutley Sclater 一八二九―一九一三）が、キツネザル（レムール）を含む原猿類の分布から、かつてインド洋に陸地があったと想定し、それを「レムリア」と命名した（一八七四年）。そうした分布は今では大陸移動説によって説明できる。これも想像上の陸地で、アトランティスやムーと混同されることがある。

（9）柳田泉『明治初期翻訳文学の研究』（春秋社、一九六一年）によると、さらに邦訳として鈴木梅太郎訳『二万里海底旅行』（京都山本、一八八〇年）があったというが、流布しなかったようで、筆者は未見である。

（10）アトランティスを着想源とするフランシス・ベーコン（Francis Bacon 一五六一―一六二六）の小説『ニュー・アトランティス』（一六二七年）など、ユートピア論を介してもアトランティスという言葉・イメージが伝わりえた。これから見ていく二〇世紀の初頭では、たとえば高橋五郎『社会主義活弁』（大日本図書、一九〇三年）の『新アトランチス』への言及などがあるが、ここではプラトン訳刊行以後そして偽史の文脈に着目する。

（11）D. M. Parry, *The Scarlet Empire*, New York: Grosset & Dunlap, 1906.

（12）鷹太郎の生涯については、戸高一成「木村鷹太郎小伝」（『世界的研究に基づける日本太古史 復刻版 上・下巻』八幡書店、一九八三年、附録）。また新史学については、長山靖生『偽史冒険世界』（ちくま書房、一九九六年、ちくま文庫、二〇〇一年）第三章、および原田実『幻想の多元的古代』（批評社、二〇〇〇年）第六章「木村鷹太郎の邪馬台国論をめぐって」。
（13）たとえば田口卯吉（一八五五―一九〇五）の日本民族アーリア人種説があった。小熊英二『単一民族起源神話の起源』（新曜社、一九九五年）第一〇章「日本民族白人説」参照。
（14）鷹太郎がドネリーなど海外の著作・研究をどれほど参照、消化していたのかは不明である。この点は別の機会に検証を試みたい。
（15）前掲注12長山書、参照。
（16）三好武二「失はれたMU 太平洋上秘密の扉を開く」（『サンデー毎日』昭和七年八月特大号）、「歴史の攪乱者MU MUの面影」（同誌一〇月二日号）。それを増補したのが、三好武二「消え失せたMU大陸」（『世界の処女地を行く』信正社、一九三七年）。ムー大陸言説の伝播、影響については藤野七穂「偽史と野望の陥没大陸」（前掲注7ジャパンミックス編書、六四―八九頁）がおおいに参考になった。本章では、その単なる繰り返しにならないよう省いた部分があるので、藤野論考も参照されたい。
（17）J. Churchward, *The Children of Mu*, New York: Ives Washburn, 1931.
（18）白人側の論理については、前掲注7志水論文参照。
（19）定評ある校訂テキストとしては大内義郷校註『神代秘史資料集成天之巻』（八幡書店、一九八四年）。
（20）明治の南洋ブーム、日本人起源論から、日本におけるムー大陸言説まで概観していて参考となるのが、前掲注12長山書、第二章である。
（21）戦前戦中には、他にも政治的イデオロギーと結びついた起源論があった。日本の起源を北方アジアとする（ゆえに日本の大陸進出を正当化する）「ウラル・アルタイ＝ツラン民族圏」という考え方である。海野弘『陰謀と幻想の大アジア』（平凡社、二〇〇五年）第二章参照。海野は、日本の国策が北進から南進に転じたため、学問的に日本人の南方起源説のほうが優勢になるという変化にも言及している。日本とムー大陸との関わりに関心が向けられているのは、こうした変化も背景にしてのことである。
（22）偽書とされる『契丹古伝』が情報源であろうか。藤沢と『契丹古伝』については、前掲注16藤野論考、八二頁以下参照。
（23）ムー大陸について戦後に著書を出版する白上陽徳（後述）は戦前の少年時代、伯父の林銑十郎（陸軍大将、のち総理大臣）に「日本が植民地としたムー大陸」の話を聞いたという。なお、支持および以下に言及する批判について詳しくは、前掲注16藤野論考、八五頁以下。

(24)『迷宮』第一号（白馬書房、一九七九年）一〇三―一三二頁に再録。

(25) より詳しくは横山茂雄『聖別された肉体　オカルト人種論とナチズム』（白馬書房、一九九〇年）参照。

(26) それ以前から、偉大な文明は北方起源のはずという考え方があったし（白色人種のいなかった南方に優れた文明は生じないという考えの裏返し）、それがアトランティスに結びつけられた先行例もあった。たとえば一七世紀末には、スウェーデン人の医師・作家ルードベック（Olof Rudbeck 一六三〇―一七〇二）が、スウェーデンこそアトランティスと主張していた。なおランツ以外の、当時のアトランティス解釈とその影響については、前掲注25横山書、特に第四章―六章までを参照。

(27) *A. E. Rosenberg, Der Mythus des 20. Jahrhunderts*, München: Hoheneichen-Verlag, 1930.

(28) そのごく一部だが、L・S・ディ・キャンプ『幻想大陸』（小泉源太郎訳、大陸書房、一九七四年、原著一九五四年）、N・F・ジロフ『アトランチス大陸研究』（伊藤清久訳、大陸書房、一九七一年、原著一九六四年）などがある。

(29) 先述の白上陽徳、藤沢偉作など、「失われた大陸」の実在を信じる者たちが引き合いに出すのが、神話に伝えられてきたトロイアを発掘（一八七三年）したシュリーマン（Heinrich Schliemann 一八二二―一八九〇）の逸話である。神話中の国が実在したのであるから、他の神話・伝説にも事実が隠されていると主張するわけだ。アトランティス実在を信じる者たちに、トロイア発掘が影響を与えてきたことはかつて指摘したが（前掲注2拙著、第二章）、日本の偽史に対する影響についても機会をあらため考えてみたい。

(30) 七〇年代の邪馬台国論争の活発化とも無関係ではないだろう。紙幅の都合で詳しい説明は省かざるを得ないが、原田実「邪馬台国と超古代史」（吉田司雄編『オカルトの惑星』青弓社、二〇〇九年、六三―八二頁）参照。

(31) 創刊以来の顧問・執筆者である南山宏（一九三六―）は、日本における「失われた大陸」言説浸透に貢献してきた一人であろう。南山宏『沈黙の大陸』（学習研究社、一九九六年）参照。

(32) オカルト・ブームについては、一柳廣孝編『オカルトの帝国』（青弓社、二〇〇六年）、前田亮一『今を生き抜くための七〇年代オカルト』（光文社新書、二〇一六年）参照。

(33)　一九七七年七月に「小松左京 アトランティス大陸沈没の謎」として放映。その後、取材をまとめた、小松左京監修『アトランティス大陸沈没の謎』(読売新聞社、一九七八年)が刊行されている。

(34)　アトランティス発見騒動とは、一九七三年七月一八日の各紙夕刊において、スペイン沖の海底で海外の調査団が遺跡を発見したと報じられたが、その後の報告や証拠写真が曖昧で、続報が途絶えてしまったという出来事。なお、前掲注32前田書、第六章でも、『日本沈没』とムー、アトランティスとの類推が論じられている。

(35)　ちなみに現在も、内閣府の防災情報ページに、日本沈没のような事態がありうるかというQ&Aが記載されているほどだ。

(36)　「失われた大陸」をめぐる木村政昭の考察には、『ムー大陸は琉球にあった!』(徳間書店、一九九一年)、『太平洋に沈んだ大陸』(第三文明社、一九九七年)、『沖縄海底遺跡の謎』(第三文明社、二〇〇〇年)、『海底宮殿』(実業之日本社、二〇〇二年)、『新説 ムー大陸沈没』(実業之日本社、二〇〇六年)などがある。

(37)　人工のものとする解釈への批判については、安里嗣淳「与那国島海底遺跡説批判」(『史料編集室紀要』二五号、二〇〇〇年)。また、岩淵聡文『文化遺産の眠る海 水中考古学入門』(化学同人、二〇一二年)によれば、人工物とする解釈は「まともな学徒であれば誰も相手にしないような妄想」とのことである(二〇三頁)。

(38)　前掲注36木村『新説 ムー大陸沈没』の「あとがき」参照。

(39)　G. Hancock, *Fingerprints of the Gods: The Evidence of Earth's Lost Civilization*, New York: Crown Publishers, 1995.

(40)　このときはアトランティスなどの名称をはっきり出さずに議論していたが、近著*Magicians of the Gods*, New York: Thomas Dunne Books, 2015(大地舜訳『神々の魔術上・下巻』角川書店、二〇一六年)では超古代文明の存在地としてアトランティスが実在したかもしれないと論及している。またハンコックは超古代文明の痕跡として与那国島の「海底遺跡」も調査しており、その縁で木村政昭と親交があった。G・ハンコック/大地舜訳『神々の世界上・下巻』(小学館、二〇〇二年、原著二〇〇二年)参照。

(41)　H・ユウム、S・ヨコヤ、K・シミズ『「神々の指紋」の超真相』(データハウス、一九九六年)のように当時から詳細な批判もあった。前掲注2拙著、第四章も参照。

偽史関連年表

	前一万年以前	アトランティスが大西洋に、ムー大陸が太平洋に存在したとされる……庄子
	前四世紀前半	プラトン『ティマイオス』にアトランティスの記述……庄子
八〇七	大同二年	斎部広成『古語拾遺』成立……三ツ松
	鎌倉時代末	卜部兼方『釈日本紀』成立……三ツ松
一六六八	寛文八年	並河誠所生誕（一七三八年（元文三）没）……馬部
一六七九	延宝七年	『先代旧事本紀大成経』刊行……三ツ松
一七三四	享保一九年	寒川辰清編『近江輿地志略』成立……馬部
一七三五	享保二〇年	並河誠所編『五畿内志』刊行開始……馬部
一七七〇	明和七年	椿井政隆生誕（一八三七年（天保八）没）……馬部
一七七六	安永五年	平田篤胤生誕（一八四三年（天保一四）没）……三ツ松
一八〇四	文化元年	近江国滋賀郡南庄村で竜骨が発見される。翌年、椿井政隆も竜骨図を模写……馬部
一八一六	文化一三年	椿井政隆、近江国蒲生郡を訪問、翌年再訪……馬部
一八一九	文政二年	平田篤胤『古史徴開題記』成立……三ツ松
一八一九	文政二年	平田篤胤『神字日文伝』成立……三ツ松
一八二三	文政六年	椿井政隆、山城国相楽郡上狛村の小林家住宅を描写……馬部
一八二四	文政七年	生田万『日文伝評論』成立……三ツ松
一八三九	天保一〇年	平田篤胤『古史本辞経』成立……三ツ松
一八四一	天保一二年	平田篤胤、江戸から国許へ退去……三ツ松
一八四二	天保一三年	水島永政、山城国綴喜郡水取村で椿井政隆作成の大冨家系図を閲覧……馬部
一八六七	慶応三年	**大政奉還**
		原田敬吾生誕（一九三六年（昭和一一）没）……前島
一八六八	明治元年	小矢部全一郎生誕（一九四一年（昭和一六）没）……石川
一八六九	明治二年	岩崎長世『神字彙』成立……三ツ松
一八七一	明治四年	柴田花守『古語拾遺正訓』刊行……三ツ松
一八七四	明治七年	酒井勝軍生誕（一九四〇年（昭和一五）没）……山本
		竹内巨麿生誕（一九六五年（昭和四〇）没）……永岡
一八七五	明治八年	矢野玄道『懲狂人』成立……三ツ松
一八七五	明治八年	N. McLeod, *Epitome of the Ancient History of Japan*. 刊行……山本・津城
一八八二	明治一五年	Ignatius Donnely, *The Atlantis. The Antediluvian World*. 刊行……庄子

一八八四	明治一七年	白柳秀湖生誕（一九五〇年（昭和二五）没）……齋藤
		ジュール・ベルヌ『海底二万里』邦訳刊行。日本におけるアトランティス情報紹介の最初期例……庄子
一八八六	明治一九年	原田敬吾渡米。ニューヨーク州ポーキプレーで英文学を、コーネル大学で三年間法学を学ぶ……前島
一八八八	明治二一年	落合直澄『日本古代文字考』刊行……三ツ松
一八九〇	明治二三年	**教育勅語発布**
一八九二	明治二五年	富山県郡神明村字久郷で竹内文献が発掘される……永岡
一八九四	明治二七年	**日清戦争勃発**
一八九五	明治二八年	平泉澄生誕（一九八四年（昭和五九）没）……長谷川
一八九九	明治三二年	竹内巨麿、茨城県磯原に移住……永岡
一九〇一	明治三四年	フランス隊のスサ発掘によりハンムラビ法典碑出土……前島
一九〇三	明治三六年	帝政ロシアの秘密警察課報員ラチコフスキーが捏造した『シオン議定書』がペテルブルグの新聞に掲載される……高尾
一九〇三～一一	明治三六～四四年	木村鷹太郎訳『プラトン全集』刊行開始……庄子
一九〇四	明治三七年	**日露戦争勃発**
一九〇八	明治四一年	佐伯好郎「太秦を論す」（『歴史地理』一一巻一号）発表……山本
一九一一～一二	明治四四～四五・大正一年	木村鷹太郎『世界的研究に基づける日本太古史』刊行……庄子
一九一二	大正一年	長峯波山『明治奇人今義経鞍馬修行実歴譚』刊行……永岡
一九一三	大正二年	柳田國男ならびに南方熊楠が書簡の中で傀儡子＝ジプシー説を扱う……齋藤
一九一四	大正三年	酒井勝軍が渋谷の天空に輝く日輪と十字架の幻視を見る……山本
一九一五	大正四年	酒井勝軍『忠君愛国は神の命令なり』発表……山本
一九一七	大正六年	**ロシア革命**
		バビロン学会創立……前島
一九一八	大正七年	**シベリア出兵、日本軍ウラジオストク上陸**
一九一九	大正八年	シベリア派遣軍内にユダヤ陰謀説が伝播。ウラジオストクで『シオン議定書』の邦訳「過激主義の真髄」が流布し日本にも伝播……高尾
一九二一	大正一〇年	**ウラジオストクでクーデタ。反革命派による沿アムール臨時政府（メルクーロフ政府）樹立**
		第一次大本事件……永岡
一九二一	大正一〇年	吉野作造「所謂世界的秘密結社の正体」（『中央公論』六月号）にて『シオン議定書』を批判……高尾
一九二二	大正一一年	白柳秀湖、ニューヨークでヒッポドロームを探訪……齋藤
一九二三	大正一二年	三島敦雄が原田敬吾を訪問……前島
		北上梅石（樋口艶之助）が『猶太禍』で『シオン議定書』一部を紹介……山本
		関東大震災

偽史関連年表

一九二四	大正一三年	小矢部全一郎『成吉思汗ハ源義経也』刊行……石川 柳田國男、慶應義塾大学で民間伝承を講義……石川 酒井勝軍『猶太人の世界征略運動』ならびに『猶太民族の大陰謀』刊行……山本・高尾 包荒子（安江仙弘）『世界革命之裏面』で『シオン議定書』を翻訳……山本・高尾
一九二五	大正一四年	**日ソ基本条約調印により両国の国交樹立**
一九二六	大正一五年	James Churchward, *The Lost Continent of Mu, Motherland of Man.* 刊行……庄子
一九二七	昭和二年	三島敦雄『天孫人種六千年史の研究』刊行……前島
一九二八	昭和三年	**張作霖爆殺事件** 酒井勝軍『橄欖山上疑問の錦旗』ならびに『神州天子国』刊行……山本
一九二九	昭和四年	**ニューヨーク株式市場が大暴落し世界恐慌** 酒井勝軍が竹内巨麿を訪問……山本 酒井勝軍『三千年間日本に秘蔵せられたるモーセの裏十誡』刊行……山本
一九三〇年代		日本でムー大陸が紹介される……庄子
一九三〇	昭和五年	天津教の菊御紋章類似図形使用および御神宝公開の禁止、建物・器物等の一部改修撤却（第一次天津教事件）……永岡
		酒井勝軍『神代秘史百話』刊行……永岡
一九三一	昭和六年	**満州事変**
一九三三	昭和八年	中田重治『聖書より見たる日本』刊行……山本 スイスのベルンで『シオン議定書』の真贋をめぐる裁判が開始（〜一九三七）……高尾
一九三四	昭和九年	神政龍神会発足……永岡 酒井勝軍、日本で「ピラミッド」の遺構の探索……永岡・山本 高野辰之『国劇史概観』にて傀儡子＝ジプシー説を扱う……齋藤
一九三五	昭和一〇年	第二次大本事件……永岡
一九三六	昭和一一年	**二・二六事件** 竹内巨麿、吉田兼吉ら検挙（第二次天津教事件）……永岡 狩野亨吉「天津教古文書の批判」（『思想』六月号）発表……永岡
一九三六〜四〇	昭和一一〜一五年	酒井勝軍は神秘之日本社を設立し『神秘之日本』を刊行……山本・津城
一九四一	昭和一六年	**太平洋戦争開始（十二月八日）**
一九三七	昭和一二年	文部省『国体の本義』発行……長谷川
		盧溝橋事件 西村眞次『日本文化史点描』刊行……石川
一九三八〜四一	昭和一三〜一六年	神武天皇聖蹟調査委員会設置……長谷川
一九三九	昭和一四年	文部省「聖訓の述義に関する協議会」を開催……長谷川
一九四〇	昭和一五年	白柳秀湖『東洋民族論』刊行……齋藤

一九四一～四六	昭和一六～二一年	肇国聖蹟調査委員会設置……長谷川
一九四二	昭和一七年	曾和義弌、衆議院で神代文字を取り上げる（二月九日）……長谷川 山田孝雄、肇国聖蹟調査委員会特別委員会で神代文字を批判（三月一九日）……長谷川 文部省『神武天皇聖蹟調査報告』刊行……長谷川 チャーチワード『南洋諸島の古代文化』の翻訳刊行……庄子
一九四三	昭和一八年	文部省『国史概説』発行……長谷川 国史編修準備委員会の設置が閣議決定 （八月。一〇月委員会設置、四四年一二月国史編修調査会に改組、 四五年八月国史編修院設置、四六年一月廃止）……長谷川
一九四四	昭和一九年	島田春雄・藤沢親雄・三浦一郎・小寺小次郎「偽史を攘ふ――太古文献論争」（『公論』九月号）掲載……長谷川 第二次天津教事件裁判で、弁護団が「上告趣意書」を提出……永岡
一九四五	昭和二〇年	東京大空襲、法務省に保管されていた竹内文献が消失……永岡 **第二次世界大戦終結**……永岡
一九四六	昭和二一年	文部省『くにのあゆみ』発行……長谷川
一九四七	昭和二二年	白柳秀湖『日本民族文化史考』刊行……齋藤
一九五〇	昭和二五年	天津巨（旧天津教）、団体等規制令により解散指定……永岡
一九五三	昭和二八年	山田孝雄「所謂神代文字の論」（『藝林』第四巻第一～三号、二～六月）発表……長谷川
一九五九	昭和三四年	川守田英二『日本ヘブル詩歌の研究』刊行……山本
一九七五～七七	昭和四〇～四二年	『市浦村史史料編　東日流外三郡誌』刊行
一九七六	昭和四一年	「総特集　偽史倭人伝」（『地球ロマン』八月号）……長谷川
一九七九	昭和五四年	『月刊ムー』刊行開始
一九八〇	昭和五五年	宗教法人日本エホバ教団『開運宝典』刊行……津城
一九八八	昭和六三年	木庭次守『新月の光《かけ》　出口王仁三郎玉言集　霊界物語啓示の世界』刊行……津城
一九九三	平成五年	ベン・アミー・シロニー『ユダヤ人と日本人――成功したのけ者』刊行……津城
一九九五	平成七年	**阪神大震災（一月一七日）** **オウム真理教による地下鉄サリン事件（三月二〇日）**
一九九六	平成八年	グラハム・ハンコック『神々の指紋』刊行……庄子
一九九八	平成一〇年	飛鳥昭雄他『失われたイエス・キリスト「天照大神」の謎』刊行……津城
二〇〇六	平成一八年	ラビ・バトラ／ペマ・ギャルポ他監訳 『ラビ・バトラ緊急予告、日本国破産のシナリオ、破滅から黎明へ、光は極東の日本から』刊行……津城
二〇〇七	平成一九年	東京都千代田区が江戸しぐさを掲載した冊子を小学校に配布

あとがき

本論集は、二〇一五年一一月七日と八日に、立教大学池袋キャンパス五号館第一・第二会議室において開催された、立教大学公開シンポジウム「近代日本の偽史言説 その生成・機能・受容」（主催：立教大学日本学研究所、共催立教大学ＳＦＲ「グローバルヒストリーのなかの近代歴史学」）の報告に基づいている。二日間にわたるシンポジウムは、ウェブに掲載された情報がツイッターなどで喧伝され、当日は立ち見が出るほどの盛況であった。参加者には、いわゆる大学関係者のみならず、偽史言説に関心のある一般の方も多く見られた。質疑応答においてはむしろ、一般参加者によるコメントに鋭さにあったことを今思い出す。そのことによって、偽史言説をめぐる問題系が、いかに多方面の関心を引きつけるのか、そしてそうであるがゆえに近代日本そして現代日本の重要な一部を映す鏡として学術的検討に価するのかを確認した次第である（当日の様子は、「特集二〇一五年度公開シンポジウム「近代日本の偽史言説 その生成・機能・受容」」（『立教大学日本学研究所年報』一四・一五号、二〇一六年））。本論集は、当日の報告者である馬部隆弘、三ツ松誠、永岡崇、長谷川亮一、石川巧、高尾千津子、津城寛文、庄子大亮の報告に基づく原稿のみならず、編者の寄稿呼びかけに応えてくれた山本伸一、齋藤桂、前島礼子による原稿をあらたに加え、より充実したかたちとなっている。

立教大学日本学研究所の深津行徳所長から運営委員として何か企画せよとの依頼があったのが二〇一五年の春。歴史記述のひとつのありかたとして偽史言説に興味があり、それではと腰を上げて自身の関心に基づき企画はしたものの、西洋史畑の出身ということもあり、基本的に日本研究である本企画を書籍化するつてを持っているわけではなかった。日本近代史またはインテレクチュアル・ヒストリーの枠内でどこか引き受けてくれるところはないかと考えあぐねていたところ、同じく西洋中世史を専門とする友人の青谷秀紀さんから送ってもらった井田太郎・藤巻和宏編『近代学問の起源と編成』（勉誠出版、二〇一四年）を思い出した。その青谷さんに無理を言って取り次いでもらい企画案をお聞きいただいたのが、本論集の担当者である勉誠出版の吉田祐輔さんであった。シンポ両日に足を運ばれた吉田さんからは、報告をお聞きいただいた上でお引き受けいたしましょうとのありがたいお申し出をいただいた。

なお本書では、通読する読者の負担を考え、西暦（元号）で基本的に統一しているが、一部、行論上の必要から元号（西暦）としている論考がある。意図あってのことゆえ、お許し願いたい。

寄稿者には早々に原稿を提出していただいたにもかかわらず、編者のいたらなさから編集作業が遅れたことを各位にお詫びするとともに、本書が出来上がるまでに人生の一部のなにがしかを割いてくれた関係者すべてにお礼を申し上げたい。本論集が偽史言説をつうじて日本近代史、インテレクチュアル・ヒストリー、歴史学そして人文学の新しい側面を切り開く契機となってくれることを祈念する。

二〇一七年夏

小澤　実

執筆者一覧（掲載順）

編者

小澤　実（おざわ・みのる）
一九七三年生まれ。立教大学文学部准教授。
専門は北欧史、西洋中世史、史学史。
著書に『北西ユーラシアの歴史空間 前近代ロシアと周辺世界』（長縄宣博と共編、北海道大学出版会、二〇一六年）、『知のミクロコスモス 中世・ルネサンスのインテレクチュアル・ヒストリー』（ヒロ・ヒライと共編、中央公論新社、二〇一四年）、『イタリア古寺巡礼』（三巻、金沢百枝と共著、新潮社、二〇一〇—二〇一二年）などがある。

執筆者

馬部隆弘（ばべ・たかひろ）
一九七六年生まれ。大阪大谷大学文学部専任講師。
専門は日本中近世史。
著書に『楠葉台場跡（史料編）』（枚方市教育委員会・（財）枚方市文化財研究調査会、二〇一〇年）、論文に「戦国期畿内政治史と細川権力の展開」（『日本史研究』六四二、二〇一六年）、「『堺公方』期の京都支配と柳本賢治」（『ヒストリア』二四七、二〇一四年）などがある。

三ツ松　誠（みつまつ・まこと）
一九八二年生まれ。佐賀大学地域学歴史文化研究センター講師。
専門は日本思想史。
論文に「「開国」と国学的世界観」（『歴史学研究』九五〇、二〇一六年）、「『万国公法』と「皇国」の「公法」」（井上泰至編『近世日本の歴史叙述と対外意識』勉誠出版、二〇一六年）などがある。

永岡　崇（ながおか・たかし）

一九八一年生まれ。日本学術振興会特別研究員。

専門は近代宗教史、日本学。

著書に『新宗教と総力戦――教祖以後を生きる』（名古屋大学出版会、二〇一五年）、論文に「ソウルメイトは二重橋の向こうに――辛酸なめ子における皇室とスピリチュアリティ」（『人文學報』一〇七、二〇一五年）、「宗教文化は誰のものか――『大本七十年史』編纂事業をめぐって」（『日本研究』四七、二〇一三年）などがある。

長谷川亮一（はせがわ・りょういち）

一九七七年生まれ。東邦大学薬学部非常勤講師、千葉大学文学大学院人文公共学府特別研究員。

専門は日本近現代史。

著書に『地図から消えた島々――幻の日本領と南洋探検家たち』（吉川弘文館、二〇一一年）、『「皇国史観」という問題――十五年戦争期における文部省の修史事業と思想統制政策』（白澤社、二〇〇八年）、論文に「中ノ鳥島の探検家・大平三次の伝記のための覚書――自由民権活動家から投機的実業家へ」（『人文社会科学研究科研究プロジェクト報告書』第二九六集、千葉大学大学院人文社会科学研究科、二〇一六年）などがある。

石川　巧（いしかわ・たくみ）

一九六三年生まれ。立教大学文学部教授。

専門は日本近代文学。

著書に『〈ヤミ市〉文化論』（共著、ひつじ書房、二〇一七年）、『「月刊さきがけ」復刻版』（編著、三人社、二〇一七年）、論文に「カストリ雑誌研究の現在」（『Intelligence』一七、文生書院、二〇一七年）などがある。

高尾千津子（たかお・ちづこ）

一九五四年生まれ。東京医科歯科大学教養部教授。

専門はロシア史、近現代ユダヤ史。

著書に『ロシアとユダヤ人　苦悩の歴史と現在』（東洋書店、二〇一四年）、『ソ連農業集団化の原点――ソヴィエト体制とアメリカユダヤ人』（彩流社、二〇〇六年）、論文に「内戦期シベリア、極東における反ユダヤ主義1918-1922」（『ユダヤ・イスラエル研究』二九、二〇一五年）などがある。

山本伸一（やまもと・しんいち）

一九七九年生まれ。ベングリオン大学人文社会科学学部研究員。

専門はユダヤ思想史。

著書に『総説カバラー　ユダヤ神秘主義の真相と歴史』（原書房、二〇一五年）、論文に“The Doctrine of World Cycles and Messianism in the Writings of Nathan of Gaza [Hebrew]” (*Kabbalah: Journal for the Study of Jewish Mystical Texts* vol. 38, 2017), “The Prophet Nathan has come with Shabbatay Ṣvi: An Unknown Praose Poem form the Days of Early Sabbateanism” (co-authored with Wout can Bekkum, *Frankfurter Judaistische Beiträege* Heft 39, 2014) などがある。

津城寛文（つしろ・ひろふみ）

一九五六年生まれ。筑波大学大学院人文社会科学研究科教授。専門は比較宗教学、日本文化研究。著書に『社会的宗教と他界的宗教のあいだ――見え隠れする死者』（世界思想社、二〇一一年）、『〈公共宗教〉の光と影』（春秋社、二〇〇五年）、『日本の深層文化序説――三つの深層と宗教』（玉川大学出版部、一九九五年）などがある。

齋藤　桂（さいとう・けい）

一九八〇年生まれ。大阪大学大学院文学研究科助教。専門は音楽学、日本音楽史。著書に『1933年を聴く――戦前日本の音風景』（NTT出版、二〇一七年）、『〈裏〉日本音楽史――異形の近代』（春秋社、二〇一五年）、論文に「折口信夫を音楽美学として読む――階級・創作・歴史の視点から」（『阪大音楽学報』一一、二〇一三年）などがある。

前島礼子（まえじま・れいこ）

一九七四年生まれ。ウィーン大学哲学・文化学部東洋学研究所古代オリエント文献学及び考古学専攻Ph.D候補生、都留文科大学文学部国際教育学科講師。専門は古代オリエント学、歴史学。論文に「新アッシリア王政と占星術――紀元前7世紀天体報告書についての一考察」（『オリエント』五四―二、二〇一二年）、「新アッシリア時代後期における専門家集団からみた王権・神殿関係の一側面――近侍専門家アックラーヌとマール・イッサルの活動を通して」（『中央大学大学院研究年報　文学研究科篇』四一、二〇一二年）などがある。

庄子大亮（しょうじ・だいすけ）

一九七五年生まれ。京都造形芸術大学歴史遺産学科、神戸女学院大学文学部等非常勤講師。専門は神話伝承の意味と影響。著書に『大洪水が神話になるとき――人類と洪水 五〇〇〇年の精神史』（河出書房新社、二〇一七年）、『世界を読み解くためのギリシア・ローマ神話入門』（河出書房新社、二〇一六年）、『アトランティス・ミステリー――プラトンは何を伝えたかったのか』（PHP新書、二〇〇九年）などがある。

索　引

人名索引

【あ行】

【か行】

【さ行】

【た行】

【な行】

文献名索引

【あ行】

【か行】

【さ行】

【た行】

【な行】

【は行】

【ま行】

【や行】

【ら行】

トランティスの主神とされる）は海の神、太洋の神として、此太洋州の神と見るが当然と思はれる。阿弗利加《アフリカ》や、大西洋には明瞭にアトラス、又はアトランチスの名はあるが、其れは此神話の記事に合はぬ。太平洋上には明かな此名称は遺つて居らぬが、対訳した名は今も尚ほある。アトラス、又たアトランチスの希臘語は羅典語のスマトラと同意義であつて欧羅巴《ヨーロッパ》、阿弗利加方面には希臘語で伝わり、東洋には羅典語で伝わるの相違があるばかりである（A-tlas=Suma-tra）。かのアトラスとは「終末」「積集」を意味し、スマトラも亦同じ意味である。「終末」を日本語「オヘ」（Oe）と謂い、十二支の亥（猪 Oe）の語に当り、スマトラを獅子国（猪）又執獅子国と謂ふのである。今語源論をせないでも、カリドーンの猪狩のアタランタ（註：神話に登場する女傑）も、アトランチスと同じ名で、彼女は獅子（猪）に化つたとあるは、アトランチスは獅子国を意味することを証明して居る。「大唐西域記」に所謂執獅子国の本原地は錫蘭島で、其移民国たる第二獅子国はスマトラの事であつて、スマトラは獅子国たることを証明して居る。そしてアトランチスとスマトラと、獅子国とは対訳になつて居る。さらばプラトーンのアトランチス物語は、西洋方面では読めぬが、其地理を東洋方面に持つて来ると読めるのである。(14)

日本を世界の始原に据えた鷹太郎の古代史像は、学界からはもちろん異端扱いされたが、若い世代の賛同もあったという。(15)また彼が訳し解釈したアトランティス情報が、彼の主張に関心を抱くような者たちの間でも必然的に参照されえたはずだ。鷹太郎は、日本におけるアトランティス伝説の初期の浸透に大きな役割を果たした人物といえるだろう。

続く二〇年代に、アトランティスの知名度は増していった。たとえば、一般向けの書である石川成一『紙上巡

関連用語索引

【あ行】

【か行】

【さ行】

【た行】

【な行】

【は行】

【ま行】

【や行】

【ら行】

編者略歴

小澤　実（おざわ・みのる）

1973年生まれ。立教大学文学部准教授。

専門は北欧史、西洋中世史、史学史。

著書に『北西ユーラシアの歴史空間 前近代ロシアと周辺世界』（長縄宣博と共編、北海道大学出版会、2016年）、『知のミクロコスモス 中世・ルネサンスのインテレクチュアル・ヒストリー』（ヒロ・ヒライと共編、中央公論新社、2014年）、『イタリア古寺巡礼』（3巻、金沢百枝と共著、新潮社、2010-2012年）などがある。

近《きん》代《だい》日《に》本《ほん》の偽《ぎ》史《し》言《げん》説《せつ》
——歴史語りのインテレクチュアル・ヒストリー

編　者　小澤　実
発行者　池嶋洋次
発行所　勉誠出版㈱
〒101-0051 東京都千代田区神田神保町三-一〇-二
電話　〇三-五二一五-九〇二一㈹

二〇一七年十一月十七日　初版発行
二〇一八年一月二十六日　第二刷発行

印刷
製本　中央精版印刷

ISBN978-4-585-22192-0　C1021

近代学問の起源と編成

近代学問の歴史的変遷を起源・基底から捉えなおし、「近代」以降という時間の中で形成された学問のフィルター／バイアスを顕在化させ、「知」の環境を明らかにする。

井田太郎・藤巻和宏 編・本体六〇〇〇円（+税）

日本犬の誕生

純血と選別の日本近代史

博物学者・南方熊楠と平岩米吉との対話を起点に、時代に翻弄され、淵源と純血を求められ続けた犬たちをめぐる言説をたどり、日本近代史の裏側を照らし出す。

志村真幸 著・本体二四〇〇円（+税）

国葬の成立

明治国家と「功臣」の死

個人の死が「公」の儀式へと変わっていく様相を体系的に検証し、近代国家形成の装置として導入された「国葬」の歴史的展開を明らかにする。

宮間純一 著・本体三二〇〇円（+税）

思想史のなかの日本語

訓読・翻訳・国語

近世から近代にかけての日本語の成立に対する歴史的な視点、そして、たえず編制され続けてきた「思想の言語」を捉え直し、「日本語とはなにか」という問題を論じる意欲作。

中村春作 著・本体二八〇〇円（+税）

形成される教養
十七世紀日本の〈知〉

〈知〉が社会の紐帯となり、教養が形成されていく歴史的展開を、室町期からの連続性、学問の復権、メディアの展開、文芸性の胎動という多角的視点から捉える画期的論集。

鈴木健一 編・本体七〇〇〇円（＋税）

浸透する教養
江戸の出版文化という回路

従来、権威とされてきた「教養」は、近世に如何にして庶民層へと「浸透」していったのか。「図像化」「リストアップ」「解説」の三つの軸より、近世文学と文化の価値を捉え直す。

鈴木健一 編・本体七〇〇〇円（＋税）

「訓読」論
東アジア漢文世界と日本語

東アジアから「訓読」を読み直す――。「訓読」という異文化理解の方法を再考し、日本伝統文化の形成、東アジアの漢字・漢字文化圏の文化形成のあり方を論じる。

中村春作・市來津由彦・田尻祐一郎・前田勉 共編
本体四八〇〇円（＋税）

続「訓読」論
東アジア漢文世界の形成

東アジアの「知」の成立を「訓読」から探る――。「知」の伝播と体内化の過程を「訓読」論の視角から読み解くことで東アジア漢文世界の成立を検証する。

中村春作・市來津由彦・田尻祐一郎・前田勉 共編
本体六〇〇〇円（＋税）

ケンブリッジ大学図書館と近代日本研究の歩み
国学から日本学へ

ケンブリッジ大学図書館が所蔵する膨大な日本語コレクション。柳田国男も無視できなかった同時代の西洋人たちによる学問発展の過程を辿る。

小山騰 著・本体三二〇〇円（＋税）

G・E・モリソンと近代東アジア
東洋学の形成と東洋文庫の蔵書

比類なきコレクション、貴重なパンフレット類を紐解くことから、時代と共にあったG・E・モリソンの行動と思考を明らかにし、東洋文庫の基底に流れる思想を照射する。

公益財団法人 東洋文庫 監修／岡本隆司 編
本体二八〇〇円（＋税）

日本「文」学史 第一冊
A New History of Japanese "Letterature" Vol.1
「文」の環境――「文学」以前

日本の知と文化の歴史の総体を、思考や社会形成と常に関わってきた「文」を柱として捉え返し、過去から現在、そして未来への展開を提示する。

河野貴美子・Wiebke DENECKE
新川登亀男・陣野英則 編・本体三八〇〇円（＋税）

日本「文」学史 第二冊
A New History of Japanese "Letterature" Vol.2
「文」と人びと――継承と断絶

「発信者」「メッセージ」「受信者」「メディア」の相関図を基とした四つの観点より「人びと」と「文」との関係を明らかにすることで、新たな日本文学史を描き出す。

河野貴美子・Wiebke DENECKE・新川登亀男
陣野英則・谷口眞子・宗像和重 編・本体三八〇〇円（＋税）